王国平　主编

南宋史研究丛书

杨倩描　著

# 南宋宗教史

人民出版社

国家"十一五"重点图书出版规划项目
杭州市社会科学院重大课题

# 浙江省文化研究工程指导委员会

# 浙江文化研究工程成果文库总序

*（签名）*

　　有人将文化比作一条来自老祖宗而又流向未来的河，这是说文化的传统，通过纵向传承和横向传递，生生不息地影响和引领着人们的生存与发展；有人说文化是人类的思想、智慧、信仰、情感和生活的载体、方式和方法，这是将文化作为人们代代相传的生活方式的整体。我们说，文化为群体生活提供规范、方式与环境，文化通过传承为社会进步发挥基础作用，文化会促进或制约经济乃至整个社会的发展。文化的力量，已经深深熔铸在民族的生命力、创造力和凝聚力之中。

　　在人类文化演化的进程中，各种文化都在其内部生成众多的元素、层次与类型，由此决定了文化的多样性与复杂性。

　　中国文化的博大精深，来源于其内部生成的多姿多彩；中国文化的历久弥新，取决于其变迁过程中各种元素、层次、类型在内容和结构上通过碰撞、解构、融合而产生的革故鼎新的强大动力。

　　中国土地广袤、疆域辽阔，不同区域间因自然环境、经济环境、社会环境等诸多方面的差异，建构了不同的区域文化。区域文化如同百川归海，共同汇聚成中国文化的大传统，这种大传统如同春风化雨，渗透于各种区域文化之中。在这个过程中，区域文化如同清溪山泉潺潺不息，在中国文化的共同价值取向下，以自己的独特个性支撑着、引领着本地经济社会的发展。

从区域文化入手,对一地文化的历史与现状展开全面、系统、扎实、有序的研究,一方面可以藉此梳理和弘扬当地的历史传统和文化资源,繁荣和丰富当代的先进文化建设活动,规划和指导未来的文化发展蓝图,增强文化软实力,为全面建设小康社会、加快推进社会主义现代化提供思想保证、精神动力、智力支持和舆论力量;另一方面,这也是深入了解中国文化、研究中国文化、发展中国文化、创新中国文化的重要途径之一。如今,区域文化研究日益受到各地重视,成为我国文化研究走向深入的一个重要标志。我们今天实施浙江文化研究工程,其目的和意义也在于此。

千百年来,浙江人民积淀和传承了一个底蕴深厚的文化传统。这种文化传统的独特性,正在于它令人惊叹的富于创造力的智慧和力量。

浙江文化中富于创造力的基因,早早地出现在其历史的源头。在浙江新石器时代最为著名的跨湖桥、河姆渡、马家浜和良渚的考古文化中,浙江先民们都以不同凡响的作为,在中华民族的文明之源留下了创造和进步的印记。

浙江人民在与时俱进的历史轨迹上一路走来,秉承富于创造力的文化传统,这深深地融汇在一代代浙江人民的血液中,体现在浙江人民的行为上,也在浙江历史上众多杰出人物身上得到充分展示。从大禹的因势利导、敬业治水,到勾践的卧薪尝胆、励精图治;从钱氏的保境安民、纳土归宋,到胡则的为官一任、造福一方;从岳飞、于谦的精忠报国、清白一生,到方孝孺、张苍水的刚正不阿、以身殉国;从沈括的博学多识、精研深究,到竺可桢的科学救国、求是一生;无论是陈亮、叶适的经世致用,还是黄宗羲的工商皆本;无论是王充、王阳明的批判、自觉,还是龚自珍、蔡元培的开明、开放,等等,都展示了浙江深厚的文化底蕴,凝聚了浙江人民求真务实的创造精神。

代代相传的文化创造的作为和精神,从观念、态度、行为方式和价值取向上,孕育、形成和发展了渊源有自的浙江地域文化传统和与时俱进的浙江文化精神,她滋育着浙江的生命力、催生着浙江的凝聚力、激发着浙江的创造力、培植着浙江的竞争力,激励着浙江人民永不自满、永不停息,在各个不同的历史时期不断地超越自我、创业奋进。

　　悠久深厚、意韵丰富的浙江文化传统，是历史赐予我们的宝贵财富，也是我们开拓未来的丰富资源和不竭动力。党的十六大以来推进浙江新发展的实践，使我们越来越深刻地认识到，与国家实施改革开放大政方针相伴随的浙江经济社会持续快速健康发展的深层原因，就在于浙江深厚的文化底蕴和文化传统与当今时代精神的有机结合，就在于发展先进生产力与发展先进文化的有机结合。今后一个时期浙江能否在全面建设小康社会、加快社会主义现代化建设进程中继续走在前列，很大程度上取决于我们对文化力量的深刻认识、对发展先进文化的高度自觉和对加快建设文化大省的工作力度。我们应该看到，文化的力量最终可以转化为物质的力量，文化的软实力最终可以转化为经济的硬实力。文化要素是综合竞争力的核心要素，文化资源是经济社会发展的重要资源，文化素质是领导者和劳动者的首要素质。因此，研究浙江文化的历史与现状，增强文化软实力，为浙江的现代化建设服务，是浙江人民的共同事业，也是浙江各级党委、政府的重要使命和责任。

　　2005 年 7 月召开的中共浙江省委十一届八次全会，作出《关于加快建设文化大省的决定》，提出要从增强先进文化凝聚力、解放和发展生产力、增强社会公共服务能力入手，大力实施文明素质工程、文化精品工程、文化研究工程、文化保护工程、文化产业促进工程、文化阵地工程、文化传播工程、文化人才工程等"八项工程"，实施科教兴国和人才强国战略，加快建设教育、科技、卫生、体育等"四个强省"。作为文化建设"八项工程"之一的文化研究工程，其任务就是系统研究浙江文化的历史成就和当代发展，深入挖掘浙江文化底蕴、研究浙江现象、总结浙江经验、指导浙江未来的发展。

　　浙江文化研究工程将重点研究"今、古、人、文"四个方面，即围绕浙江当代发展问题研究、浙江历史文化专题研究、浙江名人研究、浙江历史文献整理四大板块，开展系统研究，出版系列丛书。在研究内容上，深入挖掘浙江文化底蕴，系统梳理和分析浙江历史文化的内部结构、变化规律和地域特色,坚持和发展浙江精神;研究浙江文化与其他地域文化的异同,厘清浙江文化在中国文化中的地位和相互影响的关系;围绕浙江生动的当代实践,深入解读浙江现象,总结浙江经验,指导浙江发展。在研究力量上,通过课题组织、出版资助、重点研究基地建设、加强省内外大院名校合作、整合各地各部门力量等途径,形成上下联动、学界互动的整体合力。在成果运用上,注重研究成果的学术价值和应用价值,充分发挥其认识世界、传承文明、创新理论、咨政育人、服务社会的重要作用。

我们希望通过实施浙江文化研究工程,努力用浙江历史教育浙江人民,用浙江文化熏陶浙江人民,用浙江精神鼓舞浙江人民,用浙江经验引领浙江人民,进一步激发浙江人民的无穷智慧和伟大创造能力,推动浙江实现又快又好发展。

今天,我们踏着来自历史的河流,受着一方百姓的期许,理应负起使命,至诚奉献,让我们的文化绵延不绝,让我们的创造生生不息。

2006 年 5 月 30 日于杭州

# 以杭州(临安)为例 还原一个真实的南宋

## ——从"南海一号"沉船发现引发的思考

## (代 序)

王 国平

2007 年 12 月 22 日,举世瞩目的我国南宋商船"南海一号"在广东阳江海域打捞出水。根据探测情况估计,整船金、银、铜、铁、瓷器等文物可能达到 6 万—8 万件,据说皆为稀世珍宝。迄今为止,全世界范围内都未曾发现过如此巨大的千年古船。"南海一号"的发现,在世界航海史上堪称一大奇迹,也填补与复原了南宋海上"丝绸之路"历史的一些空白①。不少专家认为"南海一号"的价值和影响力将不亚于西安秦始皇兵马俑。这艘沉船虽然出现在广东海域,但反映了整个南宋经济、文化的繁荣,标志着南宋社会的开放,也表明当时南宋引领着世界的发展。作为南宋政治、经济、文化、科技中心的都城临安(浙江杭州),则是南宋社会繁华与开放的代表。从某种意义上讲,没有以临安为代表的南宋的繁荣与开放,就不会有今日"南海一号"的发现;而"南海一号"的发现,也为我们重新审视与评价南宋,带来了最好的注解、最硬的实证。

提起南宋,往往众说纷纭,莫衷一是。长期以来,不少人把"山外青山楼外楼,西湖歌舞几时休?暖风熏得游人醉,直把杭州作汴州"②这首曾写在临

---

① 参见《"南海一号"成功出水》一文,载《人民日报》2007 年 12 月 23 日。
② 林升:《题临安邸》,转引自田汝成《西湖游览志余》卷二《帝王都会》,上海古籍出版社 1980 年版,第 14 页。

安城一家旅店墙上的诗,当作是当时南宋王朝的真实写照。虽然近现代已有海内外学者开始重新认识南宋,但相当一部分人仍认为南宋军事上妥协投降、苟且偷安,政治上腐败成风、奸相专权,经济上积贫积弱、民不聊生,生活上纸醉金迷、纵情声色。总之,南宋王朝是一个只图享受、不思进取的偏安小朝廷。导致这种历史误解的原因,在很大程度上是出于人们对患有"恐金病"的宋高宗和权相秦桧一伙倒行逆施的义愤,这是可以理解的。但是,我们决不能坐在历史的成见之上人云亦云。只要我们以对历史负责、对时代负责、对未来负责的精神和科学求实的态度,以科学发展观为指导,对南宋进行全面、深入、系统的研究,将南宋放到当时特定的历史发展阶段中、放到中国社会发展的历史长河中、放到整个世界的文明进程中进行考察,就不难发现南宋时期在社会经济、思想文化、科学技术、国计民生等方面所取得的成就,就不难发现南宋对中华文明所产生的巨大影响,以此对南宋作出科学、客观、公正的评价,"还原一个真实的南宋"。

宋钦宗靖康元年(1126)闰十一月,金军攻陷北宋京城开封。次年三月,俘徽、钦二帝北去,北宋灭亡。同年五月,宋徽宗第九子、钦宗之弟赵构,在应天府(河南商丘)即位,是为高宗,改元建炎,重建赵宋王朝。建炎三年(1129)二月,高宗来到杭州,改州治为行宫,七月升杭州为临安府,此时起,杭州实际上已成为南宋的都城。绍兴八年(1138),南宋宣布临安府为"行在所",正式定都临安。自建炎元年(1127)赵构重建宋室,至祥兴二年(1279)帝昺蹈海灭亡,历时153年,史称"南宋"。

我们认为,研究与评价南宋,不应当仅仅以王朝政权的强弱为依据,而应当坚持"以人为本"的理念,以人们生存与生活状态的改善作为社会进步的根本标准。许多人评价南宋,往往把南宋王朝作为对象,我们认为所谓"南宋",不仅仅是一个历史王朝的称谓,而主要是指一个特定的历史阶段和历史时期。在马克思主义看来,历史的进步是社会发展和人的发展相统一的过程,"人们的社会历史始终只是他们的个体发展的历史"①,未来理想社

---

① 《马克思恩格斯选集》第4卷,人民出版社1972年版,第321页。

会"以每个人的全面而自由的发展为基本原则"①。人是社会发展的主体,人的自由与全面发展是社会进步的最高目标。这就要坚持"以人为本"的科学发展观,将人的生存与全面发展作为评价一个历史阶段的根本依据。南宋时期,虽说尚处在封建社会的中期,人的自由与发展受到封建集权思想与皇权统治的严重束缚,但南宋与宋代以前漫长的封建历史时期相比,这一时期所出现的对人的生存与生活的关注度以及南宋人的生活质量和创造活力所达到的高度都是前所未有的。

　　研究与评价南宋,不应当仅仅以军事力量的大小作为评价依据,而应当以其社会经济、文化整体状况与发展水平的高低作为重要标准。我们评判一个朝代,不但要考察其军事力量的大小,更要看其在经济、文化、科技、社会等各方面所取得的成就。两宋立国320年,虽不及汉、唐、明、清国土辽阔,却以在封建社会中无可比拟的繁荣和社会发展的高度,跻身于中国古代最辉煌的历史时期之列。无论是文化教育的普及、文学艺术的繁荣、学术思想的活跃、科学技术的进步,还是社会生活的丰富多彩,南宋都达到了前所未有的程度,在当时世界上也都处于领先地位。著名史学家邓广铭认为"宋代的文化,在中国封建社会历史时期之内,截至明清之际西学东渐的时期为止,可以说,已经达到了登峰造极的高度"。②

　　研究与评价南宋,不能仅仅以某些研究的成果或所谓的"历史定论"为依据,而应当以其在人类文明进步中所扮演的角色,以及对后世产生的影响作为重要标准。宋朝是中国封建社会里国祚最长的朝代,也是封建文化发展最为辉煌的时期。南宋虽然国土面积只有北宋的五分之三左右,却维持了长达153年(1127—1279)的统治。南宋不但对中国境内同时代的少数民族政权和周边国家产生了积极影响,而且对后世中华文化的形成产生了巨大影响。近代著名思想家严复认为:"中国所以成于今日现象者,为善为恶,姑不具论,而为宋人所造就,什八九可断言也。"③近代史学大师陈寅恪先生

---

① 《马克思恩格斯全集》第23卷,人民出版社1972年版,第649页。
② 邓广铭:《宋代文化的高度发展与宋王朝的文化政策》,载《历史研究》1990年第1期。
③ 严复:《严几道与熊纯如书札节钞》,载《学衡》第13期,江苏古籍出版社1999年影印本。

也曾经指出:"华夏民族之文化,历数千载之演进,造极于赵宋之世。"①因此,我们既要看到南宋王朝负面的影响,更要充分肯定南宋的历史地位与历史影响,只有这样,才能"还原一个真实的南宋"。

**一、在政治上,不但要看到南宋王朝外患深重、苟且偷安的一面,更要看到爱国志士精忠报国、南宋政权注重内治的一面**

南宋时期民族矛盾异常尖锐,外患严重之至,前期受到北方金朝的军事讹诈和骚扰掠夺,后期又受到蒙元的野蛮侵略,长期威胁着南宋政权的生存与发展。在此情形下,南宋初期朝廷中以宋高宗为首的主和派,积极议和,向女真贵族纳贡称臣,南宋王朝确实存在消极抗战、苟且偷安的一面。但也要承认南宋王朝大多君王也怀有收复中原的愿望。南宋将杭州作为"行在所",视作"临安"而非"长安",也表现出了南宋统治集团不忘收复中原的意图。我们更应该看到南宋时期,在 153 年中,涌现了以岳飞、文天祥两位彪炳青史的民族英雄为代表的一大批爱国将领,众多的爱国仁人志士,这是中国古代任何一个朝代都难以比拟的。

同时,南宋政权也十分注重内治,在加强中央集权制度、推行"崇尚文治"政策、倡导科举不分门第等方面均有重大建树。其主要表现在:

1. 从军事斗争上看,南宋是造就爱国志士、民族英雄的时代

南宋王朝长期处于外族入侵的严重威胁之下,为此南宋军民进行了一百多年艰苦卓绝的抵抗斗争,涌现了无数气壮山河、可歌可泣的爱国事迹和民族英雄。因而,我们认为:南宋时代是面对强敌、英勇抗争的时代。众所周知,金朝是中国历史上继匈奴、突厥、契丹以后一个十分强大的少数民族政权,并非昔日汉唐时期的匈奴、突厥与明清时期的蒙古可比。金军先后灭亡了辽朝和北宋,南侵之势简直锐不可当,但由于南宋军民的浴血奋战,虽屡经挫折,终于抵挡住了南侵金军一次又一次的进攻,在外患深重的困境中站稳了脚跟。在持久的宋金战争中,南宋的军事力量不但没有削

---

① 《陈寅恪先生文集》第 2 卷,上海古籍出版社 1980 年版,第 245 页。

弱,反而逐渐壮大起来。南宋后期的蒙元军队则更为强大,竟然以 20 年左右的时间横扫欧亚大陆,使全世界都为之谈"蒙"色变。南宋的军事力量尽管相对弱小,又面对当时世界上最为强大的蒙元军队,但广大军民同仇敌忾,顽强抵抗了整整 45 年之久,这不能不说是世界抗击蒙元战争史上的一个奇迹。①

南宋是呼唤英雄、造就英雄的时代。在旷日持久的宋金战争中,造就了以宗泽、韩世忠、岳飞、刘锜、吴玠吴璘兄弟为代表的一批南宋爱国将领。特别是民族英雄岳飞率领的岳家军,更是使金军闻风丧胆。在南宋抗击蒙元的悲壮战争中,前有孟珙、王坚等杰出爱国将领,后有文天祥、谢枋得、陆秀夫、张世杰等抗元英雄,其中民族英雄文天祥领导的抗元斗争,更是可歌可泣,彪炳史册。

南宋是激发爱国热忱、孕育仁人志士的时代。仅《宋史·忠义列传》,就收录有爱国志士 277 人,其中大部分是南宋人②。南宋初期,宗泽力主抗金,并屡败金兵,因不能收复北宋失地而死不瞑目,临终时连呼三次"过河";洪皓出使金朝,被流放冷山,历尽艰辛,终不屈服,被比作宋代的苏武;陆游"死去元知万事空,但悲不见九州同"的诗句,表达了他渴望祖国统一的遗愿;辛弃疾的词则抒发了盼望祖国统一和反对主和误国的激情。因此,我们认为,南宋不但是造就民族英雄的时代,也是孕育爱国政治家、军事家、文学家和思想家的沃土。

2. 从政治制度上看,两宋时期是加强中央集权、"干强枝弱"的时期

宋朝在建国之初,鉴于前朝藩镇割据、皇权削弱的历史教训,通过采取"强干弱枝"政策,不断加强中央集权统治,南宋时得到了进一步强化。在中央权力上,实行军政、民政、财政"三权分立",削弱宰相的权力与地位;在地方权力上,中央派遣知州、知县等地方官,将原节度使兼领的"支郡"收归中央直接管辖;在官僚机构上,实行官(官品)、职(头衔)、差遣(实权)三者分离制度;在财权上,设置转运使掌管各路财赋,将原藩镇把持的地方财权收

---

① 参见何忠礼《论南宋在中国历史上的地位和影响》,载《杭州研究》2007 年第 2 期。
② 参见俞兆鹏《南宋人才之盛及其原因》,载《杭州日报》2005 年 11 月 14 日。

归中央;在司法权上,设置提点刑狱一职,将方镇节度使掌握的地方司法权收归中央;在军权上,实行禁军"三衙分掌",使握兵权与调兵权分离、兵与将分离,将各州军权牢牢地控制在中央手里,从而加强了中央对政权、财权、军权等方面的全面控制。南宋继承了北宋加强中央集权的这一系列措施,为维护国家内部统一、社会稳定和经济发展提供了良好的国内环境。尽管多次出现权相政治,但皇权仍旧稳定如故。

3. 从用人制度上看,南宋是所谓"皇帝与士大夫共治天下"的时代

两宋统治集团始终崇尚文治,尊重知识分子,重用文臣,提倡教育和养士,优待知识分子。与秦代"焚书坑儒"、汉代"罢黜百家"、明清"文字狱"相比,两宋时期可谓是封建社会思想文化环境最为宽松的时期,客观上对经济、社会、文化发展起到了积极的促进作用①。其政策措施表现在:

推行"崇尚文治"政策。宋王朝对文人士大夫采取了较为宽松宽容的态度,"欲以文化成天下",对士大夫待之以礼、"不得杀士大夫及上书言事人"②,确立了"兴文教,抑武事"③的"崇文抑武"大政方针。两宋政权将"右文"定为国策,在这种政治氛围下,知识分子的思想十分活跃,参政议政的热情空前高涨,在一定程度上出现了"皇帝与士大夫共治天下"的局面,从而有力地推动了宋代思想、学术、文化的大发展。正由于两宋重用文士、优待文士,不杀文臣,因而南宋时常有正直大臣敢于上书直谏,甚至批评朝政乃至皇帝的缺点,这与隋、唐、明、清时期的动辄诛杀士大夫的政治状况大不相同。

采取"寒门入仕"政策。为了吸收不同阶层的知识分子参加政权,两宋对选才用人的科举制度进行了改革,消除了魏晋以来士族门阀造成的影响。两宋科举取士几乎面向社会各个阶层,再加上科举取士的名额不断增加,在社会各阶层中形成了"学而优则仕"之风。南宋时期,取士更不受出身门第的限制,只要不是重刑罪犯,即使是工商、杂类、僧道、农民,甚至是杀猪宰牛

---

① 参见郭学信《试论两宋文化发展的历史特色》,载《江西社会科学》2003 年第 5 期。
② 陶宗仪:《说郛》卷三九上,台北商务印书馆 1986 年影印文渊阁《四库全书》本。
③ 李焘:《续资治通鉴长编》卷一八,太平兴国二年正月丙寅条,中华书局 2004 年版,第 392 页。

的屠户,都可以应试授官。南宋的科举登第者多数为平民,如在宝祐四年(1256)登科的601名进士中,平民出身者就占了70%。①

**二、在经济上,不但要看到南宋连年岁贡不断、赋税沉重的状况,更要看到整个南宋生产发展、经济繁荣的一面**

人们历来有一种误解,认为南宋从立国之日起,就存在着从北宋带来的"积贫积弱"老毛病。确实,南宋王朝由于长期处于前金后蒙的威胁之下,迫使其不得不以加强皇权统治作为核心利益,在对外关系上,以牺牲本国的经济利益为代价,采取称臣、割地、赔款等手段来换取王朝政权的安定。正因为庞大的兵力和连年向金朝贡,加重了南宋王朝财政负担和民众经济负担,也一定程度上影响了南宋的经济发展。但在另一方面,我们更应当看到,南宋时期,由于北方人口的大量南下,给南宋的经济发展带来了充足的劳动力、先进的生产技术和丰富的生产经验,再加上统治者出台的一些积极措施,南宋在农业、手工业、商业、外贸等方面都取得了突出成就。南宋经济繁荣主要体现在:

1. 从农业生产看,南宋出现了古代中国南粮北调的新格局

由于南宋政府十分注重水利的兴修,并采取鼓励垦荒的措施,加上北方人口的大量南移和广大农民的辛勤劳动,促进了流民复业和荒地开垦。人稠地少的两浙等平原地带,垦辟了众多的水田、圩田、梯田。曾经"几无人迹"的淮南地区也出现了"田野加辟"、"阡陌相望"的繁荣景象。南宋时期,农作物单位面积产量比唐代提高了两三倍,总体发展水平大大超过了唐代,有学者甚至将宋代农作物单位面积产量的大幅提高称为"农业革命"②。"苏湖熟,天下足"的谚语就出现在南宋③。元初,江浙行省虽然只是元十个行省中的一个,岁粮收入却占了全国的37.10%④,江浙地区成了中国农业最为发达的地区,并出现了中国南粮北调的新格局。

---

① 参见俞兆鹏《南宋人才之盛及其原因》,载《杭州日报》2005年11月14日。
② 张邦炜:《瞻前顾后看宋代》,载《河北学刊》2006年第5期。
③ 范成大:《吴郡志》卷五〇《杂志》,中华书局1990年《宋元方志丛刊》本。
④ 脱脱:《元史》卷九三《食货一·税粮》,中华书局2005年版,第2361页。

**2. 从手工业生产看,南宋达到了中国古代手工业发展的新高峰**

南宋时期,随着北方手工业者的大批南下和先进生产技术的传入,使南方的手工业生产上了一个新的台阶。一是纺织业规模和技术都大大超过了同时代的金朝,南方自此成为了中国丝织业最发达的地区。二是瓷器制造业中心从北方移至江南地区。景德镇生产的青白瓷造型优美,有"饶玉"之称;临安官窑所造青瓷极其精美,为此杭州在官窑原址建立了官窑博物馆,将这些精美的青瓷展现给世人;龙泉青瓷达到了烧制技术的新高峰,并大量出口。三是造船业空前发展。漕船、商船、游船、渔船,数量庞大,打造奇巧,富有创造性;海船所采用的多根桅杆,为前代所无;战船种类众多,功用齐全,在抗金和抗蒙元的战争中发挥了重要作用。

**3. 从商业发展看,南宋开创了古代中国商品经济发展的新时代**

虽然宋代主导性的经济仍然是自然经济,但由于两宋时期冲破了历朝统治者奉行"重农抑商"观念的束缚,确立了"农商并重"的国策,采取了惠商、恤商政策措施,使社会各阶层纷纷从事商业经营,商品经济呈现出划时代的发展变化,进入了一个新的历史发展阶段。一是四通八达的商业网络。随着商品贸易的发展,出现了临安、建康(江苏南京)、成都等全国性的著名商业大都市,当时的临安已达 16 万户,人口最多时有 150 万—160 万人①,同时,还出现了 50 多个 10 万户以上的商业大城市,并涌现出一大批草市、墟市等定期集市和商业集镇,形成了"中心城市—市镇集市—边境贸易—海外市场"的通达商业网络②。二是"市坊合一"的商业格局。两宋时期由于城市商业繁荣,冲破了长期以来作为商业贸易区的"市"与作为居民住宅区的"坊"分离的封闭式坊市制度,出现了住宅与店肆混合的"市坊合一"商业格局,街坊商家店铺林立,酒肆茶楼面街而立。从《梦粱录》和《武林旧事》的记载来

① 杨宽先生在《中国古代都城制度史》一书中认为,南宋末年咸淳年间,临安府所属九县,按户籍,主客户共三十九万一千多户,一百二十四万多口;附郭的钱塘、仁和两县主客户共十八万六千多户,四十三万二千多口,占全府人口的三分之一。宋朝的"口"是男丁数,每户平均以五人计,约九十多万人。所驻屯的军队及其家属,估计有二十万人以上,总人口当在一百二十万人左右,包括城外郊区十万人和乡村十万人。

② 参见陈杰林《南宋商业发展:特点与成因》,载《安庆师范学院学报》2003 年第 4 期。

看,南宋临安城内商业繁荣,甚至出现了夜市刚刚结束,早市又告兴起的繁荣景象。三是规模庞大的商品交易。南宋商品的交易量虽难考证,但从商税收入可窥见一斑。淳熙(1174—1189)末全国正赋收入 6530 万缗,占全国总收入 30% 以上,据此推测,南宋商品交易额在 20000 万缗以上,可见商品交易量之巨大①。南宋商税加专卖收益超过农业税的收入,改变了宋以前历代王朝农业税赋占主要地位的局面。

4. 从海外贸易看,南宋开辟了古代中国东西方交流的新纪元

两宋期间,由于陆上"丝绸之路"隔断,东南方向海路成为对外贸易的唯一通道,海外贸易成为中外经济文化交流的主要通道。南宋海外贸易繁荣表现在:一是对外贸易港口众多。广州、泉州、临安、明州(浙江宁波)等大型海港相继兴起,与外洋通商的港口已近 20 个,还兴起了一大批港口城镇,形成了北起淮南/东海,中经杭州湾和福、漳、泉金三角,南到广州湾和琼州海峡的南宋万余里海岸线上全面开放的新格局,这种盛况不仅唐代未见,就是明清亦未能再现②。二是贸易范围大为扩展。宋前,与我国通商的海外国家和地区约 20 处,主要集中在中南半岛和印尼群岛,而与南宋有外贸关系的国家和地区增至 60 个以上,范围从南洋(南海)、西洋(印度洋)直至波斯湾、地中海和东非海岸。三是出口商品附加值高。宋代不但外贸范围扩大、出口商品数量增加,而且进口商品以原材料与初级制品为主,而出口商品则以手工业制成品为主,附加值高。用附加值高的制成品交换附加值低的初级产品,表明宋代外向型经济在发展程度上高于其外贸伙伴。③

### 三、在文化上,不但要看到封闭保守、颓废安逸的一面,更要看到南宋"百家争鸣、百花齐放"的繁荣局面

由于以宋高宗为首的妥协派大多患有"恐金病",加之南宋要想收复北

---

① 参见陈杰林《南宋商业发展:特点与成因》,载《安庆师范学院学报》2003 年第 4 期。
② 参见葛金芳《南宋:走向开放型市场的重大转折》,载《杭州研究》2007 年第 2 期。
③ 参见葛金芳《南宋:走向开放型市场的重大转折》,载《杭州研究》2007 年第 2 期。

方失地在军事上和经济上确实存在着许多困难,收复中原失地的战争,也几度受到挫折,因此在南宋统治集团中,往往笼罩着悲观失望、颓废偷安的情绪。一些皇亲贵族,只要不是兵荒马乱,就热衷于享受山水之乐和口腹之欲,出现了软弱不争、贪图享受、胸无大志、意志消沉的"颓唐之风"。反映在一些文人士大夫的文化生活中,就是"一勺西湖水。渡江来、百年歌舞,百年醉醉"的华丽浮靡之风。但是,这并不能掩盖两宋文化的历史地位与影响。宋代是中国古代文化最为光辉灿烂的时期之一。近代的中国文化,其实皆脱胎于两宋文化。著名史学家邓广铭认为:"宋代文化发展所能达到的高度,在从十世纪后半期到十三世纪中叶这一历史时期内,是居于全世界的领先地位的。"①日本学者则将宋代称为"东方的文艺复兴时代"②。著名华裔学者刘子健认为:"此后中国近八百年来的文化,是以南宋文化为模式,以江浙一带为重点,形成了更加富有中国气派、中国风格的文化。"③这主要体现在:

**1. 南宋是古代中国学术思想的巅峰时期**

王国维指出:"宋代学术,方面最多,进步亦最著","近世学术多发端于宋人"。宋学作为宋型文化的精神内核,是中国古代学术思想的新巅峰。宋学流派纷呈,各臻其妙,大师迭出,群星璀璨,尤其到南宋前期,思想文化呈现出一派勃勃生机和前所未有的活跃局面。

理学思想的形成。两宋统治者以文治国、以名利劝学的政策,对当时的思想、学术及教育产生了重要影响,最明显的一个标志是新儒学——理学思想的诞生。南宋是儒学各派互争雄长的时期,各学派互相论辩、互相补充,共同构筑起中国儒学发展史上一个新的阶段。作为程朱理学集大成者的朱熹,是继孔孟以来最杰出的儒家学者。理学思想中倡导的国家至上、百姓至上的精神,与孟子的"君轻民贵"思想是一脉相承的。同时,两宋还倡导在儒

---

① 邓广铭:《国际宋史研讨会开幕词》,载《国际宋史研讨论文选集》,河北大学出版社 1992 年版,第 1 页。

② 宫崎市定:《宫崎市定论文选集》下册,商务印书馆 1963 年版。

③ 刘子健:《代序——略论南宋的重要性》,载黄宽重主编《南宋史研究集》,台湾新文丰出版公司 1985 年版。

家思想主导下的"儒佛道三教同设并行",就是在"尊孔崇儒"的同时,对佛、道两教也持尊奉的态度。理学各家出入佛老;佛门也在学理上融合儒道;道教则从佛教中汲取养分,将其融入自身的养生思想,并吸纳佛教"因果轮回"思想与儒家"纲常伦理"学说。普通百姓"读儒书、拜佛祖、做斋醮"更是习以为常。两宋"三教合流"的文化策略迎合了时代的需要,使宋代儒生不同于以往之"终信一家、死守一经",从而使得南宋在思想、文化领域均有重大突破与重大建树。

思想学术界学派林立。学派林立是南宋学术思想发展的突出表现,也是当时学术界新流派勃兴的标志。在儒学复兴的思潮激荡下,尤其是在鼓励直言、自由议论的政策下,先后形成了以朱熹为代表的道学,以陆九渊为代表的心学,以叶适为代表的永嘉事功之学,以吕祖谦为代表的婺学,以陈亮为代表的永康之学等主要学派,开创了浙东学派的先河。南宋时期学派间互争雄长和欣欣向荣的景象,维持了近百年之久,形成了继春秋战国之后中国历史上第二次"百家争鸣"的盛况,为推动南宋经济文化的发展起到了积极作用。尤其是浙东事功学派极力推崇义利统一,强调"商藉农而立,农赖商而行",认为只有农商并重,才能民富国强,实现国家中兴统一的目的。这种功利主义思想,反映了当时人们希望发展南宋经济和收复北方失地的强烈愿望。

2. 南宋是古代中国文学艺术的鼎盛时期

近代国学大师王国维认为:"天水一朝人智之活动与文化之多方面,前之汉唐、后之元明皆所不逮也。"[①]南宋文学艺术的繁荣主要表现在:一是宋词的兴盛。宋代创造性地发展了"词"这一富有时代特征的文学形式。词的繁荣起始于北宋,鼎盛于南宋。南宋词不仅在内容上有所开拓,而且艺术上更趋于成熟。辛弃疾是南宋最伟大的爱国词人,豪放词派的最高代表,也是南宋词坛第一人,与北宋词人苏轼一样,同为宋词最为杰出的代表。李清照是婉约词派的代表人物,形成了别具一格的"易安体",对后世影响很大。陆

---

① 王国维:《静庵文集续编·宋代之金石学》,载《王国维遗书》第5册,上海古籍出版社1983年版。

游既是著名的爱国诗人,也是南宋词坛的巨匠,他的词充满了奔放激昂的爱国主义感情,与辛弃疾一起把宋词推向了艺术高峰。二是宋诗的繁荣。宋诗在唐诗之后另辟蹊径,开拓了宋诗新境界,其影响直到清末民初。宋诗完全有资格在中国诗史上与唐诗双峰并峙,两水并流。三是话本的兴起。南宋话本小说的出现,在中国文学史上是一件极有意义的大事,它标志着中国小说的发展已进入到了一个新的阶段。宋代话本为中国小说的发展注入了新鲜的活力,迎来了明清小说的繁荣局面。南宋还出现了以《沧浪诗话》为代表的具有现代审美特征的开创性的文学理论著作。四是南戏的出现。南宋初年,出现了具有很强的现实性和感染力的"戏文",统称"南戏"。南宋戏文是元代杂剧的先驱,它的出现标志着中国古代戏曲艺术的成熟,为我国戏剧的发展奠定了雄厚基础①。五是绘画的高峰。宋代是中国绘画史上的鼎盛时期,标志我国中古时期绘画高峰的出现。有研究者认为:"吾国画法,至宋而始全。"②宋代画家多达千人左右,以李唐、刘松年、马远、夏圭等人为代表的南宋著名画家,他们的作品在画坛至今仍享有十分崇高的地位。此外,南宋的多位皇帝和后妃也都是绘画高手。南宋绘画形式多样,山水、人物、花鸟等并盛于世,其中尤以山水画最为突出,它们对后世的影响极大。南宋画家称西湖景色最奇者有十,这就是著名的"西湖十景"的由来。宋代工艺美术造型、装饰与总体效果堪称中国工艺史上的典范,为明清工艺争相效仿的对象。此外,南宋的书法、雕塑、音乐、歌舞等也都有长足的发展。

3. 南宋是古代中国文化教育的兴盛时期

宋代统治者大力倡导学校教育,将"崇经办学"作为立国之本,使宋代的教育体制较之汉唐更加完备和发达。南宋官学、私学皆盛,彻底打破了长期以来士族地主垄断教育的局面,使文化教育下移,教育更加大众化,适应了平民百姓对文化教育的需求,推动了文化的大普及,提高了全社会的文化素质,促进了南宋社会文化事业的进步和发展。在科举考试的推动下,南宋的中央官学、地方官学、书院和私塾村校并存,各类学校都获得了蓬勃的发展。

---

① 参见何忠礼、徐吉军《南宋史稿》,杭州大学出版社 1999 年版,第 657 页。
② 潘天寿:《中国绘画史》,上海人民美术出版社 1983 年版,第 158 页。

南宋各州县普遍设立了公立学校,其学校规模、学校条件、办学水平,较之北宋有了更大发展。由于理学家的竭力提倡和科举考试的需要,南宋地方书院得到了大发展,宋代共有书院397所,其中南宋占310所①。南宋私塾村校遍及全国各地,学校教育由城镇延伸到了乡村,南宋教育达到了前所未有的普及程度。

4. 南宋是古代中国史学的繁荣时期

南宋以"尊重和提倡"的形式,鼓励知识分子重视历史,研究历史,"思考历代治乱之迹"。陈寅恪先生指出:"中国史学莫盛于宋。"②南宋史学家袁枢的《通鉴纪事本末》,创立了以重大历史事件为主体,分别立目,完整地记载历史事件的纪事本末体;朱熹的《资治通鉴纲目》创立了纲目体;朱熹的《伊洛渊源录》则开启了记述学术宗派史的学案体之先河。南宋在历史上第一次提出了"经世致用"的修史思想。南宋史学家不仅重视当代史的研究,而且力主把历史与现实结合起来,从历史上寻找兴衰之源,以史培养爱国、有用的人才。这些都对后代的史学家有很大的启迪和教益。

**四、在科技上,既要看到整个宋代在中国古代科技史上的地位,又要看到南宋对古代中国科学技术的杰出贡献**

宋代统治集团对在科学技术上有重要发明及创造、创新之人给予物质和精神奖励,为宋代科技发展与进步注入了前所未有的强大动力。宋朝是当时世界上发明创造最多的国家,也是中国为世界科技发展贡献最大的时期。英国学者李约瑟说:"每当人们在中国的文献中查找一种具体的科技史料时,往往会发现它的焦点在宋代,不管在应用科学方面或纯粹科学方面都是如此。"③中国历史上的重要发明,一半以上都出现在宋朝,宋代的不少科技发明不仅在中国科技史上,而且在世界科技史上也号称第一。《梦溪笔

---

① 参见何忠礼《论南宋在中国历史上的地位和影响》,载《杭州研究》2007年第2期。
② 陈寅恪:《陈垣明季滇黔佛教考序》、《陈垣元西域人华化考序》,载《金明馆丛稿二编》,上海古籍出版社1980年版,第240、238页。
③ 李约瑟:《李约瑟文集》,辽宁科技出版社1986年版,第115页。

谈》的作者北宋沈括、活字印刷术的发明者毕昇这两位钱塘（浙江杭州）人，都是中外公认的中国古代伟大科学巨匠。南宋的科技在北宋基础上进一步得到发展，其科技成就在很多方面居于世界领先地位。这主要表现在：

1. 南宋对中国古代"三大发明"的贡献

活字印刷术、指南针与火药三大发明，在南宋时期获得进一步的完善和发展，并开始了大规模的实际应用。指南针在航海上的应用，始见于北宋末期，南宋时的指南针已从简单的指针，发展成为比较简易的罗盘针，并将它应用于航海上，这是一项具有世界意义的重大发明。李约瑟指出：指南针在航海中的应用，是"航海技艺方面的巨大改革"，"预示计量航海时代的来临"。中国古代火药和火药武器的大规模使用和推广也始自南宋。南宋出现的管形火器，是世界兵器史上十分重要的大事，近代的枪炮就是在这种原始的管形火器基础上发展起来的。此外，南宋还广泛使用威力巨大的火炮作战，充分反映了南宋火器制造技术的巨大进步。南宋开始推广使用活字印刷术，出现了目前世界上第一部活字印本。此外，南宋的造纸技术也更为发达，生产规模大为扩展，品种繁多，质量之高，近代也多不及。

2. 南宋在农业技术理论上的重大突破

南宋陈旉所著的《农书》是我国现存最早的有关南方农业生产技术与经营的农学著作，他是中国农学史上第一个提出土地利用规划技术的人。陈旉在《农书》中首先提出了土壤肥力论等多种土地的利用和改造之法，并对搞好农业经营管理提出了卓越的见解。稻麦两熟制、水旱轮作制、"耕耙耖"耕作制，在南宋境内都得到了较好的推广。植物谱录在南宋也大量涌现。《橘录》是我国最早的柑橘专著；《菌谱》是世界历史上最早的菌类专著；《全芳备祖》是世界上最早的植物学辞典，比欧洲要早300多年；《梅谱》是世界上最早的有关梅花的专著。

3. 南宋在制造技术上的高度成就

宋代冶金技术居世界最高水平，南宋对此作出了卓越的贡献。在有色金属的开采与冶炼方面，南宋发明了"冶银吹灰法"和"铜合金铁"冶炼法；在煤炭的开发利用上，南宋开始使用焦煤炼铁（而欧洲人是在18世纪时才发明了焦煤炼铁），是我国冶金史上具有重大意义的里程碑。南宋是我国纺织技术高度发展时期，特别是蚕桑丝绸生产，已形成了一整套从栽桑到成衣的过程，生产工具丰富，为明清的丝绸生产技术奠定了基础。南宋的丝纺织品、织造和染色技术在前代的基础上达到了一个新水平。南宋瓷器无论在胎质、釉料，还是在制作技术上，都达到了新的高度。同时，南宋的造船、建筑、酿酒、地学、水利、天文历法、军器制造等方面的技术水平，也都比过去有很大的进步。如现保存于杭州碑林的石刻《天文图》，是迄今为止所能见到的最早的全天星图；绘于南宋绍定二年（1229）的石刻《平江图》，是我国现存最完整的城市规划图，至今仍完好地保存在苏州市博物馆。

### 4. 南宋在数学领域的巨大贡献

南宋数学不仅在中国数学史上，而且在世界数学史上取得了极为辉煌的成就。南宋杰出的数学家秦九韶撰写的《数学九章》提出的"正负开方术"，与现代求数学方程正根的方法基本一致，比西方早500多年。另一位杰出的数学家杨辉，编撰有《详解九章算法》、《日用算法》、《乘除通变本末》、《田亩比类乘除捷法》、《续古摘奇算法》、《杨辉算法》等十余种数学著作，收录了不少我国现已失传的数学著作中的算题和算法。杨辉对级数求和的论述，使之成为继沈括之后世界上最早研究高阶等差级数的人。杨辉发明的"九归口诀"，不仅提高了运算速度和精确度，而且还对明代珠算的发明起到了重要作用。因此，李约瑟把宋代称为"伟大的代数学家的时代"，认为"中国的代数学在宋代达到最高峰"。[①]

### 5. 南宋在医药领域的重要贡献

南宋是中国法医学正式形成的时期。宋慈《洗冤集录》是世界上第一部法医学专著，比西方早350余年。它不仅奠定了我国古代法医学的基础，而且被奉为我国古代"官司检验"的"金科玉律"，并对世界法医学产生了广泛影响。南宋是中国针灸医学的极盛时期。王执中《针灸资生经》和闻人耆年

---

① 参见《中国科学技术史》第1卷第1册，科学出版社1975年版，第273、284、287、292页。

《备急灸法》两书,皆集历代针灸学知识之大全,反映了当时针灸学的最高水平。南宋腧穴针灸铜人是针灸学上第一具教学、临床用的实物模型。陈自明所著《外科精要》一书对指导外科的临床应用具有重要意义。陈自明《妇人大全良方》是著名的妇产科著作,直到明清时期仍被妇科医生奉为经典。朱瑞章的《卫生家宝产科方》,被称为"产科之荟萃,医家之指南"。无名氏的《小儿卫生总微论方》和刘昉的《幼幼新书》,汇集了宋以前在儿科学方面所取得的成就,是我国历史上较早的一部比较系统、全面的儿科学著作。许叔微《普济本事方》是中国古代一部比较完备的方剂专书。

**五、在社会生活上,不但看到南宋一些富豪官绅生活奢华、挥霍淫乐的一面,更要看到南宋政府关注民生、注重民生保障的一面**

南宋社会生活的奢侈之风,既是南宋官僚地主腐朽的集中反映,也是南宋经济文化空前繁荣的缩影。我们不但看到南宋一些富豪官绅纵情声色、恣意挥霍的社会现象,更要看到南宋政府倡导善举、关注民生、同情民苦的客观事实。两宋社会保障制度,在中国古代救助史上占有重要地位,并为宋后社会保障制度的建立奠定了基础。有学者认为,中国古代真正意义上的社会保障事业是从两宋开始的。同时,两宋时期随着土地依附关系的逐步解除和门阀制度的崩溃,逐渐冲破了以前士族地主一统天下的局面。两宋社会结构开始调整重组,出现了各阶层之间经济地位升降更替、社会等级界限松动的现象,各阶层的价值取向趋近,促进社会各阶层的融合,平民化、世俗化、人文化趋势明显[①]。两宋社会的平民化,不仅体现在科举取士面向社会各个阶层,不受出身门第的限制,而且体现在官民之间身份可以相互转化,既可以由贵而贱,也可以由贱而贵;贫富之间既可以由富而贫,也可以由贫而富[②]。其具体表现在:

1. 南宋农民获得了更多的人身自由

两宋时期,租佃制普遍发展,这是古代专制社会中生产关系的一次重大

---

① 参见邓小南《宋代历史再认识》,载《河北学刊》2006 年第 5 期。

② 参见郭学信《宋代俗文化发展探源》,载《西北师大学报》2005 年第 3 期。

调整。在租佃制下,地主招募客户耕种土地,客户只向地主交纳地租,而不必承担其他义务。在大部分地区,客户契约期满后有退佃起移的权利,且受到政府的保护,人身依附关系大为减弱。按照宋朝的户籍制度,客户直接编入国家户籍,成为国家的正式编户,并承担国家某些赋役,而不再是地主的"私属",因而获得了一定的人身自由。两宋农民在法律上可以自由迁徙,这是历史的一大进步①。南宋随着商品经济的发展,农民获得了更多的人身自由,他们可以比较自由地离土离乡,转向城市从事手工业或商业活动。

2. 南宋商人社会地位得到了提高

宋前历朝一直奉行"重农轻商"政策,士、农、工、商,商人居"四民"之末,受到社会的歧视。宋代商业已被视同农业,均为创造社会财富的源泉,"士、农、工、商,皆百姓之本业"②成为社会共识,使两宋商人的社会地位得到前所未有的提高。随着工商业的发展,在南宋手工业作坊中,工匠主和工匠之间形成了雇佣与被雇佣关系。南宋官营手工业作坊中的雇佣制度,代替了原来带有强制性的指派和差人应役招募制度,雇佣劳动与强制性的劳役比较,工匠所受的人身束缚大为松弛,新的经济关系推动了南宋手工业经济的发展,又促进了资本主义生产关系的萌芽。

3. 南宋市民阶层登上了历史舞台

"坊郭户"是城市中的非农业人口。随着工商业的日益发展,宋政府将"坊郭户"单独"列籍定等"。"坊郭户"作为法定户名在两宋时期出现,标志着城市"市民阶层"的形成,市民阶层开始作为一个独立的群体正式登上了历史舞台,成为不可忽视的社会力量③。南宋时期,还实行了募兵制,人们服役大多出自自愿,从而有效保障了城乡劳力稳定和社会安定,与唐代苛重的兵役相比,显然是一个进步。

---

① 参见郭学信、张素音《宋代商品经济发展特征及原因析论》,载《聊城大学学报》2006年第5期。
② 陈耆卿:《嘉定赤城志》卷三七《风土》,中华书局1990年《宋元方志丛刊》本。
③ 参见郭学信《宋代俗文化发展探源》,载《西北师大学报》2005年第3期。

### 4. 南宋社会保障制度更为完善

南宋的社会保障体系主要表现在：一是"荒政"制度。就是由政府无偿向灾民提供钱粮和衣物，或由政府将钱粮贷给灾民，或由政府将灾民暂时迁移到丰收区，或将粮食调拨到灾区，或动员富豪平价售粮，并在各州县较普遍地设置了"义仓"，以解决暂时的粮食短缺问题。同时，遇丰收之年，政府酌量提高谷价，大量收籴，以避免谷贱伤农；遇荒饥之年，政府低价将存粮大量粜出，以照顾灾民。二是"养恤"制度。在临安等城市中，南宋政府针对不同的对象设立了不同的养恤机构。有赈济流落街头的老弱病残或贫穷潦倒乞丐的福田院，有收养孤寡等贫穷不能自存者的居养院，有收养并医治鳏寡孤独贫病不能自存之人的安济院，有收养社会弃子弃婴的慈幼局，等等。三是"义庄"制度。义庄主要由一些科举入仕的士大夫用其秩禄买田置办，义田一般出租，租金则用于赈养族人的生活。虽然义庄设置的最初动机在于为本宗族之私，但义庄的设置在一定范围内保障了族人的经济生活，对南宋官方的社会保障起到了重要的辅助作用。南宋的社会保障政策与措施对倡导善举、缓和社会矛盾、维护社会稳定等发挥了积极作用。①

### 六、在历史地位上，既要看到南宋在当时国际国内的地位，又要看到南宋对后世中国和世界的影响

#### 1. 南宋对东亚"儒学文化圈"和世界文明进程之影响

两宋的成就居于当时世界发展的顶峰，对周边国家和世界均产生了巨大影响。

南宋对东亚"儒学文化圈"的影响。南宋朱子学对东亚"儒学文化圈"各国文化的作用不容低估，对东亚各民族产生了广泛而深刻的影响，至今仍然积淀在东亚各民族的文化心理中，对东亚现代化起着重要作用。在文化输入上，这些周边邻国对唐代文化主要是制度文化的模仿，而对两宋文化则侧

---

① 参见杜伟《略述两宋社会保障制度》，载《沙洋师范高等专科学校学报》2004 年第 1 期；陈国灿《南宋江南城市的公共事业与社会保障》，载《学术月刊》2002 年第 6 期。

重于精神文化的摄取,尤其是对南宋儒学、宗教、文学、艺术、政治制度的借鉴。南宋儒学文化传至东亚各国,与各国的学术思想和民族文化相融合,产生了朝鲜儒学、日本儒学、越南儒学等东亚儒学,形成了东亚"儒学文化圈"。这表明南宋儒学文化在东亚民族之间的文化交流和传播中,对高丽、日本、越南等国学术文化与东亚文明的形成和发展的历史产生了重大影响,这可以说是东亚文明发展中的一大奇观。同时,南宋儒学文化中的优秀成分和合理精神,在现代东亚社会的政治、经济、思想文化、社会生活、家庭关系等方面仍然发挥着重要影响和作用。如南宋儒学中的"信义"、"忠诚"、"中庸"、"和"、"义利并取"等价值观念,在现代东亚经济社会中的积极作用也显而易见。

南宋对世界经济发展的影响。随着南宋海外贸易的发展,与我国通商的海外国家与地区从宋前的 20 余个增至 60 个以上。海外贸易范围从宋前中南半岛和印尼群岛,扩大到西洋(印度洋至红海)、波斯湾、地中海和东非海岸,使雄踞于太平洋西岸的南宋帝国与印度洋北岸的阿拉伯帝国一起,构成了当时世界贸易圈的两大轴心。海上"丝绸之路"取代了陆上"丝绸之路",成为中外经济文化交流的主要通道。鉴于此,美籍学者马润潮把宋代视为"世界伟大海洋贸易史上的第一个时期"[1]。同时,随着商品经济的发展,北宋出现了世界上最早的纸币——交子,至南宋时,纸币开始在全国普遍使用。有学者将纸币的产生与大规模的流通称为"金融革命"[2]。纸币流通的意义远在金属铸币之上,表明我国在货币领域的发展已走在世界前列。

南宋对世界文明进程的影响。宋代文化对世界文化的影响,主要表现在两宋的活字印刷术、火药、指南针"三大发明"的西传上。培根指出:"这三种发明已经在世界范围内把事物的全部面貌和情况都改变了:第一种是在学术方面,第二种是在战事方面,第三种在航行方面;由此产生了无数的变化,这种变化是如此巨大,以至没有一个帝国,没有一个教派,没有一个赫赫

---

① 转引自葛金芳《南宋:走向开放型市场的重大转折》,载《杭州研究》2007 年第 2 期。

② 参见张邦炜《瞻前顾后看宋代》,载《河北学刊》2006 年第 5 期。

有名的人物,能比得上这三种机械发明。"①马克思的评价则更高:"火药、指南针、印刷术——这是预告资产阶级到来的三大发明。火药把骑士阶层炸得粉碎,指南针打开了世界市场并建立了殖民地,而印刷术则变成了新教的工具和科学复兴的手段,变成对精神发展创造必要前提的强大杠杆。"②两宋"三大发明"对世界文明的决定性作用是毋庸赘言的。两宋科举考试制度也对法、美、英等西方国家选拔官吏的政治制度产生了直接作用和重要影响,被人誉为"中国的第五大发明"。

2. 南宋对中国古代与近代历史发展之影响

中外学者普遍认为:"这时的文化直至 20 世纪初都是中国的典型文化。其中许多东西在以后的一千年中是中国最典型的东西,至少在唐代后期开始萌芽,而在宋代开始繁荣。"③

南宋促进了中国市民社会的形成。随着商品经济的繁荣,两宋时期不仅出现了一大批大、中、小商业城市与集镇,而且形成了杭州、开封、成都等全国著名商业大都市,第一次出现了城市平民阶层,呈现了中国古代社会前所未有的时代开放性。到了南宋,市民阶层更加壮大,世俗文化与世俗经济更加繁荣,意味着中国市民社会开始形成,开启了中国社会的平民化进程。正由于南宋时期出现了欧洲近代前夜的一些特征,如大城市兴起、市民阶层形成、手工业发展、商业经济繁荣、对外贸易发达、流通纸币出现、文官制度成熟等现象,美国、日本学者普遍把宋代中国称为"近代初期"。④

南宋促成了中国经济重心的南移。由于南宋商品经济的空前发展,有些学者甚至断言,宋代已经产生了资本主义萌芽。西方有学者认为南宋已处在"经济革命时代"。随着宋室南下,南宋经济的发展与繁荣,使江南成为全国经济最为发达的地区。南宋时期,全国经济重心完成了由黄河流域向

---

① 培根:《新工具》,商务印书馆 1984 年版,第 103 页。
② 马克思:《机械、自然力和科学应用》,人民出版社 1978 年版,第 67 页。
③ 费正清、赖肖尔:《中国:传统与变革》,江苏人民出版社 1995 年版,第 118—119 页。
④ 张晓淮:《两宋文化转型的新诠释》,载《学海》2002 年第 4 期。

长江流域的历史性转移,我国经济形态自此逐渐从自然经济转向商品经济,从封闭经济走向开放经济,从内陆型经济转向海陆型经济,这是中国传统社会发展中具有路标性意义的重大转折①。如果没有明清的海禁和极端专制的封建统治,中国的近代化社会也许会更早地到来。

南宋推进了中华民族的大融合。南宋时期,中国社会出现了第三次民族大融合。宋王朝虽然先后被同时代的女真、蒙古等少数民族所征服,但无论是前金还是后蒙,在其思想文化上,都被南宋所代表的先进文化所征服,融入中华民族的大家庭之中。10—13 世纪,中原王朝与北方游牧民族的时战时和、时分时合,使以农耕文化为载体的两宋文化迅速向北扩散播迁,女真、蒙古等少数民族政权深受南宋所代表的先进的政治制度、社会经济和思想文化的影响,表现出对南宋文化的认同、追随、仿效与移植,自觉不自觉地接受了先进的南宋文化,使其从文字到思想、从典章制度到风俗习惯均呈现出汉化趋势②。南宋文化改变了这些民族的文化构成,提高了文化层位,加速了这些民族由落后走向文明、走向进步的进程,从而在整体上提高了中国北部地区少数民族的文化水平。

南宋奠定了理学在封建正统思想中的主导地位。理学的形成与发展,是南宋文化对中国古代思想文化的重大贡献。南宋理宗朝时,理学被钦定为封建正统思想和官方哲学,确立了程朱理学的独尊地位,并一直垄断元、明、清三代的思想和学术领域长达 700 余年,其影响之深广,在古代中国没有其他思想可以与之匹敌③。同时,两宋时期开创了中国古代儒、佛、道"三教合流"的文化格局。与汉武帝"罢黜百家、独尊儒术"不同,南宋在大兴儒学的前提下,加大了对佛、道两教的扶持,出现了"以佛修心,以道养生,以儒治世"的"三教合一"的格局。自宋后,在古代中国社会中基本延续了以儒学为主体,以佛、道为辅翼的文化格局。

两宋对中国后世王朝政权稳定的影响。两宋王朝虽然国土面积前不及

---

① 参见葛金芳《南宋:走向开放型市场的重大转折》,载《杭州研究》2007 年第 2 期。

② 参见虞云国《略论宋代文化的时代特点与历史地位》,载《浙江社会科学》2006 年第 3 期。

③ 参见何忠礼《论南宋在中国历史上的地位和影响》,载《杭州研究》2007 年第 2 期。

汉唐,后不如元明清,却是中国封建史上立国时间最长的王朝。两宋王朝之所以在外患深重的威胁下保持长治久安的局面,很大程度上取决于两宋精于内治,形成了一系列的中央集权制度和民族认同感,因此,自宋朝后,中华民族"大一统"的思想深入人心,中国历史上再也没有出现过地方严重分裂割据的局面。

3. 南宋对杭州城市发展之影响

正是南宋经济、文化、社会各方面的高度发展,促成了京城临安的极度繁荣,使其成为 12—13 世纪最为繁华的世界大都会;也正是南宋带来的民族文化的大交流、生活方式的大融合、思想观念的大碰撞,形成了京城临安市民独特的生活观念、生活方式、性格特征、语言习惯。直到今天,杭州人所独有的文化特质、社会习俗、生活理念,都深深地烙上了南宋社会的历史印迹。

京城临安,一座巍峨壮丽的世界级的"华贵之城"。南宋朝廷以临安为行都,使杭州的城市性质与等级发生了根本性的巨大变化,从州府上升为国都,这是杭州城市发展的里程碑,杭州由此进入了历史上最辉煌的时期。南宋统治者对临安城的建设倾注了大量的心血,并倾全国之人力、物力、财力加以精心营造。经过南宋诸帝持续的扩建和改建,南宋皇城布满了金碧辉煌、巍峨壮丽的宫殿,与昔日的州治相比已不可同日而语。同时,南宋对临安府也进行了大规模的改造和扩建,南宋御街便是其中的杰出代表。南宋都城临安,经过 100 多年的精心营建,已发展成为百万人口以上的大城市,成为当时亚洲各国经济文化的交流中心,城市规模已名列十二三世纪时世界的首位。当时的杭州被意大利著名旅行家马可·波罗称赞为"世界上最美丽华贵之天城"。与此同时,12 世纪的美洲和澳洲尚未被外部世界所发现,非洲处于自生自灭的状态,欧洲现有的主要国家尚未完全形成,北欧各地海盗肆虐,基辅大公国(俄罗斯)刚刚形成①。到了南宋后期(即 13 世纪中叶)临安人口曾达到 150 万—160 万人,此时,西方最大最繁华的城市威尼斯也

---

① 参见何亮亮《从"南海一号"看中华复兴》,载《文汇报》2008 年 1 月 6 日。

只有 10 万人口,作为世界最著名的大都会伦敦、巴黎,直至 14 世纪的文艺复兴时期,其人口也不过 4 万—6 万人①。仅从城市人口规模看,800 年前的杭州就已遥遥领先于世界各大城市。

京城临安,一座繁荣繁华的"地上天宫"。临安是全国最大的手工业生产中心。南宋临安工商业发达,手工业门类齐、制作精、分工细、规模大、档次高,造船、陶瓷、纺织、印刷、造纸等行业都建有大规模的手工业作坊,并有"四百一十四行"之说。临安是全国商业最为繁华的城市。城内城外集市与商行遍布,天街两侧商铺林立,早市夜市通宵达旦;城北运河樯橹相接、昼夜不歇;城南钱江两岸各地商贾海舶云集、桅杆林立。临安是璀璨夺目的文化名城。京城内先后集聚了李清照、朱熹、尤袤、陆游、杨万里、范成大、辛弃疾、陈起等一批南宋著名的文化人。临安雕版印刷为全国之冠,杭刻书籍为我国宋版书之精华。城内设有全国最高的学府——太学,规模最为宏阔,与武学、宗学合称"三学",临安的教育事业空前繁荣。城内文化娱乐业发达,瓦子数量、百戏名目、艺人人数、娱乐项目和场所设施等方面,也都是其他城市所无法比拟的。临安不但是全国政治中心,也是全国经济中心和文化中心。今日杭州之所以能成为"人间天堂",成为全国历史文化名城,成为我国七大古都之一,很大程度上就是得益于南宋定都临安,得益于南宋经济文化的高度繁荣。

京城临安,一座南北荟萃、精致和谐的生活城市。北方人口的优势,使南下的中原文化全面渗透到本土的吴越文化之中,形成了临安独特的社会生活习俗,并影响至今。临安的社会是本地居民与外来人员和谐相处的社会,临安的文化是南北文化交融、中外文化交流的结晶;临安的生活是中原风俗与江南民俗相互融合的产物。总之,南宋临安是一座兼容并蓄、精致和谐的生活城市。其表现为:一是南北交融的语言。经过南宋 100 多年流行,北方话逐渐融合到吴越方言之中,形成了南北交融的"南宋官话"。有学者指出:"越中方言受了北方话的影响,明显地反映在今日带有'官话'色彩的

---

① 参见何忠礼《论南宋在中国历史上的地位和影响》,载《杭州研究》2007 年第 2 期。

杭州话里。"①二是南北荟萃的饮食。自南宋起,杭人饮食结构发生了变化,从以稻米为主,发展到米、面皆食。"南料北烹"美食佳肴,结合西湖文采,形成了具有鲜明特色的"杭帮菜系",而成为中国古代菜肴的一个新的高峰。丰富美味的饮食,致使临安人形成了追求美食美味的饮食之风。三是精致精美的物产。南宋时期,在临安无论是建筑寺观,还是园林别墅、亭台楼阁和小桥流水,无不体现了江南的精细精致,更有陶瓷、丝绸、扇子、剪刀、雨伞等工艺产品,做工讲究、小巧精致。四是休闲安逸的生活。城市的繁华与西湖的秀美,使大多临安人沉醉于歌舞升平与湖山之乐中,在辛劳之后讲究吃喝玩乐、神聊闲谈、琴棋书画、花鸟鱼虫,体现了临安人求精致、讲安逸、会休闲的生活特点,也反映了临安市民注重生活与劳作结合的城市生活特色,反映了临安文化的生活化与世俗化,并融入今日杭州人的生活观念中。

### 七、挖掘南宋古都遗产,丰富千年古都内涵,推进"生活品质之城"建设

今天的杭州之所以能将"生活品质之城"作为自己的城市品牌,就是因为今日杭州城市的产业形态、思想文化、城市格局、园林建筑、西湖景观等方面都烙下了南宋临安的印迹;今日杭州人的生活观念、生活内涵、生活方式、生活环境、生活习俗,乃至性格、语言等方面,都与南宋临安人有着千丝万缕的历史渊源。因此,我们在共建共享"生活品质之城"的同时,就必须传承南宋为我们留下的丰富的古都遗产,弘扬南宋的优秀文化,吸取南宋有益的精神元素,不断充实千年古都的内涵,以此全面提升杭州的经济生活品质、文化生活品质、政治生活品质、社会生活品质和环境生活品质,让今日的杭州人生活得更加和谐、更加美好、更加幸福。

1. 传承南宋"经世致用"的务实精神,引领"和谐创业",提升杭州经济生活品质

南宋经济之所以能达到历史上的较高水平,我们认为主要是南宋"富民"思想和"经世致用"务实精神所致。南宋经济是农商并重、求真务实的经

---

① 参见徐吉军《论南宋定都杭州对当地经济文化的重大影响》,载《杭州研究》2007 年第2 期。

济。南宋浙东事功学派立足现实，注重实用，讲究履践，强调经世，打破"重农轻商"传统观念和"厚本抑末"国策，主张"农商并重"，倡导轻徭薄赋、与民休息，实现藏富于民，最后达到民富国强。浙东事功学派的思想主张，为南宋经济尤其是商品经济的发展起到了推波助澜的作用，使南宋统治者逐步改变了"舍利取义"、"以农为本"的思想，确立了"义利并重"、"工商皆本"的观念，推动大批农村剩余劳动力不断涌入城市，从事商业、手工业、服务业等经济活动，促进了南宋经济的繁荣。同时，发达的南宋经济也是多元交融、开放兼容的经济，是士、农、工、商多种经济成分相互渗透的经济，是本地居民与外来人员多元创业的经济，是中原经济与江南经济相互融合的经济，是中外交流交换交融的经济。因此，南宋经济的繁荣，也是通过多元交流，在交融中创新、创造、创业的结果。

今日杭州，要保持城市综合实力在全国的领先优势，增强城市综合竞争力，不断提升城市经济生活品质，就应吸取南宋学者"富民"思想的合理内核，秉承南宋"经世致用"和"开放兼容"的精神，坚持"自主创新"与"对外开放"并重，推进"和谐创业"，实现内生型经济与外源型经济的和谐发展。今天我们传承南宋"经世致用"的务实精神，就要以走在前列、干在实处的姿态，干实事、求实效，开拓创新，将儒商文化融入到经济建设中，放心、放手、放胆、放开发展民营经济，走出一条具有杭州特色的创新发展之路。同时，秉承南宋"开放兼容"的精神，就要以更加开阔的视野、更加宏大的气魄，顺应经济全球化趋势，在更大范围、更广领域、更高层次参与国际分工和国际合作，提高杭州经济国际化程度，把杭州建设成为21世纪国际性区域中心城市、享誉国际的历史文化名城、创业与生活完美结合的国际化"生活品质之城"，不断提升杭州的经济生活品质。

2. 挖掘南宋"精致开放"的文化特色，弘扬"精致和谐、大气开放"的人文精神，提升杭州文化生活品质

"精致和谐、大气开放"，是杭州城市文化的最大特色。人们可以追溯到距今8000年的"跨湖桥文化"，从那里出土的一只陶器和一叶独木舟，去寻找杭州的"精致"与"开放"；可以在"良渚文化"精美的玉琮和"人、禽、兽三

位一体"的图腾图案中,去品味杭州的"精致"与"大气";也可以在吴越的制瓷、酿酒工艺和"闽商海贾"的繁荣景象中,去领略杭州的"精致"与"开放"。但是,我们认为能最集中、最全面体现"精致和谐、大气开放"的杭州人文特色的是南宋文化。南宋时期,临安不但出现了吴越文化与中原文化的大融合,也出现了南宋文化与海外文化的大交流。多民族的开放融合、多元文化的和谐交融,不但使南宋经济呈现出高度繁荣繁华,而且使南宋文化深深融入临安人的生活之中,也使杭州城市呈现出精致精美的特色。农业生产更加追求精耕细作,手工业产品更加精致精细,工艺产品更加精美绝伦,饮食菜肴更加细腻味美,园林建筑更加巧夺天工,诗词书画更加异彩纷呈。正是因为南宋临安既具有"多元开放"的气魄,又具有"精致精美"的特色,两者的相互渗透与融合,使杭州的城市发展达到了极盛时期,从而成为当时世界上最繁华的大都会。今天我们能形成"精致和谐、大气开放"的杭州人文精神,确实有其深远的历史渊源。

今天,我们深入挖掘南宋沉淀的、至今仍在发挥重要影响的文化资源,就是"精致精美"、"多元开放"的南宋人文特色。杭州"精致和谐、大气开放"的人文精神,既是对杭州历史文化的高度提炼,是"精致精美"、"多元开放"的南宋人文特色的高度概括,也是市委、市政府在新世纪立足杭州发展现实,谋划杭州未来发展战略,解放思想、实事求是、与时俱进、创新思维的结果。在思想观念深刻变化,经济体制深刻变革,社会结构深刻变动,利益格局深刻调整,国内外各种思想文化相互激荡的今天,杭州不仅要挖掘、重振南宋"精致精美"、"多元开放"的人文特色,使传统特色与时代精神有机结合,而且要用"精致和谐、大气开放"的城市人文精神来增强杭州人的自豪感、自信心、进取心、凝聚力,以更高的标准和要求、更宽的胸怀和视野、更大的气魄和手笔、更强的决心和力度,再创历史的新辉煌。

3. 借鉴南宋"寒门入仕"的宽宏政策,推进"共建共享",提升杭州政治生活品质

宋代打破了以往只有官僚贵族阶层才可以入仕参政的身份性屏障,采取"崇尚文治"政策,制定保护文士措施,以宽松、宽容的态度对待文人士

大夫,尊重知识分子,重用文臣,提倡教育和养士,优待知识分子,为宋代文人士大夫提供了一个敢于说话、敢于思考、敢于创造的空间,使两宋成为封建社会中思想文化环境最为宽松的时期。同时,由于"寒门入仕"通道的开辟,使一大批中小地主、工商阶层、平民百姓出身的知识分子得以通过科举入仕参政,士农工商成为从上到下各级官僚的重要来源,使一大批有才华、有抱负、懂得政治得失、关心民生疾苦的社会有识之士登上了政治舞台。这种相对自由的政治环境和不拘一格选拔人才的政策,不但为两宋政权的巩固,而且为整个两宋经济、文化、社会的发展提供了人才支撑和知识支撑。

南宋"崇文优士"的国策和"寒门入仕"、网罗人才的做法,对于今天正在致力于建设"生活品质之城"的杭州,为不断巩固人民群众当家作主的政治地位,形成民主团结、生动活泼、有序参与、依法治市的政治局面,提高人民群众政治生活品质方面都有着现实的借鉴意义。我们应借鉴南宋"尊重文士、重用文臣"的做法,尊重知识、尊重人才。要营造"凭劳动赢得尊重、让知识成为财富、为人才搭建舞台、以创造带来辉煌"的氛围,以一流环境吸引一流人才,以一流人才创造一流业绩,鼓励成功、宽容失败,真正做到事业留人、感情留人、适当待遇留人,从政治上、工作上、生活上关心、爱护人才,并将政治、业务素质好,具有领导能力的复合型人才大胆提拔到各级领导岗位上来。我们应借鉴南宋"寒门入仕"、广开言路的做法,推进决策科学化、民主化。要坚持党务公开、政务公开,按照"问情于民"、"问需于民"、"问计于民"的要求,深入了解民情,充分反映民意、广泛集中民智,不断完善专家决策咨询制度,建立有关决策的论证制和责任制,真心实意地听取并吸收各方专家学者的真知灼见,切实落实人民群众的知情权、参与权、选择权、监督权,推进决策科学化、民主化。我们应围绕建设"生活品质之城"的目标,营造全民"共建共享"的社会氛围。要引导全市广大干部群众进一步解放思想、更新观念、开拓创新,自觉地把提高生活品质作为杭州未来发展的根本导向和总体目标,贯彻落实到经济、政治、文化、社会建设和党的建设各个方面,在全市上下形成共建"生活品质之城"、共享品质生活、合力打造"生活品质之城"城市品牌的浓厚氛围,推进杭州又好又快地发展。

4. 借鉴南宋"体恤民生"的仁义之举,建设全民共享的"生活品质之城",提升杭州社会生活品质

两宋统治集团倡导"儒术治国",信奉儒家的济世精神。南宋理学的发展和繁荣,使新儒家"仁义"学说得到了社会各阶层的认可与效行。在这种思想的影响和支配下,使两宋在社会领域里初步形成了"农商并重"的格局,"士农工商"的社会地位较以往相对平等;在思想学术领域,"不杀上书言事者",使士大夫的思想言论较以往相对自由;在人身依附关系上,农民与地主、雇工与手工业主都较宋代以前相对松弛;在社会保障制度上,针对不同人群采取不同的社会福利措施,各种不同人群较宋前有了更多的保障。两宋的社会福利已经初具现代社会福利的雏形,尽管不同时期名称不同,救助对象也有所差异,但一直发挥着救助"鳏寡孤独老幼病残"的作用;两宋所采取的施粥、赈谷、赈银、赈贷、安辑和募军等措施,对缓解灾荒所造成的严重困难发挥了积极作用。整个两宋时期,在长达320年的统治过程中,尽管面对着严重的民族矛盾,周边先后有契丹(辽)、西夏、吐蕃、金、蒙古等政权的威胁,百姓负担也比前代沉重得多,但宋代大规模的农民起义却少于前代,这与当时人们社会地位相对平等、社会保障受到重视、家庭问题处理妥当不无关系。

南宋社会"关注民生"、"同情民苦"的仁义之举,尤其是针对不同人群建立的较为完备的社会保障体系,在构建社会主义和谐社会,建设覆盖城乡、全民共享的"生活品质之城"的今天,有着特别重要的现实意义。建设覆盖城乡、全民共享的"生活品质之城",既是一项长期的历史任务,又是一个重大的现实课题。要使"发展为人民、发展靠人民、发展成果由人民共享、发展成效让人民检验"的理念落到实处,就必须把老百姓的小事当作党委、政府的大事,以群众呼声为第一信号,以群众利益为第一追求,以群众满意为第一标准,树立起"亲民党委"、"民本政府"的良好形象。要始终坚持以人为本、以民为先的理念,既要关注城市居民,又要关注农村居民;既要关注本地居民,又要关注外来创业务工人员;既要关注全体市民

生活品质的整体提高，又要特别关注困难群众、弱势群体、低收入阶层生活品质的明显改善。要始终关注老百姓的衣食住行、安危冷暖、生老病死，让老百姓能就业、有保障，行得便捷、住得宽畅，买得放心、用得舒心，办得了事、办得好事，拥有安全感、安居又乐业，让全体市民共创生活品质、共享品质生活。

5. 整合南宋"安逸闲适"的环境资源，打造"东方休闲之都"，提升杭州环境生活品质

杭州得天独厚的自然山水环境，经过南宋 100 多年来"固江堤、疏西湖、治内河、凿新井"、"建宫城、造御街、设瓦子、引百戏"等多方面的措施，形成都城"左江（钱塘江）右湖（西湖）、内河（市区河道）外河（京杭运河）"的格局，使杭州的生态环境、旅游环境、休闲环境大为改观，极大地丰富了杭州的旅游资源。南宋为我们留下的不但是一面"南宋古都"的"金字招牌"，还留下了"安逸闲适"的休闲环境和休闲氛围。在"三面云山一面城"的独特环境里，集中了江、河、湖、溪与西湖群山，出现了大批的观光游览景点，并形成了著名的"西湖十景"。沿湖、沿河、沿街的茶肆酒楼，鳞次栉比，生意兴隆；官私酒楼、大小餐馆充满着"南料北烹"的杭帮菜肴和各地名肴；大街小巷布满大小馆舍旅店，是外地游客与应考士子的休息场所。同时，临安娱乐活动丰富多彩，节庆活动繁多。独特的自然山水，休闲的环境氛围，使临安人注重生活环境，讲究生活质量，追求生活乐趣。不但皇亲国戚、达官贵人纵情山水，赏花品茗，过着"高贵奢华"的休闲生活；而且文人士大夫交接士朋，寄情适趣，热衷"高雅脱俗"的休闲生活；就是普通百姓也往往会带妻携子，泛舟游湖，享受"人伦亲情"的山水之乐。

今天的杭州人懂生活，会休闲，讲究生活质量，追求生活品质，都可以从南宋临安人闲情逸致的生活态度中找到印迹。今天的杭州正在推进新城建设、老城更新、环境保护、街区改善等工程，都可以从南宋临安对"左江右湖、内河外河"的治理和皇城街坊、园林建筑的建设中得到有益启示。杭州要打造"东方休闲之都"，共建、共享"生活品质之城"，建设国际旅游休闲中心，就必须重振"南宋古都"品牌，充分挖掘南宋文化遗产，珍惜杭州为数不多的地

上南宋遗迹。进一步实施好"西湖"、"西溪"、"运河"、"市区河道"等综合保护工程;推进"南宋御街"——中山路有机更新,以展示杭州自南宋以来的传统商业文化;加强对南宋"八卦田"景区的保护与利用,以展示南宋皇帝"与民同耕"的怀古场景;加强对南宋官窑遗址的保护与利用,以展示南宋杭州物产的精致与精美;加强对南宋皇城遗址和太庙遗址的保护利用,以展示昔日南宋京城的繁荣与辉煌。进入21世纪的杭州,不但要保护、利用好南宋留下的"三面云山一面城"的"西湖时代",更要以"大气开放"的宏大气魄,努力建设好"一主三副六组团六条生态带"的大都市空间格局,形成"一江春水穿城过"的"钱塘江时代",实现具有千年古都神韵的文化名城与具有大都市风采的现代化新城同城辉映。

# 序　言

徐　规

　　靖康之变,北宋灭亡。建炎元年(1127)五月初一日,宋徽宗第九子、钦宗之弟赵构在应天府(河南商丘)即帝位,重建宋政权。不久,宋高宗在金兵的追击下一路南逃,最终在杭州站稳了脚跟,并将此地称为行在所,成为实际上的南宋都城。

　　南宋自立国起,到最终为元朝灭亡(1279),国祚长达一百五十三年之久。对于南宋社会,历来评价甚低,以为它国力至弱,君臣腐败,偏安一隅,一无作为。近代以来,一些具有远见卓识的史学家却有不同看法,如著名史学大师陈寅恪先生在上个世纪四十年代初指出:

　　　　华夏民族之文化,历数千载之演进,造极于赵宋之世。①

著名宋史专家邓广铭先生更认为:

　　　　宋代是我国封建社会发展的最高阶段,两宋期内的物质文明和精神文明所达到的高度,在中国整个封建社会历史时期之内,可以说是空前绝后的。②

　　很显然,对宋代的这种高度评价,无论是陈寅恪还是邓广铭先生,都没

---

①　《金明馆丛稿二编》,三联书店 2001 年版。
②　《关于宋史研究的几个问题》,载《社会科学战线》1986 年第 2 期。

有将南宋社会排斥在外。我以为,一些人之所以对南宋贬抑至深,在很大程度上是出于对患有"恐金病"的宋高宗和权相秦桧一伙倒行逆施的义愤,同时从南宋对金人和蒙元步步妥协,国土日朘月削,直至灭亡的历史中,似乎也看到了它的懦弱和不振。当然,缺乏对南宋史的深入研究,恐怕也是其中的一个原因。

众所周知,南宋历史悠久,国土虽只及北宋的五分之三,但人口少说也有五千万人左右,经济之繁荣,文化之辉煌,人才之众多,政权之稳定,是历史上任何一个偏安政权所不能比拟的。因此,对南宋社会的认识,不仅要看到它的统治集团,更要看到它的广大人民群众;不仅要看到它的军事力量,更要看到它的经济、文化和科学技术等各个方面,看到它的人心之所向。特别是由于南宋的建立,才使汉唐以来的中华文明在这里得到较好的传承和发展,不至于产生大的倒退。对于这一点,人们更加不应该忽视。

北宋灭亡以后,由于在淮河、秦岭以南存在着南宋政权,才出现了北方人口的大量南移,再一次给中国南方带来了充足的劳动力、先进的技术和丰富的生产经验,从而推动了南宋农业、手工业、商业和海外贸易显著的进步。

与此同时,南宋又是中国古代文化最为光辉灿烂的时期。它具体表现为:

一是理学的形成和儒学各派的互争雄长。

南宋时候,程朱理学最终形成,出现了以朱熹为代表的主流派道学,以胡安国、胡宏、张栻为代表的湖湘学,以谯定、李焘、李石为代表的蜀学,以陆九渊为代表的心学。此外,浙东事功学派也在尖锐复杂的民族矛盾和阶级矛盾的形势下崛起,他们中有以陈傅良、叶适为代表的永嘉学派,以陈亮、唐仲友为代表的永康学派,以吕祖谦为代表的金华学派。理宗朝以前,各学派之间互争雄长,呈现出一派欣欣向荣的景象。

二是学校教育的大发展,推动了文化的普及。

南宋学校教育分中央官学、地方官学、书院和私塾村校,它们在南宋都获得了较大发展。如南宋嘉泰二年(1202)，仅参加中央太学补试的士人就达三万七千余人，约为北宋熙宁(1068—1077)初的二百五十倍①。州县学在北宋虽多次获得倡导，但只有到南宋才真正得以普及。两宋共有书院三百九十七所，其中南宋占三百一十所②，比北宋的三倍还多，著名的白鹿洞、象山、丽泽等书院，都是各派学者讲学的重要场所。为了适应科举的需要，私塾村校更是遍及城乡。学校教育的大发展，有力地推动了南宋文化的普及，不仅应举的读书人较北宋为多，就是一般识字的人，其比例之大也达到了有史以来的高峰。

三是史学的空前繁荣。

通观整个南宋，除了权相秦桧执政时期，总的说来，文禁不密，士大夫熟识政治和本朝故事，对国家和民族有很强的责任感，不少人希望借助于史学研究，总结历史上的经验和教训，以供统治集团作为参考。另一方面，南宋重视文治，读书应举的人比以前任何时候都多，对史书的需要量极大，许多人通过著书立说来宣扬自己的政治主张，许多人将刻书卖书作为谋生的手段。这样就推动了南宋史学的空前繁荣，流传下来的史学著作，尤其是本朝史，大大超过了北宋一代。南宋史家辈出，他们治史态度之严肃，考辨之详赡，一直为后人所称道。四川路、两浙东路、江南西路和福建路都是重要的史学中心。四川路以李焘、李心传、王称等人为代表，浙东以陈傅良、王应麟、黄震、胡三省等人为代表，江南西路以徐梦莘、洪皓、洪迈、吴曾等人为代表，福建路以郑樵、陈均、熊克、袁枢等人为代表。他们既为后世留下了宝贵的史料，也创立了新的史学体例，史书中反映的爱国思想也对后世史家产生了重大影响。

四是公私藏书十分丰富。

南宋官方十分重视书籍的搜访整理，重建具有国家图书馆性质的秘书省，规模之宏大，藏书之丰富，远远超过以前各个朝代。私家藏书更是随着

--------

① 《宋会要辑稿》崇儒一之三九。
② 参见曹松叶《宋元明清书院概况》，载《中山大学语言历史研究所周刊》第10集，第111—115期，1929年12月至1930年版。

雕版印刷业的进步和重文精神的倡导而获得了空前发展。两宋时期,藏书数千卷且事迹可考的藏书家达到五百余人,生活于南宋的藏书家有近三百人①,又以浙江为最盛,其中最大的藏书家有郑樵、陆宰、叶梦得、晁公武、陈振孙、尤袤、周密等人,他们藏书的数量多达数万卷至十数万卷,有的甚至可与秘府、三馆等。

五是文学、艺术的繁荣。

南宋是中国古代文学、艺术繁荣昌盛的时代。词是两宋最具代表性的文学形式。据唐圭璋先生所辑《全宋词》统计,在所收作家籍贯和时代可考的八百七十三人中,北宋二百二十七人,占百分之二十六;南宋六百四十六人,占百分之七十四,李清照、辛弃疾、陆游、姜夔、刘克庄等都是南宋杰出词家。宋诗的地位虽不及唐代,但南宋诗就其数量和作者来说,大大超过了北宋。有北方南移的诗人曾几、陈与义,有"中兴四大诗人"之称的陆游、杨万里、范成大、尤袤,有同为永嘉(浙江温州)人的徐照、徐玑、翁卷、赵师秀,有作为江湖派代表的戴复古、刘克庄,有南宋灭亡后作"遗民诗"的代表文天祥、谢翱、方凤、林景熙、汪元量、谢枋得等人。此外,南宋的绘画、书法、雕塑、音乐、舞蹈以及戏曲等,都在中国文化史上占有一定的地位。

在日常生活中,南宋的民俗风情、宗教思想,乃至衣、食、住、行等方面,对今天的中国也有着深刻影响。

南宋亦是我国古代科学技术发展史上最为辉煌的时期,正如英国学者李约瑟所说:"对于科技史家来说,唐代不如宋代那样有意义,这两个朝代的气氛是不同的。唐代是人文主义的,而宋代较着重科学技术方面……每当人们在中国的文献中查找一种具体的科技史料时,往往会发现它的焦点在宋代,不管在应用科学方面或纯粹科学方面都是如此。"②此话当然一点不假,不过如果将南宋与北宋相比较,李约瑟上面所说的话,恐怕用在南宋会更加恰当一些。

---

① 参见《中国藏书通史》第五编第三章《宋代士大夫的私家藏书》,宁波出版社2001年版。
② 李约瑟:《中国科学技术史·导论》,中译本,北京科学出版社1990年版。

　　首先,中国古代四大发明中的三大发明,即就指南针、火药和印刷术而言,在南宋都获得了比北宋更大的进步和更广泛的应用。别的暂且不说,仅就将指南针应用于航海上,并制成为罗盘针使用这一点来看,它就为中国由陆上国家向海洋国家的转变创造了技术上的条件,意义十分巨大。再如,对人类文明作出重大贡献的活字印刷术虽然发明于北宋,但这项技术的成熟与正式运用是在南宋。其次,在农业、数学、医药、纺织、制瓷、造船、冶金、造纸、酿酒、地学、水利、天文历法、军器制造等方面的技术水平都比过去有很大进步。可以这样说,在西方自然科学没有东传之前,南宋的科学技术在很大程度上代表了中国封建社会科学技术的最高水平。

　　南宋军事力量虽然弱小,但军民的斗争意志异常强大。公元 1234 年,金朝为宋蒙联军灭亡以后,宋蒙战争随即展开。蒙古铁骑是当时世界上最为强大的军队,它通过短短的二十余年时间,就灭亡了西夏和金,在此前后又发动三次大规模的西征,横扫了中亚、西亚和俄罗斯等大片土地,前锋一直打到中欧的多瑙河流域。但面对如此劲敌,南宋竟顽强地抵抗了四十五年之久,这不能不说是世界战争史上的一个奇迹。从中涌现出了大量可歌可泣的英雄人物,反映了南宋军民不畏强暴的大无畏战斗精神,他们与前期的岳飞精神一样,成为中华民族宝贵的精神财富。

　　古人有言:"以古为镜,可以知兴替。"近人有言:"古为今用,推陈出新。"前者是说,认真研究历史,可为后人提供历史上的经验和教训,以少犯错误;后者是说,应该吸取历史上一切有益的东西,通过去粗取精,改造、发展,以造福人民。总之,认真研究历史,有利于加强精神文明的建设,也有利于将我国建设成为一个和谐、幸福的社会。

　　对于南宋史的研究,以往已经有不少学者作了辛勤的努力,获得了许多宝贵的成果,这是应该加以肯定的。但是,不可否认,与北宋史相比,对南宋史的研究还不够,需要进一步探讨的问题、需要填补的空白尚有很多。现在杭州市社会科学院南宋史研究中心在省市有关部门的大力支持下,在全国广大南宋史学者的积极支持和参与下,计划用五六年的时间,编纂出一套五十卷本的《南宋史研究丛书》,对南宋的政治、经济、军事、学术思想、文化艺术、科学技术、重要人物、民俗风情、宗教信仰、典章制度和故都历史进行全面的、系统的、深入的研究。这确实是一项有胆识、有魄力的大型文化工程，不仅有其重要的学术价值，更有其重要的现实意义。当然，这也是曾经作为南宋都城的杭州义不容辞的责任。我相信，随着这套丛书的编纂成功，将会极大地推动我国南宋史研究的深入开展，对杭州乃至全国的精神文明建设都有莫大的贡献，故乐为之序。

2006 年 8 月 8 日于杭州市道古桥寓所

# 目　　录

# 绪论 论巫教与宗教的世俗化

南宋永康学派(龙川学派)的代表人物陈亮在《问道释巫妖教之害》中曾提出了这样一个观点:"祀礼废而道家依天神以行其道矣,飨礼废而释氏依人鬼以行其道矣,祭礼废而巫氏依地祇以行其法矣。三礼尽废,而天下困于道、释、巫,而妖教又得以乘间而行其说矣。……故道、释、巫之教公行于天下,而妖教私入于人心。平居无事,则民生尽废于道、释、巫之教;一旦有变,则国家受妖民之祸。"①

正如陈亮所言,南宋时期,除伊斯兰教之外,主要宗教教派有四种,即佛教、道教、巫教、民间秘密宗教。南宋时期,伊斯兰教的传布还局限在落籍和侨居广东和福建两地以阿拉伯人、波斯人为主体的穆斯林中,基本游离于中国宗教主流之外;而民间秘密宗教则被南宋政府定为非法的邪教,在南宋初期即已遭到了残酷镇压,此后一直未能再形成大规模的气候。因此,南宋宗教的主流是佛教、道教、巫教。

关于南宋宗教,有两个基本的理论问题,一是关于巫教,二是关于宗教世俗化,作为本书研究的前提,对上述两题必须首先得作出一个交待。

---

① 《陈亮集》卷一四,见《邓广铭全集》,第3卷,河北教育出版社2005年版,第130页。

## 第一节 关于巫教的基本问题

什么是宗教？迄今为止，学者对"宗教"提出了多种定义，但难以举天下而统定于一尊。恩格斯在《反杜林论》中对宗教的定义，相对而言，还是最为准确的："一切宗教都不过是支配着人们日常生活的外部力量在人们头脑中的幻想的反映。在这种反映中，人间的力量采取了超人间的力量的形式。"①在这里，所谓"超人间"应包括了人格神和非人格神。

人类在最初的时候并没有宗教，宗教是人类思维能力发展到一定历史阶段的产物。最早产生的宗教是原生性宗教。其信仰的神祇都是人格神。而非人格神的出现则是在创生性宗教产生之后。

尽管原生性宗教因民族、地域不同而形态各异，但它却因为过于分散、时间太早而各自没有形成自己独特的名称。流行于中国东北乃至西伯利亚地区的萨满教，其实也是无名称的。"萨满"，汉语音译又作"珊蛮"、"撒抹"等。约成书于宋孝宗乾道年间（1165—1173）的《中兴小纪》说："萨满者，女真语巫妪也，以其通变如神也。"②因此，萨满教如果意译，也就是"巫教"。而在中国的历史上，原生性宗教也就是巫教。

李远国在《试论〈山海经〉中的鬼族——兼及蜀族的起源》一文中说："巴蜀民族传统的古文化，要追溯到远古的巫师文化。所谓巫师文化，实即古代鬼族部落原始宗教文化的汇集，它集中地反映在巴蜀巫教文化中，被史籍称之为'鬼道'。"③其所谓"巫师文化"实际也就是巫教。

李申在《论宗教的本质》一文中指出："'巫教'就是巫术性的宗教。原始宗教中，巫术可说是它的主要内容。人类认识的发展，越来越多的巫术遭

---

① 《马克思恩格斯选集》第3卷，人民出版社1972年版，第354页。
② 熊克：《中兴小纪》卷二七，绍兴九年九月丁未记事，文渊阁《四库全书》本。
③ 杨超主编《山海经新探》（论文集），四川省社会科学院出版社1986年版，第56页。

到了否定。人为宗教的兴起,也是对原始巫教的某种程度的否定。"①

随着原生性宗教的进一步发展、人类思维水平的提高以及杰出宗教活动家、组织者的出现,创生性宗教产生了。创生性宗教又被称为人为宗教、神学宗教或次生性宗教等。公元前七世纪产生的婆罗门教、公元前六世纪左右产生的印度佛教、公元五世纪产生于波斯的琐罗亚斯德教(拜火教)、公元一世纪初产生于巴勒斯坦地区的基督教,公元七世纪初产生于阿拉伯地区的伊斯兰教等等,都具有创始人、系统的宗教理论、完备的宗教组织,是典型的创生性宗教。

最早的创生性宗教是在原生性宗教的基础上产生的。在中国,作为创生性宗教的道教也就是从作为原生性宗教的巫教中分离出来的。创生性宗教产生后,作为其母体的原生性宗教并不会因此而消亡,反而会不断调整自己、不断发展演变,使之适应新的时代和社会,在历史的舞台上与创生性宗教共同舞蹈。因而成为了人类历史上存在时间最长的一种宗教。在世界范围内,巫术的存续不亡就是一个明证。

巫教基本分为三个历史层次。原生形态的巫教流行于史前时代,次生形态的巫教流行于奴隶社会,而进入封建社会以后的巫教,则为再生形态②。过去一般都称再生形态的巫教为"民间宗教",但这样称呼却并不妥帖。因为,鬼神崇拜、天地崇拜、祖先崇拜并不仅限于民间,在政府的行为领域中也是经常发生的。而且,这样的命名还容易与民间秘密宗教混为一谈,让人产生误解。

从殷商时期甲骨文的卜辞到南宋皇帝和官员祈祷神鬼显灵的青词、祝文,无疑揭示了一个事实:巫教内部具有一种超稳定性的结构。巫教植根于中国的传统文化丰厚的土壤中,只要人们相信鬼神,巫教就会在中国永远存在。

明朝学者贝琼在其《书〈九歌图〉后》中也指出了巫教在中国长期存续的历史现象:"荆楚在中国南,其俗好鬼,自东皇太乙而下,则皆所事之神,莫详

---

① 《哲学研究》1997 年第 3 期。
② 参见宋兆麟《巫与民间信仰》,中国华侨出版公司 1990 年版,第 2 页。

厥始。然太乙为天之贵神,司命为上台,与北斗第四星文昌,礼有不可亵者。而东君为朝日之义,亦岂闾巷所得而僭乎? 云中君者,恐以其泽名云,故指泽中之神为君,谓之云神,以附《汉志》。未知是否? 而河伯又非在楚之封内,如湘君、湘夫人也。蛮荆荒远之域,民神杂糅,私创其号以罔上下者亦或有之。而岁时祀之,必用巫作乐,其来尚矣。"①

当然,当创生性宗教在一个国家或民族中占据了主导地位的时候,原生性宗教势必会受到排挤。在中世纪的基督教主导下的欧洲,时常便会发生烧死巫师的事情。但在中国历史上,在佛教和道教兴起后,尽管封建政权对巫教有时也采取过严厉镇压的措施,但从整体上说,因为封建政权强调"神道设道",因而对巫教基本上还是采取了宽容的态度。

由于"君权神授"的天命观、祖先崇拜最早出现在巫教体系中,后来又被儒家所接受和改造,成为了儒家学说的一个重要组成部分,因此儒家对巫教也并不完全是采取排斥的态度。孔子"敬鬼神而远之"、"不语怪力乱神"、"祭神如神在"等观点,实质上是反对"淫祀"而主张"正祀"的。

可以说,在东汉佛教传入、道教产生之前,秦朝和西汉时期是巫教发展的完备期。儒家天命思想与巫教祭祀仪式的具体结合产生了"礼"。尤其是儒家祭礼,它以天地祖宗为信仰中心,使人心灵的超越性、无限性得以体现,具有强烈的宗教色彩。因此,德·格鲁特在《中国人的宗教》一书中指出:"死者与家族联结的纽带并未中断,而且死者继续行使着他们的权威并保护着家族。……我们不能不把对双亲和祖宗的崇拜看成是中国人宗教和社会生活的核心的核心。"②

南宋大儒朱熹也承认死去的祖先与后人是能够相通相感的,说:"人死虽终归于散,然亦未便散尽,故祭祀有感格之理。先祖世次远者,气之有无不可知。然奉祭祀者既是他子孙,必竟只是一气,所以有感通之理。"③

在中国古代社会中,巫教信奉者具有非常强烈的功利性。他们信奉巫

---

① 贝琼:《清江文集》卷二三,文渊阁《四库全书》本。
② 引自(德)恩斯特·卡西尔著,甘阳译《人论》,上海译文出版社1985年版,第108页。
③ 黎靖德编《朱子语类》卷三《鬼神》,中华书局1986年版,第37页。

教的某一神明,并不是想要求得灵魂的安宁或解脱,而是想要借助神鬼超自然的力量来实现自己的现实利益。因此,如果他们所信奉的神鬼不能帮助他们,很快便会遭到他们的抛弃。

对此,宋人何恪在《仰山庙记》中有一段非常生动的描述:"江西之俗機鬼,病却医药不御,惟巫史禳禬是信,不爱费,死且弗寤。故一草木之妖、一狐枭之祥,往往尸而祝之。既久祈不验,始觉其故不足以惊动祸福,人辄斥不祝,所过颓祠僵像,无一堁地无之。"①洪迈记述说:博州高唐县富人聂公辅"性好鬼神","又酷信巫祝,奉淫祠尤谨敬"。然而,"岁月滋久,祷请多不验,于是懈怠之心生,翻成毁悖"②。

就此可以推论出一个结论:巫教的鬼神虽不成体系,但数量极多,新鬼新神层出不穷。

德国学者恩斯特·卡西尔说:"如果我们看一下欧洲文明的历史,那就会发现,甚至在最发达的阶段,在一个具有高度发展而又非常精确的理智的文化阶段,对巫术的信仰也没有受到严重的动摇。甚至连宗教在某种程度上也承认这种信仰。它禁止和谴责某些巫术习俗,但是把一个'纯洁的'巫术的领域看成是无害的。"③

北宋学者李觏全家在宋仁宗景祐元年(1034)曾被瘟疫传染,医者束手无策,而"使人请命于五通神",卜问吉凶,"决之以竹杯珓"。被告知以无大碍,并确定下病好的时日。结果还果真应验了④。李觏是坚决反佛的学者,但却信奉巫教。由此可见宋代儒家学者所表现出的另一种非理性的宗教倾向。

巫教是南宋社会信仰最广泛的宗教。佛教和道教、甚至民间秘密宗教或多或少都在相当程度上受到了巫教的影响,表现出了巫教化的倾向。而这种巫教化,其实也就是一些学者所使用的"世俗化"或"平民化"的解释框

---

① 吴师道:《敬乡录》卷一〇,文渊阁《四库全书》本。
② 洪迈:《夷坚支乙》卷一《聂公辅》,中华书局 1981 年版,第 800 页。
③ (德)恩斯特·卡西尔著,甘阳译《人论》,第 132 页。
④ 李觏:《直讲李先生文集》卷二四《邵氏神祠记》,《四部丛刊初编》本。

架中的一个特殊层面。

## 第二节 关于宗教的世俗化

一般而言,"世俗"被定义为"非宗教的"。世俗与宗教是一个对立的范畴:宗教重彼岸,世俗重此岸;宗教重来世,世俗重今生;宗教重出世,世俗重入世。但在实际生活中,世俗与宗教又是交织在一起的,自古以来,宗教就不能脱离世俗,自然也就没有无宗教的世俗。宗教始终就是世俗生活的一个重要组成部分。

宋代宗教主流发展的主题是世俗化。这是大多数学者都承认的事实。但是,什么叫"世俗化",学者们却有各自不同的理解。

刘浦江在《宋代宗教的世俗化与平民化》一文中认为:"唐代是佛教和道教的全盛时期,而自唐末五代以后,佛、道二教均趋于世俗化和平民化。佛教的变化主要表现在唐代义学宗派的衰落和新禅宗的崛起,以及佛教前所未有的社会影响。道教的变化主要表现为神仙信仰的动摇、内丹术取代外丹术,以及南宋金元时期新道教的兴盛,道教从上层社会走向民间社会,民众道教成为主流。"[①]这主要是从"神圣"社会向"世俗"社会的变化这样一个角度来展开论证的。因此,这里所谓的"世俗化"无疑就是"社会化"。

美国学者拉里·席纳尔在题为《经验研究中的世俗化概念》一文中,认为世俗化具有六种含义。第一,表示宗教的衰退,指宗教思想、宗教行为、宗教组织失去了它们的社会意义。第二,表示宗教团体的价值取向从彼世向此世的变化,即宗教从内容到形式都变得适合现代社会的市场经济。第三,表示宗教与社会的分离,宗教失去了其公共性和社会职能,变成了纯私人的事务。第四,表示信仰和行为的转变,即在世俗化过程中,各种主义发挥了过去由宗教团体承担的职能,扮演了宗教代理人的角色。第五,表示世界逐

---

① 《中国史研究》2003 年 2 期。

渐摆脱了其神圣特征,即社会的超自然成分减少,神秘性减退。第六,表示"神圣"社会向"世俗"社会的变化①。在这里,除第六种含义外,其余五种都是从"影响力与功能"的角度来看待"世俗化"问题的。

由于世界各国有着不同的政治背景、社会结构和文化传统,因此各国乃至各个不同的历史时期,其宗教世俗化的具体表现都有很大的差异,不能一概而论。在南宋时期,确如刘浦江《宋代宗教的世俗化与平民化》一文所论,宗教已经走出寺观高墙、实现了普遍的社会化。但是,这是什么原因造成的呢?

禅宗是中国式佛教,其佛学义理自然比不过慈恩、华严、天台等教宗,但也有一定的哲学义理,并不是完全意义上的那种非义理性佛教。而且,禅宗讲究机辩,非逻辑思维的"机锋"、难以把握的形体语言以及诗歌格式的偈语,就连一般缺乏灵性、领悟能力较差的僧侣也很难参透玄机,更遑论一般民众了。从这个意义上说,禅宗绝不是平民所能接受的佛教,而是适合于儒家学者和士大夫的佛教。

事实上,唐代禅宗"不立文字"、"不立佛殿"、"不礼佛像"等规定将佛教的崇奉的对象改造成了非人格化的神灵,使其与早期的印度佛教一样,成为了一种"无神的宗教",并不利于禅宗在中国社会的推广。因为,"无论宗教现象怎样变化多样,其中持续一致的东西就是,把这种我们叫作宗教的、或与神相联系的精神、神圣化了的祖先或者圣物,都归因于一个普遍的神圣性"。"神圣性天然地存在于信仰和仪式之中。因为信仰给予仪式以意义,而仪式又是在信仰中所体现出来的东西的符号表征"②。

美轮美奂的佛殿、高大宏伟的佛像、装满佛经的转轮藏,能够慑服人心、烘托出庄严肃穆的气氛,在宗教信仰中有着特殊的功能。生活在两宋之际的邓肃在《南剑天宁塑像》中将这个意义表达得非常清楚:"累土于地,屹高寻丈,假以金碧丹雘之饰,望之俨然,固不离一聚块耳,然方为聚块,夫人皆

---

① 转引自戴康生、彭耀主编《宗教社会学》,社会科学文献出版社2000年版,第200页。

② W.J.古迪:《原始人的宗教》,引自(意)达瓦马尼《宗教现象学》,人民出版社2006年版,第80页。

得以贱之,一旦建立于上,虽顽夫悍卒亦必肃然,如临父母。是可以妄斥之耶?"①

因此,为吸引信众,宋代的禅宗不得不摒弃了唐代禅宗"不立文字"、"不立佛殿"、"不礼佛像"的规定,大修佛殿、大造佛像、大建轮藏。而各寺院纷纷建起转轮藏庋藏佛经,又带动了宋代《大藏经》的刊刻②。

唐宋时期真正实现组织起千百万信众的民众齐声念佛的、为官民都能接受的佛教宗派,是净土宗。宋代的净土宗融入律、禅、教诸宗,为宋代这些佛教宗派争取广大信众起到了重要的作用。然而,净土宗所能吸引信教民众的投生西方净土,还是在生死轮回中的来世起作用。道教的终极目标是长生不死而成地仙,其修炼所企求的结果自然也是虚无缥缈、遥不可及。而哪路神灵能帮助最讲求功利性的中国民众达到自己在今生今世所想要达到的目的呢? 那自然也就是巫教了。

南宋信鬼尚巫,浓烈的巫风使统治者不得不顺俗而治之,放宽了对巫教的管理,许多在北宋后期遭到禁毁的"淫祠"不仅死灰复燃,而且不少"淫祠"还变成了"正祀"。各类巫术、占卜也随之而起,泛滥成灾。在这种巫风弥漫的环境中,佛教、道教在相当程度上也被巫教化,使之日趋庸俗。

南宋末年,黄公绍为各种佛教结社写了许多则榜文。其中,《祠山庙水陆戒约榜》③是为在祠山庙(张王庙)前举行的佛会和道场而写的:

> 告五姓孤魂等,盖闻遍浮提界在我法中,有真君存,即此心是。凡曰善男善女,同归大圣大慈。相古先民,若时有夏,惟皇上帝,式遏苗顽,既命重黎,以绝地天通,乃生正祐,而佐水土治。林泽魑魅无不若,山川鬼神莫不宁。生太平,死太平,福无量,寿无量。自经千百亿劫,谁念一切众生? 浩浩尘沙,茫茫宇宙,三元甲子,虽若数行乎中,二将丁壬,无非神在其上。以此威猛力,为汝解脱门。汝等入邪见林,堕无明

---

① 邓肃:《栟榈集》卷一七,文渊阁《四库全书》本。
② 宋代除北宋刊刻了《开宝藏》、《崇宁藏》外,南宋还承续北宋,陆续刊刻了《毗卢藏》、《思溪藏》、《碛砂藏》等。
③ 均见黄公绍《在轩集》,文渊阁《四库全书》本。

网。黑风漂罗刹，可怜命无处逃；金乌绕须弥，不与劫同时尽。杜陵之骨谁收，望帝之魂谁念？敌场勇士，浮萍柳絮之无根；战马将军，野草闲花之满地。惟有青蝇吊客，那逢白鹤仙人？未得出期，永为苦趣。世尊以慈悯故，发广大心。甘露如来，普施法筵；香乳焦面，圣者悉停。地户泥犁，若有见闻，同生欢喜。我真君人中佛位，天下神爷。一驾辒辌，瑞应夹锺之二月；万官苍佩，辉临环玉之千峰。如是我闻，甚为希有。今宵斋主之道场，人演华藏之顿乘，设桑门之盛馔，重重无尽，如见诸佛诸尊，会会相逢，所谓一时一际，汝等幽篁睹日，枯木逢春，同来听法闻经，正好明心见性，勿以强凌弱，勿以卑踰尊，勿起嗔贪，勿生骄慢。神通具足，快瞻圣烈之光；清净法身，直证毗卢之果。志心谛听，信奉受行。

从这份写得很漂亮的榜文内容看，南宋后期，巫教神祠的庙会与佛教的法会已经水乳交融地结合到了一起，而且这种"巫教搭台、佛教唱戏"的形式也被普通民众完全接受下来。

道教原本就与巫教同源。鲁迅所谓"中国（的）根柢全在道教"①，其实指的就是巫教化的道教。不过，要最准确地表达，应该说：中国的宗教根柢全在巫教。朱熹所谓"道教最衰"，"如今恰成个巫祝，专只理会厌初禳祈祷"②，也是指南宋道教的巫教化。

佛教的密宗带来了以佛教咒语为主要特征的印度巫术。这种巫术刺激了中国巫术的发展，并与中国巫术逐渐合流。同时，佛教也大量借用了中国传统巫教中制造神迹的手法，不断装神弄鬼，伪造灵应。当然，在南宋，无论道教和佛教，其寺观如无神鬼显灵，那肯定就会导致香火不旺的后果。因此，尤其是在祷雨、祈晴等备受南宋政府重视的法术上，僧道都有不同凡响的表演。例如，明州（今浙江宁波）延庆院图照法师梵光（1064—1143）是一位巫术精绝的高僧。宋人何泾在《延庆院图照法师塔铭》中记叙道："昌国县戴氏为鬼物所扰，呼巫觋，召羽流，百方驱禳故弗效。迎师诵咒，及门而

① 《鲁迅全集》第11卷《致许寿裳》，1918年8月20日，人民文学出版社1981年版，第353页。
② 《朱子语类》卷一二五《论道教》，第3005页。

崇灭。"①

另外,"世俗"一词在汉语里还有一层意思,即"庸俗"。宗教的社会化必然造成宗教的庸俗化。在南宋,宗教的庸俗化的表现主要有以下两个方面:

一、宗教徒从事了更多的世俗事务,一味追求经济利益,教规的约束力减弱,宗教道德、理论素质下降,甚至只将宗教当作一种谋生的职业。

二、信教民众尽管有极高的宗教热情,但由于受巫教的影响,对佛教、道教这一类创生性宗教的教义理解不够,其信仰还是一种巫教思维的方式,仅仅停留在消灾免难、求财求福的层面,具有强烈的功利性。

总之,南宋时期与北宋相比,其宗教世俗化主要表现为政府对宗教的干预更强、宗教社会影响的进一步扩大、宗教庸俗化的程度更深。这些内容交织在一起,同步发展。而这种状况对南宋宗教自身的发展以及南宋历史都产生了深刻的影响。涉及到这方面的许多具体问题将在正文的相关章节中再行探讨。

---

① 张津:《乾道四明图经》卷一一,《续修四库全书》本。

# 第一章 南宋的宗教问题及宗教政策

## 第一节 南宋初年的宗教问题

公元 1127 年春,金军攻灭了北宋。天翻地覆、天下大乱。同年五月,宋徽宗第九子、时任河北兵马大元帅的康王赵构在南京应天府(治今河南商丘)宣布即位,改元建炎,建立了南宋政权。赵构即宋高宗。

南宋政权建立后,为躲避金军的兵锋,南移至扬州。建炎三年春,金军自山东派遣轻骑长途奔袭扬州,南宋政权仓皇南渡。同年九月,金军又兵分两路,渡江南侵。两淮、两浙、两湖、两江均遭金军铁骑蹂躏。同时,各地兵变民变也风起云涌,战乱不止。直到绍兴十一年(1141 年)左右,宋金绍兴和约签订后,南宋政权才真正站稳了脚跟,保住了南方半壁江山。

这一阶段的战争,给南宋的宗教界造成了极大的破坏,引发了一系列的宗教问题。

### 一、战争对寺观的破坏

由于战乱,北方的佛教、道教寺观以及国家和民间的各类祠庙都不同程度地遭到了战火的摧残。从庄绰的有关记述,可以略见一斑:

> 建炎元年秋,余自襄下由许昌以趋宋城。几千里无复鸡犬,井皆积

尸,莫可饮;佛寺俱空,塑像尽破胸背以取心腹中物;殡无完柩,大達已蔽于蓬蒿;菽粟梨枣,亦无人采刈①。

而南方的情况,其严重程度也不低于北方。平江府所受灾祸最惨。《吴郡志》卷六《官宇》记载:"吴都佳丽,自昔所闻。建炎兵烬,所存惟觉报小寺及子城角天王祠。今州宅、官廨、学舍、仓庾、亭馆之类,皆中兴后随事草创,不能悉如旧观。"

曹勋在记述绍兴十三年临安府(治今浙江杭州)的情况时说:

> 临安在东南,自昔号一都会。建炎及绍兴间,三经兵烬,城之内外所向墟落不复井邑。继大驾巡幸,驻跸吴会以临浙江之潮,于是士民稍稍来归,商旅复业,通衢舍屋,渐就伦序。至天子建翠凤之旗、萃虎貔之旅,观阙崇峻、官舍相望,日闻将相之传呼、法从之朝会,贡输相属、梯航踵至,翼翼为帝所神都矣。惟是僧舍无有,钟鼓莫闻,士民时靡序讽呗祈福之地②。

再如,严州(旧治在今浙江建德东北)南山报恩光孝禅寺,"实为诸刹之冠","毁于宣和之盗"③;越州(治今浙江绍兴)法云禅寺因"居钱塘、会稽之冲","以近官道"而遭"建炎庚戌,兵燹之祸","首废于火,一瓦不遗"④。另外,孙觌在《抚州曹山宝积院僧堂记》中记载:"自佛法入中国,至宋兴,逾千年,衡岳、庐阜、钱塘、天台,佛僧之盛甲天下。靖康夷狄之乱,一变为茨棘瓦砾之场。"⑤李纲在《汀州南安岩均庆禅院转轮藏记》中记载:"今天下兵革未息,盗寇蜂起。凡通都会邑、名山奥区,所谓大禅刹者,焚爇摧毁,盖不可胜计。其间经藏金碧相辉化为灰烬瓦砾之场者多矣。"⑥这些记述,话语可能有些夸张,但基本上是符合当时实际情况的。

---

① 庄绰:《鸡肋编》卷上,中华书局 1983 年版,第 21 页。
② 曹勋:《松隐集》卷三一《仙林寺记》,文渊阁《四库全书》本。
③ 陆游:《渭南文集》卷一九《严州重修南山报恩光孝寺记》,文渊阁《四库全书》本。
④ 《渭南文集》卷一九《法云寺观音殿记》。
⑤ 孙觌:《鸿庆居士集》卷二一,文渊阁《四库全书》本。
⑥ 《李纲全集》卷一三三,岳麓书社 2004 年版,第 1284 页。

两宋之交,毁于战乱的道观也为数不少。如,婺州东阳县的元宝观,即因"宣和剧盗之火"而"观为煨烬"①。江西高安大中祥符观,在"靖康之先,宫殿庑廊,金碧照耀,与逍遥福地争雄",而在南宋之初"厄于兵火,所存无几,仅于三清殿以祀紫庭香火"②。太平州天庆观"康、建炎初,干戈俶扰,劫火洞然",除"昊天、圣祖二殿"外,化为荆榛瓦砾之场。绍兴二年,知州许端夫草草重建,但"规摹狭陋,且前殿未备"③。建康府(今江苏南京)的天庆观"建炎兵火后,羽流结茅屋以居",直到绍兴十七年,才由留守晁公谦请求朝廷拨款重建④。

有些寺观虽没有直接毁于兵燹,但也因僧道逃避战乱而导致荒废。如平江府普明禅院(原枫桥寺)在北宋时本为大寺,有"繁雄伟严之观"。"建炎盗起,官肆民庐,一夕为灰烬",而"距州西南六七里,枕漕河,俯官道,南北舟车所从出"的普明禅院,"岿然独无恙"。尽管"属有天幸,仅脱于兵火","而官军蹂践,寺僧逃匿",也造成了普明禅院破败不堪:"颓檐秃地飘瓦中,人卧榻之上,仰视天日,四壁萧索,如逃人家。"直到绍兴四年,长老法迁才率领僧众将其修复⑤。

还有一些寺院,是南宋政府为了防止"资敌"、实行"清野"措施而主动焚毁的。在这些寺院中,真州(治今江苏仪征)长芦崇福院的遭遇尤为可叹。"长芦崇福院,乃章宪太后为真宗所营。制度宏丽,甲冠江淮,虽京师诸寺有所不及,常安五百众,又僮仆数百,日食千人"⑥。到宣和年间,高僧真歇住持长芦崇福院,该寺规模又有发展,"学徒益集,至千七百众"⑦;"库钱三千余缗","院有重庙层阁,金碧相辉映,凡二千余间。禅刹之盛,为淮间第一"⑧。但在建炎三年(1129)冬,当金军攻入和州(今安徽和县)后,时任南宋右仆射

---

① 《陈亮集》卷二五《元宝观重建大殿记》,见《邓广铭全集》,第5卷,第224页。
② 谢旻等编[雍正]《江西通志》卷一二六《高安冲道黄真人新殿记》,文渊阁《四库全书》本。
③ 黄桂修等编[康熙]《太平府志》卷三六《天庆观记》,光绪二十九年活字本。
④ 周应合:《景定建康志》卷四五《宫观》,文渊阁《四库全书》本。
⑤ 《鸿庆居士集》卷二二《平江府枫桥普明禅院兴造记》。
⑥ 张舜民:《画墁集》卷七《郴行录》,文渊阁《四库全书》本。
⑦ 楼钥:《攻媿集》卷一一〇《天童大休禅师塔铭》,《四部丛刊初编》本。
⑧ 徐梦莘:《三朝北盟会编》卷一三四,建炎三年十一月十三日记事,文渊阁《四库全书》本。

兼江淮宣抚使的杜充担心金军拆毁长芦崇福院房屋,利用其木材造筏渡江,便以清野为名,派兵将其烧毁。

后来,南宋大约经过了 50 年的时间,主要依靠民间财力和人力[1],才陆续恢复重建了这些毁于战乱的寺观[2]。

### 二、宗教秩序的混乱

大量寺观毁于战火,已经大大挤压了僧人道士的生存空间。而中央政府机构的南迁、北方军队的南移和西北军队的东调,又迫使南宋政府不得不大量占用寺院,临时充当官廨、军营,以解决中央政府机构、军队以及各级官员及其家属的安顿问题。

建炎三年二月,宋高宗与南宋朝廷逃离扬州,到达杭州后,便以州治为行宫,以显宁寺为尚书省[3]。同年闰八月,南宋政府为躲避南侵的金军而逃往明州时,宋高宗还特意发布了行军令,宣布:"军行,并令占宫观、寺院、庙宇、官舍安泊,即不得乱行拘占居民屋舍。如违,当从军法施行。"[4]后来,宋高宗率领大队人马"驻跸会稽"时,也是命令军队入住,以致"城内名蓝悉屯兵卫"[5],寺院僧人被迫移住到城外寺院。

随着陕西诸路的陷落,大批西北官员也逃到了东南地区。为安置他们,南宋朝廷又规定:"西北士人","许于僧寺安下";"应士民家属有自金来归者,所在量给钱米,于寺院安泊,访还其家"[6]。此外,"绍兴府、福州、泉州宗司及南班宗室"因无房安置,也"皆在僧寺"[7]。

---

① 袁甫《蒙斋集》卷一二《衢州光孝寺记》曰:"臣某又尝伏读《国朝会要》:绍兴七年,肆颁明诏,深戒工役之不可辄兴,而复继之曰:本寺有能修盖者听。夫不禁其兴寺而惟禁其扰民,圣训盖可见矣。"

② 吕祖谦《东莱集》卷六《白鹿洞书院记》曰:"中兴五十年,释老之宫圮于寇戎者,斧斤之声相闻,各复其初。"

③ 徐松辑:《宋会要辑稿》方域二之五,中华书局 1957 年影印本。

④ 《宋会要辑稿》方域二之九。

⑤ 李光:《庄简集》卷一八《律师通公塔铭》,文渊阁《四库全书》本。

⑥ 李心传:《建炎以来系年要录》卷三一,建炎四年二月丙申条,文渊阁《四库全书》本。

⑦ 张孝祥:《于湖居士文集》卷一六《乞不施行官员限三年起离僧寺寄居札子》,文渊阁《四库全书》本。

这种借住制,不仅挤占了大量寺院,而且对寺院的发展造成了一定程度的破坏。如,镇江府丹阳县普宁寺为该县第一大寺,在建炎四年"毁于兵,存者十不能一二",而"遗基败屋,往往纷而为西北流寓子孙之居"。其后,该寺的医药院又"暂为主簿厅",只有神济院直到宋理宗宝祐四年(1256年)因"厘经界","寺之侵疆"才得以"稍归"①。同时,因寄居寺院的人员繁杂,火灾隐患极多。这样,便导致了部分寺院在南宋初年没有毁于战火,反而毁于因不慎而造成的火灾的情况发生。如,无锡开利寺,原是一座建于南北朝萧梁时期的名寺。北宋仁宗至和年间,又别建藏院,"广宇穹堂,极一时巨丽"。而"建炎之乱,官军舍其中,不戒于火,一夕而烬"②。

这时,还有大批北方僧人道士为躲避战乱而纷纷南渡长江,进入南方地区,从而更加重了南宋寺观少、僧道多的严重局面,以致当时产生了"无路不逢僧"的流行语③。

张嵲在其《论和籴第二札》中涉及到了南宋初年僧道的大致数字。张嵲说:当时"除女冠外处州县稀少外,大约诸路僧尼道共有四五十万。又以十分之二为率,其残破去处与西北流寓不过有十余万人"④。尽管这只是一个大致言之的数目,但在目前可见的史料中,却是有关南宋初年僧道数量的唯一记录。

在这里,所谓"残破去处"是指陕西和淮南。而其所谓"以十分之二为率",则是大致以十路为平均率,其所谓"二",则是指陕西、淮南两路。如果按这样的"大路"计,那四川也就不再分四路,再加上广东、广西、浙东、浙西、福建、湖南、湖北,正好是"十路"。这也就是说,这个"大约诸路僧尼道共有四五十万"是指南宋当时控制区的僧道人数。除去陕西大部分地区和淮南部分地区外,南宋初年的僧道数应该不会低于40万人。

这个数量庞大的僧道群体使南宋政府以及各地寺院都感到了沉重的压

---

①　黄震:《黄氏日抄》卷八六《普宁寺修造记》,文渊阁《四库全书》本。

②　《鸿庆居士集》卷二二《常州无锡县开利寺藏院记》。

③　赵彦卫:《云麓漫抄》卷四,中华书局1996年版,第64页。

④　张嵲:《紫微集》卷二四《论和籴第二札》,文渊阁《四库全书》本。

力。据孙觌《抚州曹山宝积院僧堂记》记述,当时有大量的"僧尼周走道路,
伥伥无所向",难以寻觅到能够栖身的寺院,只好去投奔那些"偏州下邑、山
崖水滨"的荒僻寺院。而这些寺院"又惧众至不能容",于是派两名壮汉拿着
木棒立在门口,拒绝收留流浪僧尼。有些寺院甚至"营赀聚、畜妻子、牧鸡豚
以自封殖",故意将寺院弄得不成寺院的样子,以阻止流浪僧尼前来投奔①。

道教这一方面的情况不详,但大致应与佛教的状况类似。

### 三、民间秘密宗教的活跃

在整个北宋时期,无论佛教还是道教,都出现了强烈的世俗化、庸俗化
的倾向。在佛教密宗和摩尼教的影响下,这种倾向又促进了民间秘密宗教
的进一步发展,导致了北宋民间秘密宗教前后掀起了两次高潮。一次出现
在宋仁宗时期,一次出现在宋徽宗时期。而且,这两次高潮最终都导致了大
规模民众暴动的发生。宋仁宗时期有王则暴动,宋徽宗时期有方腊暴动。

宋仁宗庆历七年(1047)年,贝州(在今河北清河西)宣毅军小军官王则
声称"释迦佛衰谢,弥勒佛当持世",利用"弥勒教",杂糅道教及其他秘密宗
教成分,发动兵变,占据贝州,"僭号东平郡王,以张峦为宰相,卜吉为枢密
使,建国曰安阳。榜所居门曰中京,居室厩库皆立名号,改年曰得圣,以十二
月为正月"。"旗巾号令,率以'佛'为称。城以一楼为一州,书州名,补其徒
为知州,每面置一总管"②。这场暴动在持续 66 天后,才被宋军镇压下去。

到了北宋后期,随着社会矛盾和冲突的日益尖锐,不仅北方的民间秘密
宗教组织有了更大规模的发展,而且南方的民间秘密宗教又在摩尼教异端
的影响下出现了新动向。

宋徽宗宣和二年(1120),方腊在睦州青溪县(在今浙江淳安西北)聚众
暴动,反抗北宋政府统治,"兰溪灵山贼朱言、吴邦,剡县仇道人,仙居吕师
囊,方岩山陈十四,苏州石生,归安陆行儿,皆合党应之",东南大震③。在当

---

① 《鸿庆居士集》卷二一《抚州曹山宝积院僧堂记》。

② 脱脱等:《宋史》卷二九二《明镐传》附《王则传》,中华书局 1977 年版,第 9771 页。

③ 《宋史》卷四六八《童贯传》,第 13660 页。

时参加方腊暴动的民众中,有不少摩尼教的教徒①。北宋政府陆续调集了十多万大军,经过一年多的作战,于宣和四年春,最终将方腊暴动镇压下去了。东南地区的杭、睦、歙、处、衢、婺六州及其所属 52 县都因此而陷入战火,"用兵十五万,斩贼严重余万",而据方勺所说,仅"贼所杀平民"便"不下二百万"②。

在这场血雨腥风之后,北宋政府加强了对民间秘密宗教的打击,但由于北宋政权很快便在金军的进攻下土崩瓦解,而新建立的南宋政权在南宋初年又无暇顾及无力镇压南方的民间秘密宗教,因此,在北宋后期受到政府严厉打压的各种民间秘密宗教又重新活跃起来。他们趁南宋初期天下大乱之机,不仅传教,而且还直接通过宗教组织民众,发起暴动,反抗南宋政权,对当时立足未稳的南宋政权形成了很大的威胁。

南宋政府视民间秘密宗教为洪水猛兽,将其一概定为"邪教",采取了严厉禁止和坚决镇压的措施。经过一系列的激战和严酷的高压政策,南宋政府最终将持续了十余年、横亘两宋之际、此起彼伏的民间秘密宗教暴动的高潮逐渐平息了下去。

然而,这种镇压是极为血腥残酷的。如建炎四年(1130 年),宋将王德在信州贵溪县(今属江西)击败王宗石(王念经)率领的民间秘密宗教武装后,"大理寺奏魔贼王宗石等款状",宋高宗也不禁痛切地说道:"此愚民无知,自抵大戮。朕思贵溪两时间二十万人无辜就死,不胜痛伤。"③周紫芝在其《魔军行》一诗中也沉痛地记述了南宋军队受命镇压民间秘密宗教武装而造成的惨状:"五岭南来山最多,驱军日涉千坡陁。山中食菜不食肉,十室九家俱事魔。县官给钱捕魔鬼,八万魔军同日起。将军新破强敌回,马前班剑如流水。生斩妖精拔羽幢,传首天庭藁街死。当时平田作战场,至今遗骼无人

---

① 方腊起事与摩尼教的关系,学术界迄今尚有不同意见。一种看法是方腊起事受到了摩尼教影响,另一种意见则完全否定方腊起事受到了摩尼教影响。笔者认为:方腊暴动时服色尚赤,与摩尼教服色尚白完全不同,可见方腊暴动并没有用摩尼教来组织群众。但参加方腊暴动的民众中确有摩尼教教徒。

② 方勺:《青溪寇轨》,中华书局 1983 年版,第 109 页。

③ 《建炎以来系年要录》卷三四,建炎四年六月辛卯记事。

藏。旧居虽在人不见,破屋萧萧围短墙。"①

# 第二节　高宗朝的宗教政策及其措施

面对南宋初年的宗教灾难和相关问题,宋高宗除调集军队对自北宋后期延续下来的民间秘密宗教连绵不绝的反政府暴动予以残酷镇压之外,还先后采取了一系列的措施,调整宗教政策,在战火之余重新构建起了符合南宋统治者意愿的宗教秩序。

## 一、"神道设教"与巫教

"神道设教"一语,出自《周易·观卦》的象辞:"观天之神道,而四时不忒。圣人以神道设教,而天下服矣。"在这里,"神道"的原意本是"天之神道",即天的规律与意志;"设教"的原意本是施行教化,即实施统治的文雅说法。到后来,由于谶纬流行,统治者喜欢利用流行于民间的巫教来装神弄鬼,以统治民众,故"神道设教"便演化成了"借助神鬼之力以实施统治"的意思。

在南宋政权建立之初,由于财政困难以及"渐消"释道二教的政治目的,南宋政府没有特别拨款重建毁废的寺院宫观。绍兴九年八月,宋高宗还特意下令宣布:"诸路天宁万寿观并以报恩光孝为额,专充追崇徽宗皇帝道场。其曾经烧毁去处州县,不得因今来指挥辄兴工役。本观愿自修盖者听。"②然而,他却下令拨出专款,修建和修复了大量的国家和民间的各类祠庙。

建炎元年(1127)五月一日,宋高宗在即位后便发布敕令:"五岳四渎、名山大川、历代圣帝明王、忠臣烈士,载于祀典者,委所在长吏精洁致祭,近祠庙处并禁樵采。如祠庙损坏,令本州军支系省钱修葺,监司常切点检,毋致

---

①　周紫芝:《太仓稊米集》卷一《魔军行》,文渊阁《四库全书》本。
②　《景定建康志》卷四五《宫观》。

隳坏。"建炎三年正月,宋高宗又下令:"神祠遇有灵应,即先赐额。"①建炎四年二月,躲过金军追击而返回温州的宋高宗宣布"德音":"应金人焚烧前代帝王及五岳四渎、名山大川神祠庙宇,仰所在州县移那系省钱物,渐次修盖,如法崇奉。其不经焚烧,或有损坏去处,亦仰依此施行。"四月九日,宋高宗又诏令:"巡幸经由温、台、明三州海道,应神祠庙宇已有庙额、封号处,令太常寺加封;有封号、无庙额去处,与赐额;其未有庙额、封号,令所在官司严洁致祭一次,钱于本路转运司系省钱内支破。"②

"神道设教"的对象是广大民众。绍兴三年三月,绍兴府请求朝廷颁降度牒,以修建曹娥镇灵孝昭顺夫人庙。宋高宗答复道:"营神祠,非今所急。然一方民情之所祈向,当姑从之。"③可见宋高宗对"民情之所祈向"的神祠是尤为注意的。

崔府君神庙在南宋的再建,可以说是宋高宗"神道设教"的一个经典创作。

宋高宗赵构原本只是宋徽宗的第九子,受封为康王。宋金战争爆发后,赵构奉其兄宋钦宗之命,离开东京开封府,前往燕山府(今北京)金军大营,向金军求和。行至磁州时,赵构与建在当地的崔府君庙发生了关系。

崔府君到底是谁,宋人有三说。一说是北魏的崔伯渊,二说是东汉的崔子玉,三说是唐太宗贞观年间的相州滏阳县令崔瑗。因宋宁宗时楼钥奉敕撰写了《中兴显应观记》,而楼钥又认定崔府君就是崔瑗,因而此后宋人大多都依从了楼钥之说。

滏阳县就是今天河北的邯郸,北宋时隶属于磁州(今河北磁县)。据说,崔瑗在滏阳为官有惠爱,民众为他在磁州建立了生祠。崔瑗死后便葬于磁州。其后,逐渐被民众打造成颇"主幽冥事"的神明④,并为他在磁州修建起了崔府君庙。崔府君庙以其神异而耸动河朔。在东京开封府北郊和其他州

---

① 佚名:《庐山太平兴国宫采访真君事实》卷二《赐灵泽龙庙额》,张继禹主编:《中华道藏》第46册,华夏出版社2004年版。

② 《宋会要辑稿》礼二○之四。

③ 《宋会要辑稿》礼二○之五。

④ 马端临:《文献通考》卷九○《郊社考二十三》,文渊阁《四库全书》本。

县,也纷纷建起了崔府君庙,民众"奉之如岳祠"。其规格仅次于东岳泰山庙。咸平二年(999),宋真宗正式为其赐额,曰"府君之庙"。到北宋末年,经历次封赠,崔府君被加赐冠冕,累封为护国显应昭惠王,其庙也升格为道观,名曰显应观①。

知磁州宗泽为了广泛发动民众抗金,也利用了"神道设道"的手段,打出崔府君显灵的招牌以号令四方。当赵构来到磁州时,宗泽组织了一次特殊的欢迎仪式:"州人拥神马,谓'应王'出迎"②。所谓"应王",就是崔府君;而所谓"神马",就是庙中所养之马,据说颇有神验。宋人徐梦莘在《三朝北盟会编》卷六四,靖康元年十一月二十日辛巳条中对"应王"和"神马"之事有详细记述:

> 磁州城外望见百余人,执兵文身,青纱为衣,以伞遮马,绣其鞍鞯,如市里小儿迎鬼神之状者。王顾怪之,磁人谓应王出迎康王耳。应王者,磁人所事崔府君加应王者。顷刻,马相就,有吏呼应王揖者,泽请王举鞭答之。又呼曰:"应王请康王。"行马入至府舍正寝,犹未进食,吏特谒入云:"应王参见。"泽已于正厅设两位,具宾主仪。泽恳王曰:"应王灵,邦人听之如慈父母,唯愿大王信之勿疑。"王不得已,戎马而出,吏揖应王就坐,二庙吏绯衣,其一手相持,各一手平展外向,若拥应王之状。既云就坐,茶汤如常礼。吏赞:"应王不肯就厅上马。"泽前请应王上马,即退。少顷,应庙二将军入谒如前仪。王狗泽之请,从之。……康王狗宗泽之请,乃谒应王庙。当州之北,乃入邢洺之路也。磁人以王遂欲北去,遮马号呼泣涕,劝勿往,且言金人自李固渡河矣,不如起兵援京师。马不能前,惧,使人告谕百姓曰:"大王谒庙耳,非北去也。"众不听,王使谕泽告之,乃开道谒庙。泽奉玠于王,王勉为一掷,而得吉乃退。谒二将军讫,王就小次,泽赞呼本庙诸案吏参。泽所使人又赞云:"谢到。"顷之,王欲乘马归,有紫衣吏二十人舁应王所乘轿,神马在后,拥而前曰:

---

① 《攻媿集》卷五四《中兴显应观记》(奉敕撰)。
② 《中兴小纪》卷一,建炎元年五月庚寅条。

"应王乞大王乘此以就馆舍。"王顾视其轿，则朱间金装座椅及竿，螭首施红褥。王斥之云："亲王奉使出都，焉用此！"庙吏不退，延禧、世则同曰："王乞用。宗泽乘轿黑漆紫褥。郡守小官得用，大王何嫌？以慰邦人心。"王登轿还。

后来，宋高宗被宗泽劝阻留下，未继续北行，又接受知相州（治今河南安阳）汪伯彦的邀请，遂南返相州，避免了进入金营被扣押的灾祸。这件事后来被演义成"靖康间，高宗皇帝出使至磁州，神马引而南"的神话①，再演义，又变成了《南渡录》等小说中"泥马渡康王"的传奇故事。

后来，不光是宋高宗，连宋孝宗也与崔府君拉上了关系。

宋孝宗原名赵伯琮，是宋太祖七世孙。建炎元年（1127），当他出生时，其父赵子偁正担任着嘉兴县丞之职。据其母张氏宣称，他在一天晚上梦见一位神人自称为崔府君，抱着一只羊走进自己家门，告诉她说："以此作为见证。"建炎元年是农历丁未年，属十二生肖中的羊年。不久，张氏便怀上了宋孝宗。

因宋高宗没有子嗣，于是下诏挑选太祖后裔为皇子。绍兴二年五月，宋孝宗被选入宫中抚育。第二年二月，授和州防御使，赐名赵瑗，与崔府君同名。

绍兴十八年（1148），宋高宗为宣传自己有神灵相助和宋孝宗的君权神授，下令在临安府城南包家山修建显应观（次年完工），奉祀崔府君。绍兴二十四年，又分出灵芝寺地界的一半，将显应观移建在涌金门外。由于有这样的背景，显应观在南宋的地位也越来越尊崇，"累朝祠祀弥谨"②；其神应也越传越神，连南宋末年降元的知南剑州王积翁也是他父亲"祷于显应崔府君之神而生"的③。

四圣延祥观也是南宋"神道设教"而修建的神庙式道观。所谓"有四

---

①　潜说友:《咸淳临安志》卷一三《显应观》，文渊阁《四库全书》本。

②　《咸淳临安志》卷一三《宫观》。

③　黄溍:《文献集》卷一〇上《故参知政事行中书省事国信使赠荣禄大夫平章政事上柱国追封闽国公谥忠愍王公（积翁）祠堂碑》，文渊阁《四库全书》本。

圣",即道教传说中紫微北极大帝属下的四将:天蓬、天猷二元帅和翊圣、真武二真君。据说宋太宗时已在东京开封府建有北极四圣观。北宋末年,宋徽宗韦贤妃(宋高宗之母韦太后)在家中奉祀四圣神像,极为虔诚。

宋金战争爆发后,时为康王的宋高宗赵构奉命前往燕山府金军大营向金军求和。韦贤妃与邢夫人为赵构送行时,据称有一小僮曾看见康王身后四位带甲执戈的人在暗中护祐。北宋灭亡后,韦贤妃也被金军俘虏到北方。据她回忆说,她在北方也曾梦见过四圣中的两人。当时,她问还有两位圣人在何处,梦见的两位圣人告诉她:"二送圣君还南朝,二留卫圣母。"①

宋金绍兴和约签订后,金朝将韦贤妃放回了南宋。为报答四圣的护佑之恩,也为替儿子的君权涂上一抹神灵的光辉,被尊为太后的韦氏于绍兴十四年(1144)自己出资在西湖孤山修建四圣堂(次年竣工),以奉祀四圣。绍兴二十年,赐名"延祥观"②。"命道录彭德淳主观事,置道士二十一人,拨望湖堂、广化等寺归观,别建寺以安僧徒。又以智果观音院充本观道院,建殿以奉三清四帝"。"殿曰'北极四圣之殿',门曰'会真之门',又三清殿曰'金阙寥阳',法堂曰'通真',皇帝元命阁曰'清宁',皆理宗皇帝御书。藏殿曰'琼章宝藏',孝宗皇帝御书。"③"为屋几三百楹,徒众日增,合食不翅千指。朝廷积赐缗钱以千计,田亩以万计"④。韦太后的生日是三月六日。此后,凡遇"中宫生辰",以宰相、枢密使为首的政府官员便按惯例在此日之前的"前四日","就孤山四圣观设醮"⑤。到每年六月,"倾城士女咸出祷祠"。据说有人对此感到奇怪,便问她们:"是什么原因让你们这样崇拜四圣呢?"她们回答:"只是赏罚不明。"⑥看来,四圣延祥观还颇有灵验,为民众所信向。

宋宁宗嘉定三年(1210),参知政事楼钥奉诏撰写了《中兴显应观记》。楼钥在该记中写道:"百神在天地间,昭布森列。皇朝咸秩无文,非有功不

---

① 《咸淳临安志》卷一三《四圣延祥观记》。

② 王应麟:《玉海》卷一〇〇《绍兴延祥观、乾道天申万寿宫》,文渊阁《四库全书》本。

③ 《咸淳临安志》卷一三《宫观》。

④ 《咸淳临安志》卷一三《四圣延祥观记》。

⑤ 周必大:《文忠集》卷七《……借原韵赋诗一篇简诸公》,文渊阁《四库全书》本。

⑥ 陆九渊:《象山语录》卷二,文渊阁《四库全书》本。

祀。其间灵效显著、远迩奔凑者不过数处,而护国显应真君,其一也。"其中,"非有功不祀"和"灵效显著、远迩奔凑"充分揭示了"神道设教"的两个基本要素。

### 二、度牒的停发和鬻卖

度牒是中国古代封建国家发给符合出家条件的僧尼、道士女冠的一种许可证。在宋代,无论释道,其出家人在未成年以前,进入寺观后,先得做童子、行者或长发;成年后,要成为正式受政府承认的合法僧道,那就必须得到由政府颁发的度牒。宋朝制度规定:有了度牒,僧尼方可剃度(佛教受具足戒),道士女冠方可披戴(道教受戒)。否则,便属违法,"私剃者勒还俗,本师主徒二年,三纲、知事僧尼杖八十,并勒还俗"[①];犯者"许人陈告,犯者刺面,决配牢城,尼即决还俗"[②]。

宋朝拨放度牒可分为两大类:一是"降赐",二是"鬻卖"。"降赐"细分,又有两种不同形式。《建炎以来系年要录》曰:"旧法,降赐度牒凡二,有拨赐,有试经。"[③]

所谓"试经",就是专为童子、行者或长发获得僧道资格举行的考试。这种资格考试,在每年皇帝的诞辰日,在州府所在地集中进行,由"州府差本州军判官、录事参军于长吏厅试验之"。北宋时规定:"童行念经百(经)[纸]或读五百纸,长发念七十纸或读三百纸合格"[④]。南宋时标准有所降低:"道童,念经四十纸。行者,念经一百纸或读经五百纸。尼童,念经七十纸或读经三百纸。"[⑤]考试合格后,方有获得度牒的资格。

不过,并非所有通过了"试经"的童子、行者或长发都能在当年获得度

---

① 《宋会要辑稿》道释一之二二。
② 《宋会要辑稿》道释一之一五。
③ 《建炎以来系年要录》卷一〇〇,绍兴六年四月丙午条。
④ 《宋会要辑稿》道释一之一三。另,洪迈《容斋三笔》卷九《僧道科目》称:"念经、读经之异,疑为背诵与对本云。"
⑤ 谢深甫等《庆元条法事类》卷五〇《道释格·圣节试度童行》,《海王邨古籍丛刊》本,中国书店 1990 年版。

牒。每年向试经合格者发放多少道度牒,主要由皇帝根据具体情况来决定,完全没有定准。尚书省的祠部只是负责具体事务,对此没有决定权。比如,宋太祖开宝年间,"令僧尼百人许岁度一人"。宋太宗至道初年,鉴于天下僧尼数量太多,便大幅度减少了剃度僧尼的人数:"令三百人岁度一人"①。宋仁宗至和元年(1054)下诏规定:"乾元节度僧尼,自今两浙、江南、福建、淮南、益、梓、利、夔等路,率限僧百人度一人,尼五十人度一人;京师及他路,僧尼率五十人度一人;道士、女冠不以路分,率二十人度一人。"宋高宗即位之初,因大赦天下,在赦令宣布:"今岁乾龙节合拨放去处,虽不曾投进功德疏,特与依例拨放。试经者,与额外添数一次,合就试一百人以下添一名,一百人已上两人,三百人以上三人。"②《庆元条法事类》卷五〇《道释格·圣节试度童行》记载有南宋后期的规定:"道士女冠,每五十人各一名;僧尼,每一百人各一名。"这种按比例确定数额、政府每年都要颁发的、非营利性的度牒,可以称为"年额度牒"。

所谓"拨赐",就是皇帝恩赐给"名山福地及他当赐者(如寺观有金宝牌及御书去处等)"③的度牒。其具体拨赐数量自然也是由皇帝决定的,而获得这种恩赐度牒者则不用通过"试经"。姑举几例:景德三年(1006),宋真宗诏令:"应天下僧、尼、道士、系帐童行,各于元额十人外更放一人。其寺观院舍及僧、道、童行不及十人者,每院特放一人,并取系帐年深从上者,更不试经业。"④又有时间不详的宋真宗诏令称:"五台诸寺院今后每至承天节,依例更不试经,特许剃度行者五十人,内二十人与真容院,余依等第轮次均分诸寺院。"⑤这种恩赐度牒在大多数情况下只针对个别寺观或个别人。例如,咸平三年(1000),宋真宗诏令:"西京白马寺两院每年承天节时,逐院度行者一人。"⑥元丰七年(1084),宋神宗诏令:"皇后父、祖坟寺左街资福禅寺,可除

① 《曾巩集》卷四九《本朝政要策·佛教》,中华书局1984年版,第660页。
② 《宋会要辑稿》道释一之二八。乾元节(四月十四日)是宋仁宗生日。
③ 《建炎以来系年要录》卷一〇〇,绍兴六年四月丙午条。
④ 《宋会要辑稿》道释一之三二。乾龙节(四月十三日)是宋钦宗生日。
⑤ 《宋会要辑稿》道释一之一四。承天节(十二月二日)是宋真宗生日。
⑥ 《宋会要辑稿》道释一之一七。

每年拨放外,遇同天节,度僧二人、紫衣一人。"①绍兴元年(1131)三月,宋高宗下诏"赐参知政事秦桧坟寺,每岁圣节拨放童行一名,以'移忠报慈禅院'为额"②。

另外,早在唐朝,政府为弥补财政亏空,作为权宜之计,就已经采用过出卖度牒的方法。宋仁宗后期,政府也曾经出卖过度牒。从宋神宗以后,政府出卖度牒就逐渐经常化、制度化了。这种政府出卖的度牒既可以作为灵活的、应急性强的预算外财政支付手段,又可以作为有价证券进入市场被倒买倒卖。这种度牒因空有姓名一栏以便供买得人随时书填,故又被称为"空名度牒"。通过购买这种"空名度牒"而获得正式僧道身份者,自然是不用通过"试经"的,"只纳钱于官便可出家也"③。

两宋时期出卖度牒的大致情况可见下表:

**两宋度牒出卖情况简表④**

| 时间 | 出卖总数(道) | 度牒单价(贯) |
|---|---|---|
| 嘉祐至治平共 13 年 | 78000 余 | 不详 |
| 熙宁元年至八年九月 | 89000 余 | 130 |
| 元丰八年至元祐二年 | 停卖三年 | |
| 元祐四年 | 不详 | 170 |
| 建中靖国元年 | 10000 | 220 |
| 大观三年 | 30000 | 不详 |
| 政和元年至三年 | 停卖三年 | |
| 靖康元年 | 不详 | 150 |
| 建炎三年秋七月一次 | | 20000 |
| 建炎中 | | 120 |
| 绍兴初 | | 120 |
| 绍兴四年前后每年 | 约 10000 | 不详 |
| 绍兴十三年至绍兴三十年 | 停卖 18 年 | |
| 绍兴三十一年 | 不详 | 500 |

① 《宋会要辑稿》道释一之三○。同天节(四月十日)是宋神宗生日。
② 《宋会要辑稿》道释一之三三。
③ 洪迈:《容斋三笔》卷九《僧道科目》,中华书局 2005 年版,第 533 页。
④ 此表据汪圣铎先生《宋朝出卖度牒情况表》、《宋朝度牒官卖价格表》删减综合编制。见汪圣铎:《两宋财政史》(下册),中华书局 1995 年版,第 741 至 746 页。

| 时间 | 出卖总数(道) | 度牒单价(贯) |
|---|---|---|
| 隆兴初 | 不详 | 300 |
| 绍兴三十一年至乾道五年共9年 | 120000 | 不详 |
| 乾道六年正月稍前 | 不详 | 500 |
| 乾道六年正月始 | 不详 | 400 |
| 淳熙初 | 不详 | 450 |
| 淳熙十四年 | 不详 | 700 |
| 绍熙三年 | 不详 | 800 |
| 嘉定十四年至十七年 | 不详 | 800 |
| 淳祐中 | 不详 | 1500 |

政府出卖度牒,并不是每年都会进行,但与试经制度配套的"年额度牒"每年都要按定额发放,皇帝恩赐的度牒也随时都有颁赐。这样一来,度牒的发放量就大大增加了。

出卖度牒尽管能解决一时的财政困难,但从长远而言,一人为僧为道,封建国家便因此而减少了一名劳动力。这就是宋人所谓的"暗失丁壮"①。加之北宋末年的度牒卖得太多太滥,因此导致僧道人数激增。宣和元年(1119),许翰在《论释氏札子》中声称:"窃料今天下僧与在籍而未受度牒者、又有田园力役之隶,合集不减百万。"②可见宋徽宗时期的僧尼之多。

针对这种"僧徒猥多,寺院填溢,冗滥奸蠹,其势日甚"的状况③,宋高宗采取了不发度牒的办法,以逐渐消减僧侣数量。

绍兴六年(1136),尚书省建议:"诸州每年经试,其就试者率不过三四十人,经业往往不通,州郡姑息,惟务足额。盖给降度牒,许人进纳。官中旧价百二十贯,民间止卖三十千。稍能营图,便行披剃,谁肯勤苦试经? 显见此科亦是虚设,权住三分之一。"十月,宋高宗下诏宣布:"新法绫纸度牒,除换给使用外,其余今后更不给降。应童行试经并权住三年,仍自今年为始。其

---

① 王之道:《相山集》卷二一《乞卖度牒籴军粮札子》,文渊阁《四库全书》本。
② 许翰:《襄陵文集》卷四,文渊阁《四库全书》本。
③ 《宋会要辑稿》道释一之三三。

以前年分未给之数,亦令住给。"①这也就是说,除了个别的恩赐度牒外,正常的"年额度牒"和政府鬻卖的度牒都停止了发放。

绍兴十二年(1142),宋高宗还对臣下明确发布了"渐消"佛、道二教的指示,说:"朕观人主欲消除释、老二教,或毁其像,或废其徒,皆不适中,往往而炽。今不放度牒,可以渐消,而吾道胜矣。"②经过二十多年的努力,宋高宗的这一目的基本实现了。

在南宋政府停发停卖度牒十几年以后,据绍兴二十七年(1157)礼部的统计,全国"有僧二十万、道士才万人"③,停发停卖度牒的措施收到了显著成效。宋宁宗时,赵彦卫对宋高宗停发度牒一事评论说:"后禁度牒,二十余年间,僧徒消烁殆尽,福建诸寺多用保甲看管。今度牒卖八百贯,人竞买之。守之以坚,真良法也。"④

### 三、寺观免丁钱的征收

在王安石变法前,宋代的僧道享有免除徭役的特权。宋仁宗时,一些民众为了逃避徭役,甚至"窜名浮图籍,号为出家",仅赵州(今河北赵县)一地就多达千余人。为此,宋仁宗还特别下诏规定:"出家者须落发为僧,乃听免役。"⑤自王安石变法起,开始对除"崇奉圣祖及祖宗陵寝神御寺院宫观"⑥之外的寺观按不同户等征收免役钱,但"寺观户"享有与官户、女户同等的优待,其免役钱的缴纳数量只有相同民户的一半。寺观免役钱以寺观为单位,按其财产的多少分等级缴纳,并不针对僧道个人。

绍兴十五年(1135),有官员提出建议:"州县坊郭、乡村人户既有身丁,即充应诸般差使,虽官户、形势之家,亦各敷纳免役钱,唯有僧道例免丁役,

---

① 《宋会要辑稿》道释一三三至三四。另可参见《建炎以来系年要录》卷一〇三,绍兴六年七月癸酉条。
② 《建炎以来系年要录》卷一四五,绍兴十二年五月丙午条。
③ 《建炎以来系年要录》卷一七七,绍兴二十七年八月辛亥条。
④ 《云麓漫抄》卷四,第65页。
⑤ 《宋史》卷一七七《食货上五·役法上》,第4296页。
⑥ 《文献通考》卷一三《职役考二》。

别无输纳,坐享安闲,显属侥幸。乞令僧道随等级高下出免丁钱,庶得与官、民户事体均一。"①宋高宗随即让户部拟定方案,颁布实施。

关于僧道免丁钱的各项具体缴纳规定,以《宋会要辑稿》食货六六——二的记载最为完整②:

> "甲乙住持律院并十方教院、讲院僧散众,每名纳钱五贯文省;紫衣、二字师号,纳钱六贯文省(原注:只紫衣无师号同);紫衣、四字师号,每名纳钱八贯文省;紫衣、六字师号,每名纳钱九贯文省;知事,每名纳钱八贯文省;住持僧职法师,每名纳钱一十五贯文省。
>
> 十方禅院僧散众,每名纳钱二贯文省;紫衣、二字师号,每名纳钱三贯文省(原注:只紫衣无师号同);紫衣、四字师号,每名纳钱四贯文省③;紫衣、六字师号,每名纳钱六贯文省;知事,每名纳钱五贯文省;住持长老,每名纳钱一十贯文省。
>
> 宫观道士散众,每名纳二贯文省;紫衣二字师号,每名纳钱三贯文省(原注:只紫衣无师号同);紫衣、四字师号,每名纳钱四贯文省;紫衣、六字师号,每名纳钱五贯文省;知事,每名纳钱五贯文省;知观法师号,每名纳钱八贯文省(原注:道正、副等同)。"诏依。

绍兴二十四年,因"紫衣、师号不售"④,南宋政府不得不调整了僧道免丁钱的征收数额,规定:"将今来请新法紫衣师号僧道合纳免丁钱数内,甲乙住持律院、十方教院、讲院,并与依十方禅寺僧体例立定钱数,输纳施行。其十方禅寺并宫观道士并依散众,钱数上与减三分之一输纳。"⑤

僧道免丁钱与一般意义上的人丁税不一样,并非按人丁均出,而是按"甲乙住持律院并十方教院、讲院"、"十方禅寺"、"宫观道士"三大类别以及

① 《宋会要辑稿》食货一二之九。
② 《宋会要辑稿》食货一二之九至一〇的记载与之相同,仅有一字之差。
③ 此处"四贯文省",《宋会要辑稿》食货一二之一〇作"五贯文省"。
④ 李心传:《建炎以来朝野杂记》(甲集)卷一五《僧道士免丁钱》,中华书局2000年版,第329页。
⑤ 《宋会要辑稿》食货一二之一〇。

僧道等级的高低来征收的；而且缴纳量明显高于普通民户缴纳的身丁钱。当时，庐山东林太平兴龙禅寺的宝觉圆通法济大师法道对征收僧道免丁钱极为愤怒，曾上书南宋政府，称"今天下民丁之赋，多止缗钱三百，或土瘠民劳而得类免"，而"为僧反不获齿于齐民"，"赋且数倍"①。但这并不能阻挡南宋朝廷征收僧道免丁钱的实施。

按照南宋政府的通常规定，由于每年僧道人数都有变化，其免丁钱应按每年的实际人数征收。但在实际执行过程中，各地的征收方法并不一致。庆元府（今浙江宁波）的僧道免丁钱在绍兴十五年为"一万一百一十六贯六百文"，但其后"岁无常额，以括实帐状多少为数"②。但却有不少州县在征收僧道免丁钱时，还往往"必举常年多额以责之，而不顾僧之存亡去住"，甚至还有打算"以亏额均赋诸寺者"③。例如，台州的僧道数在宋孝宗乾道三年（1167）最多，其免丁钱当年为"一万二千七百七十四贯文"。其后，因剃度僧道数减少，又有不少僧道或老病而死、或外出云游，僧道总数大为减少，宋宁宗嘉定十五年（1222）实际征收的僧道免丁钱仅为"六千六百二十三贯五百文"。但在乾道三年至嘉定十五年这几十年间，台州的僧道免丁钱一直是按照乾道三年的最高额征收的④。

该方案实施之初，南宋政府立法规定：所有僧道必须交纳免丁钱。由于僧道免丁钱给僧道造成了较重的经济负担，"亦有癃老无所从出之僧，不堪催督，至缢死者"⑤。因此，为适度缓解寺观过重的经济压力，宋孝宗于乾道元年四月四日下诏宣布："僧道年六十以上并笃废残疾之人，并比附民丁放纳免丁钱，自乾道元年为始。仍令州县榜谕。"⑥不久，又改为"僧道七十以上及笃废残疾，本身并特放免"⑦。

---

① 释志磐：《佛祖统纪》卷四七，《大正藏》NO.2035。
② 罗濬：《宝庆四明志》卷六《叙赋下》，文渊阁《四库全书》本。
③ 《佛祖统纪》卷四七。
④ 陈耆卿：《赤城志》卷一六《财赋门》，文渊阁《四库全书》本。
⑤ 《赤城志》卷一六《财赋门》。
⑥ 《宋会要辑稿》食货一二之一六。
⑦ 《宋会要辑稿》食货六六之一八。

同时,南宋政府也采取了不时蠲免僧道免丁钱的临时性措施。如,宋高宗绍兴二十五年(1155),"诏人户身丁免丁钱可特放一年";宋孝宗隆兴二年(1164),"诏诸路归正僧道免丁钱并放免";宋孝宗乾道元年(1165),因册封皇太子而举行大赦:"应州县僧道见欠隆兴元年、二年免丁钱,特予除放"等等①。宋光宗绍熙二年(1191),因南郊大赦,宋光宗宣布:"旧法,僧道年六十以上及笃废残疾者,本身丁钱听免。续降指挥,僧道七十以上及笃废残疾,本身并特放免。近来给降度牒,披剃稍多,自合将所收免丁钱尽数起发。访闻州郡将合入老僧、道不行依法放免,仍旧照额复行拘催,以致被害,深可怜悯。可令州军照逐岁僧、道丁籍实数拘催。仍令提刑司常切觉察,毋致违戾。"绍熙五年,宋光宗又重申了这道命令②。

由此可见,僧道免丁钱的征收,的确对南宋寺观经济势力的膨胀起到了抑制作用。

# 第三节　对儒道释三教关系的调整

## 一、宋高宗对佛道二教关系的调整

从宋太宗开始,道教尤为北宋皇室所尊崇。北宋皇室尊崇道教有着特殊的政治目的。据《续资治通鉴长编》卷一七,开宝九年十月壬子记事记载:

> 初,有神降于盩厔县民张守真家,自言:"我天之尊神,号黑杀将军,玉帝之辅也。"守真每斋戒祈请,神必降室中,风肃然,声若婴儿,独守真能晓之,所言祸福多验。守真遂为道士。上不豫,驿召守真至阙下。壬子,命内侍王继恩就建隆观设黄箓醮,令守真降神,神言:"天上宫阙已成,玉锁开。晋王有仁心。"言讫不复降。

---

① 《宋会要辑稿》食货六六之二至三,食货六三之二二,食货六三之二五。
② 《宋会要辑稿》食货六六之一八。

正因为张守真所降之神为时为晋王的宋太宗篡权夺位制造了"君权神授"的舆论,所以宋太宗即位后,便下诏了修建凤翔府终南山北帝宫。而宫中所祀之"北帝",即张守真所奉祀的道教神灵。

到宋真宗时,又仿效唐朝李唐皇室利用道教祖师老子姓李的巧合,尊李耳为唐王室祖先的先例,下诏定赵氏始祖名讳为"赵玄朗",诡称赵玄朗为九位人皇之一,"冠服如元始天尊"[①],并先后为赵玄朗加封"九天司命上卿保生天尊"、"东岳司命上卿祐圣真君"、"圣祖上灵高道九天司命保生天尊大帝"的尊号。为强化皇权,宋真宗又进一步突出了玉皇大帝的地位,封其为道教尊神昊天上帝。这样一来,道教在北宋便获得了一种"半官方"的地位。

尽管如此,但道教在民间的影响,却始终不如佛教。"浮屠之寺庙被于四海"[②],"上自王公、下自民庶,莫不崇信其法"[③],就是当时佛教昌盛的真实写照。从《宋会要辑稿·道释》一之一三至一四的记载看,截止到宋神宗熙宁十年,北宋佛教徒人数远远多于道教徒。尽管在此之后,现存史料没有佛、道二教人数的具体记载,但可以确信,直到北宋灭亡,道教徒的人数始终明显低于佛教徒。

| 时间 | 佛教徒人数 | 道教徒人数 | 僧道比例 |
|---|---|---|---|
| 天禧五年(1021 年) | 458854 | 20337 | 23∶1 |
| 景祐元年(1034 年) | 434262 | 20126 | 22∶1 |
| 庆历二年(1042 年) | 396525 | 20190 | 20∶1 |
| 熙宁元年(1068 年) | 254798 | 19384 | 13∶1 |
| 熙宁十年(1077 年) | 232564 | 19221 | 12∶1 |

不过,随着佛教发展遭到抑制,道教在北宋所具有的"半官方宗教"的特殊地位,也确实帮助它获得了逐步的发展。这一点,可以从上表中僧道人数比例

---

① 李焘:《续资治通鉴长编》七九,大中祥符五年十月戊午记事,中华书局 1980 年版,第 1798 页。

② 王安石:《王文公文集》卷三五《扬州龙兴寺十方讲院记》,上海人民出版社 1974 年版,第 420 页。

③ 陈襄:《古灵集》卷五《乞止绝臣僚陈乞创造寺观度僧道状》,文渊阁《四库全书》本。

的变化上看到。

出于抑制佛教的目的,宋徽宗自号"教主道君皇帝",继真宗以后,又掀起了一次尊崇道教的浪潮。大观元年(1107)二月,宋徽宗下令:"道士序位,令在僧上,女冠在尼上。"①政和四年(1114),宋徽宗又下令比照北宋职官体系,设置了二十六等道阶。自此,"黄冠寖盛,眷待隆渥,出入禁掖,无敢谁何,号金门羽客,恩数视两府者凡数人"②。从政和末年开始,宋徽宗又大建神霄玉清万寿宫。"初止改天宁万寿观为之,后别改宫观一所,不用天宁,若州城无宫观,即改僧寺。俄又不用宫观,止改僧寺";"凡县,皆改一僧寺为神霄下院"③。宣和元年(1119年)春正月,宋徽宗甚至下诏:"改佛为大觉金仙,余为仙人、大士;僧称德士,尼为女德士;寺为宫院、为观。禁铜钹、塔像。佛赐天尊服,德士依道流戴冠。"④尽管第二年宋徽宗又下诏复旧,但有许多佛教寺院都已被道教占有,难以复旧了。而道教依然"骎骎日张,至宣和末方已"⑤。

钦宗即位后,虽力图改变徽宗的宗教政策,但因面对亡国危局,加之在位时间极短,徽宗"尊道抑佛"的政策影响实际没有得到根本扭转。

北宋灭亡后,不少南宋士大夫痛定思痛,在检讨北宋灭亡教训时,私下都将宋徽宗的"崇道抑佛"归结为造成北宋灭亡的原因之一。张元幹在《醉道士图》上愤愤不平地题写道:"黄冠师未用事时,见之图画,有萧散出尘之想。今日盗贼遍天下,虽使此曹骨碎,未快人愤!"⑥

为抚慰人心,宋高宗在《建炎中兴赦书》中,下令将徽宗时期占用僧寺改建的神霄玉清万寿宫复改为僧寺,将其道教像设迁于天庆观⑦,其后,又下令追毁道士原授道阶,以表明自己愿意纠正宋徽宗"尊道抑佛"的极端宗教政

---

① 杨仲良:《皇宋通鉴长编纪事本末》卷一二七《徽宗皇帝·道学》,《宛委别藏》本。
② 朱弁:《曲洧旧闻》卷六《张待晨虚白不沾恩数》,中华书局2002年版,第169页。
③ 陆游:《老学庵笔记》卷九,中华书局1979年版,第115页。
④ 王称:《东都事略》卷一一《本纪十一》,文渊阁《四库全书》本。
⑤ 《老学庵笔记》卷九,中华书局1979年版,第115页。
⑥ 张元幹:《芦川归来集》卷三《醉道士图》,文渊阁《四库全书》本。
⑦ 施宿:《会稽志》卷七《宫观寺院》,文渊阁《四库全书》本。

策的态度,消弭佛道二教尖锐的矛盾冲突。

绍兴三年(1131年),江州庐山东林太平兴龙禅寺住持法道以及临安府僧正慧通无碍大师梵安等人上书南宋政府,申言:

> 法道等伏睹《大宋僧史略》载僧道班次,每当朝集,僧先道后,并立殿庭,僧东道西;凡遇郊天,道左僧右;久为定制。盖出本朝祖宗成宪,以为万世不刊之规。昨缘崇观之后,道士叨视资品,如王资息、林灵素、王冲道辈,视两府者甚众,因此起请,例押僧班。乘势毁坏祖宗所定福基,事体非一。据释教所载,近年灾变,至于社稷中微,生灵涂炭,盖亦因此。误国罔上,莫兹为甚!伏见自靖康、建炎以来,所有道士视官已行追毁。既无官荫,其于班列,自合遵依祖宗旧制。今来天下道士,每遇国忌行香,泊凡入寺院看谒聚会,不悛故态,傲然争风,一切占上。全乖宾主礼法,颇有害于风教,深为未便。伏望朝廷明降指挥,特赐改正。应今后行香立班诸处聚会,并乞遵依祖宗成法。仍乞颁行天下,以正风俗。庶得稍循礼法,不害风教①。

法道早年因反对宋徽宗"尊道改佛"的政策,遭到流放,为天下者所瞩目。南宋初年,东京留守宗泽坚守开封府抗击金军时,曾任命法道住持左街天清寺,并授予法道补宣教郎、总管司参谋军事,让他为国行法、护佑军旅。法道利用自己的特殊影响力,前往淮水、颍水一带地区,劝化豪民富人捐献粮食,使防守东京宋军的军粮供给得到了保障。金军南侵,宋高宗辗转逃亡时,又任命法道"随驾陪议军国事","诏加圆通法济大师",很受宋高宗信任。因此,宋高宗接受了法道的建议,让尚书省寺向诸路发布文告宣布:删除《政和海行条》"诸道士序位在僧之上,女冠在尼之上"的规定,除依照《太常寺因革礼》的规定:"宣德门肆赦故事:道左僧右"外,所有"行香、立班诸处聚会,并依祖宗成法,以僧居左"。

绍兴十三年(1143年),道教徒对此进行了反击。十月初五日,临安府都道正刘若谦自称"别得指挥",向南宋政府提出请求,"乞道士序位在僧上"。

---

① 《绍兴朝旨改正僧道班文字一集》,《大正藏》NO.2126。

十二日,在景灵宫奉安祖宗神御的仪式上,道士又擅自争占位序,抢在东边立班站列。临安府前都僧正普澄、真净慧济大师善达、僧正戒月等人立刻向朝廷报告,要求按照绍兴三年的规定处理此事。南宋朝廷经过商议,以朝旨的形式批复,宣布仍按绍兴三年"僧左道右"的规定来确定僧道尊卑位次①。

这个规定提高了佛教的地位,使佛教徒对道教徒人数的比例逐渐上升。据绍兴二十七年礼部的统计,当时在籍僧人为二十万,而在籍"道士才万人"②。这个比例,超过了宋神宗熙宁十年佛道人数 12:1 的比例,与宋仁宗庆历二年的数据相同。

## 二、宋孝宗对儒道释三教的态度

南宋初年,一度担任过宰相的李纲是一个虽谈不上佞佛,但对佛教十分信奉、持"八斋"③的人,与许多僧人都有密切的交往。不过,作为政治家,他只能抛开个人的宗教情感,而提出了"治天下者"应"以儒为主,以道释为辅"的政治主张:"治之之道,一本于儒,而道、释之教,存而勿论,以助教化,以通逍遥,且设法以禁其徒之太滥者、宫室之太过者,斯可矣。又何必人其人、火其书、庐其居,然后足以为治哉?"④这个主张后来实际演变成了宋高宗时期的宗教政策。

宋高宗并非是一个虔诚的佛教徒或道教徒。他曾对臣下表白过自己对佛教的态度,说:"朕观昔人有恶释氏者,欲非毁其教,绝灭其徒;有喜释氏者,即崇尚其教,信奉其徒,二者皆不得其中。朕于释氏,但不使其大盛耳。"⑤对于道教,他也曾宣称要"渐消"其教,以维护儒教之尊⑥。但宋孝宗

① 《绍兴朝旨改正僧道班文字一集》,《大正藏》NO. 2126。
② 《建炎以来系年要录》卷一七七,绍兴二十七年八月辛亥记事。
③ 八斋:佛教信奉者食素的一种方式。凡遇初一、十五、三日、八日必吃素。其余日子则可荤食。《李纲全集》卷一五六《持八斋文》曰:"余自今夏观阅藏教,以酬宿志,始持八斋。凡遇朔望,三日、八日必斋。虽于肉食未能一切断去,庶几有进无退,至于永断而后乃已。"
④ 《李纲全集》卷一四三《三教论》,岳麓书社 2004 年版,第 1362 页。
⑤ 《宋会要辑稿》道释一之三四。
⑥ 《建炎以来系年要录》卷一四五,绍兴十二年五月丙午条。

对儒道释三教的态度却与宋高宗有较大的差异。

宋孝宗喜欢苏轼诗文，但对经学反感，不愿听侍读官讲儒家经典，曾一度下令驱逐侍读官，减少经筵开讲的时间和次数。只是后来在著作佐郎员兴宗等人的劝说下才勉强收回了成命①。而与此相反，宋孝宗却对佛教和道教都很感兴趣。

宋人叶绍翁在其《四朝见闻录》卷三《高士》中记载道："孝宗圣性超诣，靡所弗究厥旨，尤精内景。时诏山林修养者入都，置之高士寮，人因称之曰某高士。""内景"原本是《黄庭内景经》的省称，在这里借指道教的炼养之术。另外，莎衣道人、颠仙傅得一、留用光、袁宗善、皇甫居中等知名的道士，还时常得到孝宗的召见和赏赐。例如，宋人刘辰翁在其《西山云螯记》中记述道："淳熙[中]，左右街道录、太一宫主皇甫居中以道行升闻，入内主醮事，对扬太平护国天尊圣号，声振帘帏，大见宠遇，御书'云螯'二字，又赐以诗。"②

对于佛教，宋孝宗更是虔诚。他特别迷信观音菩萨，在《上天竺大士赞（并序）》中，他写道："观音大士以所谓普门示现神通力，故应迹于杭之天竺山，其来尚矣。朕每有祈祷，随念感应，曰雨曰旸，不愆晷刻，是有助于冲人者也。因为作赞曰：猗欤大士，本自圆通。示有言说，为世之宗。明照无二，等观以慈。随感随应，妙不可思。"③宋孝宗与许多高僧也都有交往，经常向他们请教佛法的相关问题。

宋孝宗认为：佛道二教只要不干预政治，那对国家和社会就是无害的。乾道四年（1168），他与礼部员外郎李焘谈到科举等事时，就曾说过："科举之文不可用老庄及佛语。若自修于山林，何害？傥入科场，必坏政事。"④

淳熙八年（1181）⑤，宋孝宗又挥毫写下了《原道辨》一文，批驳唐代韩愈毁佛的过激言论。他认为儒道释三教的主旨是相近的，只是形式不相同。

---

① 李心传《〈九华集〉序》中赞扬员兴宗劝得孝宗回心转意时，有"读御囚逐而旋召"之言。此事还可参阅员兴宗《九华集》卷六《请侍读疏》。
② 刘辰翁：《须溪集》卷二，文渊阁《四库全书》本。
③ 《咸淳临安志》卷四二《上天竺大士赞（并序）》。
④ 佚名：《宋史全文》卷二五上，乾道四年九月壬申记事，文渊阁《四库全书》本。
⑤ 《玉海》卷三二《淳熙原道辨》。

他说:"释氏专穷性命、弃外形骸、不染万相,而于世事了不相关,又何与礼乐仁义哉? 然尚犹立五戒,曰不杀、不淫、不盗、不饮酒、不妄语。夫不杀,仁也;不淫,礼也;不盗,义也;不饮酒,智也;不妄语,信也。如此,于仲尼又何远乎?"又说:"今迹老子之书,其所宝者三:曰慈,曰俭,曰不敢为天下先。孔子则曰'温良恭俭让',又曰'惟仁为大'。老子之所谓慈,岂非仁之大者耶?曰不敢为天下先,岂非让之大者耶? 至其言治道,则互见偏举,所贵者清静宁一,而与孔圣果相背驰乎?"最后,宋孝宗旗帜鲜明地提出了自己的观点:"以佛修心、以道养生、以儒治世则可也,又何惑焉! 愈之论从其迹而已,不言其所以同者,故作《原道辨》。"①

宋孝宗的"以佛修心、以道养生、以儒治世",并不是"三教合一",而是"以儒为主,以道释为辅",而史浩等人则主张"佛道二统一于儒家思想"。因此,这篇《原道辨》遭到了前宰相史浩和侍讲程大昌的反对。史浩在《回奏宣示御制〈原道辨〉》中说:

> 若夫融会释、老,使之归于儒宗,则以五戒出于圣人之仁义礼智信,三宝亦出于圣人之温良恭俭让,是释、老皆在吾圣人度内不可别而为三,一出于圣人大学之道也。陛下末章乃欲以佛修心、以道养生、以儒治世,是本欲融会而自生分别也。盖大学之道,物格而后知至,知至而后意诚,意诚而后心正,心正而后身修,身修而后家齐,家齐而后国治,国治而后天下平,可以修心,可以养生,可以治世,无所处而不当矣。又何假释、老之说耶? 陛下此文一出,当与六经并驰于万世,须占得十分道理,不可使后世之士议陛下,复如陛下之议韩愈也。②

但宋孝宗只是将批评韩愈的话语作了一些修改,如将题目改为《三教论》③,将结尾部分改为"曰:以佛修心、以道养生、以儒治世,斯可也。其唯圣人为能同之,不可不论也。"④仍坚持自己"以佛修心、以道养生、以儒治世"

① 史浩:《鄮峰真隐漫录》卷一〇《回奏宣示御制〈原道辨〉》,文渊阁《四库全书》本。
② 《鄮峰真隐漫录》卷一〇《回奏宣示御制〈原道辨〉》。
③ 《建炎以来朝野杂记》(乙集)卷三《〈原道辨〉易〈三教论〉》,第544页。
④ 《佛祖统纪》卷四七引《圣政录》。

的基本观点。

在这种思想的指导下,宋孝宗一朝,加上战争的影响,佛教徒和道教徒的人数又大为增长。

从绍兴三十一年起,由于金帝海陵王完颜亮率金军大规模南侵,宋金战争再起,军费开支巨大,南宋政府被迫又开始出卖度牒,从此便一发不可收拾。乾道三年(1167),浙西路提点刑狱公事陈良翰上奏说:

> 昨立住卖度牒,二十余年,人民生聚,不为无益,辛巳春,边事既作,用度浸广,乃始放行。令下之初,往往争买。其价则五百千,其限则三个月,其数不过万道,未足以病民。今则减价作三百千,展限已三十余次,总数计十万三千余道,民甚病之。且唐人有言:"十户不能养一僧。"今放行者与旧所度者无虑三四十万,是三四百万户不得休息也。不知国之所利者能几何? 而令三四百万户不得息肩。且又暗损户口,侵扰齐民,奚止千万? 此其为害岂浅哉![1]

从绍兴三十一年至乾道五年(1169)的九年中,南宋政府就一共卖出了120000 道度牒。自乾道四年(1168)至淳熙元年(1174)的六年间,仅南宋朝廷拨付给四川总领所用于财政支出的度牒就多达"一万一千道"[2]。因此,除去自然死亡的僧道人数,到乾道三年后,综合多方面的数据分析,可以得出这样一个结论:这一时期的僧道人数大致又上升到了三四十万人左右。

### 三、宋理宗对道教的扶持

宋理宗即位后,为强化封建道德规范,实行了尊崇理学的方针。淳祐元年(1241)正月,宋理宗正式颁布诏令,废除王安石从祀孔子庙廷的资格,而封周惇颐为汝南伯,张载为郿伯,程颢为河南伯,程颐为伊阳伯,从祀孔子庙廷[3]。以其上承孟子,确立了理学的"道统"。二十年后,在景定二年(1261)

---

① 留正等:《皇宋中兴两朝圣政》卷四六,乾道三年九月条,《宛委别藏》本。
② 《宋史全文》卷二六上,淳熙四年二月末条。
③ 《宋史》卷四二《理宗二》,第822 页。

正月,宋理宗又下诏封张栻为华阳伯,吕祖谦为开封伯,从祀孔子庙庭。

宋理宗尊崇理学,无非是认为理学所讲求的个人道德修养的内心反省工夫可以匡正人心,"三纲五常"可以强化君主权威、可以维护封建等级、可以稳定社会秩序。但宋理宗本人却并不理会理学的道德规范,素来以好色、奢侈而闻名。他在宫内除养有"六字号夫人""一千员"之外①,甚至还敢冒天下之大不韪,借举办宴会的名义,将营妓、娼优召到宫内鬼混。

在尊崇理学的幌子下,宋理宗出于"神道设教"的因素,特别崇信道教。他早在亲政之初,便宠信女道士吴知古,让吴知古住在宫内,主持宫内焚修之事。宦官卢允升等人还迎合宋理宗崇道的意图,"妄称五福太乙自嘉定己巳(嘉定二年)南入巽宫,临吴越分,作太乙宫,又作龙翔宫……以祈福"②。端平二年(1235),宋理宗又诡称太祖下降,再次制造了一场"神道设教"的闹剧。

宋理宗赵昀是宋太祖十世孙中的疏族。嘉定十七年(1224),宋宁宗病死,权臣史弥远便伪造遗诏,废掉了仇视他的皇子赵竑,将赵昀扶上了皇位。次年春季,史弥远又使用阴险的手段逼死赵竑。绍定六年(1233)冬,史弥远病死,28岁的宋理宗赵昀这才得以亲政,结束了自即位以来"渊默十年无为"③、近乎傀儡皇帝的局面。

亲政后的宋理宗改元"端平",任命郑清之为右丞相兼枢密使、薛极为枢密使、乔行简和陈贵谊并为参知政事,以郑清之为核心,实施了加强皇权,起用那些在史弥远当政时期曾经遭到排斥和打击的有政治、学术声誉的官员,同时也逐渐贬斥史弥远政治集团中那些为人阴险狠毒、声名狼藉的亲信,以调和内部矛盾、革除史弥远当政时期宿弊等政治措施。史称"端平更化"。

"端平更化"之初,确实给南宋政权带来的令人鼓舞的政治气象。但由于宋理宗、郑清之、赵葵等人错误地估计了宋蒙联合灭金后的宋蒙政局,在建立不世之功的政治野心驱使下,轻率出兵北上,进入东京开封府、西京河

---

① 刘一清:《钱塘遗事》卷五《理宗政迹》,文渊阁《四库全书》本。
② 《钱塘遗事》卷五《理宗政迹》。
③ 黄震:《古今纪要逸编》,《笔记小说大观》本。

南府、南京应天府,结果遭到惨败,引起了宋蒙战争的全面爆发,使南宋政权过早地陷入了战争灾难。

为树立自己的正统形象,抵消因"端平入洛"失败给自己造成的消极影响,宋理宗又重演宋太宗、宋真宗之故伎,与宰相郑清之编造了一套神话。宣称:早在端平元年三月的一个晚上,他在斋居之中,"夜梦一真人,峨冠佩玉,略似艺祖,色鬖而貌和,亟延朕殿上,授之坐。亲承面命,圣谟洋洋,敬听无斁。俄而梦觉。越三日,宗臣善来以旧藏昌陵(宋太祖陵名永昌陵,简称昌陵)御容捧进,一瞻天日之表,如梦中真人,无毫发异"。于是,写下了《纪梦昌陵古律二十韵》:"文祖膺天命,开基本至仁。……渺躬承大统,令德愧前人。凛凛如承祭,孳孳每问津。精思形寤寐,幽契动威神。陟降来天步,将迎荷圣恩。矢辞踰训子,侍坐匪同宾。仁政因微扣,宏谟乃历陈。治当先法祖,德勿谓无邻。几务惟中道,规恢必有论。诵言犹在耳,取则敬书绅。……昭哉传百世,燕翼永持循。"[1]

端平二年二月,在宋理宗的授意下,以宰相和执政大臣出面,请求宋理宗宣示御制《纪梦昌陵古律二十韵》,并送交秘阁,刊之碑石[2]。宋理宗假托此梦,将艺祖(宋太祖)与道教的真人联系起来,无非就是想要通过这种特殊的"神道设教"方式,以证明自己君权的合法性、"端平更化"的合理性和必要性而已。

淳祐四年(1244)秋,备受宋理宗宠信的右丞相史嵩之的父亲去世了,但宋理宗不允许史嵩之按惯例在家为父守丧三年,而诏令他起复,即在职带丧。于是,引起了一场轩然大波。太学、武学、京学、宗学的学生联合起来,发起了一场声势浩大的"倒史运动",最终迫使宋理宗下令让史嵩之归家守丧,而改命知枢密院事、兼参知政事范钟为左丞相兼枢密使,杜范为右丞相兼枢密使,从而结束了史嵩之四年独相的政局。

郁闷的宋理宗为挽回面子,又宣布要革除史嵩之弊政,而推行"乙巳更化"。可怎么完成这一个政治大转变呢?将宠臣史嵩之一下子便变成了奸

---

[1] 《咸淳临安志》卷七《端平纪梦诗并序》。
[2] 《宋史全文》卷三二,端平二年二月庚寅记事。

佞,那岂不是自己否定自己吗？于是,在这一年腊月,宋理宗又故伎重演,自称:"夕梦高宗皇帝于殿上,峨冠被服,若天尊然。拱侍从容,言貌悦怿。"并写下了《淳祐纪梦诗并序》:"淳祐四禩冬,是月昏娄中。……仙真儵来下,尊严瞻帝容。云冠高岌峩,霞佩锵玲珑。秉执粲玉斧,舒徐在其东。从官五六辈,言称我高宗。瞿然起敬畏,再拜前致恭。温辞曲劳问,宛与家人同。……缅怀端平梦,艺祖临绛宫。徽言固典听,纪咏愧不工。皆于更化日,精神潜感通。创业中兴盛,启祐斯无穷。凉菲念厥绍,统业当系隆。奸佞终屏黜,贤俊俱登崇。所冀在廷彦,协赞同和衷。摭实以自儆,矢辞成古风。"①

宋理宗的淳祐之梦将宋高宗与道教的天尊联系到一起,比端平之梦将太祖与真人联系起来又多了一些想象力。在这一从"真人"到"天尊"的升格中,宋理宗无非是想要通过"神道设教"来说明自己与在天变为神仙的祖宗之间有着特殊的关系:"皆于更化日,精神潜感通"。自己的一切政治作为都是受祖宗的神灵所指点的。在这种神圣光环笼罩下,宋理宗完成了"奸佞终屏黜,贤俊俱登崇"的政治转换:"天人相与之际岂远乎哉?""斯合乎圣祖神宗在天之心矣。"②

---

① 《咸淳临安志》卷七《淳祐纪梦诗并序》。
② 《咸淳临安志》卷七《〈淳祐纪梦诗并序〉跋》。

# 第二章　南宋宗教管理制度

## 第一节　政府的宗教管理机构

北宋前期,中央政府负责管理僧道事务的机构是尚书祠部。而地方的僧道事务,则由各府州军监长官负责管理。在东京开封府、西京洛阳府,则特设功德使,以负责管理京师和"陪都"的僧道事务。

开宝五年(972),宋太祖诏令"功德使与左街道录刘若拙,集京师道士试验,其学业未至而不修饰者,皆斥之"①。另,《群书考索》(后集)卷六十三《财用门》记载:"景德二年,真宗御便殿,引对诸寺院主首僧,询行业优长者次补左右街僧录。先是,道官正令功德使选之,迁补所置或非其人,故上阅试焉。"这是开封府功德使管理僧、道的具体事例。因此,赞宁在其《僧史略》卷上《管属僧尼》中记道:"至今大宋,僧道并隶功德使;出家乞度、策试经业,则功德使关祠部出牒;系于二曹矣。"②

不过,从五代时期开始,功德使大多是府尹的兼职。如后周广顺三年

---

① 《续资治通鉴长编》卷一三,开宝五年十月癸卯条,第290页。
② 这条史料中的"至今大宋,僧道并隶功德使"一句,很容易使人误地将功德使理解为管辖全国僧道的官职。但赞宁这里实际只是指开封府的范围。

（953）三月，周太祖郭威便任命皇子、澶州节度使柴荣"为开封尹兼功德使"①。后晋天福三年（938），升广晋府（今河北大名）为邺都，设置留守。对这种"陪都"，后晋也设置了功德使，但仍是府尹的兼职②。

北宋也是如此。建隆二年（961）七月，宋太祖"以皇弟泰宁军节度使、殿前都虞候光义检校太尉、同中书门下平章事、开封尹兼功德使"③。宋太宗太平兴国七年（982）三月，魏王廷美"出为西京留守，充西京功德使"④。因此，《宋会要辑稿》职官三七之四记载："开封府尹、牧，牧不置，唯仗内奉引则遣官摄事，尹以亲王为之，仍兼功德使。"此外，淳化元年（990），赵普也曾以"守太保兼中书令、行河南尹"的头衔"兼功德使兼西京留守"⑤。

功德使作为府尹或知府的兼职，其职权自然会被弱化。管理僧道事务的，实际就是带着功德使这一兼职的府尹或知府。久而久之，北宋政府便废除了功德使，改由府尹或知府直接管理僧道事务了。

北宋废功德使的时间不详。熙宁四年（1071），开封府推官陈忱言与入内供奉官曹贶孙奉命在开宝寺召集僧众开会商议，确定由志满担任福圣院主。陈忱言、曹贶孙将结果上报给宋神宗。神宗诏令"开封给牒差。自今寺院有关当宣补者，罢宣补及差官定夺，止令开封府指挥僧录司定夺，准此给牒"。史臣在此还有一段议论："开封府尹旧领功德使，而左右街有僧录司，至于寺僧差补，合归府县僧司，而相承奏禀降宣。上欲澄省细务，诸如此类悉归有司。"⑥由此而判断，可以确定至迟在熙宁四年以前，开封府尹就已经不兼功德使了。这也意味着至迟在熙宁四年以前，北宋就已经废除了功德使。

这时，鸿胪寺又与佛教有了密切的关系。北宋政府为了褒奖译经僧人，将一些译经的僧官试授为鸿胪卿、鸿胪少卿或光禄卿、光禄少卿。如元丰元

---

① 薛居正等：《旧五代史》卷一一三《周书第四·太祖纪四》，中华书局1976年版，第1495页。

② 《旧五代史》卷八〇《晋书第六·高祖纪六》，中华书局1976年版，第1057页。

③ 《宋会要辑稿》职官三七之四。

④ 《宋会要辑稿》帝系一之二四。

⑤ 佚名：《宋大诏令集》卷六五《赵普罢相除兼中书令河南尹制》，中华书局1962年版，第319页。

⑥ 《续资治通鉴长编》卷二二八，熙宁四年十一月戊戌条，第5545页。

年(1078),宋神宗诏令:"故西天译经三藏、鸿胪卿日成赐谥曰阐教。"①元丰三年,宋神宗采纳了详定官制所建议,才取消了译经僧官授试光禄、鸿胪卿、少的旧制②。

其实,远在唐朝初年,鸿胪寺就是一个宗教管理机构。当时,"天下僧尼、道士女冠皆隶鸿胪寺"。武后延载元年(694),以僧尼隶祠部,道士女冠仍归鸿胪寺管理。唐玄宗开元二十四年(736),道士女冠改隶宗正寺。这时,鸿胪卿才与僧道脱离了管理关系③。

由于有这样的背景,元丰改制便部分地取用了唐初制度,确定在中央政府中由鸿胪寺和尚书祠部共同负责管理僧道事务。不过,鸿胪寺实际只管辖左右街僧录司、左右街道录院、传法院,其余僧道事务均归祠部。宋人邓肃曾在鸿胪寺为官。他自称鸿胪寺乃"道释二教兼所辖者",事务并不繁重。由于"贱职之简",从而还有时间研究道教的产生和嬗变④。

到宋徽宗政和六年(1116),由于当时崇道抑佛的势头越来越强,因而有官员建议:"释教出于西域,鸿胪掌之可也。道教以黄帝、老子为宗,岂夷狄耶!"⑤于是,宋徽宗诏令:"道录院见隶属鸿胪寺,本寺掌蕃夷朝贡等事,金狄之教正当纯治之。其道教当改隶秘书省。"⑥政和七年,又设置了"提举秘书省道录院"一职,"以大学士至使相、三孤充职"⑦。

这样一来,鸿胪寺实际也就只掌管左右街僧录司、传法院了。因此,《哲宗正史·职官志》在记述鸿胪寺的职掌时称:"所隶官司十二。别出左右街僧录司,掌寺院僧尼帐籍及僧官补授之事;传法院,掌译经文。"⑧《文献通考》卷五六《职官考十》则详细记述道:

---

① 《续资治通鉴长编》卷二九〇,元丰元年七月辛巳条,第7098页。
② 《续资治通鉴长编》卷三〇九,元丰三年十月丁卯条,第7506页。
③ 《文献通考》卷五五《职官考九》。
④ 《栟榈集》卷一七《新建三清殿记》。
⑤ 陆游:《家世旧闻》卷下,中华书局1993年版,第204页。
⑥ 《宋会要辑稿》职官之一八之一八。
⑦ 程俱:《麟台故事》卷四,中华书局2000年版,第182页。
⑧ 《宋会要辑稿》职官二五之二。

元丰官制行,置卿、少卿、丞、主簿各一人。卿掌四夷朝贡、宴劳、给赐、送迎之事,及国之凶仪、中都祠庙、道释帐籍除附之禁令。少卿为之贰,卿参领之。所隶官属十有二:中泰一宫、建隆观等各置提点所,掌殿宇斋官器用仪物陈设、钱币之事。在京寺务司及提点所,掌诸寺葺治之事。传法院,掌译经润文。左右街僧录司,掌寺院僧寺帐籍及僧官补授之事。同文馆及管句所,掌高丽使命。都亭西驿、怀远驿、礼宾院,所掌见前。中兴后废鸿胪,并入礼部。

值得特别指出的是:在这里,无论是《哲宗正史》还是《文献通考》,其所记述的都是道录院改隶秘书省以后的情况,因此鸿胪寺所辖自然也就没有左右街道录院。

道录院由隶属于鸿胪寺而改为隶属于秘书省,体现了宋徽宗对华夷之辨的强调,为其"宣和灭佛"张本。宋高宗在南宋立国之初,尽管口不明言其父妄兴道教的过错,但利用机会也积极地对其父"尊道抑佛"的极端宗教政策进行了纠正。

建炎三年(1129),为节约开支,宋高宗下令裁减、省并政府机构:"权罢秘书省,废翰林天文局,并宗正寺归太常,省太府、司农寺归户部,鸿胪、光禄寺、国子监归礼部,卫尉寺归兵部,太仆寺归驾部,少府、将作、军器监归工部。"①

由于秘书省、鸿胪寺都被裁撤,因此祠部的管理功能明显加强。《宋会要辑稿》职官一三之十六记载:

祠部:掌祠祭画日,休假令,受诸州僧尼、道士、女冠、童行之籍,给剃度受戒文牒。以朝官一员主判。……元丰改制,郎中、员外郎始实行本司事。提领度牒所附礼部郎中。通行四司。分案有二:曰道、释。凡臣像陈乞坟寺,试拨经放,该遇圣节始赐紫衣、师号,诸州宫观寺院僧尼道士童行整会,甲乙、十方住持教门事务,僧尼去失度牒,改名回礼,僧道正、副迁补,拘收亡殁度牒,归正换给、埋瘗等阵亡恩泽,陈乞比换紫

① 《建炎以来系年要录》卷二二,建炎三年四月庚申条。

衣、师号,给降出卖书填翻改空名度牒等,皆属之。日详定祠祭,……祠祭奏告、奉安、祈祷,应道释神祠加封赐额,……拘催诸路僧道帐籍,皆属之。又有制造案,掌制造、书写、勘合绫纸度牒、紫衣师号及度牒库官吏替上申请事。又有知杂、开拆司。吏额:主事一人,令史二人,手分九人,贴司七人。度牒库隶焉。

尽管其后秘书省、鸿胪寺又渐次恢复,但由祠部专门管理僧道具体事务的模式却没有改变。

不过,宗教仪制的制订,则是由太常寺负责的。例如,由于“诸州天庆观圣祖殿神御位次多或不同,有失崇奉之意”,绍兴二十七年三月,太常寺就奉命制定了天庆观内“所设次序塑像”统一样式,“令诸路州军随宜措置施行”①。

因此,礼部(其实主要是礼部下属的祠部)在许多场合都必须与太常寺共同工作。而且,一般涉及宗教礼制的建设性意见,通常都是由太常寺提出的。例如,在有关机构对“诸路州军保奏到灵应神祠加封”申请有分歧时,一般会由“三省同奉圣旨,令礼部、太常寺日下检照已保奏到去处,疾速拟申施行”。在审核“武冈军保奏到武冈军渠渡庙乞赐庙额”时,太常寺即根据“建炎三年正月六日敕节文”的规定,提出“依上件指挥,合先拟赐庙额,合行降敕”的建议,申报礼部,再由礼部报告尚书省②。

绍兴三十一年十一月,知枢密院事、督视江淮军马叶义问声称:当金军在长江北岸企图开掘“第二港河”,打算“欲径冲丹徒”时,“一夕大风沙涨”,将其河道淤塞,“人皆以为水府阴佑”。因此,他请求宋高宗“诏礼官依五岳例峻加帝号,令建康府守臣择地建庙。其金山、采石二水府,亦乞增封,遣官祭告”。礼部、太常寺奉诏进行讨论。太常寺提出建议:“江渎已封广源王,欲特增加六字,拟‘昭灵孚应威烈广源王’,建庙赐额曰‘佑德’。其乞峻加帝号一节,候恢复中原日别议封册施行。”宋高宗批准了这个建议③。

①　《宋会要辑稿》礼五之二〇。
②　陆增祥编:《八琼室金石补正》卷一一七《渠渡庙赐灵济额牒》,《宋代石刻文献全编》本。
③　《建炎以来系年要录》卷一九四,绍兴三十一年十一月甲午条。

《宋史》卷一六四《职官四·太常寺》在记述太常寺职能时说："若礼乐有所损益,及祀典、神祇、爵号与封袭继嗣之事当考定者,拟上于礼部。"特别是涉及到寺观祠庙之赐额,往往也由礼部和太常寺共同拟定。如,绍熙元年(1190),直秘阁张镃向宋光宗提出请求,愿将自家一处位于临安府艮山门里的房屋舍为十方禅寺,礼部、太常寺便奉光宗之命,拟"庆寿慈云禅寺"为额①。

另外,在地方州县官府中,也设有负责处理僧道事务的机构。据《琴川志》卷一〇《县役人》记载,县衙中设"僧直司",其职掌是"承受寺院事件"。但州衙中"承受寺院事件"的机构名称不详。

## 第二节　宗教教团的管理机构

宋朝政府吸收和改造了前代制度,在京师设置僧录司、道录院,在地方设置僧正司、道正司,并设置了与其对应的各级僧官、道官。将其建设成为一种听命于官府的宗教教团管理机构,在府州军监各级长官的指导下,具体负责佛、道二教的教内事务。

### 一、道官的设置

北宋建立后,沿用后周制度,在京师开封府设立了左、右街道录院,以左、右街道录分统在京所有宫观。到宋太宗太平兴国年间(976—983),左、右街又各增置了副道录、都监、首座。这八员道官,被统称为"总知教门公事"②。宋真宗天禧五年(1021),又增设了左、右街鉴义(也作鉴仪)。在宋仁宗景祐三年(1036)颁布的《车驾幸宫观寺院支赐茶绢等第例》中规定:"道录绢七疋,茶五斤;副道录绢五疋,茶五斤;都监绢三疋,茶二斤;鉴仪、守阙

---

① 《宋会要辑稿》道释二之一五。
② 高承:《事物纪原》卷七,《丛书集成初编》本。

鉴仪,各绢一疋,茶一斤。"在这里,又增加了"守阙鉴仪"①。

左、右街道录与左、右街僧录、传法译经三藏一样,享有很高的礼遇。大中祥符元年(1008),宋真宗曾诏令:"两街僧、道录,传法译经三藏,许入皇城门下马。"②

政和八年改定道官名称③

| 旧道官名 | 新道官名 |
| --- | --- |
| 都道录 | 知左右街道录院事 |
| 副都道录 | 同知左右街道录院事 |
| 左街道录 | 知左街道录院事 |
| 右街道录 | 知右街道录院事 |
| 左街副录 | 同知左街道录院事 |
| 右街副录 | 同知右街道录院事 |
| 左街都监 | 签书左街道录院事 |
| 右街都监 | 签书右街道录院事 |
| 左街副都监 | 同签书左街道录院事 |
| 右街副都监 | 同签书右街道录院事 |

其后,宋朝又设置了左右街道录和副道录,即都道录和副都道录,以总领京师道教内部事务。此外,还增设了左、右街副都监。

宋徽宗政和八年(1118),宋徽宗亲自改定了道官新名,裁去了左、右街首座和左、右街鉴义,使之降为10阶。

到南宋后,政和新道官名称被废止,旧道官名称大多得以恢复。例如,宋高宗时,道士陈希声"授右街鉴义,俾主洞霄宫"④。宋宁宗时,道士上官德钦也曾担任过左街鉴义⑤。但也有一些调整,如"左、右街都监"便被废止,在相关的南宋文献中已不能再见到这个道官名称了。在楼钥《攻媿集》卷五四《中兴显应观记》中有"都监"的记载:"皇帝皇后聿追祖考之意,载命兴葺,复赐缗

---

① 《宋会要辑稿》礼五二之八。
② 《宋会要辑稿》职官三三之一九。
③ 据《宋大诏令集》卷二二四《改定道阶等御笔手诏》编制。
④ 邓牧:《洞霄图志》卷五《陈汝和先生》,《笔记小说大观》本。
⑤ 杨世沅编:《句容金石记》卷五《嘉定皇后受箓记》,《宋代石刻文献全编》本。

钱二万,俾都监、右街鉴义、主管教门公事、明素大师陈永年买田,以增斋供之费。"但这里的"都监"是中兴显应观中的都监,而不是左、右街都监。

宋宁宗时,左街鉴义、充太一宫高士并都监住持易如刚"五迁至左右街都道录、太一宫都监"①。据此,可知南宋的"左、右鉴义"的等级应排在"左、右街副道录"之下。而且,也不再设"副都道录"这一道官官阶了。

地位特别崇高的道士在担任左右街都道录时,还可再加一"大"字。绍兴末年,大宦官刘敖弃官入道,宋高宗就授予他为"左右街大都道录"②。

宣和三年(1121),宋徽宗命令:"三京置女道录、副道录各一员,节镇置道正、副各一员,余州置道正一员。"③

沿袭北宋制度,南宋也在各府州设立道正司,以管理地方道教内部事务。除不再设女道录、副道录之外,"节镇置道正、副各一员,余州置道正一员"的规定也继续实行。不过,南宋大州的道正司增设了"都道正"和"副都道正",以及"道判"。例如,南宋后期,著名道士白玉蟾的弟子林伯谦就曾担任"福州天庆观管辖兼都道正"④。宋理宗端平元年(1234)六月,平江府管内道判、同管教门事、监天庆观事是邹师吉,管内副都道正、主管教门事、副知天庆观事是余可久,管内都道正、主管教门事、知天庆观兼管辖住持事是陈天一⑤。

南宋在茅山等道教胜地,也设有都道正以"管辖本山诸宫观",其下又设有山门道正、山门副道正。如宋孝宗乾道年间,周必大游茅山崇旧观,就曾受到"都道正、知观事兼管辖本山诸宫观谢元真、山门道正、同知观事吴守卿、山门副道正、签书观事卜诚全"的热情接待⑥。另外,在缺道正的场合,也可由副道正代理其职。如在处州(今浙江丽水),天庆观道士吴师正于宋高

① 元明善:《龙虎山志》卷上《易如刚》,《中国宗教历史文献集成》本;刘大彬:《茅山志》卷四《宝庆易如刚先生敕牒》,《中华道藏》第48册。
② 阮元编:《两浙金石志》卷九《创建通元观记》,《宋代石刻文献全编》本。
③ 杨仲良:《皇宋通鉴长编纪事本末》卷一二七《徽宗皇帝·道学》。
④ 彭耜等:《海琼白真人语录》卷二,《中华道藏》第19册。
⑤ 缪荃孙等编[民国]《江苏省通志稿》卷一六《天庆观尚书省札并部符使帖》(《玄妙观尚书省札并部符使帖》),《宋代石刻文献全编》本。
⑥ 《文忠集》卷一六八《泛舟游山录二》。

宗绍兴初就是以"敕差副道正"而"权道正"的①。

## 二、僧官的设置

宋朝的僧官制度与道官制度大致类似,但并不完全相同。北宋在京师开封府设有左、右街僧录司,以管理在京的佛教内部事务。宋代左、右街僧录司一如唐制,也是分署并设,各领一部分在京佛刹。北宋时,左街僧录司设于东京相国寺,右街僧录司设于开宝寺。南宋时,两街僧司设于何寺,文献无载。

"国朝沿唐之制,二京则置录,列郡则置正。"②除东京开封府外,北宋在西京洛阳府也设有僧录司,并分领左右街。宋神宗元丰年间,"西京僧官凡六员,曰录,曰首座,曰副首座,左右街各一"③。

在宋仁宗景祐三年(1036)颁布的《车驾幸宫观寺院支赐茶绢等第例》中规定:"僧录绢七疋,茶五斤;副僧录,绢五疋,茶二斤;讲谕、讲经首坐,各绢三疋,茶二斤;鉴义、守阙鉴义,各绢二疋,茶二斤。"④这时的僧官,左、右街合起来总共有12阶。但《宋会要辑稿》道释一之一一记载:

> 嘉祐七年二月二十四日,开封府言:"左街道录陈惟几等状:'窃睹僧官每年遇圣节,许令进功德疏,自僧录至鉴义十人,各蒙赐特敕,祠部度一名系帐行者。缘道、释二教遭圣辰,祇应修崇,事体相类,唯道门人数最少,乞依僧官体例。'"从之。

由此可见,"守阙鉴义"一职未计入正式僧官编制。此后,随着逐渐增设和完善,到北宋中期以后,僧录司又陆续增设了左右街都僧录,左、右街额外守阙鉴义⑤。

在临安府,南宋的左右街僧录司的情况基本与北宋相同。

---

① 《两浙金石志》卷五《天庆观钟铭》。
② 释契嵩:《镡津集》卷二《广原教》,文渊阁《四库全书》本。
③ 司马光:《传家集》卷六七《书〈心经〉后赠绍鉴》,文渊阁《四库全书》本。
④ 《宋会要辑稿》礼五二之八。
⑤ 《宋会要辑稿》道释一之一二。

在地方，南宋与北宋一样，也是在各府州设立僧正司，在僧正司设置僧正、副僧正、僧判。北宋僧人元照在其《芝园集》卷上《温州都僧正持正大师行业记》中记述道：

> 郡倅唐公（谷）举师为僧判，次迁副僧正。郡守张公（济）性严，少交游，待师独厚。又迁都僧正，给帖，令揭额为十方律院。郡守杨公（蟠）知师公正，凡僧门事，尽委处断，仍为亲书额字，赠毗尼讲堂。诗见于《永嘉百咏》。大夫吴公（君平）赞师画像，盛称其美。自僧判至都正，掌握教门二十余年，略无遗缺。

僧判就是僧判官的简称①。从前引南宋平江府道正司设有道判的情况看，南宋僧正司中也应设置有僧判一职。

另外，在佛教兴隆的诸州，如温州、台州、杭州、湖州、处州、明州、成都府等地则在僧正之上设都僧正。在天台山、峨嵋山等佛教名山还设有“山门僧司”，设都僧正管理山门事务。

都僧正一职，实际是一个名誉职位。苏轼在《海月辩公真赞并引》中说：

> 钱塘佛者之盛，盖甲天下。道德才智之士与夫妄庸巧伪之人杂处其间，号为难齐，故于僧职正副之外别补都僧正一员。簿帐案牒、奔走将迎之劳，专责正副以下，而都师总领要略，实以行解表众而已。然亦通号为僧官，故高居远引、山栖绝俗之士不屑为之，惟清通端雅、外涉世而中遗物者乃任其事，盖亦难矣②。

另外，余靖在《广州南海县罗汉院记》中说：“凡僧之董领教门者，国曰统曰录，郡曰正，县曰首。”而南海县僧人法宗便因在当地有名望而被“选为县僧首”③。但这只是北宋的情况，南宋县一级僧官的设置情况不详。

---

① 刘挚：《忠肃集》卷九《家庙记》：“延年独护丧陆抵永静，安厝于僧寺经藏院。其主僧曰某，僧判官曰永善，小师曰文昌，及其徒甚众。”
② 苏轼：《东坡全集》卷九五，文渊阁《四库全书》本。
③ 余靖：《武溪集》卷七，文渊阁《四库全书》本。

### 三、僧官和道官的选授

宋代僧官和道官的选授,主要有府州军监选授和朝廷任命、皇帝特授三种形式。至于考试经业,仅限于东京开封府选授僧官和道官时的场合。

府州军监选授,即由州郡长官负责选授僧正司和道正司的僧道官。《宋会要辑稿·道释》一之一一对州郡选授的方法和程序都有记载:

> (大中祥符)八年七月,诏今后诸州军监僧道正有阙,委知州、通判于见管僧道内,从上选择。若是上名人不任勾当,即以次拣选有名行、经业及无过犯、为众所推、堪任勾当者,申转运司体量诣实,令本州军差补勾当,讫奏,候及五周年,依先降指挥施行。

开封府因辖有僧录司和道录司,选授情况比较复杂。根据宋代规定,"旧例,僧职迁补止委开封府";"道官,上令功德使选定迁补"。由于"滥选者众"、"所置或非其人",遭到了强烈的批评,"多至谤议"。大中祥符三年(1010),宋真宗于是"命知制诰李维等宿中书出经题考试而后序焉"。所谓"考试而后序",即在考试之后再进行"序迁"①。其选授权自然属于朝廷了。

天圣八年(1030)二月,有人建议:"自今选补僧官,须经四十腊、二十夏以上,仍设六科考试。"宋仁宗诏令"开封府下左右街,具奏以闻"。但最终也没有合格者,只得作罢,"乃命次补如旧"②。

由于参加这种"考试而后序"的人数很少,宋仁宗又诏令:"僧职有阙,两街各选一人,较艺而补。"③即以两人争夺一个序补的职位。到宋哲宗时,礼部建议:"今后遇僧职有阙,所出试题,以大义七道、墨义三道考校,通取文理优长。"得到宋哲宗同意后,予以施行④。

---

① 以上引文出自《续资治通鉴长编》卷七三,大中祥符三年闰二月壬子条和《宋会要辑稿》道释一之一一。

② 《续资治通鉴长编》卷一○九,天圣八年二月丙申条,第2536页。

③ 欧阳修:《欧阳文忠公文集·奏事录·内降补僧官》,《四部丛刊初编》本。

④ 《续资治通鉴长编》卷四八九,绍圣四年七月甲子条,文渊阁《四库全书》本。文中"大义"原误作"大议"。

元丰三年(1080),右街道录张居善等人建议:"乞自今补道职,试《道德经》、《灵宝度人经》、《南华真经》等义,并宣读斋醮科仪、祝读等为兼经。依迁补僧职差官考试。"宋神宗接受了这个建议①。

西京河南府虽设有僧录司,但其僧官的选授并未见到要进行经业考试的记载,而一直是采用"依次递补"的选授方法②。

对于僧官和道官的选授,皇帝也有干预。欧阳修在《内降补僧官》一文中记述了宋英宗时期所发生的一件事情:

> 先朝僧官有阙,多因权要请谒,内降补人。当时谏官御史累有论列,先帝深悟其事,因著令僧职有阙,命两衙各选一人较艺而补。至是,鉴义有阙,中书已下两衙选一人。未上,而内臣陈承礼以宝相院僧庆辅为请,内降令与鉴义。中书执奏以为不可,韩曾二公极陈其事,臣修亦奏曰:"补一僧官当与不当,至为小事,何系利害?但中书事已施行而用内降冲改先朝著令,则是内臣干挠朝政。此事何可启其渐!"③

这种"内降补人"的形式,就是皇帝特授。但像这种"中书事已施行而用内降冲改"的情况却不多见。由此可知:在一般情况下,皇帝并不直接干预朝廷对僧官和道官的选授。

南宋州郡选授僧道官,沿袭了"依次递补"的方法。《庆元条法事类》卷五〇《道释门·住持·道释令》的记载:"诸州僧道正阙,副正递迁。如无或不应迁,即以次选有行业、无私罪、众所推服者充(并谓本州界内受业者)。七年无私罪,本属保奏(已有师号者不奏)。"

熙宁八年(1075),宋神宗认为任命僧官和道官用宣敕,行政规格太高,于是诏令:"内外宫观、寺院主首及僧、道正,旧降宣敕差补者,自今尚书祠部给帖。"④但这项规定的行用时期似乎并不太长。南宋也没有沿用这项规定。《庆元条法事类》卷五〇《道释一》规定:"诸僧、道正副及寺观主首、主事应

---

① 《续资治通鉴长编》卷三〇九,元丰三年十月甲戌条,第7508页。
② 参见司马光《传家集》卷六七《书〈心经〉后赠绍鉴》。
③ 《欧阳文忠公文集·奏事录·内降补僧官》。
④ 《续资治通鉴长编》卷二六七,熙宁八年八月戊申条,第6551页。

差补者,本州给帖。其旧降宣敕者,申尚书礼部。"

在《道藏》中,还保留有一件完整的敕札。兹移录如下①:

正月初一日,恭奉圣旨,颁降敕黄一道:"虚白斋高士、洞微先生司徒师坦特转左街道录,主管教门公事。"

右札司徒师坦。准此。

淳祐九年正月　日。

《敕黄》

尚书省牒

特赐洞微先生、右街鉴义、主管教门公事、祐圣观虚白斋高士司徒师坦。

牒奉敕:"宜特转左街道录、主管教门公事。"牒至准敕,故牒。

淳祐九年二月　日。

签书枢密院事兼权参知政事谢(押)。

同知枢密院事兼权参知政事应(押)。

枢密使兼参知政事赵(督视)。

太傅右丞相越国公(押)。

南宋时期,皇帝出于恩例而特授的僧官和道官较北宋有所增多。例如,绍兴二十四年(1154年)二月,刘贵妃进封推恩,其叔父赐紫定慧圆明大师、右街鉴义悟正便被宋高宗擢为左街僧录②。绍兴五年正月,"诏左鉴义德信特补右街副僧录、主管教门公事,令承替思彦住持圆觉院,依旧崇奉太上本命香火"③。乾道元年(1165),宋孝宗诏令:"天竺时思荐福寺系寿皇太上皇后功德寺,住[持]僧右街鉴义子琳特补右街僧录,监寺僧利宗特补右街鉴

---

① 张大淳:《三茅真君加封事典》卷上《尚书省札》,《中华道藏》第46册。
② 《松隐集》卷三六《永嘉郡太夫人唐氏墓铭》。《建炎以来系年要录》卷一六六,绍兴二十四年二月甲辰条。
③ 《宋会要辑稿》道释一之一二。

义。"①宝祐元年（1253 年），因谢皇后功德寺建成，宋理宗任命该寺首座宝鉴大师时举"补右街鉴义"②。

当然，也有因法术高超而被敕命选授的。例如，如两宋之际明州（治今浙江宁波）蓬莱观的道士何思远就因道术高明，而"勅差明州管内副道正"③。乾道元年七月，宋孝宗诏："凡以雨旸，祈祷观音必获感应，上天竺住持僧若讷特补右街僧录。"④绍定五年（1232 年），上天竺住持云间文果请观音大士出明庆寺祈雨，宋理宗"驾回而雨，即颁左街僧录及佛慧大师之号"⑤。

## 第三节　政府对寺观祠庙的管理

### 一、寺观祠庙的创建权

为了控制宗教势力的膨胀，宋朝政府沿袭唐制，除皇帝之外，不准任何人以个人名义擅自创建寺观祠庙。宋代法令规定："有创造寺观一间以上者，听人陈告，科违制之罪，仍时毁撤。"⑥"不许文武臣寮、宗室戚里、僧道等人陈乞创造寺观名额，仍委御史台觉察弹奏。"⑦"创造寺观者，徒二年；造殿阁神祠者，杖一百。若殿阁有损坏而欲移修者，申所属验实，乃听。即不得以修造寺观为名求化钱物。"⑧"诸创造寺观及擅置戒坛，徒二年。旧有而辄加名号者，各减五等。以上未造置者，各减二等，止坐为首人。"⑨

对于已经存在的、而且合法的寺观祠庙，由祠部登记在册，称"系帐"。

①　《宋会要辑稿》道释二之一二。

②　《佛祖统纪》卷四八。

③　《攻媿集》卷五七《望春山蓬莱观记》。

④　《宋会要辑稿》道释二之一二。

⑤　《佛祖统纪》卷四八。

⑥　赵汝愚：《宋名臣奏议》卷八四《上仁宗乞罢寺观赐额》，文渊阁《四库全书》本。

⑦　《宋名臣奏议》卷八四《上仁宗乞止绝臣寮陈乞创寺观度僧道》。

⑧　《宋名臣奏议》卷八四《上哲宗乞罢中懃造寺》。

⑨　《庆元条法事类》卷五一《道释门二·约束》。

凡系帐寺观祠庙,虽因年代久远而圮毁不存,但其名额仍然有效,可以"移额"或"徙额",即张冠李戴地用于其他未取得合法资格的寺观祠庙。

例如,严州遂安县(旧治在今浙江淳安西南)"西四十里"原有一座道教的洞神宫,早已毁废,"额存宫废"。南宋初年,龙虎山道士倪太和来到遂安,在县城东岳行宫的东侧盖起了几间茅屋,建成了一座小道院。其后,遂安县官员向州里提出请求,获得同意后,便以原洞神宫的"官额隶焉"①,将其由县西移到了县城内。

再如,《咸淳临安志》卷七九《寺观五》记载:"法善院,广顺元年建为护国罗汉院。大中祥符元年赐今额。地入聚景园,移额于四板桥普贤庵。"《会稽志》卷七《宫观寺院》记载:"宝山证慈院,在县东七十二里曹娥镇曹娥庙之旁。米礼部芾书额'证慈',本陆左丞宝山功德院名。后以昭慈圣献皇后攒宫改院名'泰宁',而徙额于此。"

由于宋金战争的原因,甚至还有将寺院名额从沦陷地区移到南宋境内的情况发生。在成州(今甘肃成县)城外20里的地方,原有一座野寺,是当地富人高务成在宋神宗元丰四年(1081)"削地捐财"而建成。尽管"门闼雄深,殿庑耽耽,斋庖库庚,钟鼓鱼螺,无不毕具",但却一直到宋孝宗即位时也没有得到朝廷赐额。这时,金朝境内泾州(今甘肃泾川)广化寺僧人携带北宋为广化寺赐额的相关证书投奔南宋,来到成州,向梅姓知州提出请求,将北宋泾州广化寺的赐额用在了成州,使成州广化寺"八十七年之后始有名称"②。

而宋人要创建寺观祠庙,则必须得有"敕额"。元人郑元祐说:"宋法,非敕额不敢造寺。"③所谓敕额,就是敕赐名额,也称"赐额",即以皇帝的名义赐予寺观祠庙的名额。例如,宋光宗绍熙元年(1190),前通判临安军府事张镃向朝廷提出请求:"愿以城东北新宅一区,效前贤舍为佛寺,仍割田六十顷

①　郑瑉、方仁荣:《景定严州续志》卷八《寺观》,《丛书集成初编》本;曾筠等编:[雍正]《浙江通志》卷二三三《遂安县》,文渊阁《四库全书》本。
②　张维编:《陇右金石录》卷四《广化寺记》,《宋代石刻文献全编》本。
③　郑元祐:《侨吴集》卷九《无锡泗州寺记》,文渊阁《四库全书》本。

有奇赡其徒,熏修植福,以伸归美报上之志。"宋光宗同意后,便"赐额广寿慧云禅寺"①。

宋人要创建寺观祠庙,必须逐级上报。皇帝赐额后,由朝廷下发敕额牒文。敕额牒文又称"敕黄",是创建寺观祠庙的重要依据,很受寺观祠庙的重视。为长期保存,许多寺观祠庙都将"赐额敕黄"铭刻为石碑,甚至还拓制了墨本,以作为副本②。

然而,宋人在创建寺观祠庙的实际过程中却大多是先建好寺观祠庙,再等待赐额。宋神宗初年,判尚书祠部苏颂在《奏乞今后不许特创寺院》中指出:"臣访闻得:乡村无名寺宇所以众多者,始由僧徒缘化造屋数间,谓之佛堂,渐次增添,不数年间便成院宇。次第岁月既久,州县不能穷究因依,或遇朝廷推恩,因指为古迹,为之保明奏报,一蒙赐额,则永为僧居矣。"③这种情况在两宋都是普遍现象。如宋高宗绍兴二十一年,就有官员指出:"近来僧道往往违法,于所在去处擅置庵院,散在民间。"④但在处理上,南宋严于北宋。

宋英宗临终之际,曾经下诏:"民间先私造寺观及三十间者,悉存之,赐名寿圣。"⑤为实现宋英宗遗愿,宋神宗于是一次性地"赐三十间以上无名寺院以'寿圣'为额者二千三百余所"⑥。但南宋就见不到这种处理方式了。

当然,"赐额"有多重意义,既针对创建寺观祠庙,又针对系帐寺观祠庙。宋人赵彦卫说:"本朝凡前代僧寺道观,多因郊赦,改赐名额,或用圣节名,如承天、寿圣、天宁、乾宁之类是也,隋唐旧额,鲜有不改者。后来创建寺,多移古名,州郡亦逼于人情,往往曲从;岂有勅赐于彼,而臣下可移于此? 特不思耳。"⑦但这与创建寺观祠庙关系并不太大。

---

① 《两浙金石记》卷一〇,史浩:《广寿慧云禅寺之记》。
② 释宗晓编:《宝云振祖集》,《卍新纂续藏经》NO.944。
③ 苏颂:《苏魏公文集》卷一七,文渊阁《四库全书》本。
④ 《宋会要辑稿》食货六一之一五。
⑤ 陈均:《皇朝编年纲目备要》卷一七,治平四年春正月条,中华书局2006年版,第398页。
⑥ 《苏魏公文集》卷一七。
⑦ 《云麓漫抄》卷五,第75页。

### 二、寺院组织结构及其管理

所谓寺院组织结构,也就是寺院的僧职及其功能的构成。在唐代律宗寺院中,居于管理阶层的僧职被统称为"三纲"。一般情况下,狭义的"三纲"指上座、寺主、都维那或上座、都维那、典座,但广义的"三纲"则包含上座、寺主、都维那、典座等僧职,"随方立之,都谓之三纲"①。

在上座、寺主、维那"三纲"之下,还有典座、直岁、押寺等知事僧。唐代宗大历九年(774),著名的密宗大师不空三藏在临终时写下遗嘱,因担心日后无凭,便请大兴善寺"三纲、直岁徒众等著名"于遗书之后。其僧职由低到高依次署为"直岁慧达、典座明彦、都维那法高、寺主道遇、上座潜真"②。唐穆宗长庆二年(822),段文昌撰《菩提寺置立记》③,其中提到"上座惠通识敏量宽,道艺兼蕴";"寺主惠严,操行端明,始终无替,绵历五纪,成此茂功";"押寺临坛大德玄拯,德高宿植,振起律仪";"都维那行持、典座行谦,聪悟多闻,探详经论"。

到唐文宗贞元、唐武宗元和年间(785—806),随着禅宗的日益发展,僧人怀海在江西奉新百丈山聚集禅僧,创立《百丈清规》,"不循律制,别立禅居"以后④,一些禅宗寺院在组织结构上开始采用了《百丈清规》创立的"住持制"。

"住持制"出现以后,唐代禅宗寺院的组织结构发生了很大变化。过去"每寺上座一人,寺主一人,都维那一人,共纲统众事"⑤的局面结束了,代之以住持独尊的组织形式。在这种模式下,寺主和都维那地位降低,演变成了听命于住持的"主事"(也称知事僧)。

唐代《百丈清规》已佚,其部分内容在《景德传灯录》卷六《禅门规式》和

---

①　释赞宁:《大宋僧史略》卷中《杂任职员》,《大正藏》NO. 2126。

②　《代宗朝赠司空大辨正广智三藏和上表制集》卷四《三藏和上遗书一首》,《大正藏》NO. 2120。

③　袁说友:《成都文类》卷三六,文渊阁《四库全书》本。

④　释赞宁:《宋高僧传》卷一〇《唐新吴百丈山怀海传》,文渊阁《四库全书》本。

⑤　张九龄等:《唐六典》卷四《尚书礼部》,文渊阁《四库全书》本。

《禅苑清规》卷一〇《百丈规绳颂》中尚有存留。兹将与其组织结构相关的文字引录如下：

> 凡具道眼、有可尊之德者，号曰长老。如西域道高腊长呼"须菩提"①等之谓也。既为化主，即处于方丈，同净名之室，非私寝之室也。……其阖院大众，朝参夕聚，长老上堂升坐，主事、徒众雁立侧聆，宾主问酬，激扬宗要者，示依法而住也。……置十务，谓之寮舍，每用首领一人管多人营事，令各司其局也（主饭者，目为饭头；主菜者，目为菜头；他皆仿此）。……或有假号窃形，混于清众，并别致喧挠之事，即当②维那检举，抽下本位挂搭，摈令出院者，贵安清众也。

各禅寺的"主事僧"或"知事僧"的多少大致都是因事而设。北宋后期，宗赜撰成《禅苑清规》。其序文曰："庄严佛社，建立法幢，佛事门中，阙一不可。其立法之贵繁，盖随机而设教。"

在宋朝前期，据《释氏要览》卷下记载，在住持之下，有四员主事：一是监寺，二是维那，三是典座，四是直岁。对这四员主事的选任还有特殊的规定："四人皆不用本处徒弟，并于十方海众内佥选道心身干、知因果者。"

宋真宗时，从王禹偁《黄州齐安永兴禅院记》中可以得知：在齐安永兴禅院中，"知院元募掌申牒公府，维那法俊掌提辖堂司，供养主文遇掌化募施利，典座道真掌庖厨，直岁省慎掌垦种"。知院、维那、供养主、典座、直岁被统称为"知事僧"③。

《禅苑清规》卷八中记载了23种知事僧的基本职责：

> 开示众僧，故有长老。表仪众僧，故有首座。荷负众僧，故有监院。调和众僧，故有维那。供养众僧，故有典座。为众僧作务，故有直岁。为众僧出纳，故有库头。为众僧主典翰墨，故有书状。为众僧守护圣教，故有藏主。为众僧迎待檀越，故有知客。为众僧召请，故有侍者。

---

① 须菩提，杨亿《〈百丈清规〉序》作"阿阇黎"。
② 当，原误作"堂"，据杨亿《〈百丈清规〉序》改正。
③ 王禹偁：《小畜集》卷一七，《四部丛刊初编》本。

为众僧看守衣钵，故有寮主。为众僧供侍汤药，故有堂主。为众僧洗濯，故有浴主、水头。为众僧御寒，故有炭头、炉头。为众僧乞丐，故有街坊化主。为众僧执劳，故有园头、磨头、庄主。为众僧涤除，故有净头。为众僧给侍，故有净人。

因《禅苑清规》成书于宋徽宗崇宁二年（1103），宋宁宗嘉泰二年（1202）又再次重雕刊行，盛行于世，因此南宋禅寺中的知事僧的基本情况应与《禅苑清规》的记载大致相同。

而律寺受到禅寺的影响，也开始在"三纲"之上再设住持，使其成为一寺之主。

僧人道诚所著、成书于宋真宗天禧三年（1019）的《释氏要览》卷下称："律住持，或有同法同食或同法别食。主事三员，谓之三纲，若罟纲之巨，绳提之则正也。一上座（梵云"悉替摩"），二寺主（梵云"毗呵啰莎弭"），三纲维（梵云"羯摩陀那"，此云知事）。"这里的"纲维"即"维那"①，"寺主"即"监寺"。

"寺主"的梵语音译为"摩摩帝"或"毗呵罗莎弭"。不过，意译为"寺主"并不太贴切，容易让人误解为"寺之主人"。游彪先生就认为：隋唐时期寺院三纲中的"寺主"，在宋代称"住持"②。其实，唐代的"寺主"在宋代变为了"监寺"。下引两条史料可以为证。

宋僧慧洪在《林间录》中记道："杨岐会禅师从慈明游最久，所至丛林，师必作寺主。慈明化去，托迹九峰，忽宜春移檄命居杨岐。时长老勤公惊曰：'会监寺何曾参禅？万一受之，恐失州郡之望。'私忧之。会受请。即升座。机辨逸格。一众为倾。"宋僧普济在《五灯会元》卷一九《南岳下十一世石霜圆禅师法嗣》中记道："慈明自南源徙道吾石霜，师（方会）皆佐之，总院事。

---

① 所谓"维那"，梵语音译原为"羯摩陀那"，据《翻译名义集》卷一讲："维是纲维，华言也；那是梵语，删去羯摩陀三字也。"因此，"维那"一词实则是梵华混译。对其职能，宋僧赞宁在《大宋僧史略》卷中《僧寺纲纠》中解释说："西域知事僧总曰'羯摩陀那'，译为知事，亦曰悦众，谓知其事、悦其众也。"

② 游彪：《宋代寺院经济史稿》第一章《佛教寺院管理制度》，河北大学出版社2003年版，第17页。

依之虽久,然未有省发。每咨参,明曰:'库司事繁,且去。'他日,又问,明曰:'监寺异时儿孙遍天下在,何用忙为?'"

正因为如此,宋僧元照在其《四分律行事钞资持记》中,才对"寺主"解释为:"'摩摩帝'是梵语,即知事人。"宋僧道诚在《释氏要览》卷下《住持》中,引用《会要》记载说:"监者,总领之称。所以不称寺院主者,盖推尊长老。"

教寺的组织结构与律寺基本相同。南宋绍兴十九年(1149),平江府吴江县华严宝塔教院嗣讲、住持圆证大师义和撰写了《华严宗主贤首国师传》。他在文末开列了自己属下的僧职:"首座师雅,监院会真,维那妙智、梵全,书记法慧,副院从悟,知客如颖,典座释怀"①。在这里,"首座"即唐代"三纲"中的"上座"②。

这个僧职序列的"三主事"与《释氏要览》中所记录的"律住持"的组织结构是相符的。这也说明,从北宋初到南宋初,住持下领首座、监院、维那的"律住持制",就其一般形态而言,其组织结构是较为稳定的。

另外,宋代的禅寺、律寺、教寺的住持制度在唐末五代的基础上已经明确分为"甲乙"住持制和"十方"住持制两种。而且,禅寺多采用"十方制",而律寺多采用"甲乙制"。宋人张商英所谓"律以甲乙,禅以十方"③,就是这样的意思。至于教寺,则是采用甲乙制为多。需要注意的是:在宋代,不仅个别禅寺也有采用"甲乙制"的,个别律寺也有采用"十方制"的。

湖州普明禅院(元代改为普明禅寺)系宋孝宗生父秀王的坟寺,为保持该寺院的稳定性,从建院至元初,都"皆以甲乙相授受"④。这是个别禅寺也有采用"甲乙制"的特例。至于个别律寺也有采用"十方制"的情况,可见《宝庆四明志》卷一一《在城寺院》所载:在庆元府城中,有十方律院六座、甲乙律院六座。而教寺既采用"甲乙制"、又采用"十方制"的事例,则可见《延祐四明志》卷一六所载:在庆元府城中,有十方教寺七座、甲乙教寺八座。

---

① 《大唐大荐福寺故大德康藏法师之碑》附录,《大正藏》NO.2054。

② 据宋僧法云《翻译名义集》卷一记载,所谓"上座",就是佛祖所说"上更无人"之意,梵语音译为"悉替那"。

③ 张仲炘编:《湖北金石志》卷一〇《大宋随州大洪山灵峰禅寺记》,《宋代石刻文献全编》本。

④ 黄溍:《金华黄先生文集》卷一一《菁山普明寺记》,《四部丛刊初编》本。

　　宋真宗时,僧人道诚在《释氏要览》卷下《十方住持》中,从佛教法理的角度,对十方住持的选举和罢免、"十方制"下的徒弟收度、十方住持的权利和义务等问题作了较全面的说明:

　　　　一切僧伽,其至止之者无凡圣、无亲疏,来者不拒,去者无碍。长老、知事人并不用本处弟子,惟于十方海众择有道眼德行之者,请为长老,居正寝,朝晡说法诲人。或有才干惧因果道心之者堪任知事。皆鸣犍稚集众请之。洎居其位,或道德不实、才力无取、行止弊恶,亦白众揖退,别请能者。凡度弟子,惟长老一人,诸僧无各度别者之事。或有僧务,一切同作,谓之各出一手;或有利养,一切均行。故云十方住持也①。

　　黄敏枝先生在《宋代佛教社会经济史论集》中,对"十方制"和"甲乙制"在住持继承、居食方式、财产所有制三个方面的区别作了明确的辨析。刘长东先生在此基础上,又作了一定程度的补充,指出:

　　　　十方寺院在内部生活上不仅比甲乙寺院更有公正、平等和民主性,而且十方制和甲乙制寺院在宗派上还有禅与律、在住持继承上有延请诸方名德与同院师徒相授、在居食上有共爨会食与异爨别食、在财产上有公有与私有、在收度徒弟上有仅住持能收度与其他僧侣也能收度的差异②。

　　由此而对照《释氏要览》卷下《十方住持》的记述,可以使我们对十方制和甲乙制有更明确的认识。

### 三、宫观组织结构及其管理

　　由于道教在宋代被定为"国教",因而南宋宫观分为两大类:一是御前宫观,一是普通宫观。

　　御前宫观由内侍掌领,宫观内的道士只是负责做法事。例如,景灵宫"掌宫内侍七人,道士十人,吏卒二百七十六"③。万寿观"掌观内侍二人,道

①　释道诚:《释氏要览》卷下,《大正藏》NO.2125。
②　刘长东:《宋代佛教政策论稿》,巴蜀书社2005年版,第184页。
③　《建炎以来朝野杂记》(甲集)卷二《今景灵宫》,第77页。

士十一人,吏卒一百五十五人"①。再如,中兴显应观建成后,宋高宗也是任命大宦官张去为以延福宫使、安德军承宣使为提举官②。

普通道教宫观同佛教寺院一样,也分为十方制和甲乙制两类。灵泉县安静观原为甲乙制,宋孝宗淳熙五年(1178),因观内道士不守戒律,胡作非为,被四川安抚制置使兼知成都府胡元质下令改为十方制③。而处州少微山紫虚观则是一座典型的甲乙制道观,分为东华、南台、西真、北极四院,"世以次居之"。④

住持为宫观主持人。在《宋天圣皇太后受上清箓记》中还有"同住持"一职:"玉清昭应宫住持、冲妙大师、赐紫臣皇甫希及,玉清昭应宫同住持、冲秘大师、赐紫臣薛清和。"⑤

在宋代道教宫观中,有"三头首",依次为都监、管辖、知宫(知观)。在设有都监的宫观中,住持由都监兼任。位于临安府余杭县的洞霄宫,是南宋的重要宫观,因此,"自宋绍兴年间至德祐乙亥,凡十三人住持都监兼领通明殿焚修,系尚书省奉旨颁降敕黄省札差充。"⑥与都监同时,南宋洞霄宫也先后有"明真大师骆大成、冲和大师喻大时、冲真大师陈以明、宏教大师许可久、左街道录凝真大师俞延禧、崇真大师水丘居仁、洞渊大师胡道枢、灵济通真大师孙处道、凝神大师朱特立"担任知宫事⑦,有"纯素大师水丘师德、凝和大师章居中、元素大师王思明"担任同知宫事⑧。宋宁宗庆元年间(1195—1200),都监为潘三华,知宫事为高守中,同知宫事为水丘居仁。三人同事,而住持是潘三华⑨。从《洞霄图志》卷六《洞霄宫碑》文末立石者题名看,也可以证明这一点:"开禧元年,岁在乙丑,四月望日,同知宫事王思明,知宫事

① 《建炎以来朝野杂记》(甲集)卷二《万寿观》,第79页。
② 《攻媿集》卷五四《中兴显应观记》。
③ 《成都文类》卷四一《灵泉县安静观改作十方记》。
④ 虞集:《道园学古录》卷四六《处州路少微山紫虚观记》,文渊阁《四库全书》本。
⑤ 《茅山志》卷二五。
⑥ 《洞霄图志》卷五《洞霄宫住持题名》。
⑦ 《洞霄图志》卷五《知宫事题名》。
⑧ 《洞霄图志》卷五《同知宫事》。
⑨ 《洞霄图志》卷六《洞霄宫碑》。

水丘居仁,住持、都监、通明殿焚修高守中立石。"

在没有设立都监或都监暂缺的宫观中,住持由管辖担任;在没有设立管辖或管辖暂缺的宫观中,住持由知宫担任。如,《洞霄图志》卷六《洞晨观记》署名立石者为"元素大师、知观事陈敬雷,靖逸大师、管辖住持观事贝如圭"。而舒州《天庆观开启天申圣节申状》中记有"住持、知观事杜处超",则说明舒州天庆观的知观事杜处超就是该观的"住持"。

作于宋宁宗嘉定三年(1210)的《嘉定皇后受策记》文末署衔依次为:"临坛保举师:太上灵宝无上洞玄法师、元符万宁宫知宫、冲妙大师臣任元皐。监度师:临坛度师、茅山经箓三十四代嗣教宗师、上清三洞法师、管辖元符万宁宫、明一大师、赐紫臣薛汝积。"①作于宋理宗绍定五年(1232)的《栖真洞神光记》有"当山道士、元素大师王思明记。同知宫事胡道枢,知宫事王大年,冲妙大师、住持都监兼通明殿焚修龚大明立石"②。作于宋度宗咸淳九年(1273)的《冲天观记》曰:"养素大师、监观沈多福,广妙大师、同知观事周国寿,辅元大师、知观事张真嗣,妙有大师、开山住持管辖周允和立石。"③

这些文字都进一步说明了"住持"与"都监"、"管辖"、"知宫"的关系。总之,南宋道教宫观的住持可分为都监住持、管辖住持、知宫住持三种。

管辖道士、知宫事或知观事之下还有副知宫(简称副宫)或副知观事、同知宫事或同知观事等职。如,北宋末年,余杭县洞霄宫有"知宫金凝妙、副宫吴观妙"④。《茅山志》卷一七《楼观部篇》有元符宫"左知宫位三素堂,右副知宫位九真堂"。周必大《记阁皂登览》记有"管辖道士李汉卿、知客王次鼎,授箓印道士徐次坚"⑤。《临江军阁皂山崇真宫记》又记曰:"主首李汉卿、王允成、王次鼎俱以宫记为请,予诺之而未暇。今管辖王自正、知宫邹时亿、副宫刘惟允,度师陈处和恳请益坚。"⑥撰成于宋度宗咸淳九年(1273)的《洞霄

① 《句容金石记》卷五《嘉定皇后受策记》。
② 《洞霄图志》卷六。
③ 《洞霄图志》卷六。
④ 《洞霄图志》卷六《〈旧真境录〉后序》。
⑤ 《文忠集》卷一八三。
⑥ 《文忠集》卷八〇。

宫庄田记》,其立石者依次署名为:"辅教大师、同知宫事吴处仁,凝神大师、知宫事朱特立,通妙大师、住持都监兼通明殿焚修郎道一。"①《洞霄图志》卷一《宫观门》有载:"碧壶庵,在李坞石玉山下,宋咸淳间,副宫李元纲建。"

宋孝宗隆兴元年(1163),道士张曰文撰有《天庆观开启天申圣节申状》。其文末署名依次为"直岁道士张曰文,监斋道士宋道渊,上座道士郑绍素,住持、知观事杜处超"②。所谓"上座道士",唐人徐坚《初学记》引《老子立德经》之言说:"上座道士,有上中下。深于道多者,名上座。"而《宋天圣皇太后受上清箓记》中还记载有副直岁一职:"玉清昭应宫副宫直岁、宣教大师、赐紫臣周遂良"③。"直岁道士"可比照佛教禅门"直岁僧"的职掌去理解。总之,直岁道士、监斋道士、上座道士都是类似佛教禅门"知事僧"之类的"知事道士",负责宫观内的具体事务。另,宋孝宗时,巩州天庆观还设有"授业道士"④。

所谓御前宫观,只是南宋中后期的称谓。在此之前,宋人一般将道教宫观分为在京宫观和在外宫观。《文献通考》卷六〇《职官考十四》载:"在京宫观:宋朝旧制,以宰相执政充使,或丞、郎、学士以上充副使,两省或五品以上为判官。内侍官或诸司使副(政和改武臣官制,以使为大夫,以副使为郎)为都监。又有提举、提点、主管官。其戚里近属及前宰执留京师者,多除宫观,以示优礼之意。"其后,宋哲宗根据礼部建议,诏令:"提点、管当宫观等官,每遇本宫观开启、罢散、酌献之类,听免赴朝会。"⑤这说明:提点、管当宫观官在一定程度上也负有管理宫观的责任。这是宋代的"宫观使"制度。

宋神宗熙宁三年(1070),宋神宗诏令:"杭州洞霄宫、永康军丈人观、亳州明道宫、华州云台观、建州武夷观、台州崇道观、成都府玉局观、建昌军仙都观、江州太平观、洪州玉隆观、五岳庙、太原府兴安王庙,今后并依嵩山崇福宫、舒州灵仙观,置管勾或提举官。"宋神宗这项举措,是鉴于"诸臣历知

---

① 《洞霄图志》卷六《洞霄宫庄田记》。
② 《宋人佚简》第五册,上海古籍出版社1990年版。
③ 《茅山志》卷二五。
④ 《陇右金石录》卷四《盐官镇重修真武殿记》。
⑤ 《续资治通鉴长编》卷四五八,元祐六年五月庚申条,文渊阁《四库全书》本。

州,有衰老不任职者",于是让这些不称职的官员退出现任,以"管勾或提举"宫观的名义领取半薪,"令处闲局","使便乡里,示优恩也"①。次年,宋神宗又诏令:"宫观、岳庙留官一员。余听如分司致仕例,从便居住。"这说明:宫观里是要留下一员祠禄官的。这是宋代的"祠禄官"制度。

北宋的祠禄官制度被南宋全部承袭,但北宋宫观使制度到了南宋却发生了很大的改变。《文献通考》卷六〇《职官考十四》载:"渡江以后,宫观不复置而观使有三:前宰相则得醴泉,宗戚则得万寿,又其次则得佑神云。宣政间,又有提点宫观官,在提举之下、主管之上,今省。"

南宋前后建有9座御前宫观,有6座在临安府,有3座在湖州一带。"多是潜邸改建琳宫,以奉元命,或奉感生帝"。御前宫观由宦官"提举宫事",各宫观设立有专门的提举司和守卫的兵士。"凡宫中事务、出纳金谷、日膳、道众修崇、醮款,凡有修整宫宇及朝家给赐银帛、殿阁贴斋钱帛",都由各宫观的提举司负责②。另外,除御前宫观外,景灵宫和万寿宫也"并是内侍官兼职提点、提举等职"③。

留守宫观的祠禄官和御前宫观提举司在相当程度上削弱了这些宫观中住持道士的主管宫观事务的权力。

### 四、寺观住持的选授

宋代佛教寺院和道教宫观因其住持继承、居食方式、财产所有制不同而分为十方制和甲乙制两类。宋代佛教的一寺之主和道教的一观之主均称"住持"。十方制和甲乙制的住持选授是完全不同的。

甲乙制是一种世袭制。宋仁宗时,陈舜俞在《福严禅院记》中写道:"佛无二道。末有禅、律,道异徒别,而居亦判矣。崇扉闶然、钟倡鼓和、圆顶大袖、途人如归、环食列处、不问疏亲者,谓之'十方';人阛一户、室居而家食、

---

① 《宋会要辑稿》职官五四之五。
② 吴自牧:《梦粱录》卷八《御前宫观》,文渊阁《四库全书》本。
③ 《梦粱录》卷九《内诸司》。

更相为子弟者,谓之'甲乙'。"①。宋朝政府在法律上也承认甲乙制住持的世袭继承权。《庆元条法事类》卷五〇《道释令》规定:

> 诸非十方寺观主首身死,或有不应住持者,听充弟(如有向上尊长应住持,从众保明,先差补)。无兄弟,以所度及兄弟所度之人继绍。非祖师营置者,以所度人住持。无所度人,以同师兄弟(并以见阙日在寺观及判凭出外未及半年、并干办本寺观事僧道,依名次先后为次。未回者,以次人权。其出外干办本寺观事及一年、非干办本寺观事通及半年未回者,不在继绍之限)。即意在规图、临时回礼者,不用此令。

这道法令中涉及到的继承关系很复杂。为便于大家更好地理解,在这里,列举一个实例:

南宋湖南沅江卧龙寺是一座"甲乙住持,绵历累代,不啻百有余年"的律寺。作于宋理宗宝庆元年(1225)的《重修卧龙寺记》中②,列有该寺僧人的承传:

> 前住持本师宗瑩度到小师子温、子濬。
> 住持僧③子温度到小师行遵、行昌、行周。
> 住持僧行遵度到小师僧道贤、道侁、道瑄、道琮、道璨、道琇。
> 行昌度小师道瑛。
> 行周度到僧道圆。
> 僧道侁度到小师僧德晙。

在同一座律寺中,子温的三个弟子行遵、行昌、行周,在行遵担任住持时,同时都传授弟子,师徒关系较复杂。因此,宋朝政府对这种世袭制的甲乙制寺

---

① 徐硕:《至元嘉禾志》卷二六,文渊阁《四库全书》本。另,陈舜俞在这里将"十方制"和"甲乙制"严重泛化了,对人容易产生误导。其实在宋代,不仅个别禅寺也有采用"甲乙制"的,个别律寺也有采用"十方制"的,甚至连教寺也有既采用"甲乙制"、又采用"十方制"的。而且,律寺的居食制度也并非完全是分户分爨制,也有《释氏要览》卷下《律住持》所说的"或有同法同食"情况。

② 《八琼室金石补正》卷一一八《重修卧龙寺记》。

③ 文末称"住持僧行遵同本师子温立(碑)",说明当时的住持僧是行遵,而"本师子温"是前住持,因尚在世,故仍称住持。

观住持的继承之事较少干预。

十方制则不然。宋仁宗时，余靖在《筠州洞山普利禅院传法记》中写道："近世分禅、律为二学，其所居之长，禅以德、律以亲而授之。以德者，选于众而归之者亦众。"①对于一般的十方制寺观而言，其住持的选授都是在府州军监长官的主持下进行的。《庆元条法事类》卷五〇《道释令》规定：

> 诸十方寺观住持僧道阙，州委僧、道正司集十方寺观主首，选举有年行学业、众所推服僧道，次第保明申州，州审察定差。无，即官选他处为众所推服人。非显有罪犯及事故，不得替易。即本虽甲乙承续，其徒弟愿改充十方者听。无人继绍或毁坏寺观不能兴葺者，准此，仍申尚书礼部。

僧正司、道正司召集十方寺观主首的公推，一般可选出数人供府州军监管内长官从中挑选确定。至于从外州选授寺观之事，如，宋孝宗淳熙五年（1178），四川安抚制置使兼知成都府胡元质将灵泉县安静观由甲乙制改为十方制后，即"自青城山召明素守静大师韩元修开山住持"②。这种选授，最终由本州给帖即可。

对于重要的十方制寺观，其住持的最终授予权则在朝廷。岳珂在《愧郯录》中以"寺观敕差住持"为题记述道："中兴以后，驻跸浙右，大刹如径山、净慈、灵隐、天竺，宫观如太一、开元、祐圣，皆降敕札差主首。至于遐陬禅席，如雪峰、南华之属，亦多用黄牒选补。"但朝廷"黄牒选补"也必须在尚书省的布置下，先由府州军监安排僧录或道录司组织僧众或道众进行公选。

宝祐二年（1226）冬，临安府南山高丽慧因教寺住持如讷去世。该寺知事僧慧机奏报朝廷："本寺住僧如讷已于拾贰月贰拾伍日归寂。切缘本寺目今期忏在即，难以久缺住持，乞付临安府，下□诸山，公定期集有道行讲人，前来住持。"尚书省在慧机奏状后批示："送临安府，公定五名申尚书省。"将此奏状批送临安府执行。

① 《武溪集》卷九。
② 《成都文类》卷四一《灵泉县安静观改作十方记》。

临安府命令僧录司"公定五名申府"。僧录司公定后,将结果报告临安府:"上天竺灵感观音教寺住持僧思义等申:集诸山禅、讲,就上天竺白云堂云集,公定期□集僧清远等五名:一、□住持平江府吴江县华严宝塔教院僧清远,一、见住持绍兴府□□□□教寺僧如介,一、见住持嘉兴府华亭县□□教院僧怀□,一、前住持绍兴府如意教院僧宗□,一、见住持嘉兴府□□□福教院僧□果。其选僧各有道行,堪充于内差点前去住持。思义等同诸山禅、讲保明是实,乞备申施行。"

最后,尚书省从临安府上报的五名僧人中选授了清远,出牒任命①。

如从本州不能直接推选出合适住持人选,也可由临安府僧录司组织在京高僧推选外州僧人担任,由枢密院出札子征调。如,宋宁宗时,镇江府焦山普济禅院住持缺位,"京师诸禅"从而推举明州奉化县清凉寺僧人无准禅师担任普济禅院住持。于是,由枢密院出札子,命奉化县送无准禅师赴任。无准禅师初次拒绝赴任,但枢密院随即又出札子再召,无准禅师迫不得已,只好赴任②。

宋人陈淳说:"若寺院者,民之保障,乃国家物力而住持者掌之,非僧家祖业与房奁中物也。"③这是针对十方制寺院而言的。十方制寺观的财产属于公有,住持又由官府选授,其寺观财产实际也变相转为了由国家掌控的财产。因此,南宋政府与北宋政府一样,热衷于将甲乙制寺观改为十方制寺观。

在选授十方制寺观住持的问题上,有许多时候政府也都是着眼于经济利益和财政问题。绍兴二年(1132),尚书省上奏,称诸路寺观常住田多有荒闲,宋高宗于是诏令:"僧道能措置种莳及税租无拖欠者,并差拨住持。"④宋理宗时,福建各府州军监甚至用为政府认交钱物的多少作为条件来选授住持。刘克庄在《明禅师墓志铭》中写道:"闽多佳刹而僧尤盛。一刹虚席,群

① 《两浙金石志》卷一一《宋高丽寺尚书省牒碑》。
② 释道灿:《径山无准禅师行状》,《卍新纂续藏经》NO. 1383。
③ 陈淳:《北溪大全集》卷四五《与李推论海盗利害》,文渊阁《四库全书》本。
④ 《建炎以来系年要录》卷六一,绍兴二年十二月甲辰条。

衲动色,或挟书尺、竭衣盂以求之,有司视势低昂、赀厚薄而界焉。先输赀后给帖,福曰实封,莆曰助军。异时大丛林、大尊宿补处,往往皆实封、助军之僧矣。"①之所以如此,是因为宋政府通过住持选授,完全控制了十方制的寺院财产,将其视为"国家物力",因而才得以为所欲为。

①　刘克庄:《后村先生大全集》卷一五八,《四部丛刊初编》本。

# 第三章 南宋佛教的发展与演变

唐朝中后期以前,"僧持行者有三品:其一曰禅,二曰法,三曰律"①,但都共寺别院而居。杨亿在《〈百丈清规〉序》中所谓"禅宗肇自少室,至曹溪以来,多居律寺,虽列别院,然于说法住持,未合规度",就是这个意思。自百丈怀海创立禅院,禅门独行,寺院也就逐渐有了禅寺、律寺、教寺的区别。

宋代的佛教宗派有七:一是禅宗,二是律宗,三是天台宗,四是华严宗,五是慈恩宗,六是净土宗,七是密宗。但宋人根据其修持的方式,将其合并为禅、律、教三大类。僧侣由此分为禅僧、律僧、讲僧。禅僧即指禅宗各派的僧侣,以修持禅定为主;律僧即指律宗门派的僧侣,以研习律学和传持戒律为主;讲僧即指分属于天台、慈恩、华严诸宗的僧侣。以研习佛教经典和阐扬佛教义理为主。寺院也依此分为禅寺或禅院、律寺或律院、教寺(讲寺)或教院(讲院)②。

在北宋,尽管由于对佛教经典理解的差异,"贤首、慈恩、天台三宗互相冰炭"③,曾发生过不少激烈的论战,甚至在天台宗内部也发生过"山家"与"山外"之争,但进入南宋后,随着佛教世俗化程度的加深,各宗各派已不再对佛教教义进行深入的研讨,因此佛教各教派之间都注重相互融通融合,彼此间不再存有严格的界限。

---

① 《唐六典》卷四《尚书礼部》。
② 参见方回:《桐江续集》卷三六《建德府兜率寺兴复记》,文渊阁《四库全书》本。
③ 惠洪:《林间录》卷下,文渊阁《四库全书》本。

宋代的净土宗、密宗一般都没有单独的寺院。有些寺院虽名"净土"，但却不是净土宗寺院。如秀州华亭县（今上海松江）新泾净土寺，其实是天台宗教寺①。密宗甚至没有明显的宗派和传承。但是，净、密二宗的信仰和法术却深深地与禅宗、天台宗、华严宗结合到了一起，寄附在各种禅寺（院）、律寺（院）、教寺（院）中，形成了无宗无净、无宗无密的特点。

## 第一节　佛教地域分布的差异

宗教的发展依赖于历史的积累。受五代十国时期各割据政权不同佛教政策的影响，宋代寺院和僧尼数量的多少，各地有较大的差异。宋真宗天禧五年（1021 年），北宋全境共有和尚 397615 人、尼姑 61239 人，各路僧尼分布人数如下：

东京：22941，京东：18159，京西：18219，河北：39037，河东：16832，陕西：16134；淮南：15859，江南：54316，两浙：2228，荆湖：22539，福建：71080，川峡：56221，广南：24899②。

南宋僧尼数量是在这个基础上发展演变的。宋理宗时，大臣吴潜在《奏论计亩官会一贯有九害》中说："寺观所在不同。湖南不如江西，江西不如两浙，两浙不如闽中。"③这说明：从宋真宗到宋理宗，尽管各路僧尼数量有所变化，但大体排位名次没有改变。无论寺院还是僧尼数量，"江浙福建常居天下之半"④。

福建路寺院拥有大量土地，僧尼生活条件相对一般民众较为优越。对此，南宋大儒魏了翁概括道："闽土狭而民稠，浮屠氏岁入厚于齐民。民勤瘁

---

① 释居简：《北磵集》卷八《新泾净土寺修造疏》曰："新泾净土，开天台教观之坊；旧日炎丘，幻水鸟树林之地。"

② 《宋会要辑稿》道释一之一三。按：各路僧尼人数与总数不符，原文的部分记载有误，特别是两浙部分漏记了万位数。保守的估计，当时两浙僧尼的人数应在 6 至 7 万人左右，仅低于福建。

③ 吴潜：《宋特进左丞相许国公奏议》卷二，《续修四库全书》本。

④ 章如愚：《群书考索》（后集）卷六三《财用门·鬻僧类》，文渊阁《四库全书》本。

节缩,仅给伏腊;而浮屠利田宅、美衣食。故中人以下之产,为子孙计,往往逃儒归释。"①汪应辰在《请免卖寺观趱剩田书》中也说:"闽中地狭民稠,常产有限。生齿既滋,家有三丁,率一人或二人舍俗入寺观。所以近来出卖度牒,本路比之他处率先办集。""诸路出卖度牒,惟福建一路为多。"②

·福建路旧有分其地为"上四州"和"下四州"的传统。上四州指建州、南剑州、汀州、邵武军,下四州指福州、泉州、漳州、兴化军。北宋时,佛教盛行于福建下四州,而上四州信向佛教的民众尚不多。在经历南宋初年的严重战乱后,下四州民众在僧侣的鼓吹下,也开始尊崇佛教了。因此而有"闽于天下,僧籍最富"之说③。黄幹在《处士唐君焕文行状》中概括了福建路佛教的三个特点:"闽中塔庙之盛,甲于天下。家设木偶、绘像,堂殿之属,列之正寝,朝夕事之惟谨。髡其首而散于他州者,闽居十九焉。"④

两浙路在寺院和僧尼数量上可能略少于福建路,但两浙路的名寺、高僧之多,却是福建路难能望其项背的。

作为南宋都城,据吴自牧《梦粱录》卷一五《城内外寺院》统计,临安府城内外共有寺院庵舍671座。由宋入元的方回总结说:"佛事在东南,浙右为盛。浙右,钱塘为盛。钱塘之盛,莫盛于灵隐、径山。聚其徒千五百至二千众,故其众僧所居之堂,视天下无加焉。"⑤

两浙路的其他府州,寺院数量也多得惊人。在号称"仙佛国"⑥的台州(今浙江临海),据《赤城志》统计,寺院则多达361所。在绍兴府(今浙江绍兴),据《会稽志》统计,共有寺院342所。在庆元府(今浙江宁波),大小寺院共有276所⑦。即使是"佛事在浙右为劣"⑧的严州(在今浙江建德东),也

---

① 魏了翁:《鹤山先生大全集》卷八〇《孙武义墓志铭》,《四部丛刊初编》本。
② 汪应辰:《文定集》卷一三,文渊阁《四库全书》本。
③ 韩元吉:《南涧甲乙稿》卷一五《建安白云山崇梵禅寺罗汉堂记》,《丛书集成初编》本。
④ 黄幹:《勉斋集》卷三七,文渊阁《四库全书》本。
⑤ 方回:《桐江集》卷二《建德府南山禅寺僧堂记》,《宛委别藏》本。
⑥ 《赤城志》卷三七《萧守振示邦人诗》。
⑦ 刘昌诗:《芦浦笔记》卷六《四明寺》,中华书局1986年版,第48页。
⑧ 《桐江集》卷二《建德府南山禅寺僧堂记》。

有寺院 139 所①。

　　另外,据明人宋濂说,在南宋嘉定年间(1208—1224),宰相史弥远奏请宋宁宗,分别将 15 座著名禅寺和 15 座著名教寺按等级定为"五山十刹"②。据明人郎瑛《七修类稿》卷五记载:

　　　　钱塘灵隐、净慈,宁波天童、育王等寺,为禅院五山;钱塘中竺、湖州道场、温州江心、金华双林、宁波雪窦、台州国清、福州雪峰、建康灵谷、苏州万寿、虎邱,为禅院十刹。

　　　　钱塘上竺、下竺,温州能仁,宁波白莲等寺③,为教院五山;钱塘集庆、演福、普福,湖州慈感、宁波宝陀、绍兴湖心、苏州大善北寺、松江延庆、建康瓦棺,为教院十刹。

"五山十刹"是否始于宋宁宗时期,是否出自史弥远之规划,存有许多疑窦④。不过,无论禅寺还是教寺的"五山十刹",确实也都是自南宋到元明时期的著名伽蓝。

　　在这 30 座(实际只有 29 座)名寺中,临安府境内有 9 座,庆元府境内有 6 座,嘉兴府境内有 2 座,建康府境内有 2 座,平江府境内有 4 座,温州境内有 2 座,福州境内有 1 座,婺州境内有 1 座,台州境内有 1 座,绍兴府境内 1 座。除建康府和福州之外,全都分布在两浙路境内。

　　不仅如此,这些寺院也是禅宗和华严、天台诸宗的宗教中心。这就足以说明:以都城临安府为中心的两浙路是南宋佛教最为兴盛的地区,代表了南宋佛教发展的最高水平。

　　南宋境内有两大佛教道场,即明州梅岑山(今浙江舟山普陀山)观音菩

---

①　何梦桂:《潜斋集》卷八《白云山法华院记》,文渊阁《四库全书》本。
②　宋濂:《宋学士文集》卷四〇《住持净慈禅寺孤峰德公塔铭》,《四部丛刊初编》本。
③　此处缺载一寺。明人田汝成《西湖游览志余》所载亦同。
④　刘长东先生对此有较深入的研究。相关问题,可参见刘长东:《宋代佛教政策论稿》第七章《宋代的五山十刹》,巴蜀书社 2005 年版。

萨道场和四川峨眉山普贤菩萨道场①。

峨眉山佛教以白水普贤、黑水华严、中峰、乾明、光相等"峨眉五寺"为中心,辅以慈福、普安、华严、牛心、灵岩等寺院,形成了一个寺院群。在白水普贤寺(白水寺)中,有普贤大士镏金铜像,"高二丈"②;有太宗、仁宗、真宗三朝所赐御制御书百余卷,还有七宝冠、金珠璎珞、袈裟、金银瓶钵等众多宝物③。

毗邻峨眉山的成都府,则是四川地区的佛教中心,北宋中后期,僧人约有一万余人④。城内大圣慈寺与开封大相国寺相似,是一座由"九十六院"构成的佛教大寺院群,"阁殿塔厅堂房廊,无虑八千五百二十四间"。这是南宋境内最大的寺院。宋孝宗时,王质曾有"寺无袤于大慈"的感叹⑤。该寺最有特色和影响的是壁画,共"画诸佛如来一千二百一十五,菩萨一万四百八十八,帝释梵王六十八,罗汉祖僧一千七百八十五,天王明王大神将二百六十二,佛会经验变相一百五十八,堵夹绘雕塑者不与焉"。因此,宋人李之纯赞叹道:"举天下之言唐画者,莫如成都之多。就成都较之,莫如大圣慈寺之盛。"⑥

成都府之下,佛寺较多的地区当数简州。简州人李石曾夸耀说:"西州佛事,简为盛。简之诸邑,各以佛祠宇相夸。"⑦

蜀地僧人修持,有独特的传统。据陆游说,南宋时,除蜀地还有僧人能用梵语念诵《般若心经》外,其余地区已经无人能用梵语念诵此经了⑧。这与

---

① 当时尚未有安徽九华山地藏菩萨道场。元人袁桷在《延祐四明志》卷一六《昌国州》中云:"宝陀寺在州之东海梅岑山,佛书所谓东大洋海西紫竹旃檀林者是也。……唯大士以三十二应身入诸国土,现八万四千手臂目,接引群生,与五台之文殊、峨眉之普贤,为天下三大道场。"到明清以后,随着佛教的发展,才形成了今天所谓"佛教四大道场"。

② 《佛祖统记》卷一载:"太平兴国五年正月,敕内侍张仁赞往成都铸金铜普贤像";"端拱二年,敕内侍谢保意领持作匠,赐黄金三百两,往峨眉饰普贤像"。

③ 范成大:《吴船录》,文渊阁《四库全书》本。

④ 《东坡全集》卷八九《宝月大师塔铭》。

⑤ 王质:《雪山集》卷五《西征丛记序》,文渊阁《四库全书》本。

⑥ 《成都文类》卷四五《大圣慈寺画记》。

⑦ 李石:《方舟集》卷一一《安乐院飞轮藏记》,文渊阁《四库全书》本。

⑧ 陆游:《入蜀记》卷三,文渊阁《四库全书》本。

自唐末五代以来,密宗、华严宗在四川地区较为流行也有一定的关系。

由于四川地区禅宗势力较弱,许多有才能的禅僧在四川地区难以获得发展空间,只得泛江东下,往江浙一带参道。而进入江浙地区的蜀僧由于自身经论根底较好,往往也能成就大器,出人头地。前述圆悟克勤、真歇清了、瞎堂慧远等川籍高僧即是如此。

宋蒙战争爆发后,四川残破,许多僧人被迫转移到长江中下游以南地区。这样,又造就一批川籍高僧。元人袁桷在《天童日禅师塔铭》中记叙这样的事实:"绍定辛卯,蜀破,士大夫蔽江东下。成都大慈寺主、华严教僧之秀朗,率弃旧业,以教外传游东南。若痴绝冲、无准范,导达后进,表表名世者,皆其门人,而范之成就益众。"①

江南东路以建康府为中心、江南西路以隆兴府、庐山为中心,佛教也较为兴盛。两淮地区,在北宋末年,"为禅衲渊薮"②。但由于宋金战争和宋蒙战争的影响,两淮地区的许多寺院都遭到了破坏,影响了佛教的正常发展。不过,到南宋后期,安庆府(今安徽安庆)一带的佛教却大为兴盛。宋人黄幹在《申制司行以安庆府催包砌城壁事宜》中说:"安庆府寺观最多,地田山林大半皆属寺观,僧道常住优厚。"③这大概是由于战争频繁,导致抛荒田土较多,而寺院乘机扩充势力而形成的。

横亘于四川与江南之间的荆湖北路,与北宋相比,南宋佛教的规模大为萎缩。北宋中期,作为湖北首府的荆南府(今湖北江陵)共有"寺院五百五十"④。但陆游在《入蜀记》卷三中却说:"荆州绝无禅林,惟'二圣'而已。"所谓"二圣",即公安县的二圣报恩光孝禅寺。而且,这还是一座佛像极为古怪的禅寺,在正殿中,正中佛像为释迦,"右为青叶髻,号大圣;左为娄至德,号二圣","三像皆南面"。当然,位于三峡中的归州(今湖北秭归),因其偏僻荒凉,城内"才三四百家","州仓岁收秋夏二料麦粟秔米共五千余石,仅比吴

---

① 袁桷:《清容居士集》卷三一,文渊阁《四库全书》本。
② 释晓莹:《罗湖野录》卷二,文渊阁《四库全书》本。
③ 黄幹:《勉斋集》卷三一。
④ 刘挚:《忠肃集》卷一〇《荆南府图序》,文渊阁《四库全书》本。

中一下户耳",佛教寺院就更不值一提了。陆游入蜀途中,曾到过归州,住在报恩光孝寺内。陆游说该寺"距城一里许,萧然无僧"①。

湖南路的佛教发展状况比湖北路要稍好一些。南宋前期期,尚有沩山寺佛性泰、福严寺月庵果、疏山寺草堂清等高僧②。其后,"有龙玉琏、方广行,皆月庵高弟,道行湖湘"③。但到南宋后期,湖南州县寺观大多衰败,"虽名大刹,不足比江浙、福建下等寺观"④。

广南东西两路的佛教又自有其特点。受小乘佛教影响,"岭南僧婚嫁,悉同常俗"⑤。庄绰在《鸡肋编》卷中记述道:

> 广南风俗,市井坐估多僧人为之,率皆致富,又例有室家,故其妇女多嫁于僧。欲落发,则行定;既剃度,乃成礼。市中亦制僧帽,止一圈而无屋,但欲簪花其上也。尝有富家嫁女,大会宾客,有一北人在座。久之,迎婿,始来喧呼:"王郎至矣。"视之,乃一僧也。客大惊骇,因为诗曰:"行尽人间四百州,只应此地最风流。夜来花烛开新燕,迎得王郎不裹头!"

北方人对已经世俗化的小乘佛教不了解,因此感到格外奇怪。其实,当时流行于今东南亚地区的小乘佛教对佛教徒的婚姻并没有严格限制。例如真腊(今柬埔寨),宋人周去非记载说:"其国僧道,咒法灵甚,僧之黄衣者有室家,红衣者寺居,戒律精严。"⑥

另外,庆元五年(1119)正月,有官员上奏说:"闻二广州军凡为僧者,岂真出家之人,盖游手之徒遍走二广,寅缘州郡求售伪帖,号曰沙弥,即擅自披剃为僧,或即营求住持寺院。不数年间,常住财物掩为己有,席卷而去,则奔走他乡,复为齐民。乞明诏二广监司禁约州军,自今后不许妄给沙弥伪帖。

---

① 《入蜀记》卷四。
② 《渭南文集》卷四〇《别峰禅师塔铭》。
③ 《文忠集》卷四〇《灵隐佛海禅师远公塔铭》。
④ 真德秀:《西山先生真文忠公文集》卷一七《申尚书省乞免降度牒状》,《四部丛刊初编》本。
⑤ 蔡絛:《铁围山丛谈》卷五,中华书局1983年版,第93页。
⑥ 周去非:《岭外代答》卷二《真腊国》,中华书局1999年版,第81页。

如已给,立限许自首纳,严示赏罚,毋致违戾。"宋宁宗接受了这个建议①。

这条史料被学者反复引用,用以证明两广僧人多有不守戒律和违犯法律之事。其实,这主要是因为两广出家人贫穷,买不起度牒的原因。《岭外代答》卷三《僧道》记载:"南中州县有寺观而无僧道,人贫不能得度牒。有祠部牒者无几,余皆童行,以供应圣节为名,判公凭于州县,权行剃发戴冠,遂为真僧道。如出公据,其说谓被盗遭火失去度牒,官为给据为凭,遂以剃戴。"

也正是因为贫穷,广西的佛教始终未能形成多大的气候。柳州灵泉寺号称"广右第一"。南宋初年,王安中为其新殿撰写记文时,感慨道:"呜呼!佛法出西域而盛于东□,禅学出于岭南而盛于中州。今西域浮屠氏至中国者无复腾南达摩之流□,而岭南禅者益少,塔庙荒芜。"②

而在广东,佛教寺院数量自然要多于广西。在广州、韶州、潮州等地,寺院的建设还有相当的规模。北宋中期,拥有"三万一千户"人口的韶州(今广东韶关),便有僧尼"三千七百名",有寺院"四百余区"③。有这样的基础,南宋时想必也不会一蹶而不振。再如,潮州开元寺"有子院三十六",也极为雄伟④。

南宋人王质说:"佛老之宫严且丽,率与皇居相侔。"⑤朱熹说:"今老佛之宫遍满天下,大郡至逾千计,小邑亦或不下数十,而公私增益,其势未已。"⑥不过,由于存在着地域差异,各地寺观的经济状况也有很大差别。在福建,又以漳州佛寺的经济势力为最强。陈淳说:

> 举漳州之产而七分之,民户居其一而僧户居其六。于一分民户之中,上等富户岁谷以千斛计者绝少,其次数百至百斛者亦不多见,类皆三五十斛无担石之家。……以六分僧户言之,上寺岁入以数万斛,其次

---

① 《宋会要辑稿》刑法二之一三〇。
② 陆增祥编:《八琼室金石志补正》卷一一二《新殿记》,民国十四年希古楼刻本。
③ 《武溪集》卷九《韶州善化院记》。
④ 林希逸:《竹溪鬳斋十一稿续集》卷一一《潮州开元寺法堂记》,文渊阁《四库全书》本。
⑤ 《雪山集》卷六《兴国军学记》。
⑥ 朱熹:《晦庵集》卷一三《延和奏札七》,文渊阁《四库全书》本。

亦余万斛或数千斛,其下亦六七百斛或三五百斛,虽穷村至小之院亦登百斛,视民户极为富衍。……所与坐食之众,上寺不过百人,其次不及百人或数十人,其下仅五六人或止孤僧而已①。

而两浙地区的寺院则以规制宏大、田土面积宽广而居天下之最:"明州育王、临安径山等寺,常住膏腴,多至数万亩。"②与此相反,有些小寺院却没有一分土地,僧侣的生活全靠化缘解决,十分贫穷。陆游在《游卧龙寺》一诗中对南宋寺院的贫富悬殊之大就颇有感慨:"过江走马十五里,小寺残僧真蕞尔。投鞭入门一为笑,僻陋称雄有如此。君不见,天童径山金碧浮虚空,千衲梵呗层云中。"③

# 第二节　禅宗

## 一、禅宗概说

### (一)禅宗的宗派及禅学义理

"禅"是梵语"禅那"的略称,意思是"静虑",是佛教的一种修行方式。而禅宗则是在唐朝前期中国自创的佛教宗派之一,因其渊源于"禅",故名禅宗。又因其主张用参究的方法,彻见心性的本源,洞识自性,见性成佛,故又称"佛心宗"。

禅宗在成立后,为创建一个历史久远的传法世系,便将南北朝时期来到中国嵩山少林寺面壁修禅的南天竺僧人菩提达摩追封为创法始祖。达摩的弟子慧可被追封为"二祖",慧可的弟子僧璨被追封为"三祖",僧璨的弟子道信被追封为"四祖",道信的弟子弘忍被追封为"五祖"。这就是禅宗所谓"东土五祖"。

---

① 《北溪大全集》卷四三《拟上赵寺丞改学移贡院》。
② 《建炎以来朝野杂记》(甲集)卷一六《僧寺常住田》,第352页。
③ 陆游:《剑南诗稿》卷二,文渊阁《四库全书》本。

　　相传五祖弘忍有弟子神秀和慧能,在唐初分别创立了"北宗"和"南宗"两大派。北宗主张"渐悟",南宗主张"顿悟"。但到唐德宗以后,北宗禅便逐渐衰微,南宗禅传承很广,遂成为禅宗正统。此后,人们通常所说的禅宗,如果没有作特别的说明,一般指的就是南宗禅。慧能因此被称为禅宗"六祖"。

　　在六祖慧能的嗣法弟子很多,著名的有菏泽神会、南阳慧忠、永嘉玄觉、青原行思、南岳怀让等,但以南岳怀让(677—744)和青原行思(?—740)这两支法系尤为兴盛。

　　南岳怀让的弟子马祖道一①在洪州(今江西南昌)创立了"洪州禅"。其弟子怀海在江西奉新百丈山聚集禅僧,"不循律制,别立禅居",创立《百丈清规》,建立了一种崭新的中国佛教寺院的组织管理制度,从而使禅宗具有了强大的生命力。"不立佛殿,唯树法堂","其诸制度,与毗尼师一倍相翻,天下禅宗如风偃草"②。

　　其后,怀海的弟子灵祐住潭州沩山(在今湖南宁乡县境)同庆寺传法,灵祐的弟子慧寂住袁州仰山(在今江西宜春县境)传法,薪火相传,创立了沩仰宗。怀海另一再传义玄住镇州(今河北正定)临济寺,创立了临济宗。而青原行思一系的僧侣则先后创立了曹洞宗、云门宗、法眼宗。是为南宗禅五家。

　　南宗禅以《楞伽经》、《金刚经》、《大乘起信论》为主要教义根据,基本经典是《六祖坛经》。《六祖坛经》称:"菩提般若之智,世人本自有之,只缘心迷,不能自悟,须假大善知识,示导见性。"因此,只要能"识心见性",那就可以"自成佛道"。这也就说,人人都具备成佛的条件,只要能认清自己心中的"菩提般若之智",不需外求,就可以达到"佛"的境界。不过,要认清自己心中的"菩提般若之智",那就还得做到"无念为宗、无相为体、无住为本",才能清除遮蔽人们心中"菩提般若之智"的妄念,使佛性显现出来,达到"顿悟成佛"的境界。因此,禅宗主张不立文字,以心传心,反对阅读佛教传统经典。

　　《六祖坛经》还对"禅定"作了新的解释,称:"外离相曰禅,内不乱曰

---

　　① 道一(709—188),汉州(今四川广汉)人,俗姓马,故后嗣尊称他为马祖。
　　② 《宋高僧传》卷一〇《唐新吴百丈山怀海传》。

定"、"外禅内定,是为禅定"。认为内在的佛性湛然自存,想要认识它,并不需要静坐敛心,而是需要自识本心。因此,南宗禅反对参禅打坐,认为坐禅不但不能使人达到"佛境",反而会使人更远离"佛境"。慧能认为:不管行、住、坐、卧,只要心不散乱,就算坐禅。

《坛经》还认为如果想要修行,不一定非要出家。出家固然可以修行,在家同样可以修行。

禅宗的创立是建立在敢于"诃佛骂祖"、反对传统佛教的基础上的。禅宗虽然没有系统的判教体系,但自称"宗门",而称其他佛教宗派为"教门"①,将自身置于"教门"之上。然而,由于唐代禅宗的分支较多,各支各派在这一"破"一"立"过程中所创建的本宗义理及禅门规式都存在着较大的分歧和差异。

生活在唐朝中后期的宗密(780—841)曾将当时江西、菏泽、北秀、南侁、牛头、石头、保唐、宣什等禅门分支别宗的近百家所述诠表禅门根源道理的句偈等文字集录成书,名为《禅源诸诠集》。该书正文部分已佚,仅留下宗密为该书所作的"都序"(总序)四卷。在"都序"中,宗密便称说禅宗各派"立宗传法,互相乖阻。有以空为本,有以知为源,有云寂默方真,有云行坐皆是,有云见今朝暮分别为作一切皆妄,云分别为作一切皆真;有万行悉存,有兼佛亦泯,有放任其志,有拘束其心,有以经律为所依,有以经律为障道"②。宗密的这个分析概括是可信的。

与之相对应,禅门各宗的发展情况也有较大差异。到了北宋,沩仰宗薪火不传,法眼宗法嗣断绝,只有云门、临济、曹洞三宗存续下来。在这三宗中,云门最盛,临济次之,曹洞最微。宋仁宗时,在临济六世法孙潭州石霜山楚圆禅师(986—1039)门下分出了黄龙、杨岐两派。临济宗自此主要在南方地区发展。文彦博在诗中所写"北土久无临济嗣,宗风不振至于今"③,便是

---

① 冯友兰:《论禅宗》,载于深圳大学国学研究所主编:《中国文化与中国哲学》,东方出版社1986年版,第451页。

② 释宗密:《〈禅源诸诠集〉都序》卷上之一,《大正藏》NO.2015。

③ 文彦博:《某……颇惭芜陋》,《全宋诗》卷二七六,北京大学出版社1991年版。

这种情况的真实写照。到北宋末期,云门开始衰落,曹洞出现中兴,临济猛然崛起。到了南宋,云门宗已经衰落,而曹洞宗重新崛起,临济宗的黄龙派逐渐衰微,而杨岐派则发展迅猛,成为临济宗的主流。

(二)宋代禅宗的演变

由唐人宋,经过几百年的发展,随着佛教世俗化程度的日益加深,禅宗在禅学义理及禅门规式上都出现了许多变化,有些甚至是与《六祖坛经》的宗旨相背离的。

唐代典型的禅宗寺院,如果按百丈怀海早期开创的模式,那应该是只有法堂而没有佛殿的。但怀海晚年已经改变了看法,认为佛殿应该成为禅宗寺院的主要建筑:"世尊遗教,弟子因法相逢,则当依法而住。饮食服玩、经行宴坐,必为丛林。营建室宇,必先造大殿以奉安佛菩萨像,使诸来者知皈向。故昼夜行道,令法久住,报佛恩故。"不过,德山鉴禅师仍坚持反对建立佛殿,说:"比丘行脚,当具正眼。诵经礼拜,乃是魔民;营造殿宇,又造魔业。且天下惟奉一君一化,岂容二佛所居!撤去大殿,独存法堂。"①这两种意见的尖锐对立,说明唐代中后期的禅宗寺院应有两种类型:一种是只有法堂而没有佛殿的,另一种是既有佛殿又有法堂的。

没有神灵崇拜,就不会有宗教的存在。禅宗寺院不建佛殿,不设佛像,就难以有宗教的神圣和庄严,也就难以吸引大批具有迷信意识的善男信女。这对禅宗扩大社会影响十分不利,甚至在很大程度上威胁到了禅宗寺院的存续。宋代禅僧已经充分认识到了这个问题。

北宋后期,僧人惠洪在为潭州白鹿山灵应禅寺大佛殿落成作记时,记录黄龙云居之法孙方禅师的话语,写道:"众生无明峥嵘,业海横肆,莫知津涘,而以佛为彼岸。则殿宇之建、像设之严,所当然矣。"②南宋后期,僧人道璨在其《笑翁和尚奉安先世祠祝文》中写道:"尊严像设,足以正吾之视;於烁鼓钟,足以正吾之听。惟视惟听,乃正厥性。"③因此,在北宋禅宗寺院的主体建

① 释惠洪:《石门文字禅》卷二一《潭州白鹿山灵应禅寺大佛殿记》,文渊阁《四库全书》本。
② 《石门文字禅》卷二一《潭州白鹿山灵应禅寺大佛殿记》。
③ 释道璨:《柳塘外集》卷四,文渊阁《四库全书》本。

筑中,大多是佛殿与法堂并存。在成书于北宋后期的《禅苑清规》中,禅宗寺院的建筑已有了大殿、法堂、僧堂、库司、众寮、浴室、三门、真堂、方丈、藏殿、土地堂、童行堂、延寿堂、阁、塔、罗汉堂、水陆堂、庄舍、油坊、东司等。这与唐代《百丈清规》相比,说明北宋禅宗寺院在规制上已经日渐完善,与唐代大不相同了。

在宋理宗初年,著作郎吴泳与径山兴圣万寿禅寺住持无准(1177—1249)曾围绕建佛殿、立佛像的问题有一段争论。吴泳责问:

> 虽然予尝闻瞿昙氏之为教也,旅泊三界,木下一宿,穴土为庐,编茅为庵。达磨之不屋也,德山之无殿也,包摄之不设佛像也,杨岐之不盖僧堂也,风穴之不葺破院也,林洋泰布衲之不饰,寺塔不占檀那地也,瓦石击竹无非道,山桃开花无非禅,地上水、庭下栢无非佛,安得有宫殿楼观之华哉?

无准回答说:

> 否也。了性者真幻皆性,证实者权假皆实。一大宝藏,半说庄严;一部华严,只言现量。有是身,非旅亭也;有是物,非寓宇也;有是居处室庐,非假观也;有是宫殿楼阁,非化城也。于密屋可以识无陋,于镜壁可以见因果,于广大楼阁可以观三生,立一枯木为像可以起人敬心,以一团泥涂地可以使人不堕恶趣。茎草建刹,具足大智;聚沙为塔,皆成佛道。安得为无笵金合土、塈茨丹臒之事哉①?

这段问答说明南宋时期禅宗高僧对建佛殿、立佛像的问题已经具有了较为完善的理论的解释。

内容和形式是统一的,形式反映着内容。杨亿在《〈百丈清规〉序》中认为:"不立佛殿,先树法堂者",是"表佛祖亲嘱受,当代为尊也"。而《宋高僧传》卷一〇《唐新吴百丈山怀海传》却认为:"不立佛殿,唯树法堂,表法超言象也。"这两种说法都与禅宗"无念为宗、无相为体、无住为本"的主旨相符。

---

① 吴泳:《鹤林集》卷三六《径山寺记》,文渊阁《四库全书》本。

宋代既立法堂又建佛殿,势必动摇"不立文字,以心传心"的禅宗传法方式。事实上,宋代的禅风与唐代和五代十国时期相比,确实已经出现了明显的变化,由"不立文字"、"直指人心"的老传统转变成为以阐扬禅机为核心、"不离文字"的文字禅。因此,编纂"灯录"①和"语录"②成为宋代禅宗的主要事业。

禅宗各家语录产生后,又逐渐出现了对灯录、语录中的"公案"③语句加以品评、注释的文字体裁。其中,"颂古"是有一定的韵律和句式(如三言四句、四言四句、五言四句、七言四句等)的偈颂,"拈古"是无固定的韵律和句式的散文(又称长行)。再摘录"拈古"或"颂古"的原文(包括每则拈颂的对象"公案")加以评析的,则称为"评唱"。又有在"颂"前加"垂示"(纲要提示),在"颂"中加"著注"(重点注解)的。这些禅宗的著述,风格多样、方式灵活、文字优美,很受信众的欢迎,大大提高了禅宗在宋代的社会影响力。

另外,由于诗与禅都需要内心体验,都重视形象思维,都追求言外之意,因而从唐代开始,诗与禅紧密结合,相得益彰。文人或以禅入诗,或以禅论诗;僧人或以诗说禅,或以诗写偈。唐诗主情,以韵胜;宋诗尚理,以意胜。正因为如此,到了宋代,诗与禅的关系更加密切。可以说,没有禅心的诗人绝不能成为一流的诗人,而不能写好诗的禅僧也绝对不能成为一代高僧。

除了诗人的气质和水准之外,一个禅宗高僧还应是一位雄辩家。因此,禅宗常用"机锋"来比喻敏捷而深刻的思辩和语句,对其十分推重。在相关诗文中,对"机锋"的赞誉各式各样。苏轼《金山妙高台》一诗中有:"机锋不可触,千偈如翻水。"曹勋在《净慈道昌禅师塔铭》中称:"机锋捷出,有无碍辩。"④周必大在《寒岩升禅师塔铭》中说:"机锋迅发,人莫能当。"⑤虞集在《断崖和尚塔铭》中形容:"触其机锋,发言如奔雷。"⑥

---

① "灯录"是禅宗独创的一种体裁。它是以本宗的前后师承关系为经,以历代祖师阐述的思想为纬,史论并重的禅宗史书。
② "语录"是禅门弟子对祖师言论的记录。
③ "公案"是禅宗前辈祖师的言行范例。
④ 《松隐集》卷三五。
⑤ 《文忠集》卷四〇。
⑥ 《道园学古录》卷四九。

禅家通常在对答之中用机锋之言验证对方的悟道程度。机锋应具有如下的特点：一是快捷如箭，不容犹豫思索。一是如箭行无迹，要旁敲侧击，不许一语道破。一是利如箭锋，直如箭行。一是对机，一发中的。宋人曾敏行在《独醒杂志》卷一○中记述了禅宗两场有趣的辩论：

> 禅僧问话，语几于俳。尝记一禅寺，每主僧开堂，辄为一伶官所窘。后遇易僧，必先致略，乃始委折听服。盖旁观者以其人之应酬，卜主僧之能否也。他日又易僧，左右复以为请。僧曰："是何能为？至则语我。"明日果来。僧望见之，遽曰："衣冠济济，仪貌锵锵。彼何人斯？"其人已耻为僧发其故习，乃袖出一白石曰："请献药石。"僧应曰："吾年耄矣，齿牙动摇，不能进是。烦贤①细抹将来。"观者大笑，其人愧服。

> 又一僧本屠家子，既为僧，颇以禅学自负。客欲折之，伺其升堂，教其徒往问曰："卖肉床头也有禅？"其僧就答云："精底斫二斤来。"问者初未授教下句，仓猝无言，乃笑谓僧曰："汝欲吃耶？"闻者绝倒。

由此可见，宋代的"文字禅"，除了文字之外，还包括语言。而且禅宗的非逻辑性语言还比较晦涩，一般人都难以理解。司马光就曾批评道："今之言禅者，好为隐语以相迷、大言以相胜，使学之者怅怅然，益入于迷妄。"②

禅宗六祖慧能不仅反对教宗的"渐悟"，而且也是坚决反对净土宗口念阿弥陀佛而往生西方的。在《坛经》（契嵩本）中，载有慧能与弟子的一段对话：

> 又问："弟子常见僧欲念阿弥陀佛，愿生西方，请和尚说，得生彼否？愿为破疑。"师曰："迷人念佛求生于彼，悟人自净其心。东方人造罪，念佛求生西方；西方人造罪，念佛求生何国？凡愚不了自性，不识身中净土。若悟无生顿法，见西方只在刹那。不悟，念佛求生，路遥如何得达？"

---

① 贤：第二人称的尊称，相当于现代汉语中的"您"。
② 周复俊《全蜀艺文志》卷四五《解禅颂并序》，文渊阁《四库全书》本；又见《桯史》卷八《解禅偈》，中华书局1981年版，第92页。

但是,宋代的禅宗却不仅主张"禅教合一",而且还主张"禅净合一"。

对宋代禅宗思想影响最大的是杭州永明寺禅僧延寿的《宗镜录》和《万善同归集》两部著作。在这两部著作中,延寿本着"举一心为宗,照万法如镜"①的主旨,折中唯识、华严、天台三教思想,宣扬禅教一致,主张禅净合一。北宋以后的禅宗,基本上就是沿着延寿所确立的"禅教一致"和"禅净合一"的道路而展开的。

### 二、云门宗在南宋的式微

云门宗是由五代十国时期南汉僧人文偃在韶州云门寺所创立的。北宋仁宗以后,云门宗极为兴盛,出现了如云门宗第四世的佛日契嵩、天衣义怀、圆通居讷、育王怀琏、居山了元(1032—1098)等,云门宗第五世的慧林宗本、法云法秀,云门宗第六世的法云善本、法云惟白等一大批著名禅僧。契嵩著有《镡津集》,力主三教合一,扩大了佛教在社会上的影响。惟白撰有《建中靖国续灯录》,在佛教史上亦有贡献。然而,从北宋后期开始,云门宗已经出现了中衰现象。

两宋之际,云门第八世妙湛禅师思慧(1071—1145)最为知名。思慧俗姓俞,杭州钱塘(浙江杭州)人,法云善本的弟子。在北宋末年曾先后担任过湖州道场山、杭州净慈、开封智海、建州显亲等寺的住持。在南宋初年,曾先后担任福州雪峰、黄蘗等寺的住持②。

思慧在当时丛林中有着很高的声望。他在住持开封府相国寺智海院时,人称其"具正法眼,为世导师,道俗宗向,如佛出世,一时丛林之盛,听法坐下常数百人"③。

到北宋后期,禅学"碔砆乱玉"的流弊日益严重。其具体表现为:"枝词蔓说似辩博,钩章棘句似迅机,苟认意识似至要,懒惰自放似了达。"这种疏狂的风气"始于二浙,炽于江淮,而余波末流,滔滔汩汩于京洛荆楚之间,风

---

① 杨杰:《〈宗镜录〉后序》。
② 释正觉:《嘉泰普灯录》卷八《福州雪峰妙湛思慧禅师》,《卍新纂续藏经》NO.1558。
③ 《鸿庆居士集》卷三二《径山照堂一公塔铭》。

俗为之一变"。而思慧采取云门第三世雪窦重显的禅学方法,在苏州通过批判各种似是而非之说,力挽狂澜于既倒,声名鹊起,被誉为"法窟龙象"、"宗门爪牙"。其弟子辑有《妙湛慧禅师语录》①。

据《嘉泰普灯录》卷一二记载,思慧的弟子有临安府净慈佛行月堂道昌禅师、临安府径山照堂了一禅师、福州大吉法圆禅师、镇江府金山了心禅师、福州石松祖天禅师②。其中,以了一和道昌(1091—1155)较为知名。

了一(1091—1155),号照堂,俗姓徐,明州奉化(今属浙江)人。14 岁时,在大云寺受戒出家。年满 16 岁,便跟随广寿梵光法师学习天台教,"读经数万言,穷日夜不息"。不久,他对这种死读经书方法感到反感,认为:"吾所读者,古人之糟粕而已。"于是,便改投到住持开封府智海院的妙湛禅师思慧门下。

跟从思慧数年后,了一因生性颖悟,很快便登堂入室,成为思慧高足。为增长见识,他开始云游四方。初沿汴河而下,渡过淮河,到达吴中;再渡过钱塘江,上天台,入雪峰,遍访高僧。

南宋初年,思慧躲避战乱,南下福建,住持福州黄檗寺。了一闻知此事,再次投到思慧门下,担任首座,辅佐思慧说法,解答僧侣们提出的许多问题。宋高宗绍兴初年,他应知福州张守之请,住持石泉寺。三年后,移住圣泉寺。绍兴十三年(1143),他又受知福州叶梦得之请,入主黄檗寺。

了一生性比较倔强,不苟言笑。在叶梦得离任后,了一与叶梦得的后任发生了一些矛盾,于是便离开黄檗,退居雪峰故庵。不久,了一应知泉州叶庭珪的邀请,到达泉州,先后住持云门、法石两寺。叶庭珪离任后,了一也随即回到西湖电峰庵,"闭门终日,人莫见其面"③。

绍兴二十四年,原不想再出山的了一奉宋高宗诏旨,担任了径山能仁院住持。当时,能仁院的僧侣有数百人,但寺中却没有田产收入,经济十分拮

---

① 《石门文字禅》卷二十三《临平〈妙湛慧禅师语录〉序》。

② 《嘉泰普灯录》卷一二《雪峰妙湛思慧禅师法嗣》。

③ 《鸿庆居士集》卷三二《径山照堂一公塔铭》。

据。但由于了一较有名望,施舍者接踵而至,使能仁院渡过了难关。在这种艰苦环境下,了一住持能仁院仅有一年,便因病去世。他一生剃度弟子40人,得法者只有7人。

道昌(1090—1171),俗姓吴,号佛行,又自号月堂,湖州(今属浙江)人。早年投鹿苑寺,拜澄公为师。后往湖州道场山,拜妙湛为师,又遍访名僧,学问精进,"风神秀发,气概过人",被时人誉为"妙湛高弟中白眉",甚至将"中兴云门,可独擅其道"的希望寄托在了他的身上。

道昌晚年住持临安府净慈寺时,他与寺中的僧侣曾有过精彩的问答:

僧问:"心生则法生,心灭则法灭,只如心法双忘时,生灭在甚么处?"道昌答:"左手得来右手用。"

僧问:"如何是诸佛本源?"道昌答:"屋头问路。"僧又问:"向上还有事也无?"道昌答:"月下抛砖。"

由此可见道昌的"机锋捷出"和永远不能被问死的"无碍辩"。要达到这样的程度,除了要具备高超的辩论术之外,还得要有精深的佛学理论和文学的功底。道昌升座讲法时,也留下了几段精彩的演讲辞,透出了睿智、诙谐、儒雅、风趣:

上堂:"未透祖师关,千难与万难。既透祖师关,千难与万难。未透时难即且置,既透了因甚么却难? 放下笊篱虽得价,动他杓柄也无端。"

上堂:"与我相似,共你无缘。打翻药铫,倾出炉烟。还丹一粒分明在,流落人间是几年。咄!"

上堂:"雁过长空,影沉寒水。雁无遗踪之意,水无留影之心。若能如是,正好买草鞋行脚,所以道动则影现,觉则冰生。不动不觉,正在死水里。荐福老人出头不得即且置,育王今日又怎么生? 向道莫行山下路,果闻猿叫断肠声。"

岁旦,上堂,举拂子曰:"岁朝把笔,万事皆吉。忽有个汉出来道:'和尚,这个是三家村里保正书门底,为甚么将来华王座上当作宗乘?'

只向他道：'牛进千头，马入百尺。'"①

道昌与曾担任过尚书左丞的叶梦得"约为方外忘形之交"，又与知福州张守是朋友。北宋末、南宋初，由叶梦得推荐，道昌入主平江府瑞光，又移主穹窿寺、明州阿育王山广利寺，"皆创成法席，一新寺宇"。建炎年间（1127—1130），曾"披百衲，跨黄犊，游礼天台"。绍兴二年（1132），张守担任知福州，道昌接受邀请，南下福建，入主大吉寺。在福州雪峰寺，妙湛思慧将自己老师大通善本禅师"所传云门大师摩衲"交给道昌。道昌从而成为云门宗第九世宗师。

其后，道昌先后住持龟山、蒋山、径山、灵隐诸寺。丞相汤思退以道昌年岁和道德俱高，又屡住丛林，便请求宋高宗授予道昌"佛行大师"的法号。绍兴三十一年（1161），他上表请求朝廷发放度牒。第二年，他的要求得到了许可。也就是在这一年，他因年老而告退②。

到乾道二年（1166），又奉命入主临安府净慈寺③。道昌此时还有兴复云门宗的宏伟抱负，经常说："吾欲得真实慕道之士，令大彻大悟，起云门一派，俾天下向吾教者知有此宗，则人自然如水赴壑，岂为枉道涉丛林耶！"④

宋孝宗乾道七年，道昌去世。他一生先后住持过11座寺院，剃度僧人200多人，但嗣法弟子只有20多人。

自道昌以后，云门宗迅速衰微。尽管其传法世系未绝，如，撰写《嘉泰普灯录》的正受（1136—1208），就是道昌的弟子。而正受还有授法弟子（居士）武德郎、敬庵黄汝霖。另外，道昌还有一位弟子"五云悟法师"，曾在杭州五云山传法，一度"略展规模"。不过，这种兴盛只是过眼云烟，不久也就烟消云散了⑤。到云门下第十世，即大约在宋宁宗以后，云门宗无论是在世俗社

① 普济：《五灯会元》卷一六《雪峰慧禅师法嗣·净慈道昌禅师》，中华书局1984年版，第1097至1098页。
② 以上引文均出自《嘉泰普灯录》卷一二《临安府净慈佛行月堂道昌禅师》。
③ 觉岸：《释氏稽古略》卷四，《大正藏》NO.2037。
④ 《松隐集》卷三五《净慈道昌禅师塔铭》。
⑤ 释明河：《补续高僧传》卷一〇《月堂昌禅传》，《卍新纂续藏经》NO.1524。

会还是在佛教界,都已经不再受人重视了,其法系传承已经无明确记载了。

云门宗衰落的主要原因有三:

一是受宋金第一次战争的影响。晁说之在《高邮月和尚塔铭》中称:"今之禅者最盛者,天衣之徒。天衣之大弟子曰北京元公、慧林本公、法云秀公。隐然名闻于天子,而累朝耆德大臣暨公卿大夫士莫不降辞气以礼之。"①这里所说的三位"天衣之大弟子"是北京天钵文慧重元禅师、东京慧林圆照宗本禅师、东京法云圆通法秀禅师。他们的法嗣主要分布在北方地区。北宋被金军攻灭后,云门宗受到的打击很大,使其法嗣不再昌盛。

二是南宋云门宗传人大多不善经营。例如,月堂道昌"每念丛林下衰,纲纪大坏"②,因此,"凡所到之处,只以行持道法为自己重任,不遣发化主,不登谒贵人"。"每岁所需饮食之甘旨,一皆随常住恒产恒规之,所得或多或少,随其丰俭而用之也"。甚至当有的和尚看到寺院经济状况无法维持下去时,而自愿充当劝募化缘者,道昌也坚决反对。当有人举出"佛戒诸比丘:每常晨朝托钵乞食以资身命"的典故时,道昌还反驳说:"我佛在日则可。到今日作此等事,必有好利者乘其贪图之固习,广费信心之重施,必招将来苦报。岂不是使人自卖其身!非是益人,而返为害己。我故不许为缘事也。"③这样的结果,势必导致寺院经济状况恶化,难以聚众,难以生存。

三是云门宗孤危耸峻的禅风阻碍了自身的传承。云门宗有最具特色的"三句禅",号称为"云门剑"。"三句禅"即"函盖乾坤"、"截断众流"、"随波逐浪"。这从哲学的角度说,实际就是云门宗的本体论、认识论、方法论。此外,云门宗还有所谓"八要禅":一玄、二从、三直接、四夺、五或、六过、七丧、八出等,非常复杂④。正因为云门禅特别注重机辨险绝,强调用语抽象,如不是悟性特别好的人,一般很难把握。不仅如此,南宋云门宗高僧鉴于宗门道德沦丧,因此对弟子的道德修养,强调过分,近似苛刻。这里,还是以月堂道

---

① 晁说之:《嵩山文集》卷二○,《四部丛刊》本。
② 《补续高僧传》卷一○《月堂昌禅传》。
③ 释智祥:《禅林宝训笔说》卷下,《卍新纂续藏经》NO.1266。
④ 参见高令印:《中国禅学通史》,宗教文化出版社2004年版,第346—347页。

昌为例。道昌一生"曲高和寡,法嗣无闻"。有人问他:"和尚行道经年,门下未闻有弟子,得不辜妙湛乎?"①而道昌回答说:"诸方老宿提挈衲子,不观其道业内充、才器宏远,止欲速其为人。逮审其道德则淫污,察其言行则乖戾,谓其公正则邪佞。得非爱之过其分乎?"道昌的这种作法,无疑影响了自身传法的普及。因此,云门一脉的绝传,也就是情理之中的事情了。

### 三、临济黄龙派在南宋的衰落

临济宗在北宋前期活跃于北方,但自宋仁宗以后,便开始转向南方发展。文彦博在诗中所写"北土久无临济嗣,宗风不振至于今"②,便是这种情况的真实写照。到北宋中期,临济六世法孙、潭州石霜山崇胜禅院住持楚圆禅师(986—1039)的门徒黄龙慧南(1002—1069)和杨岐方会(992—1049年)开始分立门户,形成了临济宗的黄龙、杨岐两派。

慧南在宋英宗治平二年(1062),应知洪州程师孟之请,入黄龙山(在今江西修水县境内),住持黄龙寺。慧南常以"佛生"、"驴脚"、"生缘"三种方法因势利导地启悟弟子和信众,因势利导,别开生面,因而被人称之为"黄龙三关"。慧南弟子众多,尤以晦堂祖心(1025—1100)、东林常总(1025—1091)、云庵克文(1025—1102)最为知名,由此而形成了影响巨大的临济黄龙派。

在南宋前期,据《嘉泰普灯录》卷一三《黄龙四世》记载,黄龙下第四世较知名的禅师共有24人。除成都府金绳文禅师(成都府信相正觉宗显禅师法嗣)一人出自黄龙慧南另一弟子筠州黄檗真觉惟胜禅师法系外③,其余23人都出自晦堂祖心、云庵克文、东林常总法系。

在这24人中,可知生卒年的有四人:庆元府育王无示介谌禅师(1080—1148),湖州道场无传居慧禅师(1077—1151),温州本寂灵光文观禅师

---

① 《补续高僧传》卷一〇《月堂昌禅传》。
② 文彦博:《潞公文集》卷六《某伏睹运使金部运判秘丞运同赞善赠长老元师诗一首……颇惭芜陋》,文渊阁《四库全书》本。
③ 黄龙慧南弟子有筠州黄檗真觉惟胜禅师,真觉惟胜传成都府昭觉绍觉纯白禅师,绍觉纯白传成都府信相正觉宗显禅师,正觉宗显传成都府金绳文禅师。

（1083—1178），临安府径山涂毒智策禅师（1117—1192）。

　　智策禅师，自号涂毒岩生，台州天台人，俗姓陈氏。年十六，从天台山护国寺禅师楚光受戒。遍访高僧，曾先后向护国寂室、育王无示、万寿大圆等人请教佛法。

　　隆兴府（今江西南昌）云岩寺天游禅师出自云庵克文法系，自号典牛，机辩峻峭，莫有婴其锋者，声震江湖。智策遂前往云岩，拜天游禅师为师，颇为天游禅师所器重。两人在一起，说古道今，泉涌风驶，令听者感到惊愕不已。一年后，智策辞别天游，结庵于淮西乌崖之下。其后，历任黄岩普泽、天台太平、吉法祥符、绍兴府等慈和大能仁诸寺住持。淳熙十六年（1189），宋光宗即位伊始，智策禅师由无锡华藏寺入主径山能仁禅院。

　　楼钥曾说：“径山为东南第一丛林，非第一等人不足以居之。”入主径山，说明智策在当时丛林中拥有极高的地位。三年后，智策召集僧众，口说一偈：“四大既分飞，烟云任意归。秋天霜夜月，万里转光晖。”不久，泊然而逝。一生剃度弟子 43 人，其中有 12 人位至寺院住持①。

　　黄龙下第五世，大致相当于南宋中期，而庆元府育王无示介谌禅师的法嗣最为突出。出世（担任住持）者有南剑州西岩宗回禅师、台州万年心闻昙贲禅师、高丽国坦然国师（？—1158）、庆元府天童慈航了朴禅师、临安府龙华无住本禅师等。

　　高丽国坦然国师俗姓孙，曾招入宫中，19 岁出家，曾是高丽肃宗太子王俣（即后来的睿宗）的老师。他曾在广旺寺从慧昭国师学得禅法的心要。其后，他出入于李资玄门下，睿宗时为禅师，仁宗时为王师。坦然约于宋高宗绍兴初年（1131—1140），乘海商方景仁船入华求法，抵明州阿育王寺，拜临济宗著名高僧无示介谌为师。坦然学成后归国，作《语要》、《四威仪偈》、《上堂语句》等，委托方景仁带给无示介谌。谌师大加赞赏，回书并寄赠衣钵，承认坦然为法嗣②。

---

① 《攻媿集》卷一一〇《径山涂毒禅师塔铭》。
② 杨渭生：《禅宗东传与智策、坦然——宋与高丽佛教文化交流之一》，《宋史研究论丛》第五辑，河北大学出版社 2003 年版，第 239 页。

不过,宋僧普济在《嘉泰普灯录》卷一七《高丽国坦然国师》中却提出了另一种不同的说法。据普济的记述,坦然本是一位王子,"少嗣王位"。因信向中国禅宗、仰慕无示介谌禅师的名声,于是便托海商方景仁赴明州抄录介谌禅师的语录,再带回高丽。当坦然阅读了介谌禅师的语录后,豁然开悟,便放弃了王位,出家为僧,并写下《语要》、《四威仪偈》,让方景仁再呈示于无示介谌。无示介谌在复信中告诉坦然:"佛祖出兴于世,无一法与人,实使其自信、自悟、自证、自到,具大知见。如所见而说,如所说而行,山河大地、草木丛林,相与证明。其来久矣。"对他领悟禅机一事予以鼓励。其后,坦然又给介谌写信,大略曰:"生死海广,劫殚罔通。得遇本分宗师,以三要印子,验定其法。实谓龟盲,值浮木孔耳。"又将高丽朝廷所赐的磨衲袈裟、山锦拜褥、青磁香炉等以及他自己的开堂语录送给了介谌禅师。

上述两种说法尽管出入颇大,但高丽的坦然国师接受了临济宗黄龙派禅法却是不争之事实。通过坦然国师,黄龙派禅法在高丽得以传播。从这个意义上说,坦然国师就是高丽黄龙禅的创始人。

庆元府天童慈航了朴禅师又传雪林彦公(1122—1192)。雪林彦公,历任五峰、广惠、雪窦资圣等寺住持①,有声于丛林。是为黄龙下第六世。

台州万年心闻昙贲禅师的法嗣有温州龙鸣在庵贤禅师、潭州大沩咦庵鉴禅师、舒州投子淳禅师②、天童雪庵从瑾禅师。

从瑾(1117—1200),俗姓郑,温州人。14岁时,在本州普安院依从回禅师得度,后在瑞岩寺拜昙贲禅师为师,又曾入福州西禅寺向佛智禅师问禅。昙贲禅师住持江心寺,对从瑾极为赏识,遂任命他为该寺维那。其后,从瑾担任了真州灵岩寺住持。最后入主天童山景德寺。其法嗣为虚庵怀敞禅师③。

虚庵怀敞禅师是黄龙下第七世,"道高腊尊,为世称重"④。其生平事迹

① 释宝昙:《橘洲文集》卷七《雪林彦和尚塔铭》,《禅门逸书初编》本。
② 《嘉泰普灯录·总录》、《嘉泰普灯录》卷二一《万年心闻昙贲禅师法嗣》。
③ 闻谥泉等:《天童寺志》卷三《先觉考》,《中国宗教历史文献集成》本。
④ 郑真:《荥阳外史集》卷三五《书宋故虚庵怀禅师题五世祖金刚普门经后》,文渊阁《四库全书》本。

虽不详,但因其有日本弟子荣西将黄龙禅法传到了日本而举世闻名。

荣西(1141—1215)字明庵。11 岁出家,在比叡山学习天台宗和密宗。六条天皇仁安三年,即宋孝宗乾道四年(1168),荣西入宋求法,朝拜了天台山及阿育王山后,于同年携带天台宗章疏三十余部六十卷归国,同时将中国的茶树引种到日本①。高仓天皇文治三年,即宋孝宗淳熙十四年(1187),荣西第二次赴宋,入天台山万年寺,拜怀敞为师。淳熙十六年,怀敞奉敕住持天童山景德寺,荣西又随怀敞入居景德寺。宋孝宗还赐给荣西"千光法师"的称号。

一年多后,荣西得知怀敞打算重修已经破旧不堪的千佛阁,但苦于缺乏优质木材的事情后,便自告奋勇,对怀敞说:"思报摄受之恩,糜躯所不惮,况下此者乎? 吾恭国主近属,它日归国,当致良材以为助。"②宋光宗绍熙二年(1191),荣西辞别怀敞回了日本。

荣西回国后,在筑前建立报恩寺,又在博多(今福冈市)开设圣福寺,传播黄龙禅法。绍熙四年,即日本后鸟羽天皇建久四年(1193),荣西派人将许多优质木材从日本运到了明州。楼钥在《天童山千佛阁记》中描述当时的场面说:"致百围之木凡若干,挟大舶、泛鲸波而至焉。千夫咸集,浮江蔽河,辇致山中。"这批优质木材的运到,基本解决了千佛阁重建所需的原材料问题,也成为中日佛教交流的一段佳话。

其后,荣西接受了平政子、源赖家的皈依,在京都修建建仁寺,在镰仓修建寿福寺,大力宣传禅风③。在幕府的支持下,大力传播禅宗和饮茶风气,被公认为日本禅宗的始祖和日本的茶祖。

尽管黄龙派将临济宗远传高丽、日本,但在国内却日渐衰落。在黄龙下八世以后,遂一蹶不振,法系传承不明。

---

① (日)木宫泰彦著,胡锡年译:《日中文化交流史》,商务印书馆 1980 年版,第 306 页。
② 《攻媿集》卷五七《天童山千佛阁记》。
③ 《日中文化交流史》,第 306 页。

### 四、临济杨岐派在南宋的兴盛

杨岐派是由临济僧人方会（992—1049 年）在袁州杨岐山（今江西省萍乡北）开创的。关于他的言行，有《杨岐方会和尚语录》、《杨岐方会和尚后录》各一卷。由于方会不仅具有马祖道一的大机大用，而且兼得临济、云门两宗风格，加上他灵活的教学方法，使杨岐法系获得较大发展。随着黄龙法系的衰微，杨岐派遂以临济正宗自居，成为禅宗中的最大派系。因此，南宋所谓临济宗，在一般意义上，指的就是杨岐派。

方会的弟子有守端、仁勇等十二人。守端又传法演等十二人。法演之下有慧勤、清远、克勤等二十二人。克勤的弟子有宗杲、绍隆等，法系昌盛。克勤一系的实际上成为南宋临济宗的主流，代表了南宋临济宗发展的时代特色。

（一）圆悟克勤与《碧岩录》

1. 克勤生平事迹

圆悟大师克勤（1063—1135）字无著，俗姓骆，彭州崇宁县（旧治在今四川彭州西南）人。少年依本地妙济院自省法师出家[1]，受具足戒后，赴成都，随名僧文照、敏行学习《楞严经》等佛学经论。因认识到"诸佛涅槃正路不在文句中"[2]，遂改从真觉胜禅师习禅。为增长见识，他又徒步出蜀，遍访名僧。他先后拜谒了当时被人誉为"僧中龙"的荆州玉泉寺承皓禅师和金銮寺的信禅师，潭州大沩山真如寺的慕喆禅师，洪州黄龙祖心禅师，庐山东林寺的常总禅师，熟悉了各派禅法。其后，他进入舒州白云寺，拜五祖法演为师（杨岐下二世）。入法演之门，是克勤一生中最重要的转折时期。孙觌对此有一精当的评说："师自得法白云，名声藉甚。"[3]

宋徽宗崇宁年间（1102—1106），受知成都府郭知章之请，住持成都六祖禅院，不久移住昭觉寺。八年后，克勤再次出蜀。先后住持澧州夹山灵泉禅

① 《嘉泰普灯录》卷一一《东京天宁佛果克勤禅师》。
② 曹学佺：《蜀中广记》卷八四《高僧记第四》，文渊阁《四库全书》本。
③ 《鸿庆居士集》卷四二《圆悟禅师传》。

院、潭州道林寺,声名远扬。在此期间,由知枢密院事邓洵武奏荐,宋徽宗赐予了克勤紫衣和"佛果法师"称号。此后,他受邀入主建康府(今江苏南京)蒋山。宋徽宗宣和六年(1124),他应诏赴京师。在开封府天宁寺据坐说法,"旁引孔孟诗书之言合而为一词","辩锋起,遇物缕解"①。当时,"公卿贵人争至其门,舍所爱物而为供养。金珠宝贝、象马器服,凡所好玩,曾不吝惜"②。而克勤也不拒绝,一概收下。

在北宋灭亡前夕,克勤离开京师南下,移居镇江府金山龙游寺。南宋朝廷移驻扬州时,克勤曾前往扬州,接受宋高宗召见,并回答了宋高宗所提出的有关佛法的问题,被赐予"圆悟禅师"之号。不久,改住南康军建昌县(今江西永修)云居山真如寺。

建炎三年(1129)秋,金军为了彻底摧毁立足未稳的南宋政权,兵分两路南侵。其右路军为追击隆祐太后,进入江西。为躲避战乱,克勤返回了四川。知成都府王似请他住持成都昭觉寺。昭觉寺是座大寺,"参徒日至,聚指三千"。克勤富有资财,于是"捐千万钱",重修了妙寂寺,以接纳僧众。又用余下的八百万钱,加上原四川宣抚制置使张浚所赠送的"礼部度七僧符"、俸禄二十万钱,为天宁万寿禅寺"市田千亩"③。

克勤不仅注意积蓄财力、修建寺院、购置寺田,而且尤其注重通过宣讲佛法来争取信众,弘扬宗门。临济宗杨岐派有一个重要的特点,就是在传法方式上极为灵活,循循善诱,不拘成规,逐渐启发。而克勤在这一点上就很好地继承和发挥了杨岐派的优势。他精于宣讲,深入浅出,"于世能以辩才三昧阐扬佛教",因而"无论士庶皆知信仰";他在讲说中喜欢使用比喻的手法,"以大慈悲心作平等观,种种譬喻,接以方便",因而"若贵若贱,各各欢忻"④。

绍兴五年(1135)八月,克勤因病去世。宋高宗下诏为克勤赐谥,曰"真

---

① 《鸿庆居士集》卷三二《圆悟禅师真赞》。
② 《成都文类》卷三九《天宁万寿禅寺置田记》。
③ 《成都文类》卷三九《天宁万寿禅寺置田记》。
④ 《成都文类》卷三九《天宁万寿禅寺置田记》。

觉禅师",又为其塔赐名,曰"寂照"。

克勤一生剃度弟子五百人,"嗣法得眼、领袖诸方者百余人"①。据《嘉泰普灯录》卷一四、一五记载,著名者有临安府径山大慧普觉宗杲禅师、平江府虎丘绍隆禅师、临安府灵隐佛海慧远禅师、临安府中天竺海禅师、平江府南峰云辩禅师、福州贤沙僧昭禅师、潼川府乾明印禅师、潭州大沩佛性法泰禅师、邓州丹霞佛智端裕禅师、建康府保宁如庵祖禅师、成都府昭觉彻庵道元禅师、绍兴府东山觉禅师、衢州天宁讷堂梵思禅师、岳州君山佛照觉禅师、遂宁府灵泉希寿禅师、泗州普照佛心胜禅师、汉州无为铁面胜禅师、眉州中岩华严祖觉禅师等等。因而,孙觌在《圆悟禅师传》中称其弟子"方据大丛林,领众说法,为后学标表,可谓盛矣"。其中,尤以大慧宗杲、虎丘绍隆、佛海慧远三支法系对后世的影响最大。

2.《碧岩录》及克勤的禅学思想

克勤著有《碧岩录》(又称《碧岩集》)10 卷。在他去世后,其弟子虎丘绍隆等人还将他的小参、法话、法语、拈古、颂古及其他偈、颂、杂著等合编为《圆悟佛果禅师语录》20 卷。其中,《碧岩录》作为典型的文字禅评唱体著作的滥觞,一问世就颇受欢迎,风靡禅林。

《碧岩集》是克勤对北宋云门宗高僧雪窦重显《颂古百则》中所列举 100则公案的评唱(讲评),具有规范化、格式化、定型化的特点,每卷都解释 10个公案及其相应的颂古,形成 10 个单元;每一单元都有 5 项内容,即"垂示"、"本则"、"颂文"、"著语"、"评唱"。

其中,"垂示"是公案和颂文的总纲。"本则"是重显《颂古百则》所选的公案。"颂文"是移录重显的颂文。"著语"是克勤为"本则"和"颂文"所作的夹注,也称"下语"。"评唱"是克勤对"本则"和"颂文"的评说,以表明自己的观点。"评唱"是《碧岩集》的主体部分。为更好地了解其形式结构,兹将《碧岩录》卷一第 3 单元内容作简略处理,移录如下:

> 垂示云:一机一境,一言一句,且图有个入处。好肉上剜疮,成窠成

①　《鸿庆居士集》卷四二《圆悟禅师传》。

窟。……太孤危生,不涉二涂。如何即是? 请试举看:

【三】举马大师不安。[这汉漏逗不少,带累别人去也。]院主问:"和尚近日尊候如何?"[四百四病一时发,三日后不送亡僧。是好手。仁义道中。]大师云:"日面佛,月面佛。"[可杀。新鲜。养子之缘。]

马大师不安。院主问:"和尚近日尊候如何?"大师云:"日面佛,月面佛。"祖师若不以本分事相见,如何得此道光辉? 此个公案,若知落处,便独步丹霄。……所以道:向上一路千圣不传,学者劳形如猿捉影。只这"日面佛、月面佛",极是难见。雪窦到此。亦是难颂。……诸人要见雪窦么? 看取下文:

日面佛,月面佛,[开口见胆。如两面镜相照,于中无影像。]五帝三皇是何物?[太高生。莫谩他好。可贵可贱。]二十年来曾苦辛,[自是尔落草,不干山僧事。哑子吃苦瓜。]为君几下苍龙窟。[何消恁么? 莫错用心好。也莫道无奇特。]屈[愁杀人。愁人莫向愁人说]堪述,[向阿谁说? 说与愁人,愁杀人。]明眼衲僧莫轻忽。[更须子细。咄! 倒退三千。]

神宗在位时,自谓此颂讽国,所以不肯入藏。雪窦先拈云:"日面佛,月面佛。"一拈了,却云:"五帝三皇是何物?"且道他意作么生? 适来已说了也。……"五帝三皇是何物",雪窦道"屈堪述,明眼衲僧莫轻忽"。多少人向苍龙窟里作活计? 直饶是顶门具眼、肘后有符。明眼衲僧,照破四天下。到这里,也莫轻忽,须是子细始得。

文中第一段是"垂示",第二段是"本则",第三段是"颂文",第四段是"评唱",而"著语"即各段"[ ]"中的夹注。夹注的形式风格多样,多为点评性质的口语、俗语。

克勤知识渊博,在佛学上能够融通各宗各派。不仅深明禅门各派宗风,而且精通华严宗,能以华严学说来阐释禅宗思想。受华严学说的影响,克勤认为文字能够表达全部禅理。因此,他的《碧岩录》不仅要说禅,并且不满足于前人"颂古"那种非理性思维、绕路说禅的手法,改而公开直截、条理清晰地说禅了。

禅宗发展到北宋末年,已经出现了一种严重的狂怪之风。孙觌在《圆悟禅师真赞》对此有描述:"世之学者托佛为奸,规以利争,谈禅说,问东说西,指空画地,如醉人说梦,狂药攻而谵言呓语,一切皆妄,如小儿观戏,初无所睹,忽闻人笑,亦复大笑,互相欺绐,如是而已。以故士大夫鄙夷其说以妄疑真,莫肯信人。"①克勤创作《碧岩录》,公开直截、条理清晰地说禅,其实也就是力图纠偏。而《碧岩录》通过注释和评说,也确实揭示出了公案的要点和主旨,说明所谓不可言说的禅理、禅意也是可以用文字来表达的。

《碧岩录》对公案的解释和分析不乏创见,文笔生动,耐人寻味。它使晦涩难参的公案变得简单易懂,是典型的文字禅。因此,《碧岩录》一问世,虽遭到禅门高僧的反对,但"新进后生珍重其语,朝诵暮习,谓之至学"②,对年青僧侣、士大夫和普通信众有强烈的吸引力,很快便流行开来。

不仅如此,《碧岩录》所开创的这种"公案评唱体",还对元代曹洞宗影响极大。曹洞宗人万松行秀对天童正觉的《颂古》加以评唱而作《从容庵录》六卷,行秀的弟子从伦对投子义青的《颂古》加以评唱而作《空谷集》六卷,对丹霞子淳的《颂古》加以评唱而作《虚堂集》六卷。明人将这四部著作称为"四家评唱",广为刊布。

(二)大慧宗杲及大慧派

1. 宗杲生平事迹

宗杲(1089—1163)字昙晦,号妙喜,俗姓奚,宣州宁国(今属安徽)人。早年依本地东山慧云院慧齐法师出家,受具足戒。其后,遂云游四方,遍访云门、曹洞、临济高僧。宋徽宗宣和七年(1125),入开封天宁寺,投拜圆悟克勤为师。在克勤的提携下,宗杲担任了主掌文书的记室。宋金战争爆发后,金军胁迫北宋朝廷选送十几位禅师到金国传法。宗杲挺身而出,主动应选。

---

① 《鸿庆居士集》卷三二。
② 释净善:《禅林宝训》,《大正藏》NO. 2022。

他的好友、台谏官吕好问向宋钦宗奏请，赐予宗杲"佛日法师"的称号①。后来，向金国派送禅师的计划并未能实施，宗杲于是南下，进入平江府（今江苏苏州）的虎丘寺。

建炎年间，宗杲跟随克勤住江西建昌云居山真如寺，担任首座。建炎末年，克勤归蜀后，宗杲仍留在江西，在云居山后的古云门寺旧址上建草庵居住。绍兴四年（1134），宗杲带领一批僧侣又转往湖南、福建②。

绍兴七年，宗杲应丞相张浚之邀，住持临安府径山能仁禅院。开堂之日，有僧侣不服，于是提问："人天普集，选佛场开。祖令当行，如何举唱？"宗杲回答："钝鸟逆风飞。"僧侣又问："遍界且无寻觅处，分明一点座中圆。"宗杲再答："人间无水不朝东。"随即开讲，机锋四出，折服了僧众③。由于宗杲提倡自律，对寺院内的僧侣并不实行严格管教，而且允许僧侣"发明己见"，因而"四方佳衲子麇然坌集，至一千七百"④，被时人誉为"临济中兴"⑤。

由于宗杲善谈禅理，许多士大夫都与他有交往。曾任权礼部侍郎兼侍讲的张九成与宗杲的关系尤为密切。张九成因反对与金朝议和，受到秦桧切齿痛恨。绍兴八年，秦桧将张九成指为赵鼎死党，将其免职，以秘阁修撰的头衔提举江州太平观。张九成的家就在临安城外，由于得了个提举宫观的闲职，因而与宗杲的往来就更多了，成为莫逆之交。绍兴十一年，他们在私下里批评朝政，被人告发。宋高宗大怒，下令将当时正在居家守丧的张九

---

① 张浚《大慧普觉禅师塔铭》称："雅为右丞吕公舜徒所重，奏赐紫衣，号佛日大师。会女真之变，其酋欲取禅僧十辈，师在选中，已而得免。盖若有相之者渡江而南。"但这个记载恐有为尊者讳之嫌，不可信。其疑点有二。其一，吕好问从未担任过右丞相。他在靖康元年（1126）方被召为左司谏，再迁谏议大夫，擢御史中丞。北宋灭亡后，在张邦昌伪楚政权担任门下省侍郎。因其曾力劝张邦昌让位，故高宗即位后被授予尚书右丞兼门下侍郎之职。不久，因曾在伪楚政权任职而遭到弹劾，罢为资政殿学士，出知宣州。次年，提举杭州洞霄宫，退出政治舞台。在靖康年间，作为台谏官，他不应向宋钦宗建议向僧侣赐紫衣、师号。其二，宗杲当时仅为天宁寺记室。这种身份，根本不可能获得朝廷加赐师号。而宗杲之所以能被赐予"佛日"师号，唯一可能的原因就是他被选为赴金的禅僧而获得宋钦宗特赐。

② 释蕴闻编：《大慧普觉禅师广录》卷二四《示遵璞禅人》，《大正藏》NO.1998。

③ 《五灯会元》卷一九《昭觉勤禅师法嗣》，第1273—1274页。

④ 释念常：《佛祖历代通载》卷二〇，文渊阁《四库全书》本。

⑤ 《咸淳临安志》卷七〇《方外（僧）》。

成免官,听候处分;勒令宗杲还俗,毁衣焚牒。编管衡州(今湖南衡阳)①。宗杲的许多弟子不顾自身安危,都自愿跟从宗杲流放。

绍兴二十年,宗杲被扣上"长恶不悛,聚徒贬所,撰造飞语,肆为讥谤"的罪名,移送临江军(今江西清江)编管②。次年,宋高宗又提起此事:"还俗僧圆觉、宗杲撰《圣者偈》、《妙喜禅》,皆畜祥谤讟之语,诞谩无礼,鼓惑军民。此最害事,宜禁止之。"③因此,绍兴二十二年,宗杲又被移送梅州(今属广东)编管。在梅州的六年中,由于其地荒僻,瘴疠流行,缺医少药,跟随宗杲的一百多名徒弟,竟死亡过半④。

绍兴二十五年十月,秦桧病死,遭到对金主和派压制和迫害的抗战派官员逐渐被重新起用。这一年冬季,宋高宗也下令免除了宗杲的"编管",准许他自由居住。绍兴二十六年,宗杲恢复了僧侣身份,奉朝廷之命住持明州阿育王山广利寺。两年后,奉命移住径山。

时为普安郡王的宋孝宗在政治上力主抗金,因而对宗杲素来敬重。他派特藩邸内都监到径山拜谒宗杲,宗杲也向他献上一颂:"大根大器大力量,荷担大事不寻常。一毛头上通消息,遍界明明不覆藏。"对他将君临天下寄予了厚望。宋孝王受封为建王后,再次派遣内知客上山,供养五百罗汉,并向宗杲赠送了自己手书的"妙喜庵"三字以及赞辞。

绍兴三十一年,宗杲因老病申请解除院事得到了朝廷批准,遂退居明月堂。绍兴三十二年六月,宋孝宗即位后,特赐宗杲师号,曰"大惠禅师"。隆兴元年(1163)八月,宗杲病逝。宋孝宗诏令将明月堂改名为妙喜庵,赐谥曰普觉,赐塔名曰宝光⑤。

宗杲现存的著述和语录有《正法眼藏》6卷、《大慧普觉禅师广录》(一作《大慧普觉禅师语录》)30卷、《大慧禅师禅宗杂毒海》2卷、《大慧普觉禅师宗门武库》1卷,但诸书内容或有重复。

---

① 《建炎以来系年要录》卷一六〇,绍兴十一年五月甲子条。
② 《建炎以来系年要录》卷一六一,绍兴二十年四月乙亥条。
③ 《中兴小纪》卷三五,绍兴二十一年正月癸未条。
④ 《佛祖历代通载》卷二〇。
⑤ 《大慧普觉禅师广录》卷六附录《大慧普觉禅师塔铭》;卷一一《皇帝在建邸请升堂偈》。

2. 宗杲的佛学思想及禅风

中国封建社会在组织结构上,宗法制占据着主导地位,"君君、臣臣、父父、子子、夫夫、妇妇、兄兄、弟弟各得其所"①,是儒家礼制的核心,不可僭越。由此而推衍,"孝"的伦理道德观念不仅是维持家庭组织结构、而且是维护国家统治秩序的理论基础。有鉴于此,佛教尤为注意在理论上调和出家修行与在家孝亲的矛盾。北宋的高僧契嵩撰写了《孝论》十二章,全面系统地论述了佛教的孝亲观,称:"夫孝也者,大戒之先";"圣人之善,以孝为先";"今夫天下欲福不若笃孝,笃孝不若修戒";认为出家人最大的孝道就是为父母来世求福,是人间最大的孝道:"以儒守之,以佛广之;以儒人之,以佛神之;孝其至且大矣!"②

在家庭伦理观中,"孝"是核心;在国家伦理观中,"忠"是核心。中国人在一般情况下都主张"忠孝两全"。然而,当出现特殊情况,"忠"与"孝"发生冲突,即所谓"忠孝不能两全"的场合,"忠"又高于"孝"。所谓"移孝于忠",也就是"孝"服从于"忠"的一种委婉的说法。

宗杲对佛教与世俗社会的相互关系有独特的看法,认为"世间法则佛法,佛法则世间法也"③。在宋金对峙的历史背景下,宗杲尤其注意强调忠君爱国、忠义孝道,说:"忠义孝道乃至治身治人安国安邦之术,无有不在其中者";"未有忠于君而不孝于亲者,亦未有孝于亲而不忠于君者";"予虽学佛者,然爱君忧国之心,与忠义士大夫等。……喜正恶邪之志,与生俱生"④。

在这种思想认识指导下,他一生喜与士大夫交游,除张浚、汤思退、张九成之外,"时名公巨卿如李邴、汪藻、吕本中、曾开、李光、汪应辰、赵令衿、张孝祥、陈之茂皆委已咨叩"⑤,刘子羽、刘子翚、汪藻、向子諲、曹勋、富直柔、陈桷等人也与宗杲有书信往来。在这些南宋名流中,尽管有主和派,但大部分是抗金派。由于交往广泛,宗杲的佛学思想及禅风在南宋一代颇具影响力。

---

① 胡瑗:《周易口义》卷一〇,文渊阁《四库全书》本。
② 释契嵩:《镡津文集》卷三《辅孝篇下》,文渊阁《四库全书》本。
③ 《大慧普觉禅师广录》卷二七《答汪内翰(彦章)之三》。
④ 《大慧普觉禅师广录》卷二四《示成机宜(季恭)》。
⑤ 《咸淳临安志》卷七〇《方外(僧)》。

宗杲认为自北宋后期起，禅门便出现了"语默二病"："今时学道人，不问僧俗，皆有二种大病。一种多学言句，于言句中作奇特想。一种不能见月亡指，于言句悟入，而闻说佛法禅道不在言句上，便尽拨弃，一向闭眉合眼，做死模样，谓之静坐观心默照。更以此邪见诱引无识庸流，曰：'静得一日，便是一日工夫。'苦哉！殊不知，尽是鬼家活计。去得此二种大病，始有参学分。"①

宗杲所谓"默病"，指的是曹洞宗天童正觉"默照禅"；所谓"语病"，指的就是"文字狂禅"，即"弄业识，认门头户口，簸两片皮，谈玄说妙，甚者至于发狂，不勒字数，胡言汉语，指东画西"②。

宗杲认为"默病"与"语病"都是因对佛法主旨的极端认识错误而造成的。"语病"在前，"默病"在后。因有了"语病"，故曹洞宗有了"默照禅"。"默照禅"宣称"佛法禅道不在文字语言上"，因而"堆堆地坐在黑山下鬼窟里"，"坐来坐去，坐得骨臀生胝都不敢转动"，"唤作工夫"③。而"往往士大夫为聪明利根所使者，多是厌恶闹处，乍被邪师辈指令静坐，却见省力，便以为是。更不求妙悟，只以默然为极则"④。所以，最正确的修持方式应界于"默"与"语"之间。

宗杲认为："近世丛林，邪法横生。瞎众生眼者，不可胜数。若不以古人公案举觉提撕，便如盲人放却手中杖子，一步也行不得。"⑤但是，"古人公案"又不能是《碧岩录》之类的"文字禅"。

宗杲对老师克勤的《碧岩录》是很不以为然的。他在《示遵璞禅人》中写道："参禅学道不为别事，只要腊月三十日眼光落地时，这一片田地，四至界分，着实分明，非同资谈柄作戏论也。近世此道寂寥，师资不相信，须假一片故纸上放些恶毒，不材不净，付与学者，谓之禅会子。苦哉，苦哉！吾道丧

① 《大慧普觉禅师广录》卷二〇《示真如道人》。
② 《大慧普觉禅师广录》卷二九《答李郎中（似表）》。
③ 《大慧普觉禅师广录》卷一九《示东峰居士（陈通判次仲）》。
④ 《大慧普觉禅师广录》卷二六《答陈少卿（季任）》。
⑤ 《大慧普觉禅师广录》卷一九《示东峰居士（陈通判次仲）》。

矣。"①而《碧岩录》在宗杲看来,无疑就属于"禅会子"。因此,当他在绍兴四年(1134)进入福建后,看到学者痴迷于《碧岩录》,"牵之不返,日驰月骛,浸渍成弊",竟然将《碧岩录》书版劈碎,阻止其刊印,以达到"祛迷援溺,剔繁拨剧,摧邪显正"的目的②。

对《碧岩录》之类的"公案禅"进行"剔繁拨剧"的审视后,宗杲提出了"看话禅",也称"看话头"。在这里,所谓"看",就是内省式地参究;所谓"话头",就是指公案中最能反映禅理的典型命题。"话头"是高度凝炼的问题。在《答吕舍人(居仁)》中,宗杲说:"千疑万疑,只是一疑。话头上疑破,则千疑万疑一时破;话头不破,则且就上面与之厮崖。若弃了话头,却去别文字上起疑、经教上起疑、古人公案上起疑、日用尘劳中起疑,皆是邪魔眷属。"③

"看话头",就是修持者采用默想的坐禅方式,对从繁杂的公案中提出的典型命题进行凝神静气的思考。这实际也就是把"公案禅"与"默照禅"结合起来了,即宗杲所说:"虽复不依言语道,亦复不著无言说"④;"着意就不可思量处思量,心无所之";"又方寸若闹,但只举狗子无佛性话。佛语祖语诸方老宿语,千差万别。若透得个'无'字,一时透过,不着问人。若一向问人,佛语又如何、祖语又如何、诸方老宿语又如何,永劫无有悟时也。"⑤

宗杲在《示清净居士(李提举献臣)》中对"看话头"时的坐禅入定与"默照禅"的区别还做了特别的强调,说:"学道人,十二时中心意识常要寂静。无事亦须静坐,令心不放逸,身不动摇,久久习熟,自然身心宁怗,于道有趣向分。寂静波罗蜜,定众生散乱妄觉耳。若执寂静处便为究竟,则被默照邪禅之所摄持矣。"⑥这也就是说,"看话头"将坐禅入定看作手段,而"默照禅"将坐禅入定视为目的。

作为手段的"坐禅入定",在"看话禅"中被称为"断",即将心中的一切

---

① 《大慧普觉禅师广录》卷二四。
② 《禅林宝训》。
③ 《大慧普觉禅师广录》卷二八。
④ 《大慧普觉禅师广录》卷二〇《示罗知县(孟弼)》。
⑤ 《大慧普觉禅师广录》卷二八。
⑥ 《大慧普觉禅师广录》卷一九。

知识、观念,通通放下,甚至连世俗精神活动的主体"心",也一起休歇,然后以虚豁空寂的胸怀去参究话头。由于"话头"都是难以理解和解释的命题,因此"看话头"特别强调"疑"。认为信和疑是互补的,信有十分,疑有十分。疑有十分,悟有十分,也就是大疑大悟,小疑小悟,不疑不悟。参话头的工夫,贵在起疑情。宗杲声称:修持"看话禅"的关键就是要"只向疑情不破处参,行、住、坐、卧不得放舍"。比如,"僧问赵州:'狗子还有佛性也无?'州云:'无。'这一字子,便是个破生死疑心底刀子也"。而"这刀子杷柄,只在当人手中,教别人下手不得,须是自家下手始得。若舍得性命,方肯自下手"。"若舍性命不得",那就只能在"疑不破处"徘徊不前;而"蓦然自肯舍命,一下便了"。"了"就是"悟",就是"参透"。当达到了这种境界时,"方信静时便是闹时底,闹时便是静时底,语时便是默时底,默时便是语时底"①。

朱熹作为南宋理学大师,他对"看话禅"有一评论:"禅只是一个呆守法。如麻三斤、干屎橛,他道理初不在这上,只是教他麻了心,只思量这一路,专一积久,忽有见处,便是悟。大要只是把定一心,不令散乱,久后光明自发,所以不识字底人才悟后,便作得偈颂。悟后所见虽同,然亦有深浅。某旧来爱问参禅底,其说只是如此。"但这样的"呆守法"却能风靡禅林,又是何原因呢?朱熹认为主要是"其间有会说者,却吹嘘得大"。"如杲佛日之徒,自是气魄大,所以能鼓动一世。如张子韶、汪圣锡辈皆北面之"②。

而且,朱熹本人早年就是宗杲的崇拜者。据说他跟从刘子翚学习时,《大慧语录》就是他书箧里唯一的一本书。宋理宗时,曾任翰林学士的尤焴对宗杲极口赞誉,称他"说法纵横踔励,如孙吴之用兵。而广阔弘深,不可涯涘";"如大海水,鱼龙饮者莫不取足"③。

3. 大慧法系的兴盛

宗杲一生,先后剃度有数十名弟子。这些弟子分据丛林,在南宋佛教界和南宋社会中都有较高的名望,因而大慧法嗣尤为兴盛。其中,最为著名的

---

① 《大慧普觉禅师广录》卷二六《答陈少卿(季任)》。
② 《朱子语类》卷一二六《释氏》,第 3029 页。
③ 《佛祖历代通载》卷二〇。

是庆元府育王德光禅师。

德光(1121—1203)号拙庵,俗姓彭,临江新喻(今江西新余)人。绍兴十一年(1141),宗杲坐罪被编管衡州(今湖南衡阳),路过新喻。德光望见,长叹一声:"此古佛也。吾安得事之?"自此,有了出家的念头。两年后,他依从福建僧人足庵普吉禅师受具足戒。其后,他四方云游,遍谒高僧,先后问道于月庵善果、百丈道震、宝峰择明、应庵昙华、典牛天游、万庵道颜等人。绍兴二十六年,他听说宗杲住持明州阿育王山广利寺,欣喜万分,说:"缘法在兹矣!"于是投拜到宗杲门下。

宗杲去世后,德光住持袁州(今江西宜春)仰山寺。乾道三年(1167),应知台州李浩之邀,住持天台山鸿福寺。不久,移住台州万年报恩光孝禅寺。乾道九年,台州城发生大火,该寺也遭遇火灾,化为灰烬。德光考虑到台州在火灾之后"财施必艰",于是"航海过泉州"化缘,"厚载而归",重修了该寺。由此而表现出了他杰出的社会活动能力。

宋孝宗"雅闻其名",于淳熙三年(1176)敕令德光入主临安府灵隐寺。这一年冬季,又将他召入宫中,"留五昼夜,数问佛法大旨",赐"佛照禅师"之号。淳熙七年,德光移住阿育王山。宋光宗绍熙四年(1193),"改莅径山"。庆元元年(1195),应德光之请,宋光宗同意他又回到阿育王山,"归老东庵"①。年迈的德光将皇帝赏赐给他的所有物品以及"大臣长者居士修供之物",尽数变卖,得现钱"数万缗",为阿育王山广利寺购置田地,使该寺每年增加"谷五千石"的收入②。

宋孝宗在位时,先后五次召见德光入宫;退位做了太上皇后,又两次邀请德光入宫说法。这五次召见的"问答之语",先是被铭刻金石,而后在德光归老阿育王山中时,其门徒又"相与尽哀五会所说法,凡数万言,为五卷",编入《佛照禅师语录》中③。这样一来,德光"以佛法际遇孝宗皇帝"而获恩宠的事情便传扬于天下,大大提高了德光的声望。陆游在《送佛照光老赴径

---

① 以上引文均见《文忠集》卷八〇《圜鉴塔铭》。
② 《渭南文集》卷一九《明州育王山买田记》。
③ 《渭南文集》卷一四《〈佛照禅师语录〉序》。

山》一诗中,将德光与其师宗杲作对比,写得生动传神:"大觉住育王,扪折拄杖强到底;佛照住育王,挑得钵囊随诏起。从来宗门话,只要句不死。说同说异庵外人,若是吾宗宁有此? 日日风雨今日晴,万里春光入帝城。传宣江上走中使,开堂座下罗公卿。御香霭霭云共布,法音浩浩潮收声。报恩一句作么道,常遣山林见太平。"①

嘉泰三年(1203)春,德光病逝,享年83岁。宋宁宗敕令:"特赐普慧宗觉大禅师塔名圜鉴。"观文殿大学士周必大为德光撰写塔铭,兵部章侍郎颖为德光撰写了行述。

周必大在《圜鉴塔铭》中说德光的"嗣法者遍满四方,得度者一百二十余人"②。明代僧人净柱所编《五灯会元续略》卷二上《育王光禅师法嗣》中收录有11人:灵隐之善禅师、净慈居简禅师、径山如琰禅师、天童派禅师、东禅观禅师、上方铦禅师、育王师瑞禅师、育王权禅师、净慈义云禅师、育王宗印禅师、钟山印禅师。

宗杲有两名出色的女弟子。一是温州净居寺妙道禅师,其父黄裳(1044—1130),在徽宗时,累官至礼部尚书,著有《演山集》。二是平江府资寿寺无著妙总。

无著禅师(1094—1170),法名妙总,镇江府丹阳(今属江苏)人。其曾祖父苏颂③,在宋哲宗元祐年间曾担任丞相。其父苏象先,官至朝请大夫,撰有《苏氏谈训》十卷④。其夫许寿源是常州人,官至某州司理参军。夫妻都是虔诚的佛教信徒,妙总在早年还先后向寂室光、真歇了等高僧问法。

绍兴七年(1137),许寿源正在秀州为官。宗杲来秀州登堂说法,"痛诋诸方异见邪解,听者骇顾",而妙总却"独喜见眉睫间"。宗杲下座后,妙总当即向他乞请道号,宗杲"以无著号之"⑤。从此,妙总成为宗杲的俗家弟子。

① 《剑南诗稿》卷二七。
② 《文忠集》卷八〇。
③ 《五灯会元》卷二〇记载:"平江府资寿尼无著妙总禅师,丞相苏公颂之孙女也。"乃误。《苏魏公文集》卷六二《寿昌太君陈氏墓志铭》:"女十二人:长嫁进士苏象先。象先,予之长孙也。"
④ 陈振孙:《直斋书录解题》卷一一,文渊阁《四库全书》本。
⑤ 《佛祖历代通载》卷二〇。

宗杲也为许寿源取了一个"道号",曰"湛然"①。

在《示永宁郡夫人(郑两府宅)》中,宗杲对妙总的情况有一简单介绍:"常州许宅有个无著道人,法名妙总。三十岁便打硬修行,遍见诸方尊宿,皆蒙印可。然渠真实畏生死苦,故要真实理会本命元辰下落去处,特来山中度夏。"这与《五灯会元》卷二〇《资寿尼妙总禅师》所谓"年三十许,厌世浮休,脱去缘饰,咨参诸老,已入正信。作夏径山"的记述基本相同。

妙总"作夏径山",是在绍兴八年(1138)②。这一年,妙总已经45岁了。从此,她在宗杲指点下悟道,声名日著。宗杲对她的悟道有一评说:"看他才得一滴水,便解兴波作浪。盖渠脱离世缘,早信得这一着子。及虽尝被邪师印破面门。却能退步。知非决定。以悟为则。故才见善知识提撕,便于言下千了百当。"③

绍兴三十二年,妙总"祝发披缁",正式受戒出家。宋孝宗隆兴元年(1163),受知平江府张孝祥延请,妙总入主资寿禅寺(尼寺)。"乃开堂于万寿寺,拈香为大惠之嗣"④。乾道六年(1170)病逝,享年76岁。

妙总出身名门,有较好的文学修养,因而其禅学具有强烈的艺术感染力。他与门徒曾有一段对答:

> 尼问:"如何是夺人不夺境?"师曰:"野花开满路,遍地是清香。"曰:"如何是夺境不夺人?"师曰:"茫茫宇宙人无数,几个男儿是丈夫?"曰:"如何是人境俱不夺?"师曰:"处处绿杨堪系马,家家门首透长安。"曰:"如何是人境两俱夺?"师曰:"雪覆芦花,舟横断岸。"⑤

---

① 《大慧普觉禅师广录》卷二六《答许司理(寿源)》。
② 冯楫字济川。《大慧普觉禅师广录》卷二二《示永宁郡夫人(郑两府宅)》称这一年"冯济川少卿亦在此山不动轩"。绍兴八年正月,原任宗正少卿的冯楫被贬官,以左朝奉大夫主管洪州玉隆观。这一年十二月,又被起用为守宗正少卿,假徽猷阁待制,为国信计议副使。《五灯会元》卷二〇《给事冯楫济川居士》曰:"越月,特丐祠,坐夏径山,榜其室曰不动轩。"考《建炎以来系年要录》诸书,符合"丐祠"、"坐夏径山"、"少卿"等条件的,就冯楫而言,只有绍兴八年夏。
③ 《大慧普觉禅师广录》卷二二《示永宁郡夫人(郑两府宅)》。
④ 《佛祖历代通载》卷二〇。
⑤ 《五灯会元》卷二〇《资寿尼妙总禅师》,第1349页。

这是一段"四料简"。"四料简"指临济禅宗"夺人不夺境"、"夺境不夺人"、"人境俱夺"、"人境俱不夺"这四种导师接机示教的方法和步骤。"人"指主观存在,"境"指客观存在。"夺"是排除的意思,这里指运用禅机消除人、境等对象的实有性。杨岐方会与门徒也有一段"四料简":

> 问:"如何是夺人不夺境?"师云:"庵中闲打坐,白云起峰顶。""如何是夺境不夺人?"师云:"闪烁红霞散,天童指路亲。""如何是人境两俱夺?"师云:"刚骨尽随红影没,茗苗总逐白云消。""如何是人境俱不夺?"师云:"久旱逢初雨,他乡遇旧知。"①

两相对比,可以看出:方会的禅风显得孤峭、怪诞,而且有俗语化倾向,而妙总的禅风则显得更有诗情画意,意境恬美。

宗杲的另一位弟子福州西禅寺鼎需禅师则以法嗣绵长而著称。

鼎需禅师(1092—1153)号懒庵,俗姓林,福州长乐(今属福建)人。早年举进士,25 岁时遁入空门,依保寿乐禅师为比丘。绍兴四年(1134),宗杲入闽,遂投宗杲门下。在宗杲被流放的日子里,鼎需始终陪伴着老师。宗杲遇赦北返,鼎需南返福州,开法于西禅寺,有《懒庵需禅师语录》传世②。

鼎需的弟子有安永、南雅、志清、安分四人。安永号木庵,于宋孝宗乾道七年(1171)住持福州鼓山涌泉寺③。安永的弟子悟明在宋孝宗淳熙十年(1183)编纂成《修联灯会要》三十卷。其法嗣代代相传,传至明末忠州聚云吹万真大师。万真大师的嗣法门人慧机、慧芝、慧丽等,遂入于清,再传灯来等人④。

(三)佛海慧远及其法嗣

1. 慧远生平及其禅学

佛海禅师慧远(1103—1176),号瞎堂,俗姓彭,眉州眉山(今属四川)人。

---

① 《杨岐方会和尚语录》,《大正藏》NO. 1994。

② 《五灯会元》卷二〇《径山杲禅师法嗣》,第 1331—1334 页。

③ 释际祥:《净慈寺志》卷八《住持一》,杭州出版社 2006 年版,第 186 页。

④ 释自融、释性磊:《南宋元明禅林僧宝传》(拾遗)《忠州聚云吹万真大师》,《卍新纂续藏经》NO. 1562。

初从眉州药师院僧宗辩出家,继学经论于成都大慈寺,又学于峨嵋灵岩寺徽禅师(黄龙南公之法孙)。其后,投成都昭觉寺,师从圆悟克勤,禅学精进,议论风生,有"铁舌"之誉。绍兴五年(1135),克勤去世,慧远不禁长叹:"哲人云亡,继之者谁乎?"因见四川已无高僧可授业解惑,慧远乘一叶扁舟,顺流东下,离开四川。

慧远先到滁州(今属安徽),先后入住龙蟠山寿圣禅院、琅琊山开化禅院,再移婺州普济寺。在这一时期,他与苏辙之子、权工部侍郎苏迟有交往,经常谈论佛学。不久,他又移住衢州子湖山定业禅院。

克勤的大弟子宗杲这时因反对对金议和、得罪秦桧而贬居梅州(今广东梅县)。有人将慧远所写的偈、颂辗转传给了宗杲,宗杲读后十分惊喜,不禁叹道:"老师暮年有子如此也!"从此两人开始互通音信。秦桧死后,宗杲北归,两人交往更加密切。由于宗杲在当时佛教界享有极高的声誉,因此,宗杲对慧远的"极口称誉",遂使慧远在佛教界渐有声名,"人益归重"①。

慧远不久又移住光孝寺,一住就是十年。在此期间,他与安定郡王赵令衿、曾任礼部侍郎、遭到秦桧迫害的曾开"俱为世外交"。其后,他移住潭州南岳山南台禅院,又往台州,历住护国广恩禅院、天台山景德国清禅寺、浮山鸿福禅寺。乾道三年(1167),受知平江府沈介之邀,入主虎丘。乾道五年,奉诏入主临安皋亭山崇先寺。次年,移住临安府灵隐寺。

宋孝宗对佛教很有兴趣,乾道七年,他在选德殿召见慧远,向他询问佛法。在《佛海瞎堂禅师广录》卷二《奏对语录》中详细记录了君臣二人的对话,而其中最能体现慧远禅学思想的有如下几段:

> 上曰:"如何免得生死?"奏云:"不悟大乘道,终不能免。"上曰:"如何得悟?"奏云:"本有之性,但以岁月磨之,无不悟者。"上曰:"悟后如何?"奏云:"悟了,始知陛下所问与(臣)所奏,悉皆不是。"
>
> 奏云:"悟后,千句万句、乃至一大藏教,只是一句。"上曰:"是那个一句?"奏云:"好语不出门。"上默契。

---

① 以上引文均见《文忠集》卷四〇《灵隐佛海禅师远公塔铭》。

上曰:"即心即佛,如何?"奏云:"目前无法。陛下唤甚么作心?"上曰:"如何是心?"师正身叉手立:"只这是。"天颜大悦。

乾道八年正月,宋孝宗亲赴灵隐寺参观,满意而归。八月,他又召慧远入宫,就"未知梦与觉是如何"以及"不以万法为侣"这两个问题向慧远请教。其中,关于第一个问题,两人的对答如下:

上曰:"前日睡梦中,忽闻钟声,遂觉。未知梦与觉是如何?"师奏云:"陛下问梦中底、觉来底? 若问觉来底,而今正是寐语。若问梦中底,梦、觉无殊。教谁分别梦即幻? 知幻即离,离幻即觉。觉心不动,所以道:若能转物,即同如来。"上曰:"梦幻既非,且钟声从甚处起?"师奏云:"从陛下问处起。"①

宋孝宗对慧远极为敬重,认为慧远是真正能称上禅师的高僧。在这次召见后,他特意下诏,将慧远的法号由"佛海大师"改赐为"佛海禅师"。此后,在乾道九年、淳熙元年(1174)四月、淳熙元年五月、淳熙二年闰九月,宋孝宗还多次召见慧远入宫讨论佛法。

淳熙三年上元节(正月十五),慧远因病去世,享年74岁。

慧远有一俗家弟弟晓林,也出家为僧,而且也是慧远门下弟子。慧远去世之际,晓林已是天台国清寺住持。此外,慧远的弟子还有"了宣、齐已、了乘、师玉、元靖、绍鸿、如本、尼法真,皆住大刹"②。而其日本僧人觉阿和家喻户晓的"济公"和尚,则是慧远法弟子中最具特色的人物。

2. 日僧觉阿与济颠道济

觉阿是日本比叡山的僧人,精通天台教,擅长汉字书法,对中国的禅宗很感兴趣。日本高仓天皇嘉应二年,即宋孝宗乾道六年(1170),他与法弟金庆一道登船,经过一年多的海上航行,于宋孝宗乾道七年夏季到达杭州灵隐寺,拜住持慧远禅师为师③。

---

① 释齐已等编:《瞎堂慧远禅师广录》卷二《奏对语录》,《卍新纂续藏经》NO.1360。
② 《文忠集》卷四〇《灵隐佛海禅师远公塔铭》
③ 《文忠集》卷四〇《灵隐佛海禅师远公塔铭》。

由于觉阿只能写而不能讲汉语，与慧远对话只能手谈，因而对禅宗公案还很难理解。两人相从日久，经常在讨论中发生争执。乾道八年秋，慧远有意识地安排觉阿出外云游，以增长见识。临行时，慧远还写下了四首偈语，统题为《送日本国觉阿、金庆二禅人游天台》①。其中，第三首写道："佛子飞帆过海来，好携瓶锡上天台。国师尚有灵踪在，宝塔巍然正面开。"表达了慧远希望觉阿、金庆能够一朝顿悟的急切心情。

参拜天台后，觉阿、金庆又北渡长江，到达淮南地区。当觉阿自江北返回至金山时，忽闻寺中击法鼓之声，猛然醒悟，于是高声叫道："灵隐禅师，打我一拳！"从此领悟了禅法的精髓。

返回杭州后，觉阿写下了五偈，表述了自己的见解，并向慧远辞行，打算归国。其一曰："航海来探教外传，要离知见脱蹄筌。诸方参遍草鞋破，水在澄潭月在天。"其二曰："扫尽葛藤与知见，信手拈来全体现。脑后圆光彻太虚，千机万机一时转。"其三曰："求真灭妄元非妙，即妄明真都是错。堪笑灵山老古锥，当阳抛下破木杓。"其四曰："竖拳下喝少卖弄，说是论非入泥水。截断千差休指注，一声归笛啰啰哩。"其五曰："妙处如何说向人，倒地便起自分明。蓦然踏著故田地，倒裹幞头孤路行。"②慧远大加称赞，也写下偈语，赠送给觉阿："参透西来鼻祖禅，乘时东去广流传。镬汤炉炭随缘入，剑树刀山自在攀。教海义天休更问，龙宫宝藏岂能诠？翻身师子通涂妙，活捉魔王鼻孔穿。"③

觉阿回到日本后，高仓天皇闻知他去过中国求禅，遂召他入宫，询问禅宗的法要。高仓天皇安元元年，即宋孝宗淳熙二年（1175），觉阿与日本圆城寺主者觉忠派遣僧人讯海入宋，向慧远赠送了装在宝函中的水晶降魔杵、彩扇等礼物。

安德天皇寿永元年，即宋孝宗淳熙九年（1182），安德天皇请觉阿住持睿山寺。觉阿再次给慧远写信，派人持信入宋，向慧远问安，但此时慧远已经

---

① 《瞎堂慧远禅师广录》卷四。
② 《嘉泰普灯录》卷二〇《觉阿上人》。
③ 《瞎堂慧远禅师广录》卷三《示日本国觉阿》。

逝世数年了。觉阿在日本尽管没有开宗立派,但也使禅法在日本得以传扬,促进了日本对禅宗的了解。

道济(1137—1209)号湖隐,又号方圆叟,台州临海(今属浙江)人,俗姓李。早年出家,受度于灵隐寺佛海慧远禅师。道济生性孤傲,狂放不羁。善长作文,信笔而成,从不修改。虽不尽合准绳,但往往能超人想像,旨意深远,有晋宋时期高僧之流风逸韵。道济也擅长书法,在天台山、雁荡山、潜山等风光名胜之地均题有墨迹,尤为隽永。

道济愤世嫉俗,不遵戒律,喜食酒肉,出入闹市,嬉笑怒骂,随性所至,因而被人呼为"济颠"。由于行为诡异,他甚至被灵隐寺僧人逐出了寺门①。道济"信脚半天下,落魄四十年",无论寒暑,身无完衣,敢于在众目睽睽之下裸身行走,面无羞惭之色。只要有人施舍给他衣服,他立即便将衣服送给酒保,换得美酒一醉。道济写有一诗:"何须林景胜潇湘,只愿西湖化为酒。和身倒卧西湖边,一浪来时吞一口。"尽管"寝食无定",但道济颇有豪气,他一般不愿到豪门大姓家乞食。当有贫困无依的年迈僧人得病时,他也能挺身相助,"勇为老病僧办药石"②。

道济最终寄住在临安府净慈寺中,于宋宁宗嘉定二年死去,终年73岁。火化后,他的舍利颗颗晶莹,临安府民众纷纷前来观看,分其舍利,埋在双岩之下。后来,有人为他题写赞辞:"非俗非僧,非凡非仙。打开荆棘林,透过金刚圈。眉毛厮结,鼻孔撩天。烧了护身符,落纸如云烟。有时结茅宴坐荒山巅,有时长安市上酒家眠。气吞九州,囊无一钱。时节到来,奄如蜕蝉。涌出舍利,八万四千。赞叹不尽,而说偈言。"③

道济去世后,他的事迹通过传说逐渐被民间神异化。元代高僧行端禅师就曾说过:"济颠灵迹甚异。"④到了明代,一位小说家又诡称自己是"宋人

---

① 田汝成:《西湖游览志余》卷一四《方外玄踪》,文渊阁《四库全书》本。
② 释居简:《北磵集》一〇《湖隐方圆叟(济颠)舍利铭》,文渊阁《四库全书》本。
③ 释超永:《五灯全书》卷四六《杭州净慈济颠道济禅师》,《卍新纂续藏经》NO.1569。
④ 释法林、禅噩等:《元叟行端禅师语录》卷八,《卍新纂续藏经》NO.1419。

沈孟桦"①,写下了名为"语录",实为传奇小说的《钱塘湖隐济颠禅师语录》②。在这篇小说中,道济作为文学化的"济公和尚",已经血肉丰满,被塑造成为一个罗汉转世、言行癫狂、嗜食酒肉、行为怪异、诙谐幽默、见义勇为、法力神奇、好打抱不平的侠僧形象。从此,通过小说、戏曲等形式,济公和尚成为了中国家喻户晓的传奇人物,深受百姓喜爱。明代净慈寺的僧侣,还为他在寺中特意修造了塑像③。

（四）虎丘绍隆及虎丘派

1.虎丘绍隆及其弟子天童昙华

绍隆(1077—1136),和州含山(今属安徽)人。九岁离开父母,在本县佛慧禅院出家。年满21岁后,云游四方,先后拜谒过长芦崇信净照、洺潭湛堂文准、黄龙死心悟新等高僧。大约在宋徽宗大观年间(1107—1110),绍隆在澧州夹山灵泉禅院投拜于克勤门下。此后十多年,他都一直跟随在克勤身边。他性格柔弱,被人看不起,但克勤却对他很器重,认为他是一只"瞌睡虎"④。

宋徽宗宣和年间(1119—1125),他辞别克勤,回故乡探望父母,住在褒禅山。宋钦宗靖康元年(1126),住持和州城西的开圣寺。南宋建炎三年(1129),受知宣州李光之请,住持宣州彰教寺。此时,绍隆已经开始崭露头角。有老僧开玩笑说:"瞌睡虎今插翅矣!"⑤

四年后,即绍兴三年(1133)⑥,绍隆入主平江府(今江苏苏州)虎丘寺。虎丘寺即云岩寺。"吴郡山水秀丽,虎丘号胜处";"四方游客过吴者,未有不访焉";因而虎丘寺也名闻天下⑦。

当时,克勤见江南局势动荡不安,已经由峡江而回到成都昭觉寺。于

---

① 在这篇作品中,有"且说大宋高宗时"、"天台山在浙东台州府"等明人用语。
② 《卍新纂续藏经》NO.1361。
③ 《西湖游览志余》卷一四《方外玄踪》。
④ 《五灯会元》卷一九《虎丘绍隆禅师》,第1279页。
⑤ 《南宋元明禅林僧宝传》卷三《虎丘隆禅师》。
⑥ 《南宋元明禅林僧宝传》卷三《虎丘隆禅师》。
⑦ 郑虎臣编:《吴都文粹》卷八《藏记》,文渊阁《四库全书》本。

是,绍隆在东南顶替了克勤的地位。因此,过去跟随克勤参学的四方僧侣,都齐聚虎丘绍隆门下。"圆悟之道复大播于东南,诸方谓圆悟如在也"①。人称绍隆的"机锋"与五祖法演相似,其说话的风格又近似于白云守端②。白云守端是杨岐方会弟子,五祖(五祖山)法演是守端弟子,而圆悟克勤又是法演弟子。因此,这种评价实际是对绍隆的最高赞誉。

当初,白云守端禅师(1025—1072)认为:"天下丛林之兴,大智之力也(百丈谥大智)。祖堂当设达磨像于中,大智像西向,开山像东向。不当止设开山而略其祖宗也。"③因此,白云守端首创了在祖堂设三祖像的制度。但这项制度在白云守端之后却未能很好地传承下来。

绍隆入主虎丘后,认为:"为人之后,不能躬行遗训,于义安乎?"④于是决定依照"白云端和尚立祖堂故事",建立祖堂,并设三祖像⑤。这项制度将儒家文化中的尊师祭祖传统融合进了佛教文化中,符合南宋主流社会所倡导的孝道思想,对提升寺院的社会影响、强化僧侣的自律意识有着一定的积极作用。从此,"丛林咸遵行焉"⑥。

绍隆原本还想"建立转轮大藏",以放置佛教典籍,"规模甚伟"⑦。但通过劝募刚筹集到钱款,绍隆便于绍兴六年(1136)因病去世。绍隆死后,其门徒嗣端等汇编有《虎丘绍隆禅师语录》(也作《虎丘绍隆和尚语录》)一卷。

绍隆"度弟子复如等六十人"⑧,但唯有天童应庵昙华法嗣最盛。不过,也就是这一支法嗣的发展,使虎丘派在整体发展态势上超过了大慧派,成为南宋中后期临济宗的主流。

明代僧人如惺对此总结道:"北宋三佛并唱演公之道,惟佛果得其髓也。

---

① 释嗣端编:《虎丘绍隆禅师语录》附录《宋临济正传虎丘隆和尚塔铭》,《卍新纂续藏经》NO.1358。
② 《南宋元明禅林僧宝传》卷三《虎丘隆禅师》。
③ 《佛祖统纪》卷四六。
④ 《罗湖野录》下。
⑤ 《五灯会元》卷一九《虎丘绍隆禅师》,第1279页。
⑥ 《南宋元明禅林僧宝传》卷三《虎丘隆禅师》。
⑦ 《吴都文粹》卷八《藏记》。
⑧ 《虎丘绍隆禅师语录》附录《宋临济正传虎丘隆和尚塔铭》。

而入佛果之室、坐无畏床、师子吼者又不下十余人,独后法嗣之绳绳直至我明嘉隆犹有臭气、触人巴鼻者,妙喜与瞌睡虎之裔耳,他则三四传便乃寂然无声。然此二老可谓源远流长者也。当时称'二甘露门',不亦宜乎?"①

昙华(1103—1163),俗姓江,蕲州黄梅(今属湖北)人。17 岁在黄梅东禅寺出家,第二年受具足戒。早年师从圆悟克勤,后投到虎丘绍隆门下。在虎丘寺仅半年,他就"通彻大法,顿明圆悟","言句之出皆越格超量,人天罔测"②,扬名四方。其后,他相继住持过衢州明果、蕲州德章、饶州报恩、婺州宝林、江州东林、建康府蒋山、平江府万寿、南康军归宗、明州天童等十多处寺院,在禅林中与径山大慧宗杲齐名。宗杲曾向他赠送一偈:"坐断金轮第一峰,千妖百怪尽潜踪。年来又得其消息,报道杨岐正脉通。"

住持天童寺,是昙华传法最为兴盛的时期。他口才极佳,"论辩纵横,如大川东注"③;他文笔很好,"偈颂语录甚富,未及诠次,已盛传于世矣"④。曾任参知政事的钱端礼在《〈应庵和尚语录〉序》中称:"最后,天童法席尤盛,肩相摩袂相属。随其根器,闻其法者,咸有所得。"⑤

隆兴元年(1163)六月,昙华病逝。其语录和著述,由门徒守诠等编为《应庵昙华禅师语录》十卷。在昙华的八名嗣法弟子中,以密庵咸杰最为著名。

2. 密庵咸杰及其法嗣

咸杰(1118—1186),自号密庵,俗姓郑,福州福清(今属福建)人。幼年出家,后随密庵昙华习禅。宋孝宗乾道三年(1167),入主衢州西乌巨山乾明禅院。历住衢州祥符、金陵蒋山、无锡华藏诸寺以及临安府径山兴圣万寿禅寺和景德灵隐禅寺。淳熙十一年(1184),住持明州天童景德禅寺。两年后病逝。

宋孝宗曾在选德殿召见咸杰,询问佛法的一些基本问题;又曾给咸杰写

---

①　释如惺:《大明高僧传》卷五《平江府虎丘沙门释绍隆传四》,《大正藏》NO. 2062。
②　释德介:《天童寺志》卷七《天童应庵昙华禅师塔铭》,清刻本。
③　释守诠等编:《应庵昙华禅师语录》卷首《〈应庵和尚语录〉序》,《卍新纂续藏经》NO. 1359。
④　《天童寺志》卷七《天童应庵昙华禅师塔铭》。
⑤　《应庵昙华禅师语录》卷首。

信,询问《圆觉经》中所谓"四病"①。由于帝王的垂青,咸杰声名大噪。南宋大将张俊的曾孙张滋自号"约斋居士",常跟随咸杰学习佛法。他在《〈密庵禅师语录〉序》中对咸杰赞誉道:"七镇名山,道满天下;一时龙象,尽出钳锤。"②

咸杰的语录及撰述,后被其弟子崇岳、了悟等编为《密庵和尚语录》(亦名《密庵咸杰禅师语录》)。

咸杰弟子极多。刑部尚书葛邲在为咸杰撰写的塔铭中称他的"嗣法者数十辈"③,著名者有松源崇岳、破庵祖先、曹源道生、潜庵慧光、笑庵了悟、枯禅自镜、一翁庆如、铁鞭允韶等④,但以松源崇岳、破庵祖先两系法嗣最为昌盛。

松源崇岳(1132—1202),俗姓吴,生于处州龙泉(今属浙江)之松源,故自号"松源"。23岁时受戒为居士,32岁时受应庵昙华之劝,正式剃度为僧。宋孝宗乾道年间(1165—1173),入衢州乾明禅院,师事密庵咸杰。咸杰移住蒋山、华藏、径山诸寺,崇岳都紧密跟随,因而悟道,"自是机辩纵横,锋不可触"。咸杰住持灵隐寺时,遂命他为"堂中第一座"⑤。不久,住持平江府澄照禅院,正式成为咸杰法嗣。历住江阴光孝、无为冶父、饶州荐福、明州香山、平江虎丘等寺。宋宁宗庆元三年(1197),奉敕住持灵隐寺。崇岳在灵隐寺,共有六年时间。法席之盛,为一时之冠。

崇岳病逝后,其弟子光睦、善开、普岩等人将其语录、著述汇编为《松源崇岳禅师语录》(又名《松源和尚语录》)二卷。

崇岳的重要弟子有天童天目文礼禅师、道场运庵普岩禅师、江心石岩希璠禅师、金山掩庵善开禅师、华藏无德觉通禅师、瑞岩少室光睦禅师、道场北

---

① 《圆觉经》中所谓"四病"指作病、任病、止病、灭病。作病指故意造作之病,任病指随缘任性之病,止病指强求止妄即真之病,灭病指欲灭自身以求成佛之病。《圆觉经》认为:圆觉(成佛)之性,非作得也,非任有也,非止得也,非灭得也。凡有此四病,均不能成佛。

② 崇岳、了悟等编:《密庵和尚语录》卷首,《大正藏》NO.1999。

③ 崇岳、了悟等编:《密庵和尚语录》附录。

④ 释文琇:《增集续传灯录》卷二《天童密庵杰禅师法嗣》,《卍新纂续藏经》NO.1574。

⑤ 《渭南文集》卷四〇《松源禅师塔铭》。

海悟心禅师、雪窦无相范禅师、瑞岩云巢岩禅师、雪窦大歇谦禅师、净慈谷源道禅师、虎丘蒺藜昙禅师等①。

松源崇岳法系在中日佛教交流史上有着重要的地位。崇岳下一世天明慧性的弟子兰溪道隆（1213—1278）于宋理宗淳祐六年（1246），偕弟子义翁绍仁等东渡日本，弘扬禅旨，被后世奉为日本大觉派之祖。日僧南浦绍明于宋理宗开庆元年（1259）入宋，曾投入崇岳下二世虚堂智愚门下学禅。日本僧人愚中周及、月林道皎等人也都是松源崇岳的法裔。

3. 破庵祖先及其法嗣

祖先（1136—1211），号破庵，俗姓王，广安军新明县（旧治在今四川广安西）人。自幼父母双亡，从罗汉院僧人德祥出家。成年后，依澧州德山涓禅师，受具足戒。行脚十年，遍访高僧问法。宋孝宗乾道年间（1165—1173），入衢州西乌巨山乾明禅院，师事密庵咸杰，被任命为典客。跟随咸杰五年后，祖先又辞别咸杰，回到蜀中。受知夔州杨辅延请，住持夔府卧龙山咸平禅院。

三年后，祖先再度出蜀，先后住持平江府秀峰禅院、临安府广寿慧云禅院、平江府穹窿山福臻禅院、湖州府凤山资福禅院。宋宁宗嘉定四年（1211）六月，因病去世②。

破庵祖先死后，他的语录和著述，被其弟子圆照等汇编为《破庵祖先禅师语录》。

破庵祖先一生前后一共住持过九座寺院，但都非名寺，因而破庵祖先声名也不太显赫。但在他的弟子中，无准师范却堪称丛林之巨擘。

佛鉴禅师师范（1177—1249），号无准，俗姓雍，剑州梓潼县（今属四川）人。9岁出家，18岁受具足戒。宋宁宗庆元元年（1195）出蜀，游历江南，先后参谒了多位著名禅师，最后拜破庵祖先为师。

宋宁宗嘉定十三年（1220），师范应邀住持庆元府清凉寺。其后，历住镇江府焦山普济禅寺、庆元府雪窦山资圣禅寺和阿育王山广利寺，以其善于经

---

① 《增集续传灯录》卷三《灵隐松源岳禅师法嗣》。

② 释圆照等编：《破庵祖先禅师语录》附录《破庵祖先禅师塔铭》，《卍新纂续藏经》NO.1381。

营而名闻东南。宋理宗绍定五年（1232）秋，又奉诏住持径山兴圣万寿禅寺①。丞相史弥远特意召见他，对他说："径山住持，他日皆老宿，无力葺理，众屋弊甚。今挽吾师，不独主法，更张盖第一义也。"

绍定六年七月，宋理宗在修政殿接见了师范，赐给他金襕僧伽黎后，命他前往慈明殿升座演法。因师范说法"简明直截，有补圣治"，宋理宗于是赐给他"佛鉴禅师"的称号以及缣帛、金银钱、香合、茶药等。随同他一道入宫的僧人也各自都得到了赏赐的金帛。

师范住持径山将近 20 年。其间，兴圣万寿禅寺在绍定六年（1233）、淳祐元年（1241）两次遭遇火灾。师范处变不惊，在宋蒙战争爆发、南宋财政困难的情况下，多方筹措经费。在皇室、朝廷、封疆大吏、广大僧俗信众以及日本僧侣的大力支持下，不仅两次修复了兴圣万寿禅寺，而且还在兴圣万寿禅寺以西 40 里的地方修建了正续寺，以接待四方云游僧人。宋理宗赐额为"万年正续"。在正续寺之西数百步，师范又规划修建了"归藏所"。其上层是楼阁，珍藏皇帝先后所赐予的书翰；下层的东西两侧分别祭祀祖师和自己的祖先。师范之所以这样做，是因为此时蒙古军已经占领了他的家乡，自己无法祭祀祖先了。宋理宗对寺院的这种祭祀形式尤为赞赏，认为这表现了中国文化的"天性至爱"，特赐匾额曰"圆照"②。

淳祐九年（1249），师范病逝。由他的弟子宗会、智折、觉圆等人所编集的《佛鉴禅师语录》（又作《无准师范禅师语录》）六卷，汇集了师范的语录和著述。

师范的门徒中有兀庵普宁（1197—1276）、环溪惟一、断桥妙伦、雪岩祖钦、无学祖元（1226—1286）以及日本僧人圆尔辩圆（1202—1280）等。这一法系在把禅宗传向日本方面起过突出作用。另外，这一法系完成了由宋入元的转变，维持了临济宗的传承。元代南方最著名的禅师大都出自这一法系。因此，元人虞集在其《断崖和尚塔铭》中写道："宋之南渡，国于江海之

---

① 《后村先生大全集》卷一六二《径山佛鉴禅师塔铭》。

② 释宗会、智折等编《无准师范禅师语录》附录《径山无准禅师行状》，《卐新纂续藏经》NO. 1382。

间,而慧命克昌,有隆有昊,所谓千古豪杰之士,激扬宗要,风动雷应,声光莫盛焉。华公亲承虎丘,而受妙喜衣版之付。佛照振其父风,演化相望。而应庵以来,相继者密庵杰、破庵先、无准范,遂终宋之世矣。"①

### 五、曹洞宗在南宋的重新崛起

曹洞宗是由唐代的洞山良价(807—869)及其弟子曹山本寂(840—901)所创立的。最初兴盛于江浙两湖一带,但在五代和宋初却一蹶不振。北宋中期以后,原为临济宗省念第三世浮山法远的弟子投子义青受洞山第五世大阳警玄之托,代传曹洞禅法。义青的弟子报恩(1058—1111)和道楷(1043—1118),一在随州(今属湖北)大洪山灵峰寺传法,一在京师开封净因寺传法,使曹洞宗在北宋后期开始有了中兴的气象。南宋初年,道楷的再传弟子真歇清了和宏智正觉又大力提倡"休歇禅"和"默照禅",使曹洞禅法在丛林中独树一帜。

（一）真歇清了与"休歇禅"

悟空禅师清了(1090—1151)号真歇,又自称寂庵。俗姓雍,石泉军安昌(今四川安县)人。11岁依当地圣果寺僧人清俊出家,学习《法华经》。18岁通过试经而获得度牒,受具足戒。入成都大慈寺,听高僧宣讲《圆觉》、《金刚》、《起信》等经论,领略其大意。其后,沿长江而下,到邓州(今属河南)丹霞山,投于道楷高足子淳禅师(1054—1117)席下。

丹霞子淳禀承道楷"自休"、"自歇"的禅法,提倡"休歇禅",即在禅堂"冷坐",让精神活动停止,如同死去一回后,方能领悟在自在境界的超然解脱,"一切处得自在去"②。一日,丹霞子淳突然发问:"如何是空劫以前自己?"意思是自己在天地万物形成以前到底是什么样子。其意无非是想表述"宇宙是心的产物"这样的哲学命题。清了刚想回答,就被子淳制止了,但清了也因此而豁然开悟。

不久,清了离开丹霞山,前往五台山,再往京师开封,辗转至真州(今江

---

① 《道园学古录》卷四九《断崖和尚塔铭》。
② 释梵清:《丹霞子淳语录》卷上,《卍新纂续藏经》NO.1425。

苏仪真)长芦崇福寺,投祖照道和禅师。"长芦崇福院乃章宪太后为真宗所营,制度宏丽,甲冠江淮,虽京师诸寺有所不及。常安五百众,又僮仆数百,日食千人"①。清了颇得道和赏识,历任侍者、转物寮、首座。宋徽宗宣和四年(1122),因道和病重,清了升任崇福寺住持。第二年,他开堂升座,宣布自己嗣法丹霞子淳。

宋高宗建炎二年(1128)六月,清了退院,离开长芦,云游江南。建炎四年冬,受福州雪峰寺之请,担任住持。绍兴六年(1136),移主明州阿育王山广利寺。绍兴八年,因温州的禅寂禅寺与普济律寺合并为龙翔兴庆禅院②,清了奉诏住持。绍兴十年,因清了及其弟子自称清了曾得到过宋高宗的赐诗,一度受到了官府的追查③。绍兴十五年,宋高宗诏令清了入主临安径山。在径山五年,生活异常艰难,寺院旷败,财产一空,千余名僧侣只得靠乞讨度日。绍兴二十年,清了称病,请求回长芦崇福寺。绍兴二十一年六月,宋高宗为其母慈宁韦太后修建的崇先显孝禅院落成,宋高宗诏令清了入院住持。九月,韦太后入寺参拜,清了抱病升座开堂,荣宠盛极一时。十月初一日,清了因病去世,享年62岁。二十三年八月,谥悟空禅师④。

清了精通华严学,曾撰《华严无尽灯记》,用华严宗"十法界"的学说来论证禅学。其曰:"东平打破镜,已三百余年;龙潭吹灭灯,复四百余载。后代子孙迷于正眼,以谓镜破灯灭。而不知行住坐卧放大光明,灯未曾灭也;见闻觉知虚鉴万像,镜未曾破也。灯虽无景,能照生死长夜;镜虽无台,能辩生死魔惑。……照之无穷,则曰无尽灯;鉴之无穷,则曰无尽镜。……或问:'即今日用见闻觉知,毕竟是灯耶,非灯耶?是镜耶,非镜耶?'答曰:'镜灯灯镜本无差,大地山河眼里花。黄叶飘飘满庭际,一声砧杵落谁家?'"⑤清了又

---

① 张舜民:《画墁集》卷七,文渊阁《四库全书》本。
② 释熙仲:《历朝释氏资鉴》卷一一,《卍新纂续藏经》NO. 1517。
③ 《建炎以来系年要录》卷一三四,绍兴十年正月癸卯条记载:温州僧清了者与其徒自言上尝赐之以诗。上谓宰执曰:"朕不识清了,岂有赐诗之理!可令温州体究。恐四方传播,谓朕好佛。朕于释老之书未尝留意,盖无益于治道。"秦桧曰:"陛下垂思六经而不惑于异端,真帝王之学也!"
④ 清了生平,相关史料未注明出处者,均出自《真歇清了禅师语录》附录《崇先真歇了禅师塔铭》,《卍新纂续藏经》NO. 1426。
⑤ 释念常:《佛祖历代通载》卷一,文渊阁《四库全书》本。

作有《净土集》，倡导念佛法门，"以劝四众，极为切要"①；因此，清了的禅学，其特色乃是杂糅禅、净、教三宗。

清了的语录，有在北宋末年编成的《劫外录》以及在南宋初年编成的《一掌录》。《劫外录》现存有多种版本，但《一掌录》已佚。李纲作有《雪峰真歇了禅师〈一掌录〉序》，其中有"其徒集机缘语句为《一掌录》，以初得法由一掌故"；"随机提令，应病施方，有作者之铃锤，真良医之药石。一言一句，皆示空劫中眼目，非苟然也"之语②。由此可见，《一掌录》的所表达的思想大致与《劫外录》相同，其差异主要是在时间上。《劫外录》主要是清了在长芦崇福寺的语录，而《一掌录》则是清了在福建雪峰山的语录。

清了佛学义理的核心是华严宗理事圆融的教理。曾任太常少卿林季仲作有《送真歇禅师》一诗，曾博得清了"抵掌笑"。其中所吟咏的"山河连大地，鸟兽暨鱼鳖。微至一蠛蠓，中含大千阔"；"譬如坐海底，巨浸从头没。反问岸上人，觅水济我渴"；"去去亦何之，千水涵一月"③等诗句所包含的佛学义理，当与清了所思所想相通。

在修行方法上，清了提倡"休歇禅"，即《劫外录》中所谓"不假舌头说，炽然无闲歇。深密处，光彩顿生；明历历时，混融皎洁"；"未休休去，未歇歇去"；"参得快活，用得自在，便知有休歇的路子"；"但忘教似枯木石头、墙壁瓦砾，绝知绝解，自然虚明历历"；"坐得脱，歇得到，凝想俱尽"；"蓦然苏醒，个些精彩，若明镜临台，丝毫不昧"等参禅方式和境界。这种"休歇禅"，实际上与其师弟正觉所提倡的"默照禅"在内容上是十分接近的④。

清了弟子众多，在六处寺院先后度弟子普嵩等四百人。其法嗣有影响者主要有真州长芦的慧悟，明州雪窦的宗珏，建康府移忠报慈禅院的传卿、临安府崇先显孝的得明、福州龟山义初禅师、建康府保宁兴誉禅师、真州北山法通禅师等三十余人⑤。南宋中期著名的曹洞宗僧人，大都出自清了

①　道衍：《诸上善人咏》，《卍新纂续藏经》NO. 1547。
②　《李纲全集》卷一三七，第 1317 页。
③　林季仲：《竹轩杂著》卷一《送真歇禅师》，文渊阁《四库全书》本。
④　参见杨曾文：《宋元禅宗史》，中国社会科学出版社 2006 年版，第 492 页。
⑤　《嘉泰普灯录》卷三《长芦真歇清了禅师法嗣》。

一系。

(二)天童正觉与"默照禅"

宏智禅师正觉(1091—1157),俗姓李,隰州隰川(今山西隰县)人。11岁依本地净名寺僧人本宗,出家为童子;14岁在晋州慈云寺从智琼,受具足戒;18岁开始云游四方,参谒各地高僧。初至汝州(今属河南)香山寺,拜见枯木法成,颇为法成所器重。再至邓州(今属河南),师从丹霞子淳。子淳去世后,正觉先后被延请为随州大洪山保寿禅院、江州庐山圆通寺、真州长芦崇福禅院的首座。宋徽宗宣和六年(1124),受淮南转运使向子諲之聘,住持泗州大圣普照寺。这一年,正觉年方34岁。自此,"七坐道场,名振丛林"①。

宋高宗建炎三年(1129),应集英殿修撰、知明州沈晦之请,入主天童山景德寺。绍兴八年(1138)九月,奉诏住持临安府灵隐寺,但十月即回天童。绍兴二十七年十月六日去世,葬于东谷塔,诏谥"宏智禅师",赐塔名为"妙光"。

正觉在天童山住持景德寺近30年。景德寺在明州州治东六十里,原名天寿,宋真宗景德四年(1007),始改名为景德。宋真宗大中祥符年间,僧人子凝开始在寺前种植松树。到南宋时,景德寺前"古松夹道二十里"②,已经成为天童山绝美的景致。但是,当正觉初主景德寺时,由于宋金战争的影响,寺内僧众还不到200人。随着宋金对峙局面的形成,加上正觉的声望和景德寺的名声,在正觉住持四年后,"十方来学,云趋水赴,屋不能容"③,寺内僧众很快便达到了1200人。

天童山景德寺虽是名闻一方的大寺,但如果缺乏经营能力,要维持其正常运转还是非常困难的。正觉率领僧人在两山之间修筑海堤,"障海潮而田之"④。通过这种围海造田的方法,扩大了寺院土地面积,使农田收入三倍于过去。到宋宁宗时,景德寺的田地面积达到了"三千二百八十四亩",山林面

---

① 《宝庆四明志》卷九《仙释》。

② 《宝庆四明志》卷一三《寺院》。另,《攻媿集》卷五七《天童山千佛阁记》作"青松夹道凡三十里"。

③ 《宏智禅师广录》卷八《僧堂记》,《大正藏》NO.2001。

④ 《天童正觉禅师广录》附录《敕谥宏智禅师行业记》,《卍新纂续藏经》NO.1472。

积达到了"一万八千九百五十亩"①,非常富有。在正觉担任住持的后期,景德寺已经不用化缘"而斋厨丰衍,甲于他方"了②。

有了强盛的经济势力,加上化缘施舍,从绍兴二年到绍兴四年,正觉主持修建了僧堂。该僧堂"总费缗钱万五千有奇";"前后十四间、二十架、三过廊、两天井。日屋承雨,下无墙堵。纵二百尺,广十六丈";"窗牖床榻,深明严洁"③;"为一堂以处众千二百人"④。这无疑极大地改善了僧侣的居住条件。

正觉又主持修建了三门、门前水池、卢舍那阁,极为壮观:"三门为大阁,广三十楹,安奉千佛。又建卢舍那阁,傍设五十三善知识";"前为二大池,中立七塔,交映澄澈";"灯鉴相临,光景云入,观者如游华藏界海";"游宦者必至,至则忘归"。这样一来,"天童不特为四明甲刹,东南数千里亦皆推为第一"。以致"声闻四方,江湖衲子以不至为歉"。因此,楼钥在《天童山千佛阁记》中赞誉正觉说:"住山三十年,其为久远之计,皆绝人远甚。"

在这样一个良好的基础上,"学者无一不满,得以专意于道"⑤,而正觉也才能创立"默照禅",并培养出一大批衣钵相传的优秀弟子。

禅宗六祖慧能是反对坐禅的,但曹洞宗自芙蓉道楷到丹霞子淳,再到真歇清了,一直都在倡导"休歇禅"。有人由此对曹洞宗的禅法进行了概括:"洞下宗旨,以缜密纳息、绝听视、守心如婴儿"⑥。

正觉推崇禅宗初祖达摩在少林寺的九年面壁之功,曾说:"佛祖之灯,以悟为则,惟证乃知。若执其区区之迹,则初祖见神州有大乘气象,崎岖数万里而来,使有方便,岂不显以示人? 而少林九年,似专修壁观者。六祖云:'道由心悟,岂在坐也?'大慧亦云:'坐禅岂能成佛?'学者可便以是为初祖之

---

① 《宝庆四明志》卷一三《寺院》。《宝庆四明志》成书于宋理宗宝庆年间,但其数据应是宋宁宗时期的。
② 《天童寺志》卷七《宏智禅师妙光塔铭》,上海图书馆藏清初钞本。
③ 《宏智禅师广录》卷八《僧堂记》。
④ 《天童觉和尚语录》附录《敕谥宏智禅师行业记》。
⑤ 以上引文分见《攻媿集》卷五七《天童山千佛阁记》,《天童寺志》卷七《宏智禅师妙光塔铭》。
⑥ 袁桷:《延祐四明志》卷一六《僧正觉》,文渊阁《四库全书》本。

过耶?"①因此,在"休歇禅"的基础上,他又进一步创立了"默照禅"。

"默照禅"是沉默入定与般若观照相结合的一种参禅方法,也就是在默默静坐中进行内心观照。"默照禅"追求的最高境界是"心空",即"默默照处,天宇澄秋"②。正觉认为:只有达到了"心空",才能洞见世界的真正本源,灭除烦恼,获得解脱。因此,"真实做处,唯静坐默究"③;"曹洞禅没许多言语,默默地便是"④。

默照禅在其"默"上实际是对菩提达摩的壁观安心法门和神秀北禅的长坐不卧禅法的回归,但在"照"上却又融入了惠能南禅以般若观说心性的性净自悟说。因此,正觉特别强调"默"与"照"是一个统一体,体用合一:"妙存默处,功忘照中";"照中失默,便见侵凌";"默中失照,浑成剩法"⑤。

简而言之,"所谓默照禅是要求通过坐禅'休歇身心',抑制和停止对内外的追求和思维分辩活动,以体悟先天本有的清净空寂之性的一种禅法"⑥。

周葵在《宏智禅师妙光塔铭》中记述说:正觉"自初得戒,坐必跏趺"。在创立"默照禅"后,更是"昼夜不眠,与众危坐"。正觉写有《默照铭》,对"默照禅"的要诀作了交待;又写有《坐禅箴》,对修持"默照禅"的感受作了描述。《坐禅箴》的最末两句是:"水清彻底兮,鱼行迟迟;空阔莫涯兮,鸟飞杳杳。"⑦这种终极感受,在他的《题奉化西峰院》一诗中也有记录:"水流百折山苍苍,古寺形容横野航。明月初濡寒露白,篱花似趁重阳黄。道人心已老松石,学子瞻须磨雪霜。黙黙澄源坐兀兀,游鱼沙鸟静相忘。"⑧

然而,强调坐禅的正觉因名气太大,那些"愿一见威仪、闻磬欬、效供养、示归依者"往往从千里、百里之外而来,"户外之屦,常踰千数"⑨,因此他又

① 《天童寺志》卷七《宏智禅师妙光塔铭》。
② 《宏智禅师广录》卷六。
③ 《宏智禅师广录》卷六。
④ 《宏智禅师广录》卷五。
⑤ 《宏智禅师广录》卷八《默照铭》。
⑥ 杨曾文:《宋元禅宗史》第六章《宋代曹洞宗》,中国社会科学出版社2006年版,第507页。
⑦ 《宏智禅师广录》卷八《坐禅箴》。
⑧ 《延祐四明志》卷一七。
⑨ 《天童寺志》卷七《宏智禅师妙光塔铭》。

不得不或为其写颂作偈，或升堂讲法。北宋末年曾任工部侍郎的冯温舒在《〈天童觉和尚小参语录〉序》中写道："结屋安禅，会学去来，常以千数。师方导众以寂，兀如枯株，而屦满户外，不容终默。"而他正式讲法或非正式答问的内容，都被其弟子记录了下来，久而久之，便被其侍者集成、法润、行从、师俨等人汇编为《宏智禅师广录》九卷本，流传于世。

但"默照禅"遭到了来自临济宗大师大慧宗杲的强烈批评。宗杲在不同的时间、不同的场合都对"默照禅"进行了攻评。姑举两例："近年以来，有一种邪师说默照禅，教人十二时中是事莫管，休去歇去①，不得做声，恐落今时。"②"今时有一种剃头外道，自眼不明，只管教人死獦狙地休去歇去。若如此休歇，到千佛出世也休歇不得，转使心头迷闷耳。又教人随缘管带，忘情默照。照来照去，带来带去，转加迷闷，无有了期。"③"应接时但应接，要得静坐但静坐。坐时不得执着坐底为究竟。今时邪师辈，多以默照静坐为究竟法。"④宗杲的批评虽然带有宗门偏见，但确实也触及到了"默照禅"的要害。

正觉去世后，他创立的"默照禅"便失去了生气，一蹶不振。元人袁桷对此颇为感慨："洞山之道，世不得闻，由宏智始兴，兴即微，岂是道果不可易学邪？后之禅人，览是宜有感焉。"⑤但正觉在天童山传法近 30 年，前后剃度弟子 280 人。他的弟子，尽管不如真歇清了的弟子知名，但仍具有一定的影响力。其中，较为著名的寺院住持有庆元府雪窦闻庵嗣宗禅师、常州善权法智禅师、随州大洪法为禅师、真州长芦琳禅师、临安府净慈自得慧晖禅师、襄阳府石门清凉法真禅师、衢州乌巨光禅师、剑州凤凰世钊禅师、绍兴府能仁理禅师等⑥。

（三）天童如净、道元与日本曹洞宗

随着天童正觉"默照禅"的终结，正觉法嗣在数传之后，日趋衰微。而真

---

①　"去"字原误作"云"。此据文意径改。
②　《大慧普觉禅师广录》卷二六《答陈少卿（季任）》。
③　《大慧普觉禅师广录》卷二五《答曾侍郎（天游）之三》。
④　《大慧普觉禅师广录》卷二六《答陈少卿（季任）》。
⑤　《延祐四明志》卷一六《僧正觉》。
⑥　《嘉泰普灯录》卷一。

歇清了法系在经过天童宗珏,传至雪窦智鉴(1105—1192)时,曹洞宗风有了改变,不再刻意讲求"默照禅"。智鉴再传天童如净禅师后,曹洞宗的发展又出现了一个新的高潮。

如净字长翁,庆元府(今浙江宁波)人,俗姓俞。因其身材高大、为人豪爽,丛林又尊称其曰"净长"。他擅长作诗,曾作有《礼真歇塔偈》一诗:"歇尽真空透活机,儿孙相继命如丝。而今倒指空肠断,杜宇血啼花上枝。"风格凄婉而苍凉。他训示僧众时曾说过一段偈语,兼有曹洞宗"机关不露"和临济宗"棒喝分明"的宗风:"心念纷飞,如何措手?赵州狗子佛性无,只今无字铁扫帚。扫处纷飞多,纷飞多处扫。转扫转多,扫不得处拼命扫。昼夜竖起脊梁,勇猛切莫放倒。忽然扫破太虚空,千差尽豁通。"①

宋宁宗嘉定三年(1210),如净由无锡华藏褒忠禅寺接受邀请,入住建康府清凉寺。其后,住持台州瑞岩寺、明州瑞岩寺,两住临安府净慈寺,晚年住持庆元府天童山景德寺。

如净的师傅雪窦智鉴自号足庵,声音洪亮,口才极好,"为人说法,或自晓至暮,或自昏达旦,至连日亦无倦色",因而名震江湖,被人赞誉为"古佛"。太师史浩在祭文中,对智鉴传授曹洞禅法的接引方法有极高的评价:"了悟圆通,如观音大士;随机化俗,如善导和尚。"②宋理宗绍定二年(1229),如净的世俗弟子、桐柏县官吏吕潇为《如净禅师语录》所作的《序言》中也特别赞扬了如净的语言功夫:"至于一偈一颂一话一言,呼风吐云,轰雷掣电,千态万貌,不可穷尽。近世尊宿绝无仅有者。"③据以观之,这与正觉的"默照禅"是有差异的。

如净继承了智鉴雄辩的禅风,汲取了临济宗"当头棒喝"的优长,使曹洞禅风为之一新。宋僧道璨对如净的禅风有一概括:"嘉定间,净禅师唱足庵之道于天童,惧洞宗玄学或为语言胜,以恶拳痛棒陶冶学者。肆口纵谈,摆

---

① 释圆悟:《枯崖漫录》卷上。
② 《攻媿集》卷一一〇《雪窦足庵禅师塔铭》。
③ 《天童如净禅师语录》卷首《〈如净禅语录〉序》,《卍新纂续藏经》NO.1429。

落枝叶,无花滋旨味,如苍松驾壑,风雨盘空,曹洞正宗为之一变。"①

如净的语录,被其弟子文素、妙宗、义远等人编为《如净和尚语录》(又作《如净禅师语录》)2 卷、《天童山景德寺如净禅师续语录》1 卷。

如净弟子众多,日本僧人希玄道元(1200—1253)也是他的弟子之一。

道元是日本内大臣久我通亲的儿子。出家后,师从荣西。日本后堀河天皇贞应二年,即宋宁宗嘉定十六年(1223),他随师兄明全渡海赴宋,入天童山景德寺,拜如净为师。据道元自己的回忆,如净曾对他说过:"夫参禅者身心脱落,只管打睡作么?"道元闻听此语,豁然大悟②。三年后,道元得到如净的印可,继承了曹洞宗的法统。回国后,在越前创建了永平寺,传播曹洞宗,成为日本曹洞宗的创始人。后来,他的徒弟寒岩义尹、彻通义介等人还相继入宋学习禅法③。

道元对如净的评价极高,用"白鹭立雪明月庭,青山直耸芦花外"来形容如净在当时丛林中的地位。在法统上,道元认为如净的"曹洞宗要"是"再绍大阳本宗","受芙蓉曩祖衲法衣","收真歇老子竹杖子",但却没有提到道元与正觉的"默照禅"有什么传承关系。

# 第三节　律宗

## (一)律学演变概况

佛教的修行方法由被称为"三学"的戒、定、慧有机构成,三法相资,不可缺一。其中,"戒"就是戒律,是佛教对僧侣的宗教行为进行约束的外在规范,是佛教在行为表现上有别于其他宗教的特殊形式。

当最初佛教传入中国时,并没有同时传来律典,西方来的佛教法师与中

---

① 《柳塘外集》卷四《天池雪屋韶禅师塔铭》。
② 释义远编:《天童如净禅师续录》附录《观音导利兴圣宝林寺入宋传法沙门道元记》,《卍新纂续藏经》NO.1430。
③ 《日中文化交流史》,第312、337 页。

国僧侣根据中国本土实际情况,结合佛教的相关戒律,创立了在许多方面与印度佛教戒律有差异的"僧制",以规范出家人的生活和维系佛教寺院的组织结构。大约曹魏齐王芳嘉平三年(251)左右,天竺僧人昙柯迦罗才在洛阳译出了《僧祇律》(今已佚),中国僧侣这才第一次了解到了真正由印度传来的佛教律典。

东晋末年,被称为"佛门四律"的《四分律》、《十诵律》、《摩诃僧祇律》、《五分律》相继传入中国。但此时已经进入南北朝,《十诵律》流行于南方,《摩诃僧祇律》盛行于北方。稍后,《四分律》又在北魏、北齐时期流行起来。隋唐之际,智首大师(567—635)与其弟子道宣(596—667 年)以大乘教义解说《四分律》,创建了"四分律宗",逐渐被全国僧侣共同遵行。自此,凡研习和传持《四分律》者,便属于律宗。

南山律学的基本理论框架分为戒法、戒体、戒行、戒相等四个有机的组成部分,被称为"律宗四科"或"四分别"、"戒四别"。戒法是述其禁扬,戒体言其业性,戒行所示摄修,戒相指因持戒而显示的气象。

在唐朝前期,"四分律学"有三家,即常住终南山的道宣、扬州日光寺的法砺(569—635)、长安西太原寺东塔的怀素(625—698)。道宣一家因其隐居终南山而被称为"南山宗"或"南山律宗",法砺一家因其传法中心在相州(治今河南安阳)而被称为"相部宗",怀素一家因其居住东塔而被称为"东塔宗"。

北宋前期,因受周世宗灭佛的影响,北方的佛教恢复后,多沿袭唐末五代旧制,因而律宗寺院在北方数量极多。在太宗朝,赞宁在其《宋高僧传》卷一六《周东京相国寺澄楚传》中写道:"律有三宗。……至今东京,三宗并盛。"见在北宋前期,律宗南山、相部、东塔三部在开封府还有相当的影响。直到北宋中期以后,相部、东塔二宗才相继埋坠,只有南山宗一家传承独盛,绵延不绝。

到北宋仁宗时,南山律学出现了中兴。真悟智圆律师允堪(1005—1061)对道宣的十部重要律学著述都逐一进行了注解。其中,以《行事钞会正记》(简称《会正记》)尤为重要,"识者谓其超出六十家释义之外"①,影响极大,故继承允堪之说的一系被称为"会正宗"。

其后,允堪的再传弟子大智律师灵芝元照(1048—1116)著有《行事钞资持记》(简称《资持记》)、《戒本疏行宗记》、《羯磨疏济缘记》等一百余卷,对北宋后期的律学有很大的影响,"南山一宗,蔚然大振"②。其中,《行事钞资持记》"复别以法华开显圆意"③,即以天台宗思想对道宣的《行事钞》进行新解释,立说与《会正记》颇异,故传元照之说的一系被称为"资持宗"。

随着南宋律宗的衰落,律学研究也陷入停顿。南宋律宗不复有人再撰疏记,只是尊奉"会正宗"和"资持宗"的各种记疏而已。

(二)唐宋律宗的流布

宋人牟巘对宋以前的佛教宗派存续状况曾有一简略而得体的概括:"晋宋多法,梁多禅,唐多律。"④事实确实如此。在唐代,除去禅宗和华严、慈恩、天台等宗之外,所有传统寺院都因奉行《四分律》的戒法而归属于律宗。

在唐朝中期以前,佛教法门与寺院却并无专属和对应关系,无所谓"律寺"、"禅寺","自汉传法,居处不分禅、律,是以通禅、达法者皆居一寺中,院有别耳"⑤。但在中唐以后,情况就不一样了。唐朝贞元、元和间(785—806),随着禅宗的日益发展,僧人怀海在江西奉新百丈山聚集禅僧,创立《百丈清规》,"不循律制,别立禅居","禅门独行,由海之始也"⑥。自此,寺院也就有了禅寺与律寺的区别。正如宋人罗愿说:"浮屠氏之道,即吾儒所谓一以贯之者。后世既判为禅、律,而僧之所居亦随以别。"⑦

怀海创立的《百丈清规》,是在汲取历代禅门管理经验的基础上所制定的禅宗规式。它在寺院财产所有制关系、住持制度、收度徒弟、寺院建构、起

---

① 胡应麟:《少室山房笔丛正集》卷三〇《双树幻钞上》,文渊阁《四库全书》本。
② 释念常:《佛祖历代通载》卷一九。
③ 《少室山房笔丛正集》卷三〇《双树幻钞上》。
④ 牟巘:《陵阳集》卷二四《东皋友山恭和尚塔铭》。
⑤ 《宋高僧传》卷一〇《唐新吴百丈山怀海传》。
⑥ 《宋高僧传》卷一〇《唐新吴百丈山怀海传》。
⑦ 罗愿:《罗鄂州小集》附录《江祈院记》。

居饮食、修持方式等方面与律宗寺院都有明显不同。因此，在《百丈清规》问世后，依据其规式而实施一种崭新的中国佛教寺院的组织管理制度的禅寺不禁使人耳目一新，从而使禅宗具有了强大的生命力。"其诸制度与毗尼师一倍相翻，天下禅宗如风偃草。"①

到唐末五代，禅宗寺院在南方已经有了长足的发展。如，洪諲住浙江径山，道膺住江西云居山，义存住福州雪峰山，其僧众都在千人以上②。但在整体上，尤其是在北方，禅宗与律宗相比，在寺院数量上还是居于劣势。

五代十国时，开封相国寺的僧人澄楚（889—959），"习新章律部，独能辄入毘奈耶（戒律的梵文音译）窟穴"，因"其击难酬答，露牙伸爪"，故被时人称为"律虎"，在当时佛教界中有很高的威望，"王公大人请益者日且众矣"。晋高祖石敬瑭请他进入宫中，住持内道场，赐紫袈裟，尊为"真法大师"，命为"新章律宗主"。"皇宫妃主有慕法者求出家，命楚落发度戒"。其后，又主持开封戒坛，前后"临坛度僧尼八千余人"③。

即使是在禅宗占优势的江南地区，依靠一些律学大德和统治者的支持，律宗仍能保持住传统宗派的相应地位。例如，苏州破山兴福寺的彦偁，精通律学，常与"同好鸠聚"，形成"律风孔扇"的势头，因而该寺也"号为毗尼（戒律的梵文的另一音译）窟宅"。颇为当时割据江淮的武肃王钱镠、吴王杨行密所尊崇。钱氏"每设冥斋，召行持明法"，杨氏"奄有广陵，频召供施，四远崇重"④。杭州祥符寺的赞宁"习四分律，通南山律"，因其"多毘尼著述，谓之律虎"，被吴越政权任命为"本国监坛，又为两浙僧统"⑤。太平兴国三年（978），随钱俶归宋。奉诏撰《大宋高僧传》三十卷、《三教圣贤事迹》一百卷，历任左街讲经首座、知西京教门事、右街僧录等。

从宋仁宗时期起，禅宗开始北上，逐渐进入东京开封和北方各地。而

---

① 《宋高僧传》卷一〇《唐新吴百丈山怀海传》。
② 《宋高僧传》卷一二《唐长沙石霜山庆诸传（洪諲令达）》、《唐洪州云居山道膺传》、《唐福州雪峰广福院义存传》。
③ 《宋高僧传》卷一六《周东京相国寺澄楚传》。
④ 《宋高僧传》卷一六《梁苏州破山兴福寺彦偁传》。
⑤ 《小畜集》卷二〇《右街僧录通惠大师文集序》。

且,从宋神宗时期开始,宋朝政府便开始有意识地扶植禅宗,实施了"易律为禅"的政策,即将律宗寺院改为禅宗寺院。由此,律宗寺院的数量开始逐渐减少。

宋朝各代究竟有多少禅寺、律寺、教寺,并没有完整具体的记载。我们只能从一些只言片语的叙述中做一个大致的判断。宋仁宗即位之初,余靖曾对当时实行"甲乙住持制"和"十方住持制"的寺院数量有一粗略的估计:"天下伽蓝以夏腊继承自相统率者,盖万数焉;由郡县之令选于州乡以领其徒者,且千数;其名山福地奉朝廷之命、择于丛林以阐其教者;无数十焉。"①由于律宗寺院多为"甲乙住持制",禅宗寺院多为"十方住持制",因此,从其记述看,律、禅的比例大致为十比一。但这只是一个仅供参考的数字。宋神宗元丰八年(1085),吕南公曾对当时的律寺与禅寺的数量比例也有一个笼而统之的说法,认为当时律寺数量要大大多于禅寺:"维佛事满天下,而戒律之席为多,禅定名门,居其百二而已。"②

到崇宁二年(1103),宋徽宗又"诏天下每郡择律寺一,更为禅林","赐田度僧","遇天宁节进功德疏",为皇帝祈福③。这种以行政命令强行改律为禅的举措,自然使律宗进一步遭到削弱。

但是,律宗寺院在遭遇削剥的情况下,仍有强大的势力。以京东沂州(治今山东临沂)为例。当时,州城中有寺院六座,全为律寺。在接到改建禅寺的命令后,遂将开元寺改为"天宁万寿禅寺"。于是,"佛祠在郡治者凡六区,其五为毗尼,其一为禅那"④。律寺对禅寺,还具有"五比一"的明显优势。

宣和五年(1123),知遂宁府李孝端在《遂宁府蓬溪县新修净戒院记》写道:"东蜀地险且隘,非山即川,间有平原,随其陆之大小以建郡邑,故土地广

① 《武溪集》卷九《韶州南华寺慈济大师寿塔铭》。
② 吕南公:《灌园集》卷九《真如禅院十方住持新记》,文渊阁《四库全书》本。
③ 岳俊等编:[雍正]《山东通志》卷三五之一九上《天宁万寿禅寺记》,文渊阁《四库全书》本。《石门文字禅》卷二一《信州天宁寺记》。
④ [雍正]《山东通志》卷三五之一九上《天宁万寿禅寺记》。《石门文字禅》卷二一《信州天宁寺记》。

阔比之他路盖为少矣。然士民信向释学,多喜其教人不以盗贼为意,虽村落之民,迥居郊野,未尝有惊窃之虞。由是,僧尼禅律相半,亦何盛耶!"①可见"东蜀"之地,律寺与禅寺的数量基本持平。

南宋政府沿袭北宋成规,继续推行"改律为禅"。"凡大迦蓝,辟律为禅者多矣"②。南宋理宗绍定元年(1228),签书枢密院事郑清之在《灵芝崇福寺拨赐田产记》中写道:"浮屠氏学,以空为门,放乎一世之表,以之群居则肆,故莫难于律。律以畏为宗,动为万法所缚,以之谋食则拘,故又难于养。以律名者,视曰禅曰教不能什之三。"③可见到南宋中后期,在禅、教、律三种寺院中,律寺的数量已不足十分之三了。

由于律寺大多是甲乙住持制,一寺之中的律师都可以传授徒弟,与禅宗只有住持能传授弟子的传法制度大不一样,因而每位律宗僧人的徒弟数量都较少,不像禅僧的弟子动辄便有几十、上百。加之南宋律宗不为人所重,真正的高僧不多,因此南宋律宗传承的法系很不清楚。不过,律宗传播的情况还是比较清楚的。

### (三)南宋律宗高僧及其法系

元照的直传弟子有道言、思敏、宗利(1055—1144)、用钦、行诜、慧亨等人。在南宋初年,他们大多都还应在丛林传法,"既阐律学,更究净修"④。其中,用钦对净土最为崇信。他晚年入住"钱塘七宝院",专修净土,"日课佛三万声"⑤。然而,他们的弟子却不见记载。

南宋初年,相对资持宗一系而言现,会正宗一系显得较为活跃,其代表人物为越州静凝寺住持惠通律师。

惠通(1068—1135),俗姓王,字可久,越州新昌(今属浙江)人,自号铁磬老人。初从本地禹迹寺的元简律师,后投杭州择其律师门下,刻励修行,深

---

① 刘喜海编:《金石苑》卷三,《宋代石刻文献全编》本。

② 《至元嘉禾志》卷二三《法喜寺政十方记》。

③ 《咸淳临安志》卷七九《寺观五》。

④ 喻谦:《新续高僧传》卷二七《南宋新城碧沼寺沙门释宗利传》,《中国宗教历史文献集成》本。

⑤ 《新续高僧传》卷二七《南宋钱塘七宝院沙门释用钦传》附《行诜、慧亨传》。

研律学。择其律师是会正宗主允堪的弟子，"深得南山四出求异之意"。惠通跟随择其律师多年，传承会正宗，学问精进，受到律僧的敬畏，被称誉为"虎子"。

惠通虽然专主戒律，但也兼通教、禅。不过，他始终认为戒律是佛法的根本，说："戒律即心也。戒生定，定生慧。欲最上乘而不始于戒律，可乎？南山有言：江南江北求菩提，菩提共行不相识。若推原佛心，从粗入细，特顿、渐之异耳。"

惠通先后住持过真如寺、静凝寺、明教寺。静凝坐落在余姚、上虞两县之间的姜山。在惠通刚入主该寺时，该寺"虽气象雄胜"，但由于年久失修，仅剩下"破屋数间，僧徒不过三五人"。但惠通为人乐观豁达，他视破屋为广厦，面对数人却如同面对大众，晨夕讲论，孜孜不倦。

惠通乐善好施，平生没有积蓄，所有余财，都用在了赈济穷困、治疗病人上，一生救活过许多人，得到了广大虔诚信众的大量施舍，"争为筑室庐、具像设，金碧焕然"。知越州徐敷言任命惠通为临坛宗主，主持僧侣受戒，使惠通声名远扬。在他门下，"学徒云集，率不下千指"。

南宋初年，因宋高宗驻跸越州，城内寺院均被军队入住，惠通只得移住位于余姚、上虞之间的姜山静凝寺。不久，因病去世①。

在南宋中期，兼取会正、资持，融会诸宗的菩提简宗师的传法活动代表了这一时期律宗发展演变的方向。

菩提简宗师(1139—1209)，字仲廉，号止堂，俗姓任，严州建德(旧治在今浙江建德东)人。自幼喜好读书，成年后一度热衷于考取科举，因闻听景德寺僧人应堂惟定讲《盂兰盆经》，若有感悟，于是在临安府法显寺出家，受具足戒于景瑫律师。又前往不空寺，学于法海师，潜心攻读律宗典籍，多有见解。

会正宗与资持宗在北宋的争论，如"绕佛左右"、"衣制短长"等问题②，到南宋时仍未解决。简宗师不囿于门派之见，既学《会正记》又习《资正记》，

---

① 以上引文均见李光《庄简集》卷一八《律师通公塔铭》。
② 《佛祖统纪》卷二九。

"两记并行,取舍适中"。

普救寺首座元印律师精通律学,当时的各位律宗高僧对他都心存畏敬。简宗师首次拜见元印,元印便以资持宗、会正宗的异同为题,突然向简宗师发问。而简宗师不假思索,随问随答,见地独到,使在场闻听二人问答的僧人都心悦诚服。

简宗师随后又到了温州,拜谒了律宗高僧宗芬、宗晏。宗芬对简宗师极为看重,于是邀他留住在寺中。两人相互切磋,澄清了资持宗、会正宗对律学在"总别"①、"持犯"②、"双单"③、"止作"④等问题上的分歧及其疑难。

三年后,简宗师回到临安,依从慈恩宗大法主智昙师学唯识百法,又与华严宗、天台宗的精英翘楚讨论佛法。无相宗印师久慕其名,遂延请简宗师为首座。不久,简宗师担任了演法寺住持,其后又担任了不空寺住持。晚年退居菩提寺,传有弟子绍闻、行依,徒孙有文秀⑤。

在这一时期,元照的资持一系内部也出现了纷争。元照下四世中的著名僧人有如庵了宏和石鼓法久⑥。曾任台州日山寺住持的铁翁守一是如庵了宏的弟子,著有《律宗问答》、《终南家业》、《律宗会无》等书。守一在书中阐述了自己对戒律仪式的重新理解,提出了一些新的程式。例如,他认为如果依照法华开显之意,那么,白四羯磨受具者既备戒体,则三聚具备⑦,就不

---

① 即总相和别相。佛教认为:一切有为法,有总别之二相。如无常无我之相,则通于一切,谓之总相。如地有坚相,水有湿相,谓之别相。总相和别相又译为总释和别释或总业和别业。

② 保持戒律谓之持,侵犯谓之犯。而戒律有止恶、作善二门,故持犯各有二。持有止持(保持五戒乃至具足戒等止恶之法)、作持(保持安居说戒忏悔礼拜等作善之法)、犯有作犯(盲动三业以触止持之法)、止犯(怠慢三业,不修作持之善业)。

③ 指戒律中的"双"、"单"不同的处罚规定等。如,《四分律含注戒本疏科》:"初列示双单"、"初双持双犯"等。《四分律含注戒本疏行宗记》:"以谤一向假虚成无,有怀实而行谤、盗,有损主及害畜,故结双、单两种别。"

④ 即对止恶、作善的二持的具体解释。

⑤ 本节引文均出自《北碉集》卷五《菩提简宗师传》。

⑥ (日)望月信亨著,释印海译:《中国净土教理史》第二十九章,正闻出版社(台北)1991版。

⑦ 又称一白三羯摩。授戒仪式中最庄严的一种程式。白,谓告白,即对大众宣告某人行授戒作法之表文。一白,谓读表白文一次。羯摩,为梵语音译,意译为业、办事、作法等,为授戒作业之义,亦是一种表白之文,即记授戒法于受者之表文。三羯摩者,即三度宣读授戒作业之表文。

必重受菩萨戒①。但石鼓法久的弟子上翁妙莲却认为守一的《终南家业》破坏了律宗的规范，"元是坏家之子破题"②，于是在宋理宗宝祐二年(1254)和三年分别撰写了《蓬折直辨》、《蓬折箴》两书，对守一提出了尖锐的批判，称："吾宗有铁翁者，自谓实学，好扬名于后世。高则不高，名品非名。鸟鼠之喻可也。"③

守一与妙莲的争论归争论，但不管怎么说，两人都可以说是当时著名的律僧，而且还通过其日本弟子将南宋的律宗远播日本。

土御门天皇正治元年，即宋宁宗庆元五年(1199)，日本密宗僧人俊芿法师(1186—1227)率领弟子安秀、长贺入宋问法。他们在南宋生活了13年，先后在庆元府(今浙江宁波)、台州、嘉兴府(今浙江湖州)、临安府等地广交禅、教、律名僧，相与论道，但以习律为主。

俊芿在庆元府景福寺师从如庵了宏学律，造诣极深。起初，俊芿由于对汉语并不精通，因而对许多律学问题难以明白。如庵了宏于是"每别席指教"，对他进行专门的讲解。通过长期学习，俊芿通读了律宗经典，达到了"大小部文，一宗教观，无不通达"的境地④。嘉定二年(1209)秋，出于"欲两国学宗彻见律海渊底"的目的，他又提出了有关律学的五十问，向绍兴府姚江县极乐寺座主智瑞律师请教。智瑞回答了俊芿提出的大多数问题，剩下的一些问题，智瑞又请临安府不空教院的了然律师和芝岩寺的净怀、净梵、妙音律师作答⑤。

宋理宗嘉定四年，即日本顺德天皇建历元年(1211)，俊芿携带律宗大小部327卷，天台教观文字716卷，华严章疏175卷，儒家道家之书256卷，杂书463卷，法帖、御书、堂书等碑文拓本76卷，其他杂碑拓本无数，共计经论

---

① 大乘菩萨所受持之戒律。又作大乘戒、佛性戒、方等戒、千佛大戒，乃优婆塞、优婆夷、沙弥、沙弥尼、式叉摩尼、比丘、比丘尼等七众戒外之波罗提木叉(别解脱戒)。有梵网戒和瑜伽戒两种。梵网戒为十重禁戒、四十八轻戒。不论出家在家，皆可受持。瑜伽戒以三聚净戒、四种他胜处法为基准。虽亦道俗通摄，然必先受小乘七众戒而久已成就无犯者，方能受持。

② 释妙莲：《蓬折直辨》，《卍新纂续藏经》NO.1111。

③ 释妙莲：《蓬折箴》，《卍新纂续藏经》NO.1112。

④ 守一述，行枝编：《终南家业》卷一，《卍新纂续藏经》NO.1109。

⑤ 佚名编：《律宗问答》卷上，《卍新纂续藏经》NO.1108。

章疏等内外典籍两千多卷返回日本。在天皇和皇室的支持下，重兴京都东山的仙游寺，改名泉涌寺，大力传播律宗①。

另一日本律僧净业（1187—1259）②于宋宁宗嘉定七年，即日本顺德天皇建保二年（1214）入宋，从中峰铁翁守一研习律学。宋理宗赐予他"忍律法师"的师号。在宋十五年，于宋理宗绍定元年，即日本后堀河天皇安贞二年（1228）归国，带回了《大藏经》，在京都创立了戒光寺，使之与泉涌寺并为日本传播律宗的两大寺院。宋理宗绍定六年，即日本四条天皇天福元年（1233），净业再次入宋。在南宋生活了九年，于宋理宗淳祐元年，即日本四条天皇仁治二年（1241）归国。在筑紫创建了西林寺，在洛东（京都东山）创建了东林寺③，弘扬律宗。

此后，还有俊芿的弟子闻阳湛海、法孙明观智镜、自性道玄和西大寺睿尊的弟子成愿觉如、定舜、东大寺戒坛院圆照的弟子真照、禅心、正基等人相继入宋，传习戒律④。

中日之间律宗的传播交流也促进了南宋统治者对律宗的重视。宋孝宗做了太上皇以后，两次前往临安府的灵芝崇福寺施食、赐钱。宋理宗绍定元年（1228），丞相史弥远又拨给该寺七百亩水田。咸淳二年（1266），权臣贾似道又下令免除了该寺的和买、役钱，并捐钱为该寺修建了云会堂⑤。

淳祐六年（1246）十一月，临安府明庆寺闻思律师上奏："南山澄照律师《戒疏》、《业疏》、《事钞》等，并大智律师述三部诸记，共七十三卷，乞附入《大藏》。"宋理宗同意了他的请求。尚书省随即下令让"诸郡经坊镂板颁行"⑥。

---

① 参见杨渭生：《两宋时期中日佛教文化交流》，《浙江万里学院学报》2002 年 3 期；释圣严：《日本佛教史》，《现代佛教学术丛刊》（台湾）第 82 期（1980.10）。

② 净业字法忍，号昙照。

③ 《日中文化交流史》，第 311 页。

④ 《日中文化交流史》，第 336 页。

⑤ 《咸淳临安志》卷七九《灵芝崇福寺》。

⑥ 《佛祖统记》卷四八。

# 第四节　教下三宗

## 一、天台宗

### (一)天台宗的"止观"学说

天台宗是由隋代天台山(在今浙江省台州境内)僧人智顗所创立的,故后世便以其地冠其名,称其为天台宗。因该宗据以立宗的主要经典是《法华经》(《妙法莲华经》),所以也被称为法华宗。

天台宗的最大特色是止观并重、理论与实践并行。在修行方面,它不废禅观,坚持坐禅。而它的理论体系则是以中观学①系统的般若性空学说为基础,结合中国传统思维方法而逐步建立起来的,达到了当时哲学思想的最高水平。

天台宗教义的核心是止观学说。所谓"止观",原本是佛教修持方法之一,即通过止息散心,观想简择,获得般若智慧。而天台宗的止观学说则是通过"止观",把握实相,获得佛智。实相也称"法性",是指世界不依赖于人的意识而存在的真实体相。

天台宗止观的中心思想是"性具说"("一念三千")和"圆融三谛"。"性具说"揭明了有情之所以受苦受难的原因,"圆融三谛"则指明了达到佛果的方法或道路。这两种学说前后照应。

"一念三千"是"一念心具三千世界"的略称。"一念"即"一念心",指心

---

① 大乘佛教有两大派别,即中观学派(空宗),瑜伽行派(有宗)。

念活动的刹那时刻;"三千"即"三千世界"①,泛指整个世界,表示世间与出世间一切善恶、性相差别之总现象。所谓"一念三千"即指一念之中,便能包容三千世界。这也就是说心就是一切,而一切也就是心②。三千种世间有的属于善,有的属于恶,因而任何一个闪念也都具有善恶两种法。凡有情皆有"念",有念便有善恶两种性质的法,因而不妨把善恶看成为本性同时具有的。有情皆天然具有善恶两种本性。这叫"性具"。因此,"一念三千"的本质就是"性具说"。

按照大乘佛教的观点,性或理(相当于法性、真如、佛性)是纯粹至善至净、超越善恶的精神世界。因此,它通常不说"性善",更不说"性恶"。但天台宗却吸收了诸如扬雄"人之性也善恶混。修其善则为善人,修其恶则为恶人"的中国传统伦理观点,主张"性具善恶"。此说在本质上已经接近人性论中的"性情"关系问题了,也是天台宗颇能引起儒家学者注目而视的地方。

"性具说"在于说明众生之所以沉沦于苦海,不得解脱,乃是本性决定的。而想要革凡成圣,就得摆脱本性的束缚。而要做到这一点,那就得理解"圆融三谛"。

在《中论·观四谛品》中有一偈颂:"因缘所生法,我说即是空,亦为是假名,亦是中道义。"因其中含有三个"是"字,故称为"三是偈"。北齐禅师惠文认为"空、假、中"是一切因缘法的实相,故称此为"三谛"。而"三谛"可于"一心"中顿得,因而又提出了"一心三观"之说,即在一心中同时观察"空、假、中"的统一。在此基础上,智顗进一步提炼出了所谓"三谛圆融"之说。

智顗认为任何现象和事物都有其被错误认识所歪曲的自性。"色"(客

---

① 天台宗学说认为:地狱、饿鬼、畜生、阿修罗、人、天、声闻、缘觉、菩萨、佛等是十法界。这十法界中的每一界各具有十界,则成百界,百界中的每一界又各具有十如,则成千如,千如中的每一如又各具有三种世间(即众生世间、国土世间和五阴世间),则成三千世间(世界),或叫做三千诸法,是一切法的总称。而所谓"十如",又称"十如是",即如是相(外现的形相)、如是性(本具的性质)、如是体(个物的实体)、如是力(由体所生的力用)、如是作(所生的作用)、如是因(由所种的因)、如是缘(助因生果的助缘)、如是果(由缘而生的结果)、如是报(所招的报应)、如是本末究竟(由相至报不可分割的情形,也就是事物存在的全体情形)。十法界中的每一界,情与无情,色心万法,皆具此十如是,也就是事物存在的方式。

② 参见潘桂明、吴忠伟:《中国天台宗通史》,江苏古籍出版社 2001 年版,第 105—163 页。

观物质)以质碍为自性,而这种自性是人们强加给它的,只有"空"去这种自性,色的本质(本来面貌)才能被认识。但要做到这一点,必须通过"假"(契机),才能认识色的本质。因为,色虽无自性,却有虚假的形象。认识了本质,也就是"中"。因为空、假、中这"三谛"没有先后关系、而是并存于同一对象上的不同侧面,是同时被认识到的,没有先后关系,所以称为"三谛圆融"。有了"圆融三谛"的智慧,就能达到最高认识境界,就能知道如何摆脱本性的善恶的约束,以达到清净解脱的地步。

(二)南宋天台宗的发展演变

隋朝和唐朝前期、中期,是天台宗理论发展的高峰。其后,经过唐武宗的灭佛运动,天台宗典籍在中国国内散佚殆尽。五代十国时期,吴越王钱弘俶为重振天台宗,遣使访问高丽、日本等国,搜求天台宗论疏。高丽僧人谛观带来了天台典籍,这使天台宗在两浙地区得以中兴。

北宋时期,天台宗的传承系统并不十分清楚,据潘桂明、吴忠伟先生的考证,当时存有三大法系:一是慈光志因的钱塘山外系,一是四明知礼的四明山家系,一是慈云遵式的天台慈云系①。

北宋时期,天台宗不仅与禅宗相对抗,而且在本宗内部,义通、知礼一门的"山家派"(四明系)还与志因、晤恩一门的"山外派"(钱塘系)就天台教义中的许多问题,以"真心观"和"妄心观"为焦点展开了激烈的争论。由于知礼门下的广智(尚贤)、神照(本如)、南屏(梵臻)三家继续发扬师说,影响甚大,世称"四明三家",因而"山家派"的学说始终是天台宗的主流。到了南宋,圆辩道琛、月堂慧询(一作惠询)、柏庭善月对天台宗的佛学义理又进行了不懈的探讨,不仅在佛学理论上有一定的建树,而且最终完成了对山家山外之争的总结。

南宋时,"天台教观,鼓行吴越间"②,天台宗的中心活动区域仍在两浙。其中,临安府上天竺寺是天台宗发挥社会影响的重心;而天台宗义学的中心

---

① 参见《中国天台宗通史》,第420页。
② 释居简:《北磵集》卷一〇《雁荡飞泉寺豁庵讲师塔铭》,文渊阁《四库全书》本。

则在明州(今浙江宁波),即所谓"天台之学,独盛于四明"①。另外,因天台国清寺是天台宗的祖庭,所以台州也是天台宗活动较为活跃的地区。

两宋之际,"山家派"内部产生了理论的混乱,四明系因此出现了衰落的迹象。南宋初年,出自广智一系的圆辩法师道琛(1086—1153)发挥知礼学说的精髓——"性恶论",重振四明系宗风,因而得到了"四明中兴天台之道,圆辩中兴四明之宗"的赞誉。道琛的法嗣"月堂(慧询)得观行,止庵(法莲)得宗旨,一庵(处躬)、雪堂(戒应)得辩说",薪火相传,"皆有师家之一体",使宗风得以保持②。

两宋时期,天台佛学的发展由两个不同层面展开,一是义理的层面,二是忏仪的层面。义理主要针对学问僧及对此感兴趣的士大夫,而忏仪则不仅是天台宗僧侣的基本修行法门,而且是面向世俗社会、服务于民间荐福送亡等习俗、沟通天台宗与净土宗的重要仪轨。

宋代天台宗所行忏法,可分为自忏、忏他两大类。自忏针对天台宗僧侣自身,分为法华三昧忏法、金光明忏法、消伏毒害陀罗尼三昧忏法等仪式。忏他则针对世俗社会,有瑜伽焰口、蒙山施食以及水陆忏法等等仪式。

圆辩法师道琛之所以能够"中兴四明之宗",除上述义学层面的原因外,还有一个重要的因素,那就是提倡台禅律一致、台净合一。据《释氏稽古略》记载:"圆辩法师道琛,所至居止,每月二十三日建净土系念道场。会禅、律、讲宗,名胜毕至,缁素常逾万人。"③又据《佛祖统纪》卷一六记载:道琛人主明州延庆教院时,"尝专修念佛三昧",忽有感悟,称:"唯心净土,一而已矣。良由弥陀悟我心之宝刹,我心具弥陀之乐邦。虽远而近,不逾一念;虽近而远,过十万亿。譬如青天皓月,影临万水,水不上升,月不下降,水月一际,自然照映。"表达了他在修行中对台净合一的体证。

提倡台禅律一致也是南宋天台宗的特色。年仅30岁便成为明州延庆教院第一座的智连(一作志连)(1088—1163),便是一位精通台禅律的天台宗

---

① 《延祐四明志》卷一六《释道考》。
② 《佛祖统纪》卷一七。
③ 《释氏稽古略》卷三。

僧人,被时人"目为僧中凤雏"。他早年师从圆照法师梵光"授天台教义",后改从智涌法师了然,"顿悟圆宗"。宋孝宗初年曾担任过丞相的史浩与他深入交谈,"见其贯穿禅律,纚纚不倦",大惊道:"师禅、律并通!"智连回答说:"冰泮雪消,同一水耳。"史浩"于是肃然敬异之,相与往来尤厚"。① 楼钥用"定生慧,无碍禅。融一理,逢其原"的赞语,也对他作出了很高的评价②。

道琛的弟子月堂慧询(1119—1179)住持明州延庆教院,不仅"精持律范,动不踰矩,法席谨严",而且深明禅、教之旨。孝宗之子赵恺判明州时,他曾向赵恺讲说道:"禅、教,皆如在方便。若就实知实见言之,何为禅? 何为教? 妙悟之人,一切扫除,丝毫不挂,然后龙菩提妙华遍庄严,随所住处常安乐。"表达了"禅、教,本无二道"的思想以及自己对禅、教合一的独特理解③。

在这种背景下,除道琛、慧询外,南宋"四明三家"的法系中还出现了不少有才学的僧人。广智一系有善月(1149—1241)、宗晓(1151—1214)、志磐(1253 年前后)等,神照一系有有严(1021—1101)、了然(1077—1141)等,南屏一系有宗印(1148—1213)、法照(1185—1273)、法称(1088—1158)等。其中,善月著有《山家家余集》、《楞严玄览》、《金刚会解》、《圆觉略说》、《楞伽通义》等书,法称著有《翻译名义集》,了然著有《虎溪集》、《南岳止观宗圆记》、《十不二门枢要》等,志磐则著有《佛祖统纪》。

(三)天台宗的著名住持僧

南宋的天台宗在不仅在佛学义理上相对于其他宗派有一定的发展,而且在台禅律一致、台净合一的宗风影响下,在佛教教团组织、寺院经营管理、社会活动等方面涌现出了一批高僧。

两宋之际,台州白莲寺天台宗僧人圆智精通《法华经》,旁通《华严经》,

---

① 《宝庆四明志》卷九《仙释》。

② 《攻媿集》卷一一〇《延庆觉云讲师塔铭》。

③ 《攻媿集》卷一一〇《延庆月堂讲师塔铭》。

兼持律学，"以波罗提木叉①为师及以三十七道品②纲纪其性"，"一坐东掖山二十四年"。东掖山白莲、能仁寺"两山千众，既皆耆宿。师之论辩悉出两山之右，遂请为上首"。圆智"常患本宗学者囿于名相、胶于笔录，至以天台之传为文字之学，南宗鄙而不相领略"，故"每至月半作说戒，布菩萨法事"，以戒律规范天台寺院僧侣行为。人称其"虽登坛受具踰五十年，而扶律谈常未始辄易"。"受教之士率能立，僧不徒为饭囊以取容于时，故所至辐辏，以不得侍瓶锡为恨。"因此，圆智声名鹊起，为"所在道俗推仰"。台州历任知州谢克家、刘棐、胡交修对他都很崇敬，先后请他主持过台州的大中祥符寺、鸿祐寺、日山寺，"再更白莲、赤城、庆善三大刹"，"住持名刹皆有建立"，被授予证悟大师之号。圆智还著有《普贤观指文》等数书，流传于世（今佚）。

宋金绍兴议和后，"忽奉旨住临安府上天竺寺"。圆智赴临安，首见宰相秦桧。秦桧询问圆智："止观一法耶？二法耶？"圆智回答说："一法也。譬之于水，湛然而清者止也，可鉴须发者观也。水则一耳，又犹兵也，不得已而用之。以众生有重昏巨敝之病，用止观以药救其心性，归为大全之一体，俾法界寂然其名为止，寂而常照其名曰观也。若其所止，则何所观？如公垂绅正笏、燕坐庙堂，不动干戈，中兴海宇，亦若是而已。"秦桧大喜："几乎蹉过。佛法之妙乃如此！"

其后，秦桧又就《华严经》教义中的"四种法界"向圆智求教。圆智回答说："事法界者，波腾鼎沸，大用繁兴。理法界者，十方世界永寂如空。事理无碍法界者，在有不废无，虽动不离静。事事无碍法界者，法法终日随缘，法法终日寂灭。此四种，他宗说为果，吾宗则与佛同源。"秦桧称赞他："可谓得《华严》髓矣。""由是朝野争相传诵，谓未有脱然明白若斯之伟"。

当时，上天竺寺"遭靖康孽火，鞠为灰烬"，"久在灰烬之余，荒烟寒草，仅有一殿奉大士香火"。而圆智凭借秦桧的支持，又有"重师行业者衰钱五万

---

① 所谓波罗提木叉，即指七众（比丘、比丘尼、沙弥、沙弥尼、式叉摩那、优婆塞、优婆夷）为防止三业过失，并藉之能得解脱所受持的七众戒。

② 所谓三十七道品，即指三十七助长悟道的特质。这三十七种特质最终引导修行者至体证四圣谛，而以四念处为起始，而终于八正道。

余绪",故在圆智主持下,上天竺寺得以整修,"殿堂门廊焕然金碧,更新旧制"①。绍兴十二年(1142 年)九月,南宋朝廷安排金国大使刘筈等一行人,前往上天竺寺焚香。自此,凡金朝使者赴宋均往上天竺寺焚香,遂成为定例②。

圆智在南宋初年的活动无疑为天台宗提高了声誉,使上天竺寺成为天台宗在临安府的中心。其后,源出"四明三家"广智一系的善月也依靠宁宗朝的宰相史弥远(1164—1233)的支持,入主上天竺寺。

善月(1149—1241)字光远,号柏庭,定海方氏子。出家正觉寺,年十五受具戒,往依南湖草庵师,历住东湖辩利、慈溪宝严、月波、上竺等寺院,他精于佛学,著有《楞严玄览》、《金刚会解》、《圆觉略说》、《楞伽通义》等书,人称"嘉定至淳祐,天台之学,月为冠"。他曾主持过的庆元府(今浙江宁波)辩利寺,即为史弥远府上的功德寺。宋孝宗在位时,他入主月波寺,便是由宰相史浩(史弥远之父)指派的。当时,史浩还向他曾许诺:"廪食不足,吾为师办。"入主上天竺寺后,因岁旱祷雨有应,补左街僧录。宋宁宗时,史弥远曾问善月:"欲何能断?"善月回答:"日远月忘。"史弥远大叹服③。

依靠当朝权贵的大力扶持,上天竺寺凭借在京师的优势,逐渐取得了南宋第一教寺的显赫地位。宋宁宗曾下诏,规定其"永作天台教寺","凡禅、律、贤首、慈恩异宗,毋得窥觎更易"④,使其成为天台宗的专席。宋宁宗为此还颁布诏书,特意为其"蠲免租役"⑤。故南宋度宗时曾任秘书监、翰林学士的林希逸称说:"钱塘上天竺,诸教寺之冠冕也。位置其人,亦犹五山之双径焉。"⑥

宋孝宗时,明州延庆教院主僧月堂慧询与喜好佛学的丞相魏杞也是道

---

① 以上引文均见《松隐集》卷三五《天竺证悟智公塔铭》,《咸淳临安志》卷八〇《上天竺灵感观音寺记》。

② 《建炎以来系年要录》卷一四六,绍兴十二年九月壬子记事。

③ 以上引文均见《延祐四明志》卷一六《释道考·僧善月》。

④ 《咸淳临安志》卷八〇《上天竺灵感观音寺记》。

⑤ 《咸淳临安志》卷四二《天竺广大灵感观音殿记》。

⑥ 《竹溪鬳斋十一稿续集》卷二一《前天竺住持同庵法师塔铭》。

友。《法华经·方便品》曰："是法住法位,世间相常住。"魏杞对此感到很难理解,于是向慧询请教。慧询问："春生夏长秋凋冬落,世间之相乎?"魏杞答："然。"慧询问："非以其迁变而致疑乎?"魏杞答："然。"慧询问："四时迁变,岁岁同耶,异耶?"魏杞答："无以异也。"慧询趁机解说道："非止今年、明年无以异,穷过去、极未来,亦无所异。既无所异,岂非世间之相常住哉?以至君臣父子、生息大小、不动本位,皆得究竟,以至天地日月、明暗色空、海阔山高、鹤长凫短,皆出自然,莫不名体、不转贞常圆极。故曰:'是法住法位,世间相常住。'了此法者,不落阶梯,随所见闻,立地成佛。"慧询通过"常变即是不变"这个浅显的解说,用扩大事物相对性来否定事物的绝对性,以说明"穷过去极未来,虽有代谢,而此理常住",使魏杞心悦诚服,不由得叹道:"经纶之妙,还他教家。"①

孝宗之子赵恺判明州,对慧询的学问也深表敬佩,因而"屡以金缯为斋施",对延庆教院的帮助很大。加之慧询善于管理,"大纲整肃,不事苛细;然犯必不恕,欺必照破;中外井井,无毫发之遗",博得了曾任丞相的史浩的称赞:"能使教门增重,今惟月堂一人而已。"②

## 二、华严宗

### (一)南宋之前的华严宗

华严宗是由唐代杜顺、智俨、法藏等人创建的一个佛教宗派。因为此宗所依佛典是《华严经》,所以又称为"华严宗"。又因此宗发挥"法界缘起"的旨趣,或称为"法界宗"。另外,由于华严宗是在武则天时期贤首大师(法藏)那里最终得以成熟和完善的,故华严宗又名"贤首宗"。与天台宗相同,华严宗也是在中国本土由中国僧人创建的佛教宗派,其理论体系具有很高的概括性,较为精致。

华严宗教义的主要内容有法界缘起、六相圆融、十玄无碍等命题。"法界缘起"是华严宗用来解释人生和宇宙发生的理论,包含境界论、认识论、宇

---

① 《攻媿集》卷一一〇《延庆月堂讲师塔铭》,《佛祖统纪》卷一七。
② 《攻媿集》卷一一〇《延庆月堂讲师塔铭》。

宙论、修持论。所谓"缘起"，即佛教用以说明世界、人生及各种现象起源的理论。所谓"法界"，即"总相"（共性、一般）和诸法之"因"。

华严宗称毗卢遮那佛在"海印三昧"①中应众生的愿望而示现的境界，就是法界缘起，也就是事事无碍的法界。华严宗人说，当佛入海印三昧时，过去、现在、未来一切法都同时在一心中印现，犹如深渊大海湛然映现一切景象一般，一切法都相即相入，相摄相容，圆融无碍。如此在海印定时客体化出现象世界、宇宙整体，是毗卢遮那佛的境界。

"法界缘起"也是宇宙的最高层次和观法的最终目标。华严宗将法界分为四种：第一是"事法界"，指事物的个性及差别性或人的初级认识。第二是"理法界"，指事物的共性、普遍本质，也特指佛教对"空性"的认识。第三是"事理无碍法界"，指不可分割的真理本体通彻于每一有分限的事物中，每一具体事物都摄真如本质全尽。也就是"一即一切，一切即一"。第四是"事事无碍法界"，指诸事包容于一理，万事万物之间构成你中有我、我中有你、层层无尽、圆融无碍的关系②。由此便产生了一套华严宗的宇宙缘起论。

从哲学角度看，"四法界"的核心是"事"与"理"的关系问题。在这里，"事"即是"相"、"诸法"，也就是万事万物。"理"即是"性"（理体），一切事物和现象的总根源，也就是"真心"。对于"事"，普通人都可以认识。对于"理"，却要有一定智慧才能认识到。而要认识"理事无碍"，则需要更高的智慧。能够认识到"事事无碍"，便具有了最高的智慧。有了这种智慧也就达到了认识的最高境界。

华严宗又有"六相圆融"、"十玄无碍"之说，进一步对"法界缘起"这种宇宙生成论和本体论进行了阐述和理论发挥。

六相之说见于《华严经·十地品》，即一总相，二别相，三同相，四异相，

---

① "三昧"，即定。因此，海印三昧也称"海印定"，被称为佛在说《华严经》时所入的三昧。
② 参见任继愈、杜继文：《佛教史》第六章第三节《唐代佛教》，中国社会科学出版社 1991 年版，第304—305 页。

五成相,六坏相①。在六相之中,总、同、成三相,是无差别门;别、异、坏三相,是差别门。万物皆有此差别、无差别二义六相;事事之中,有十玄之妙理。六相之圆融,是谓事事无碍。六相之说所论证的是个别与一般的关系。它认为只有各具个性的事物才能形成圆满的整体,而个性也只有在其整体联系中才能体现自身的价值和意义。

华严宗的"十玄无碍"有智俨的"古十玄"和法藏的"新十玄"之分。"新十玄"是:一、同时具足相应门,二、广狭自在无碍门,三、一多相容不同门,四、诸法相即自在门,五、秘密隐显俱成门,六、微细相容安立门,七、因陀罗网境界门,八、托事显法生解门,九、十世隔法异成门,十、主伴圆明融德门。此之十门,随取一门,即具十门。十十互具则百,百百互具成千,千千互具成万。无尽重重,重重无尽。万事万物相即相入、圆融无碍。

法藏之后,澄观(738—839)在华严宗教义中又引入禅宗和天台宗思想,并将菩萨崇拜同华严宗教义紧密结合起来,称:"文殊主智,普贤主理,二圣合为毗卢遮那。万行兼通,即是《华严》之义也。"②强化了五台山与峨眉山作为文殊、普贤道场的神圣地位。

澄观的弟子宗密(780—841)致力于禅教合一,并试图将这种努力推广到调和儒、释、道三教对立的场合。宋初华严宗的传承,主要就是宗密一系,因而宋代的华严宗学说基本是沿着宗密的道路而继续发展的。

在唐武宗时,由于"会昌法难",华严宗遭到了沉重的打击,疏钞之类的典籍丧失殆尽。到了北宋,经过长水寺的子璿(965—1038 年)、被誉为"义龙"的净源(1011—1088 年)及其高丽弟子义天(1051—1101)的努力,华严宗才得以复兴。

---

① 谓一真法界之体,能具多种差别,如人身,能具眼等诸根为一体,故云总相。别相:多即非一为别,谓理体虽一而有种种差别,为人身虽一,而眼等诸根,各各不同,故云别相。谓义虽有种种差别,而同一法界缘起。如眼等诸根,虽各有不同,而其一身不相违背,故称同相。谓种种差别之义同一体,而各适其宜,不相混滥。如眼等诸根,其用不杂乱,故云异相。谓种种缘起之义,共成法界总相之体。如眼等诸根共成一身之由,故云成相。诸法各住本位为坏。谓诸法各各自住本位,则总相不成。如一屋,楹、柱、瓦、砖等,各自独立,即一屋不成,故称坏相。

② 《宋高僧传》卷五《唐代州五台山清凉寺澄观传》。

　　净源历住泉州清凉寺、苏州观音寺、杭州祥符寺贤首院、湖州宝阁寺、秀州善住寺,因其"旧居海滨,与舶客交通牟利,舶客至高丽,交誉之"①,故而在海外颇有声誉。义天原是高丽国的王子,久慕净源声名,在宋哲宗元祐元年(1086)来中国后,即拜净源为师。知杭州蒲宗闵特意将杭州慧因禅院改为教院,命净源住持。三年后,义天返回高丽,遣使送来了金字书写的三种《华严经》译本,藏于慧因院。由于慧因院有与高丽的这种特殊关系,因而又被称为"高丽寺"。因净源对华严宗的复兴功劳最大,故被该宗誉为"中兴教主"。杭州慧因院也由此成为宋代华严学的研究和传播中心。

　　(二)南宋《五教章》的注疏与论争

　　唐代贤首大师法藏所著有《华严一乘教义分齐章》(简称《五教章》)一书,不仅论述了华严宗的判教理论,将佛教各种思想体系分类为五教十宗,而将华严宗定为第一,高出各宗派之上;并且将华严宗的义理归纳为"三性同异义"、"缘起因门六义"、"十玄缘起无碍法"、"六相圆融义"等四部分。该书是华严宗的重要典籍,因辗转流传的关系,在中国有唐本、在朝鲜有草本和炼本,在日本有和本等不同版本,所以其题名亦各有差异。如,在日本流传的和本,其上中两卷均题为《华严一乘教记》,下卷却题为《华严经中一乘五教分齐义》。

　　由于《五教章》在华严宗经典中的特殊地位,从北宋到南宋都有华严宗学问僧对其进行注释。首先是净源(1011—1088)据唐本进行了校订,接着在宋哲宗元祐年间(1086—1093)有湖州普静寺僧人道亭撰写《〈华严一乘教义分齐章〉义苑疏》。南宋初年,净源的三传弟子、杭州慧因寺住持、法真大师师会(1102—1166)对"贤首之业,没世而无闻"的现状感到羞耻,认为这主要是"宣政之来,佛祖奥义,经论大途,陆沉迨尽"所造成的。鉴于《五教章》"记释虽众,莫造其源",因而便打算重新注释《五教章》。但终未遂愿,死后"唯存《焚析薪》、《自答同教策》、《心经连珠记》盛行于世"②。

---

　　①　《续资治通鉴长编》卷四三五,元祐四年十一月甲午条,文渊阁《四库全书》本。
　　②　释希迪:《华严一乘教义分齐章集成记》(《五教章集成记》),《卍新纂续藏经》NO.999。

师会"自幼留心华严教章","于《孔目章》①尤所精通"②。因而在吴越一带有较大影响,是两宋之际华严宗传法师,颇有人望:"时法真驾圆顿之旨于三吴,负大机器之士,憧憧自远惟恐后"③。但他的弟子观复(笑庵)却敢于对他的学说提出挑战,撰写了《析薪记》一书,对《五教章》的相关问题提出了不同意见。观复还著有《圆觉经钞辨疑误》、《华严疏钞会解记》等书,在当时佛教界中有一定的影响。但在《五教章》的相关问题上,他却始终与自己老师的观点相左。为此,师会还专门撰写了《焚析薪》④,对观复《析薪记》予以反驳。不过,师会的另两位弟子善熹(一作善熹)和希迪却继承和发挥了师会的学说。

善熹(1125—1204)俗姓沈,号颐庵,平江府(今江苏苏州)人。初以有明为受业师,后从师会。师会65岁时,始"专用古义训释"《华严一乘教义分齐章》,但未及完成便去世了。善熹(1125—1204)接受师会的临终托附,于宋光宗绍熙三年(1192)续写完成了师会的《华严一乘教义分齐章复古记》六卷。另外,在宋孝宗乾道四年(1168),善熹还完成了对师会在世时口述的《同教问答》进行了注释,定名为《注同教问答》。此外,善熹自撰有《金刚辨非注》、《金刚纂要记》二书,也是专门批驳观复等人学说、"以定五教之分"的著述⑤。

希迪号"武林沙门",也是师会的弟子。他于宋宁宗嘉泰元年(1201)撰成《注一乘同教策》,对师会的《同教策》再加以注解。嘉定十一年(1218),他又撰写《五教章集成记》六卷(今存一卷),对围绕《五教章》的论争和研究情况进行了总结。此外,他还著有《评复古记》(又名《扶焚薪》)一卷,站在老师师会的立场上,对观复的《析薪记》进行了批评。

---

① 《孔目章》,全称是《华严孔目章》,或题《华严经内章门杂孔目》,华严二祖、隋代智俨所著。全书共四卷,分一百四十一章,主要解说《华严经》内的名数法相。
② 释师会:《华严一乘教义分齐章复古记》卷首,释善熹:《〈复古记〉序》,《卍新纂续藏经》NO. 998。
③ 释居简:《北磵集》卷五《熹华严传》,文渊阁《四库全书》本。
④ 《焚析薪》又作《华严一乘教义章焚薪》(简称《焚薪》)。但"焚薪"二字之间,似漏记了一"析"字。
⑤ 释居简:《北磵集》卷五《熹华严传》,文渊阁《四库全书》本。

这些论争以及注释工作,尽管不可能完全解决南宋华严宗内部对《五教章》认识的分歧,但却在一定程度上促进了华严宗义学的发展。

(三)南宋华严宗的兴衰

两宋时期,因华严宗与禅宗出现了融合的情况,华严宗缺乏一个严格的师徒相承的法系。尽管如此,但以杭州慧因寺为中心而构成的法系却可以说是两宋华严宗最明确、最重要的一支①。此外,秀州华亭县(今上海松江)青墩镇宝阁贤首教院"自北宋熙宁间(1068—1077)建立华严讲席,实法师净源道场,秀异颖出者无不依止"②,名动四方。以此为中心,秀州(今浙江嘉兴)也成为华严宗寺院较为集中的州郡。

宝阁贤首教院僧人道仙(1094—1148年)深得"华严微言奥旨",与僧人净晖(?—1142年)于宋徽宗政和初年"同游京师",居住在醴池寺之仁王院。"稍搅积习,作大佛寺,知音者众,日以藉甚。亲王戚里、贤士大夫皆喜从师为淡泊之缘。宝鞯金勒,户外屦满,不倦也。师各以其身而为说法,厌足欢喜,凡十四年"。金军南侵,道仙和净晖便离开京师开封,回到平江府(今江苏苏州)光福山,与其法侄思彦一道,"剪草结庐",兼修净土宗。

南宋绍兴初年,宋高宗"暂驻临安,有怀莲社,即诏有司以物色求一师"。道仙等人被选,颇得宋高宗看重,"数侍清燕","每逢寿节赴内道场,皆为上首"。道仙等人初在西湖九里松结庵,后"增益殿阁,依华严界观,作诸佛事,清修梵行,若化城出于东际上"。宋高宗"特赐寺额,曰圆觉"。又任命净晖为左街僧录,道仙为右街僧录。绍兴十二年(1142年),净晖死,南宋政府于是任命道仙为左右街僧录,赐号妙音圜常,又任命其法侄思彦为左街僧录。道仙死,改赐号曰无际海印法师③。

在净晖、道仙担任高级僧职期间,由于其倡导华严、净土双修,华严宗颇为流行。绍兴十五年(1145年),致力于华严典籍的收集、整理的圆澄法师义和又请求南宋政府,获准将华严宗著述编入《大藏经》,因而华严宗教义和学

---

① 魏道儒:《中国华严宗通史》,江苏古籍出版社2001年版,第222页。
② 《松隐集》卷三五《华严塔铭》。
③ 以上引文均见《松隐集》卷三五《华严塔铭》。

说在南宋再度兴盛起来①。到孝宗时,年老的义和从杭州慧因寺退居平江府能仁寺后,又广泛阅读了净土宗的大量传录,鉴于"华严部中未有显扬念佛法门者",便将散见于《华严经》及其各种注疏中的"念佛法门"收集起来,归纳为三种"念佛门":"无碍智慧念佛门"、"唯心念佛门"、"观德相念佛门",最终于乾道元年(1165)撰成《华严念佛三昧无尽灯》,"遍赞西方,为念佛往生之法"②,使华严教义和学说与净土仪式更加紧密地结合起来了。

义和的"华严念佛三昧"虽然也是将"口念佛名"与"心想佛形"结合起来,但却更强调"心想佛形"。而且他的"心想佛形"不仅是指佛的形貌,而是指相关的抽象义理。义和赞同禅宗的"唯心净土"的理论,所以他说:"使见闻者不动步而归净土,安俟阶梯?"义和主张参透佛理才能归于净土,否则只靠口中念佛、心中想佛是难以达到目的的,所以他说:"非思量而证弥陀,岂存言念?"范成大在乾道三年为《华严念佛三昧无尽灯》所写的《无尽灯后跋》中,对义和此书有极高的评价:"念佛三昧,深广微密,世但以音声为佛事,此书既出,当有知津者。"③

出自师会一系的清雅(1150—1224)在宋宁宗时期对华严宗的发展也作出了较大的贡献。

清雅字少南,俗姓应,平江府常熟(今属江苏)人。他精通华严义学,"圆顿宗,了第一义";他历来主张并在实践上加强华严与净土的融合:"岁建莲社,讲下常千人。五十年间,景从日广,度缁白以万。计口授心传者,何啻十百灯";他又善于寺院的经营管理:"五镇丛席,所至一新"。朝中权贵史弥远、郑清之等人与他过从甚密,成为他有力的外护。嘉定十六年(1223),宋宁宗两次在便殿召见他,听他讲《华严经》,赐号易庵寂照讲师,亲笔书写"华严经阁"四字以赐之。

鉴于华严宗寺院"多盛西、北",大多在金朝境内,清雅又奏请宋宁宗,得

---

① (日)常盘大定:《宋代华严教学兴隆的原因》,载于《中国佛教研究》第三册,春秋社1943年版。

② 《佛祖统纪》卷二九。无尽灯,创于唐代贤首法藏禅师。当时,他为武则天"以十镜置八隅",中安佛像。燃灯照之则镜镜现像。以表刹海重重无尽之意"。参见《佛祖统纪》卷三三。

③ 释宗晓:《乐邦文类》,《大正藏》NO.1696。

以将"崇先、光福、普明、开元四刹悉肄教额",使"宗风大振"①。这里的"崇先",就是原临安府的崇先显孝禅寺。改禅为教后,宋宁宗还亲书"皋亭山"三字及"崇先显孝华严教寺"八字以赐②。另,"普明"应是平江府普明禅院(即旧枫桥寺)。但"光福"、"开元"不详所在地。

由于清雅长期在秀州的东塔广福院,临安府的南山慧因院担任主僧,因而在他逝世后,遵照他的遗愿,弟子们将他的骨灰分葬于两山,以表彰他的功德。

另一位华严宗大师知顗(1219—1278)在宋末元初也较为知名,著有《纵夺章》、《论权实经教》、《制模象图》、《释宗因喻三十三过》及《倒悬解答律宗三十七问》等,被誉为"近世之间见者"。

知顗字致道,号悟悦。先后"分座杭之崇先,旋住持越广福、吴报恩,继被勅专席于上都慧因"。初赐号慧辩,续赐号圆明。大约在宋理宗淳祐年间(1241—1252),知顗曾任嘉兴府华亭县普照寺主僧。在他的经营下,普照寺得到扩建,"宏丽雄特,甲云间诸刹"。为扩大影响,他又在"寺之西北隅,建九品忏院","栋宇像设,肃洁峻整","以处佛徒之寅夕礼诵修观行者"③。

**三、慈恩宗**

**(一)南宋之前的慈恩宗**

慈恩宗是由唐代玄奘、窥基创立的中国佛教中的一个大乘宗派。因玄奘、窥基长期住在长安的大慈恩寺,故得此名。此宗崇奉印度大乘佛教中从弥勒、无著、世亲相承而下,直到护法、戒贤的瑜伽一系的学说,即以《瑜伽师地论》为本,及以《百法明门论》、《五蕴论》、《显扬圣教论》、《摄大乘论》、《杂集论》、《辨中边论》、《二十唯识论》、《三十唯识论》、《大乘庄严经论》、《分别瑜伽论》为支的所谓"一本十支"为典据,阐扬法相、唯识的义理,故又称"法

---

① 《至元嘉禾志》卷二二《易庵寂照讲师推公塔记(并铭)》。
② 吴之鲸:《武林梵志》卷四《北山分脉》,文渊阁《四库全书》本。
③ 以上引文均见卫宗武:《秋声集》卷五《慧辩圆明悟悦大师塔铭》,文渊阁《四库全书》本。

相宗"或"唯识宗"①。

法相宗理论结构的中心命题是"唯识无境",即认为只有内心,心外无境。从现代哲学的角度看,也就是说:不论是客观物质世界的万有("法")或能思的主体自我("我")都是最高的"识"这一本体的变化显现。"识"有八识:眼、耳、鼻、舌、身、意六识和第七末那识、第八阿赖耶识。八识可以相互依存与流转,而且没有任何一种识能够静止地存在。八识又被分为三类,叫作"三能变"。第一能变是"阿赖耶识",第二能变是"末那识",而从第一到第六识则统称第三能变。八识都有变现认识的对象功能,被变现的对象,称为"似境"。而八识所造及其所缘之境又有三类:"性境"(直觉的对象)、"独影"(直觉的表象)、"带质"(由心、境二者之力合成,居于性境与独影境之间,自心所现之相分带本质之实体)。

"阿赖耶识"是根本识,存放着生起宇宙万有的种子,所以也叫"藏识"。整个宇宙和每个人的根身乃至各种意识活动都是种子变现出来的。变现出来的个人又进行各种活动,形成新概念。这新概念就是新种子,又存放在"阿赖耶识"中。人们的活动形成种子,这叫现行熏种子;种子变现新事物,这叫种子生现行。种子与现行就这样不断循环下去。但在"阿赖耶识"的种子中,有"污染种子"和"清净种子",而人们通过修行,便能使"污染种子"变弱,"清净种子"变强,由"识"转成"智",使"染净"相杂的"阿赖耶识"变成纯净的"阿赖耶识",这就是成佛。

慈恩宗的教义名相繁多,其理论结构的抽象思辨性很强,自古号称"繁琐",没有高深的佛学根基难以入其堂奥,实为佛教中的"阳春白雪",曲高和寡,不像禅宗那样只靠自己的开悟即可。而且,它又固守印度佛教的教条,不能随顺中国的现实环境。因此,慈恩宗难以在社会上拥有大批的信众,也难以被统治者所接受,失去了继续发展的条件。所以,慈恩宗自创立后,在唐朝仅有数传,便开始衰萎了。

入宋后,慈恩宗的传播局限于北方,且传承不明。北宋初年,五代"唯识

---

① 印度大乘佛学可分两大派:一派是以龙树、提婆为首的空宗(即般若三论之学),一派是以无著、世亲为首的有宗。空宗传入中国较早,而有宗传入中国则较晚。

师秘公"的弟子傅章曾在开封府天清寺传法。其"所度弟子一十五人"。另在当时的北汉境内的并州崇福寺佛山院，还有继伦法师精通"唯识、因明二论"①。《佛祖统记》卷四五记载："自周朝毁寺，建隆兴复，京师两街，唯南山律部，贤首、慈恩义学而已。士夫聪明超轶者，皆厌闻名相之谈，而天台止观、达磨禅宗未之能行。"可见宋初的慈恩宗在北方地区还是有一定影响的。

到北宋末年，慈恩一系，较为知名者，在开封府有智千法师，在真定府有守千法师（1064—1143）等。宋徽宗宣和三年（1121），由田通、屈皋等人出资，守千法师在信德府（治今河北邢台）尧山县遵善寺观音院中将唐代道伦的《瑜伽师地论记》进行校勘，镂版印行，传之四方②。

（二）慈恩宗在南宋的传播

北宋灭亡后，慈恩宗渡江而南，在江南地区建院立寺，并以临安、建康为中心，开始传布。这是中国佛教史上的一个新动向。洪济大师智卿和慈济大师初政是慈恩宗南传的重要人物。

洪济大师智卿（？—1163），定州（今属河北）人，十六岁落发受戒，拜定州仙林寺僧人德杲为师，并参访名师，"顿悟宗乘，了明诸教"。北宋灭亡后，智卿渡江到达临安。虽生活艰苦，但智卿见"慈恩将坠，不复流布"，于是千方百计募集资金，开版刊刻"慈恩及诸宗乘疏抄"，使慈恩宗在临安有了一定的影响。宋高宗绍兴十三年（1143），右武大夫蔡通等人捐地出资，在盐桥北开始修建寺院。绍兴三十年，该寺全部竣工，美轮美奂，号称为当时"行都僧坊第一"。因智卿原系定州仙林寺僧人，在其请求下，宋高宗特为该寺赐额为"仙林慈恩普济教寺"，勅令智卿住持传教。智卿不仅将"仙林寺"之名由定州"搬"到临安，而且还认为"江表僧尼惟受具足，律仪未圆，菩萨大戒甚非全律"，上疏请求建造戒坛，"遇圣节生辰，普为僧尼增圆戒以开度"。隆兴元年（1163），宋孝宗为其加赐坛名，称"隆兴万善大乘戒坛"。

到宋宁宗时，仙林寺依然是南宋慈恩宗的第一大寺。庆元四年（1198），

---

① 《宋高僧传》卷七。
② 《常山贞石志》卷二二，赡思：《真定府龙兴寺钞主赐紫沙门通照大师之碑》，《续修四库全书》本。

宋宁宗还敕令该寺"住持慈恩宗教、赐紫真教大师宗满","特补右街僧录、主管教门公事,仍旧住持"①。但随即因遭到臣下的反对而作罢。

淳祐三年(1243),宋理宗亲笔书写寺额,题写"飞天法轮宝藏"匾额,又将该寺戒坛改名为"淳祐万善大乘戒坛"。淳祐六年,宋理宗撰写96字的"钟铭",赐予该寺。宝祐元年(1253),宋理宗又赐内库之钱,为仙林寺建造大佛宝殿。开庆元年(1259),宋理宗又拨钱购买嘉兴府水田二百余亩,赐名"丰禾庄",赐予仙林寺②。

除仙林寺外,月轮山六和塔开化寺也是临安府著名的慈恩教寺。该寺因塔而闻名。六和塔建于宋太祖开宝三年(970),"塔高九级,长五十余丈,内藏佛舍利,或时光明焕发"③。北宋末年,在方腊暴动中被焚毁。绍兴二十二年(1152),宋高宗下诏由官府出资重建塔、寺。绍兴二十六年,由北方南来的慈恩宗僧人智昙在官府的示意下提出申请,改由自己出资和化缘兴建塔、寺。到隆兴二年(1164)冬,建成七层高塔和"院宇百间",赐额为"慈恩开化教寺"④,由智昙住持⑤。

建康府的崇胜戒坛寺也是南宋慈恩宗著名的传法之地。绍兴十九年(1149),慈济大师初政从北方南下,传播慈恩教法,声称:"吾教,江南未有传也。闻智者大师尝讲《正观造疏钞》于此,则此地宜为讲席久矣。"于是,在得到南宋朝廷准许后,拟在建康府崇胜院(瓦棺寺)旧址旁建造佛寺。经过二十多年的努力,因慈济大师初政能"以讲演妙义动化一方",最终完成了建寺的宏愿⑥。陆游在其《入蜀记》中,对此事也有简略记载:"绍兴中,有北僧来居,讲《惟识百法论》⑦,誓复兴造,求伟材于江湖间。事垂集者屡矣,会建宫阙,有司往往辄取之,僧不以此动心,愈益经营,卒成。"寺中的卢舍那阁是其

---

① 《宋会要辑稿》道释二之一五。
② 《咸淳临安志》卷七六《寺观二》。
③ 《咸淳临安志》卷八二《寺观八》。
④ 《咸淳临安志》卷七七《寺观三》。
⑤ 倪涛:《六艺之一录》(续编)卷五《开化寺尚书省牒碑》,文渊阁《四库全书》本。
⑥ 《南涧甲乙稿》卷一五《崇胜戒坛记》。
⑦ 《惟识百法论》,即《大乘百法明门论》。唐玄奘译。这里用作对慈恩教义的泛指。

标志性建筑,上造千佛之像,"平地高七丈,雄丽冠于江东"①。寺中"以五时教法置机轮之藏,远近从学持钵而食者,动溢千指"②。"每岁度僧,于此受戒"③,是江东佛教的重要寺院。

南宋其他诸宗的高僧,也有兼治慈恩教义者。如绍兴府妙相院高僧子猷(1121—1189),虽为僧侣,但"百家之书无所不读";虽为华严宗僧人,"而南之天台、北之慈恩、少林之心法、南山之律部,莫不穷探历讨"④。

## 第五节　密宗

### 一、北宋时期的密宗

佛教分为大乘和小乘,而大乘佛教中又分密宗和显宗⑤。密宗又称密教、秘密教、瑜伽密教、金刚乘、真言乘等。密教在印度正式成为独立的思想体系和派别,一般认为在 7 世纪中叶《大日经》和《金刚顶经》形成以后。其后,它向东传入吐蕃地区,逐渐形成"藏密"。在唐玄宗开元年间(713—741),它由"开元三大士",即善无畏、金刚智、不空创立后,逐渐形成了"汉密"。善无畏所传授的是以胎藏界(理)为主的密法,金刚智及其弟子不空所传授的是以金刚界密法(智)为主的密法。

密宗的宗经为《大日经》和《金刚顶经》,其所供奉的神祇是毗卢舍那佛(法身佛大日如来)、千手千眼观音、毗沙门天王等。因其主要以修持实践为主,高度重视咒术、仪轨等法术,其设坛、供养、诵咒、灌顶等都较为严格,需经阿阇梨(导师)秘密传授。密宗性力派主张性力即"梵"(译作寂静、清净、净洁、离欲等),世界万物之活动都是由性力所显现的。十一世纪,性力派左

---

① 《入蜀记》卷一。
② 《南涧甲乙稿》卷一五《崇胜戒坛记》。
③ 《景定建康志》卷四六《祠祀志三》。
④ 《渭南文集》卷四〇《高僧猷公塔铭》。
⑤ 显宗,指除密教之外的所有佛教宗派。

道盛行。该派的修行方法特别重视轮坐礼拜和肉身献供。夜间参会轮坐的男女信徒行五 M（五摩字），即供食肉、鱼、酒、炒米及行性交。密教由此而堕落。

目前，许多学者都认为密宗经晚唐多方打击，完全衰败。至宋初，虽又有所复兴，但也仅限于译经。但事实并非如此。

例如，天禧元年（1017）四月，宋真宗下诏，禁止将传法院新译的《频那夜迦经》四卷编入大藏经目录，并警告说："今传法院似此经文，无得翻译。"①南宋僧人法云所著的《翻译名义集》称"频那"是猪头，"夜迦"是象鼻。"频那夜迦"就是猪头象鼻使者。《频那夜迦经》主要传授所谓"大圣欢喜天之秘法"。"大圣欢喜天"就是今人所谓"欢喜佛"，夫妇二身相抱，呈象头人身之形，也就是男女双修（性交）。这种与儒家文化格格不入的密宗经典能得以翻译，就说明它在宋代具有一定的社会或宗教的需求。它虽然遭到禁止，不能广泛流入社会，但其内容也不可能不为人知。

密宗的法式仪轨和修持法门极多，具体的形式主要有三：一是曼陀罗灌顶（也作曼荼罗灌顶），二是金刚瑜伽，三是护摩（一作呼么），意译为火祭。曼陀罗灌顶在北宋初年就遭到了禁止，而护摩在宋代也只有《佛说妙吉祥最胜根本大教经》等佛教典籍中见到，在现实中则比较罕见，只有金刚瑜伽是宋代密宗最常用的修持手段和法术。

张方平在其《上都故左街僧录知教门公事宣教大师塔铭并序》中也披露了密宗在北宋宫廷中和社会中的重大活动：北宋僧人智林（1001—1071），先世为广东番禺（今广东广州）人，俗姓阮。"既受具，礼广庆阇黎为师，传秘密教"。"自真宗时入内应奉"，"于本教陀罗尼门，受持精制，国有祈祷，感通多应，故尤见钦礼"。"仁宗乐宗佛事，择开宝寺西北隅，增葺精舍，被除净场，神笔亲篆'成道释迦'之殿，飞白'继昌'之阁，金书'宝生'佛号，而制其像，供其珍华，物皆内出，因赐名宝生院，属上足住持师，主香火焉"。历真宗、仁宗、英宗、神宗四朝，"历迁两街，主教门事，天下僧籍为之统首"。因其精通

---

① 《宋会要辑稿》道释二之八。

"诸陀罗尼佛秘密藏",曾为张方平解说"楞伽所谓义句形身三和合相"及"罥索诸部坛场轨仪"等问题,"得深般若,究竟诸法空相,非但严、净、毗尼专精观行而已",因此,"内由宫省,以至宗室贵戚,莫不厚为之礼。道俗钦向,搢绅景重"。其有"弟子百余,紫方袍者十五人"。

宋神宗熙宁四年(1070 年),智林去世后,张方平还特意为其撰写了塔铭:"释尊出世,像教示权。一心之微,教外别传。百千法门,派分枝出。曰陀罗尼,法中秘密。善慈之意,威怒之容,至于空智。乃会于宗,不动明王,焰鬘清净,惟师总持,获是尊胜,金刚宝印,如令之行。祗承四朝,善利群生。幻有起灭,本无去住。累甓东原,表兹空聚。"[①]

北宋左街僧录知教门公事、统领天下僧籍者竟是密宗大师,而且师承清楚,薪火相传,颇得皇帝恩眷。由此可见北宋密宗势力非同一般。

**二、南宋密宗的流布**

南宋时,密宗作为独立的佛教宗派,日趋衰微。宋理宗时,僧人宗鉴在《释门正统》卷三中记述说:"今但特有瑜伽佛事者存耳。"宗鉴之所以将密宗只称为"瑜伽佛事者",是因为他只是将密宗视为一种佛教法术而已,但南宋人通常也将密宗称为"瑜伽教"。《海琼白真人语录》卷一《师徒问答》中记录了南宋后期道教大师白玉蟾与徒弟彭相关于"瑜伽教"的一段对答:

> 相问曰:"今之瑜珈之为教者,何如?"答曰:"彼之教中谓释迦之遗教也。释迦化为秽迹金刚,以降螺髻梵王,是故流传此教,降伏诸魔,制诸外道,不过只三十三字《金轮秽迹咒》也。然其教中有龙树医王以佐之焉。外此则有香山、雪山二大圣,猪头、象鼻三大圣,雄威、华光二大圣,与夫那义太子、顶轮圣王,及深沙神、揭谛神以相其法,故有诸金刚力士以为之佐使,所谓将吏,惟有虎伽罗、马伽罗、牛头罗、金头罗四将而已,其它则无也。今之邪师杂诸道法之辞,而又步罡捻诀,高声大叫,

---

① 张方平:《乐全集》卷四〇《上都故左街僧录知教门公事宣教大师塔铭并序》,文渊阁《四库全书》本。

胡跳汉舞,摇铃撼铎,鞭麻蛇,打桃棒,而于古教甚失其真。似非释迦之所为矣!然瑜珈亦是佛家伏魔之一法。"①

周必大在《归庐陵日记》中记述了秀州崇德县(今浙江桐乡西南)福严寺的情况:"寺屋宇皆新,惟佛殿天禧旧物也。昔有真觉大师志添归老此寺。志添即泉州南安岩主之门人,能持胎藏咒,为人却鬼魅不祥。自宫禁妃贵,皆尊信之。仁宗赐御书'戒定慧'及梵书两轴,皆金字也。元祐中,陈才人为遂宁郡王施高丽磨衲袈裟一副,上有金环镉,勒郡王所题二十三字。才人即钦慈皇后,王盖徽宗也。又有'南安岩主'数字,皆藏寺中。"②

南宋释绍昙在《五家正宗赞》卷二《卍庵颜禅师》中记载:

> 师讳道颜,嗣大慧,东川鲍氏子。……无著未为僧,慧馆方丈,师常叱之。慧曰:"彼虽妇人,大有长处。"师不诺。慧抑令相见,师不获已,通报。著曰:"首座,作佛法相见,世法相见?"座云:"佛法相见。"著云:"却去左右,请师入。"师至帐前,见著寸丝不挂,仰卧于床。师指曰:"者里是什么去处?"著曰:"三世诸佛、六代祖师、天下老和尚,皆从此中出。"师曰:"还许老僧入否?"著曰:"者里不度驴度马。"师无语。

无著禅师妙总(1094—1170)事迹,可见前述。作为大慧宗杲的著名女弟子,居然能"寸丝不挂,仰卧于床"地与径山首座相见,不能不说这是受到了密宗的深刻影响。这也是密宗与禅宗融合的实例。

《夷坚三志辛》卷五《解脱真言》中记述说:吴周辅馆客徐圣俞旧传西天三藏法师金总持"释迦往生三真言"。其一曰"唵牟尼牟尼摩贺牟那牟曳莎贺"。其二曰"唵逸啼律呢婆缚阿"。其三曰"唵似呢律呢婆缚诃"。凡世人死而未解脱者,或为诵之,或为书之,无不获应。这是密宗与净土宗融合的实例。

宋宁宗时,在庆元府景福寺师从如庵了宏学习律学的日本僧人俊芿也是一位密宗僧侣。宋军发动开禧北伐遭遇失败时,俊芿甚至"欲结坛诵咒",

---

① 《中华道藏》第19册。
② 《文忠集》卷一六五。

仿效唐朝密宗大师不空以法术解安西之围的前例,以法术解救宋军①。

四川大足石刻、安岳石刻群是两座宋代密宗造像的宝藏。其中,南宋时期雕造的有:解冤结菩萨(庆元元年)、如意轮观音菩萨(建炎二年)、净瓶观音菩萨、宝篮手观音菩萨、千手千眼观音菩萨、宝扇手杨柳观音菩萨、宝珠手观音菩萨、数珠手观音菩萨、宝镜手观音菩萨、莲花手观音菩萨、玉印菩萨、西方三圣(阿弥陀佛、观世音菩萨、大势至菩萨)、十大明王(焰曼得迦仇怒大明王、无能胜大忿怒明王、钵讷焰曼得迦大忿怒明王、尾觌难得迦大忿怒明王、不动尊大忿怒明王、吒积大忿怒明王、你罗难拿大忿怒明王、大力大忿怒明王、送婆大忿怒明王、缚日罗播多罗大忿怒明王)等等,品类极多,昭示着南宋四川密宗兴盛的景况②。

### 三、南宋密宗的咒术

密宗在教理上以大乘中观派和瑜伽行派的思想为其理论前提,杂糅华严宗、唯识宗、律宗等诸宗派学说,认为世界万物、佛和众生皆由地、水、火、风、空、识这"六大"所造。前"五大"为"色法",属胎藏界;"识"为"心法",属金刚界。金、胎为一,既能包容宇宙万事万物,又皆具众生之心中。佛与众生体性相同。众生只要依法加持"三密"③,使自己的身、口、意"三业"清净,与佛的身、口、意三密相应,便能即身成佛。

与北宋相比,南宋对密教经咒的迷信程度有所加强,在社会上流传的范围也有所扩大。密宗的"楞严咒",通常被称为"白伞盖咒"或"白伞盖真言"。洪迈说:"白伞盖咒三千一百三十字,在诸咒中最为难读,颇与《孔雀明王经》相似。僧徒亦罕诵习,故妖魔外道敬畏之。"④在宋高宗时期担任过翰林学士的汪藻对《楞严经》中的咒语十分推崇,认为佛经的咒语相当于《周易》的爻辞、军中的密码,"人妖鬼神闻其名,无不怖畏";"而咒妙湛总持,莫

---

① 释宗鉴:《释门正统》卷七,《卍新纂续藏经》NO. 1513。

② 丁明夷:《公元七至十二世纪的四川密教遗迹》,胡素馨主编:《寺院财富与世俗供养》,上海书画出版社 2003 年版。

③ 三密,指身、语、意三密。身密即手结契印,语密即口诵真言咒语,意密即心观本尊之法相。

④ 《夷坚志补》卷一四《蜀士白伞盖》,第 1682 页。

若《楞严》神咒矣"①。而理学大师朱熹也认为佛教"所以有咒者",是因为"浮屠居深山中,有鬼神蛇兽为害,故作咒以禁之";而且咒语也确实是有特殊功效的:"缘他心灵,故能知其性情,制驭得他。咒全是想法。西域人诵咒如叱喝,又为雄毅之状,故能禁伏鬼神,亦如巫者作法相似。"②

洪迈《夷坚志》中记述了许多民间流行的咒语。如,甲志卷一《宝楼阁咒》中的"宝楼阁咒"、甲志卷六《宗演去猴妖》中的"大悲咒"、甲志卷七《炽盛光咒》中的"炽盛光咒"、乙志卷二《树中瓮》中的"龙树咒"、补志卷一四《蜀士白伞盖》中的"白伞盖咒"、三志辛卷《古步仙童》中的"佛母咒"、乙志卷一四《全师秽迹》中的"秽迹咒"等等③。

南宋马纯在《陶朱新录》中也记述了"白伞盖咒"的神奇法力:

> 郭尧咨献可妻高氏日诵《白伞盖咒》。郭氏兵火后避地山阳。一日,献可谓之曰:"汝诵此咒何益?"因戏指所畜猫曰:"能令此猫托生为人否?"高氏遂于猫前诵其咒。是夜,猫果死。献可以为偶然。又数日,捕得野猫,又谓高氏曰:"能更使此猫为人乎?"高为诵咒,其猫夜亦死。

《夷坚三补》中的《护界五郎》则记述了素持戒律的扬州僧人士慧在行至江州的半路遭遇了妖鬼,尽管他"默诵大悲咒自卫",但却不能彻底灭除妖鬼。江州普贤寺监寺目睹这一情况,便教他"持念火轮咒"。尽管"其咒才七字",但"每念百十遍",便有了法力,最终灭掉了妖鬼。

总之,由于南宋密宗与中国传统巫教的结合更为密切,相互影响,密宗的咒术在南宋社会有着广泛的行用。

### 四、密宗"纵欲"对南宋宗教的影响

马克思在《不列颠在印度的统治》中指出:印度的宗教"既是纵欲享乐的宗教,又是自我折磨的禁欲主义的宗教;既是林加崇拜的宗教,又是札格纳

---

① 马廷鸾:《碧梧玩芳集》卷一二《楞严神咒序》,文渊阁《四库全书》本。
② 《朱子语类》卷一二六《释氏》,第3028页。
③ 刘黎明:《宋代民间密宗信仰——以〈夷坚志〉为中心的初步考察》,《江西社会科学》2004年2期。

特的宗教；既是和尚的宗教，又是舞女的宗教"①。

在印度宗教的两重性中，一般人都只注意到了它的禁欲性，而忽视了它的纵欲性。而当密宗性力派传入中国后，其纵欲性对佛教、道教、巫教、民间秘密宗教都产生了程度不同的影响。

早在唐末，在密宗较为流行的东川地区，就有律僧（实际就是密僧）在主持受戒时，按密宗之法与"女童为尼者"发生性交，前后多达"一百四十五人"。五代时期，在荆南高季兴割据政权中担任过从事的孙光宪有一"门徒僧"，也是利用临坛度尼的机会，与女尼发生性交关系。"自是丑声盈耳，亦不以为耻"②。北宋前期"禁灌顶水陆道场"③、"令僧尼各不相统摄，当受戒者，各于本寺置坛"④等禁令和规定的颁布，也就是出于这种原因。

经过北宋，到南宋后，随着宗教庸俗化程度的进一步加深，密宗的"纵欲"对宗教的影响也更大。僧尼、道士女冠因此而产生的违法乱纪行为明显增多，犯罪程度也比北宋更为严重。

宋人胡寅指斥僧人说："尔既已为僧，而又隳败其业，甚则破戒律，私妻子，近屠沽市贩；或至弃寺而居，风雨败佛像、经卷为窭薮，亦不顾恤。如是者众矣。"⑤

赵葵《行营杂录》记载：

> 嘉兴精严寺，大刹也。僧造一殿，中塑大佛，诡言妇人无子者祈祷于此，独寝一宵，即有子。殿门令其家人自封锁，盖僧于房中穴地道，直透佛腹，穿顶而出，夜与妇人合。妇人惊问，则云："我是佛。"州人之妇多陷其术，次日不敢言。有仕族妻，亦往求嗣。中夜，僧忽造前，既不能免，即啮其鼻，僧去。翌日，其家遣人遍于寺中物色，见一僧卧病，以被韬面，揭而视之，鼻果有伤，掩捕闻官。时韩彦古子师为郡将，流其僧，

---

①　《马克思恩格斯选集》第二卷，人民出版社 1972 年版，第 68 页。"林加"，是印度人对雄性生殖器官造像的称呼。"札格纳特"即印度教中的毗湿奴神。

②　孙光宪：《北梦琐言》卷一一《李璧尚书戮律僧》，中华书局 2002 年版，第 241 页。

③　《续资治通鉴长编》卷一四，开宝六年四月丁酉条，第 299 页。

④　《续资治通鉴长编》卷一三，开宝五年二月己卯条，第 279 页。

⑤　胡寅：《斐然集》卷二○《丰城县新修智度院记》，文渊阁《四库全书》本。

废其寺①。

尼姑、道姑作奸犯科的各种记录也多了起来。如《夷坚支景》卷三《西湖庵尼》所记述的替人拉皮条、在少年性交死亡后又将其埋在自己榻下的西湖庵尼姑;《夷坚支乙》卷三《妙净道姑》所记述的"平日自称道姑,遍诣富室,或留连十余夕,其为奸妄,不一而足"道姑等等。因此《袁氏世范》卷下曰:"尼姑、道婆、媒婆、牙婆及妇人以买卖针灸为名者,皆不可令入人家。凡脱漏妇女财物及引诱妇女为不美之事,皆此曹也。"而僧人作奸犯科的记述,那就更多了,不胜枚举②。

至于被南宋人泛称为"吃菜事魔"的民间秘密宗教,其"夜聚晓散"和"男女无别"的特点更说明了其与密宗性力派左道的直接关系。道教金丹派南宗倡导"男女双修",其根源自可以追溯到道教传统的"房中术",但也不能说这种"男女双修"与密宗就完全无关。

## 第六节　净土宗

净土宗是中国自创佛教宗派之一。所谓"净土",东晋以后,多指西方阿弥陀佛所居住的无尘世污染的极乐世界。唐人白居易在《画西方帧记》中对这个"净土"有一概说:"有世界号极乐,以无八苦、四恶道故也。其国号净土,以无三毒、五浊业故也。其佛号阿弥陀,以寿无量、愿无量、功德相好、光明无量故也。"③

净土宗的经典宣称:西方净土的七宝池中装满了八功德水、长满了四色莲花。凡往生西方净土的人,都先投生在莲花中。经过一定的时候,等莲花

---

① 陶宗仪:《说郛》卷四七上,文渊阁《四库全书》本。
② 可参见宋人蒋津《苇航纪谈》卷二〇"固宠借种"、"鹿苑寺僧",《宋史》卷四二一《包恢传》所记"沉僧于江",《名公书判清明集》卷一二《僧官宿百姓妻反执其夫为盗》、《道士奸从夫捕》等记述,以及明人张景《疑狱集》卷六《府尹捕奸僧》、《损斋缉淫奔》、《西山梦神讯杀僧》,明人田汝成《西湖游览志余》卷二五《委巷丛谈》。
③ 白居易:《白氏长庆集》卷七一,文渊阁《四库全书》本。

开放后,投生之人便可以永远生活在佛国净土中了。

　　东晋时期,庐山虎溪畔的东林寺僧人慧远与慧永、道生、刘遗民、宗炳等名儒缁素共 123 人在阿弥陀佛像前建斋立誓,结社念经,专修念佛三昧,共期往生西方,号曰"白莲社"。慧远因而被后人视为净土宗的始祖。不过,净土宗实际的创立者是唐代长安光明寺的僧人善导(613—681)。

　　净土宗的主要经典是"三经一论",即《无量寿经》、《阿弥陀经》、《观无量寿经》、《往生论》,并没有什么深奥的哲学道理。《无量寿经》、《阿弥陀经》主要讲述释阿弥陀佛与西方净土的由来,以及西方净土的种种美好。《观无量寿经》主要论述关于净土的十六种观想。《往生论》主要是劝人修持礼拜、赞叹、作愿、观察、回向等"五念门",以求往生西方净土。

　　净土宗的修行方法主要是"称名念佛",即不断念诵阿弥陀佛名号。净土宗宣称:念佛人在此间念佛,西方七宝池中便会自然生出莲华一朵,等你以后托生。而且净土宗"无善恶,无取舍,无静乱,无男女。一念真正,决定往生"①,即没有选择性,任何人都可以修持。由于其简便易行,特别适合文化程度较低的广大下层民众,因此在中唐以后得以广泛流传。不过,由于净土宗自身缺乏一套完整的教义体系和独立的传承法统,故其发展总要依托其他宗派。

　　北宋时期,杭州永明寺(净慈寺)的延寿禅师(904—975)、杭州南昭庆院的省常禅师(959—1020)、真州长芦寺的宗赜禅师(生卒年不详)都是倡导禅净兼修的禅宗高僧。在他们的推动下,禅净双修逐渐成为了禅门普遍的修持方式。而华严、天台、毗尼诸宗为吸引民众、扩大本宗的社会影响,也都极力将净土宗纳入本宗的理论和修行实践中,从而促进了北宋净土宗的迅猛发展。

　　南宋的净土宗比北宋更为兴盛。宋孝宗乾道元年(1165),临安府慧因院华严宗僧人义和撰《华严念佛三昧无尽灯》,倡导华严净土信仰,试图创立华严宗自己的念佛法门,以吸引信众。他宣称修华严念佛法门,可以在瞬间

---

　　① 《乐邦文类》卷二《〈东海若〉后跋》。

成佛,不用等到死后,比西方念佛法门更简便易行。但面对僧俗各界普遍接受西方净土信仰的形势,义和未获得成功①。由此可见,自南宋起,除在具体解说和修持方法上还存在着一些差别外,唯心净土、禅净一致的主张,大体上已经成为了中国佛教各宗派的共识。

在净土宗文献整理上,石芝宗晓在天台宗教义的指导下,从各类文献中爬梳出所有与"净土"相关的文献,加以整理归类,并予以评点,汇编为《乐邦文类》五卷和《乐邦遗稿》二卷,使之成为净土宗文献的集大成之作。

而在净土宗的修持实践上,南宋的净土宗在结社的规模和水平上也都表现出了涵摄诸宗的强劲势头。例如,鄞县小溪镇圣寿寺住持圆明讲师觉逵"传终南书于芝园大智律师",是一位律宗僧人。但他"惟以净土一门为之轨导,昼夜崇注,老而不衰"②。德安府延福禅院住持宗邃(1072—1147)是一位著名的禅师。他既兼持戒律,也修净土,曾"结十万人念阿弥陀佛"③。

净土宗在本质上是大众化的佛教。因此,一些在家居士结社念佛、举行法会的频繁活动,更加张大了净土宗的声势。这些在家居士,既有平民,也有官员。其中,王日休、朱如一可为其平民代表人物。

王日休(1104—1172)字虚中,舒州(今安徽舒城)人。儒释兼通,"尝为《六经语孟训解》至数十万言"④,尤其笃信净土之说。"博通群书。训传六经诸子数十万言"⑤。早年入太学,曾以特奏名入官,但弃官不就,一生致力于劝善,以儒士的身份宣传佛教。大约在宋高宗绍兴三十年(1160),撰成《净土文》一书,"精粗浅深,且有条理"⑥,而且针对面也非常广泛。例如,卷六的劝喻文,其对象便有士人、有官君子、在公门者、医者、僧、参禅者、富者、贪者、孝子、骨肉恩爱者、妇人、仆妾、农者、养蚕者、商贾、工匠、多屯塞者、骨肉怨憎者、渔者、网飞禽者、为厨子者、作福者、诵经者、贵人、大聪明者、卖

---

① 魏道儒:《中国华严宗通史》,江苏古籍出版社 2001 年版,第 231—234 页。
② 钱维乔:[乾隆]《鄞县志》卷二五《重建圣寿教寺记》,乾隆五十三年刻本。
③ 傅增湘编《宋代蜀文辑存》卷三八《净严和尚塔铭》,北京图书馆出版社影印本。
④ 《文忠集》卷九《王日休赞》。
⑤ 王日休:《龙舒增广净土文》卷首《龙舒净土文序》,《卍新纂续藏经》NO.1150。
⑥ 《龙舒增广净土文》卷一〇附录,周葵:《〈净土文〉跋》。

酒者、食开店者、屠者、在风尘者、罪恶人、病苦者、疾恶为神者、军中人、恶口者、童男、室女等三十六类人。《净土文》一书问世后，影响极大，"其文盛行天下，修净业者，莫不览之"①。

朱如一(1158—1194)，明州(今浙江宁波)人，宋钦宗朱皇后的侄孙女。熟读《华严》、《般若》、《楞严》、《圆觉》诸经，尽管37岁便因病去世，但在短短的一生中，她劝导人们专修净土之业，"所化之数仅二十万人"。宋光宗绍熙四年(1194)春，她自己出资，在法华院举办"三日念佛会"。与会道俗有一万人，饭僧千人。念佛会结束后，朱氏又让人将所有一同念佛人的姓名写上宝幢，迎归法华院。这次念佛会规模极大，"城内外欢动，倾士大夫之室，莫不耸观"②。

信奉净土宗的官员，著名者有高宗朝的冯楫、孝宗朝的张抡、理宗朝的宰相郑清之等人。

冯楫(？—1152)字济川，号不动居士。一生信佛，晚年尤甚。官至知泸州兼泸南安抚使。"所至与贤士大夫、高僧、逸民续庐山莲社遗风，每月建系念净土会"③。

张抡是宋高宗、宋孝宗的宠臣，官至宁武军承宣使、知阁门事兼客省四方馆事，自号莲社居士。他自称一生"无有间断，惟佛惟念"，全家老小都跟着念诵阿弥陀佛。先是"凿地种莲"，"日率妻子，课佛万过"，后来便在秀州发动信众，组织"莲社"。其莲社的规模极大，信众"云集川至，倡佛之声，如潮汐之腾江也"。乾道二年(1166)，当了太上皇的宋高宗还亲笔为张抡题写了"莲社"两个大字④。

郑清之(1176—1251)字德源，号安晚。理宗朝，先后两度出任宰相。他撰有《劝修净土文》一篇，极力宣扬净土法门："人皆谓修净土不如禅、教、律，余独谓禅、教、律法门莫如修净土。"因为，"修行净土，如单方治病，简要直

---

① 《乐邦文类》卷三《大宋龙舒居士王虚中传》。
② 《乐邦文类》卷三《大宋明州朱氏如一传》。
③ 释觉岸：《释氏稽古略》卷四，《大正藏》NO.2037。
④ 《乐邦文类》卷三《高宗皇帝御书莲社记》。

截。一念之专,即到彼岸。不问缁白,皆可奉行。""不由禅、教、律而得戒、定、慧者,其唯净土之一门乎!""我心、佛心,一无差别,此修净土之极致也!"①

净土宗一般没有专门的寺院。我们所能看到文献记载中的"净土院",通常"只作寻常应奉香火院"②。释宝昙(1129—1197)写有一篇《净土院记》,记述了王彦成、王彦才、王彦昌三兄弟"追念先君之恩未报,闻西方佛有净土之说","即弃其赀累巨万",建起了一座大寺,请仙林寺的妙空法师"为请于官,得废额,以净土名"。"开山住持号智觉师"。王氏兄弟又"施田五百亩,为苾刍僧餀"。其父去世,已经安葬。三兄弟打算等到母亲去世后,将母亲"合葬先君之墓","是考妣同为净土之归也"③。但释宝昙没有写明这座净土院到底在什么地方。这座净土院应该是座规模很大的香火院(坟院)。

但也有建为接待院的净土院。宋理宗时,姚勉所建太平兴国寺净土院,就是一座接待院。其中,只建有"一水陆堂,以为并包兼容之地";"一藏殿,以为运转无穷之本"④。还有禅寺也取名为"净土"的⑤。

平江府承天能仁禅寺是南宋著名寺院,元人黄溍称其"法会甚盛,珍楼宝屋,绀殿缁庐,雄据乎万井中,而隐然为一大丛林,五山十刹殆无以尚也"。寺中有一尊"佛身丈有六尺"的,"邦人所共瞻仰"的"无量寿佛铜像","邦人所共瞻仰","灵异之迹尤著"⑥。无量寿佛就是阿弥陀佛。这说明,承天能仁禅寺建有高大的弥陀阁,靠净土宗吸引了大批信众。

不少兼修净土的禅、教、律寺中都建有弥陀阁、十六观堂、忏殿,专供念佛忏悔。秀州(今浙江嘉兴)贤首教院中便建有华严阁,"阁下为十六观堂焉"⑦。该州延庆教院中也建有十六观堂⑧。

---

① 《龙舒增广净土文》卷一一。
② 姚勉:《雪坡集》卷四六《太平兴国寺再建净土院接待榜》,文渊阁《四库全书》本。
③ 《橘洲文集》卷六。
④ 《雪坡集》卷四六《太平兴国寺再建净土院接待榜》。
⑤ 《敬乡录》卷七《净土禅寺新塑罗汉记》。
⑥ 钱谷:《吴都文粹续集》卷二九《平江承天能仁寺记》,文渊阁《四库全书》本。
⑦ 《至元嘉禾志》卷一一《真如院》。
⑧ 《至元嘉禾志》卷一○《延庆教院》。

　　明州延庆寺"有十六观堂,礼长忏"①。其"结屋六十余间,中建宝阁,立丈六弥陀之身,夹以观音、势至,环为十有六室,各两间,外列三圣之像,内为禅观之所"②。宋孝宗乾道五年(1169),明州延庆寺首座清哲写有《延庆重修净土院记》,记叙了十六观堂及其周围环境的美丽:"朱栏屈曲,碧沼澄明,状乐邦清净之境也;像刻栴檀,池栽菡萏,继庐山莲社之风也;忏室精严,禅堂深寂,遵大苏道场之制也。"③明州延庆寺十六观堂于是闻名天下。乾道三年,宋孝宗到上天竺灵感观音寺拜观音,赐钱两万缗,命令依照明州"延庆规模"修建了一座十六观堂④。明州延庆寺十六观堂的影响之大,于此可见。

　　建成于宋光宗绍熙四年(1193)的庆元府法慈院的忏殿,"南北八丈六尺,东西五丈八尺,而栋之高四丈一尺";"奉释迦于中,而左则弥勒,右则无量寿,又以天地鬼神之像陪拥四旁";规制巨大,穷极艺巧。"虽庆元多名山巨刹,然忏堂之盛,未有如法慈者"⑤!

---

① 《攻媿集》卷一〇五《太孺人蒋氏墓志铭》。
② 《宝庆四明志》卷一一《郡城教院》。
③ 《乐邦文类》卷三。
④ 《咸淳临安志》卷八〇《十六观堂记》。
⑤ 《渭南文集》卷二一《法慈忏殿记》。

# 第四章　南宋道教的发展与演变

　　从魏晋南北朝以后,道教分为丹鼎与符箓两大派别。符箓派因具有广泛的社会基础,在道教中一直占据着主要地位。丹鼎派又分为"外丹"和"内丹"两派。所谓"外丹",即人们通常所说的"炼丹术"及"点金术";所谓"内丹",即人们通常所说的"气功"。在符箓派中,也有众多的派系。这些派系,大多是依据师承传授关系来划定的。

　　北宋时,符箓派在道教中仍占主导地位,丹鼎派势力微弱。而在符箓派中,到北宋后期,正一派(天师道)、上清派、灵宝派分别以信州贵溪县(今属江西)境内的龙虎山、江宁府句容县(今属江苏)境内的三茅山、临江军清江县(在今江西樟树市西南)境内的阁皂山为中心,在北宋朝廷的扶持下,形成了各自的宗坛。龙虎山称"正一宗坛",阁皂山称"元始宗坛",茅山称"上清宗坛"。

　　到南宋时,以这三大宗坛为核心,正一派、上清派、灵宝派得以继续发展,三坛"符箓遍天下,受之者亦各著称谓"①。而且,由上清派还衍生出了清微派,由灵宝派还衍变出了净明派和东华派。

　　在北宋末年由正一派衍化而成的"天心派"和"神霄派"在南宋的发展极为兴盛,其所创"雷法"为各派所宗。此外,南宋宁宗时,在佛教禅宗的影响下,在内丹派中还催生出了一个新的派别——金丹派南宗,使道教内丹学的

---

　　① 岳珂:《桯史》卷八《玉虚密词》,中华书局 1981 年版。第 94 页。

发展进入了一个新阶段。

# 第一节　道教地域分布的差异

在宋真宗以前，尽管统治者大力提倡道教，但"道教之行，时罕尚习，惟江西、剑南人素崇重"，在其他地区并不盛行。大中祥符二年（1009 年），宋真宗诏令"诸路州、府、军、监、关、县择官地建道观，并以'天庆'为额"，从此，"天下始遍有道像矣"①。

据宋真宗天禧五年（1021）的统计数据，全国共有道士女冠 19788 人。其中，北方道教徒的人数总计为 2976 人，南方道教徒的人数总计为 16812人。南方道教徒的人数是北方的 5.6 倍。各路道士女冠人数如下：

东京：959，京东：560，京西：397，河北：364，河东：229，陕西：467；淮南：691，江南：3557，两浙：2547，荆湖：1716，福建：569，川峡：4653，广南：3079②。

南宋道士女冠没有具体的统计数据。绍兴二十七年（1157），据礼部侍郎贺允中说，当时"有僧二十万，道士才万人"③。与天禧五年南方各路道士女冠的总数相比，南宋道士数量大为减少。

宋度宗时，欧阳守道在《赠刘道士序》中说："道士之盛，其魏太武、崔浩以后乎？亦不能常盛。虽以李唐尊老子为祖，而道家之见信不过三四君。延至于今，其说存而不废。要其得志之时，亦无几耳。计其间无可利，顾不知何以愿为其徒者之代不乏也。唐有士大夫弃官为道士者，今无之。惟闾里少弱之子误投其身，不克自返，势不得不终老于此。亦可悲也。"④由此可见，越到南宋后期，道教就越发衰落。

宋人杜寅生曾对比佛道二教的情况，分析了道教的衰微的原因："惟佛

---

① 《续资治通鉴长编》卷七二，大中祥符二年十月甲午条，第 1637 页。
② 《宋会要辑稿》道释一之一三。但其所记各路道士女冠人数与总数不符，原记载某些部分肯定有误。
③ 《建炎以来系年要录》卷三四，建炎四年六月辛卯条。
④ 欧阳守道：《巽斋文集》卷一〇《赠刘道士序》，文渊阁《四库全书》本。

能揣人情而示以祸福、天堂、地狱,使人畏慕,而趣之者众,老氏独好言清净、虚无、神仙之术,其事冥深,不可质究,而从之者鲜。故欧阳子谓佛氏之动摇兴作,为力甚易,而道家非遭人主好尚,不能独兴。"①这个说法有一定的道理。

南宋道士女冠数量最少的路分,同北宋一样,也是福建路。尽管福建境内有武夷山,是道教名山,但据《淳熙三山志》卷一〇《版籍一·僧道》记载:福州"旧记系帐僧三万二千七百九十五人,童行一万八千五百四十八人。今系帐僧一万一千五百三十人,童行二千九百一十五人,道士一百七十人。"道士人数仅为僧侣人数的百分之一稍强。福州福清县,"僧寺道观一百九十有六,民户四万七千有奇"②,但道观只有两所③。再看汀州(今福建长汀)。据《临汀志》记载:"僧庐千百,道宫才一二。"④宫观数也少得可怜。兴化军(今福建莆田)的道教发展状况在福建全境最好,宋人李俊甫在《蒲阳比事》卷一《寺观相望,户口日殷》中称:"道观始于祥符,盛于宣政。佛寺或废为神霄玉清宫,未几复旧。今天庆观三殿宏伟,甲于八郡。……又有紫泽观(蒲田)、福神观(仙游)、三清观(兴化)。"但这与兴化军境内的佛教相比,却仍然逊色不少:"蒲大姓争施财产造佛舍,香火院多至五百余区。郡城光孝、水陆、永福,附郡囊山、梯山、龟山、塘南、广化、华严,谓之南北二寺;乌山、陈岩、石室、妙应,谓之东西二岩;为郡人游戏之所。他如仙游之九座、三会,皆号甲刹。"⑤

楼钥作《望春山蓬莱观记》,对鄞县(今浙江宁波)境内佛道的状况曾做过简单的对比:"僧籍至八千人,而道流不能以百;其居才十数,而佛庐至不可数。"⑥又据《宝庆四明志》统计,庆元府(治鄞县)全境共有寺院292座,而宫观才20所。

---

① 张松孙等编:[乾隆]《盐亭县志》卷三《东关县天禄观记》,乾隆五十一年刻本。
② 饶安鼎等编:[乾隆]《福清县志》卷一一《福清图经总叙》,光绪二十四年刻本。
③ 梁克家:《淳熙三山志》卷三六《僧寺》曰:"除道观二外,一百九十六所。"
④ 《永乐大典》卷七八九二。
⑤ 李俊甫:《蒲阳比事》卷一《寺观相望,户口日殷》,《知不足斋丛书》本。
⑥ 《攻媿集》卷五七。

临安府作为南宋都城,道教宫观相对比较集中,共有 58 座。不过,与临安府全境的 492 座寺院数相比,其数量仍然偏少①。建康府(今江苏南京)境内有道教胜地茅山,但据《景定建康志》统计,全境宫观数量也只有 28 所。

据《嘉定赤城志》统计,浙东路台州共有寺院 396 座,宫观只有 23 所。但台州号为"古仙佛国","其多释与道"②。其宫观数量虽不多,但道教的影响力和宫观的经济势力都比较大。

据《重修毗陵志》统计,浙西路常州共有寺院 75 座,宫观只有 13 所。据《吴兴志》统计,浙西路湖州共有寺院 203 座,宫观只有 15 所。据《严州图经》统计,浙西路严州共有寺院 164 座,宫观只有 20 所。据《云间志》记载,浙西路嘉兴府华亭县共有寺院 46 座,道观只有 1 所。据《新安志》统计,江东路徽州共有寺院 137 座,宫观只有 10 所。据《玉峰志》记载,浙西路平江府昆山县共有 23 座,宫观有 9 所。昆山的道教宫观,按与佛教寺院的比例看,可以说还是较多的。

从这些情况分析判断,可以说,南宋道教宫观和道士女冠数量相对较多的路分仍然与北宋前期相同,还是四川和江西。

四川道教宫观的具体数额难以考查,但南宋道士吕元素在其《道门通教集序》中说:"天师立教于西蜀,广成终老于益州,故蜀之人奉道为盛,而仪注亦甚详。"③吕元素是崇庆府江原县(在今四川崇州东南)天庆观道士。宋孝宗时,以道门斋醮无定式,于是编撰了《道门定制》一书。宋宁宗开禧三年(1207),得知吴曦反叛,遂建起九层高的云层台,上列天地日月星辰岳渎之象,祷祠以禳之④。在当时很有影响。因此,吕元素"蜀之人奉道为盛"的话应该是可信的。另外,青城山也是道教名山。该山丈人观的主神九天丈人与庐山太平兴国宫的主神九天采访使者,被宋神宗称为"天之贵神"⑤。曾任四川制置使的范成大在《吴船录》中记述青城山道教盛况时说:"真君殿前有

---

① 临安府寺院和宫观数,均据《咸淳临安志》统计得出。
② 《赤城志》卷三五《人物门四》。
③ 吕太古:《道门通教必要集》卷首,《中华道藏》第 42 册。
④ 《鹤山先生大全集》卷四二《江原县天庆观云层台记》。
⑤ 《续资治通鉴长编》卷三一一,元丰四年正月壬寅条,第 7539 页。

大楼曰玉华,翚飞轮奂,极土木之胜。殿四壁,孙太古画黄帝而下三十二仙真,笔法超妙,气格清逸。此壁冠于西州。"南宋著名道士皇甫坦、安世通等人都曾在青城山活动。

雅州(今四川雅安)道士翁葆光字渊明,号无名子,著《悟真篇注》三卷,以阴阳双修说解释张伯端的《悟真篇》内丹法,对后世颇有影响。

南宋的江西有庐山、龙虎山、阁皂山、玉笥山等一批道教名山祖庭,是南宋道教最为活跃的地区。以江州庐山太平兴国宫为例。该宫的主神为九天采访使者,与蜀州青城山丈人观的主神九天丈人齐名。太平兴国宫建造得十分宏伟壮丽。采访殿前的钟楼是其标志性建筑,"高十许丈,三层,累砖所成,不用一木而櫑桷翚飞,虽木工之良者不能加也","为费三万缗,钟重二万四千余斤"①。南宋初年,巨盗李成率兵攻破江州,屯兵庐山,"纵兵大掠焚",太平兴国宫遭到焚毁,"所存止外门数间"②。修复后的太平兴国宫虽然大不及北宋,但在陆游眼中,仍然是"门庭气象极闳壮","正殿为九天采访使者像,衮冕如帝者"。而且,九天采访使者在当地普通民众心中的神圣地位还是高于佛教神祇的。在《入蜀记》中,陆游记述说:

> 自江州至太平兴国宫三十里,此适当其半。是日,车马及徒行者憧憧不绝,云"上观",盖往太平宫焚香,自八月一日至七日乃已,谓之白莲会。莲社,本远法师遗迹。旧传远公尝以一日借道流,故至今太平宫岁以为常,东林寺亦自作会,然来者反不若太平之盛,亦可笑也。

绍兴二十八年(1158),根据宋高宗的特旨,在太平兴国宫的采访殿后又创建了一座大殿,"专一崇奉皇帝御容本命,赐名申福殿"。在采访殿主廊左侧建有张孝祥题写的"琼章宝室",即庋藏《道藏》的藏经馆,"贮经五百二十八函,计五千二百八十七卷,外九十九函"。在采访殿主廊右侧建有天师堂,榜曰"正一之殿"③。这在当时的道教宫观中是极具特色的。

---

① 《入蜀记》卷二。
② 《吴船录》卷下。
③ 《庐山太平兴国宫采访真君事实》卷一《殿宇像设》。

有关南宋荆湖路的道教发展状况记述很少，但北宋刘挚在《荆南府图序》中曾提到荆南府（治今湖北江陵）的情况："祠庙七十一，宫观二十七，寺院五百五十。"①道教宫观数量远不及佛教寺院。可以由此而推想南宋的情况。另外，宋孝宗时，郑舜卿在《修永福寺记》中说：古代"东南名山曰茅山、曰庐、曰衡、曰武夷、曰九疑。衡、庐多古佛刹，茅山、武夷、九疑号神仙窟宅"。"今茅山、武夷，道家所居，鸥尾相望"，但九疑山却没有什么值得一提的道教宫观②。

两广的道教也不兴盛。南宋洪迈说："通天下郡国有观宇，天庆最盛；合天地百神至于上帝，三清其最尊。"③天庆观是宋代每州必建的宫观，是官府宫观。但各州因情况不同，天庆观的规模悬殊颇大。例如，原广州天庆观规模简陋，其三清殿"压迮埃陋，殆中人居不如"。南宋时，提举广东常平茶盐公事陆涣用"公家钱节而储之，又益以私钱，度为百五十万"，才得以重建了三清殿④。

南宋的道观相对佛寺而言，数量极少。在所有道观中，常住田产最多的是临安四圣延祥观："田亩以万计"⑤；其次当数临安府的太乙宫、台州的白云昌寿观，其常住田土面积都在 3000 亩左右⑥。这个数量，与佛寺的常住田产无法比拟。至于那些小道观，其贫困程度与小佛寺也相差不多。南宋末年，欧阳守道记述吉州（今江西吉安）道观的情况时说："予行四方之迹少，未尝见大宫观。第以吾乡之观，虽有田业之处，一道士所得食，或不过五六斛，而衣服百须皆无所出，或观而无田者，生计尤难，故往往为丹药、符箓、禳襘之术，以投合夫见信者，以糊其口。"⑦

---

① 《忠肃集》卷一〇。

② 史朝富、陈良珍、[隆庆]《永州府志》卷一七，清刻本。

③ 阮元编：[道光]《广东通志》卷二二九《修天庆观三清殿记》，清刻本。

④ [道光]《广东通志》卷二二九《修天庆观三清殿记》。

⑤ 《咸淳临安志》卷一三《四圣延祥观》。

⑥ 《建炎以来朝野杂记》（甲集）卷二《太一宫》，第 79 页；《两浙金石志》卷九《宋白云昌寿观敕牒碑》。

⑦ 《巽斋文集》卷一〇《赠刘道士序》。

## 第二节　三山传统符箓派

### 一、正一派

正一派即"天师道",或称正一盟威之道,由张陵于东汉末年始于蜀中创立,在道教诸派中历史最为久远。但在其孙张鲁投降曹操之后,正一派大量道徒也随张鲁离开了蜀中,散居中原。张陵的一支后裔后来迁居于今江西贵溪县(宋代隶属于江南东路的信州)的龙虎山,以此为道场,传播正一派道教。这就是元人虞集所谓"汉天师道成于蜀,而教传于龙虎山"[①]。但是,直到北宋,正一派始终未能振作起来。

宋仁宗以后,正一派的活动日趋活跃。宋哲宗时期,在江南地区已经形成了龙虎山的正一派、茅山的上清派、阁皂山的灵宝派三山鼎峙的局面。张天师第 30 代孙张继先"仙姿绝人,道术惊世,人谓天师复生",颇得宋徽宗青睐。崇宁四年(1105)六月,宋徽宗不仅赐给他"虚靖先生"之号,而且还亲自作诗一首,亲笔书写后,送给了张继先。张继先以龙虎山道士贫困为由,请求朝廷拨赐田产,宋徽宗又下令将"弋阳县管下步口庄田,计一万三千"赐给了龙虎山上清正一宫[②]。

正一派"天师"的称号是在教派内世袭的,一般只能传子,但特殊情况下也有侄传叔、兄传弟的。两宋朝廷均不认可"天师"称号,对正一派内的所有高道,无论其是否为天师,朝廷都只是赐予"先生"之号而已。崇宁四年,宋徽宗诏令:"信州龙虎山张氏,自今相袭为山主传授法箓者,即度为道士,仍赐紫衣、师号,著为令。"[③]这是北宋朝廷对"天师"的优遇,南宋时也应沿袭

---

① 《攻媿集》卷六九《恭题徽宗赐张继先御诗》。
② 娄近垣:《龙虎山志》卷九《嘉泰□年管辖留用光立长生局置庄田饭众帖文》,《中国宗教历史文献集成》本。
③ 《宋史全文》卷一四,崇宁四年五月丙午条。

了这一规定。

南宋一代,正一派世袭为天师者共有六人,即第 31 代天师张时修、第 32 代天师张守真(？—1176)、第 33 代天师张景渊(？—1190)、第 34 代天师张庆先(？—1209)、第 35 代天师张可大(1217—1263)①、第 36 代天师张宗演(1244—1291)②。

在第 33 和第 34 代天师之间,张景渊之弟张伯瑀曾一度权摄教事,直到宋宁宗嘉泰元年(1201)张庆先承袭天师之位。在第 34 和第 35 代天师之间,张伯瑀之子张天麟又一度权摄教事,时间长达 21 年(1209—1230),直到自己 13 岁的儿子张可大承袭张庆先登上天师之位。

在这六位天师中,张守真、张可大在南宋正一派的发展史上都具有重要地位。

张守真,字遵一,张时修之子。绍兴二十九年(1159),宋高宗下诏:"信州上清正一宫道士张守真特封正应先生。"③张守真的受封,说明正一派已经开始受到南宋朝廷的重视。宋孝宗乾道六年(1170),张守真再次被已作了太上皇的宋高宗召见,并回答了宋高宗提出的有关道教教义、科仪等问题。宋高宗不但"赐钱重刊经箓板",而且还"手书《清静》、《阴符》二经以赐"④。在淳熙初年,张守真又受到宋孝宗召见,"敕命箓坛,永为宝镇"⑤。因此,宋人王与权评价说:"经法传流,历千余年,传世三十,而虚靖先生挺祖风、显符灵。又历二代,而正应先生授元坛、度正箓。"⑥认为张守真可与第 30 代张继先媲美。

正一派的道士可婚娶生子,其家眷甚至可居住在宫观中。第 36 代天师张宗演之母倪氏就"殁于其宫"⑦。要养家糊口,正一派宫观的经济负担就比

---

① 元明善:《龙虎山志》卷上《天师》。

② 刘埙:《隐居通议》卷一六《嗣汉三十六代天师简斋张真人墓志铭》,文渊阁《四库全书》本。

③ 《建炎以来系年要录》卷一八一,绍兴二十九年二月辛卯条。

④ 元明善:《龙虎山志》卷上《天师》。

⑤ 元明善:《龙虎山志》卷下《上清正一宫碑》。

⑥ 元明善:《龙虎山志》卷下《上清正一宫碑》。

⑦ 《碧梧玩芳集》卷一九《三十六代天师母倪氏墓志铭》,文渊阁《四库全书》本。

较沉重。在张守真之后，龙虎山就遭遇了严重的经济困难。宋宁宗时，左街道录、主管教门公事、特差充龙虎山上清正一宫管辖宫事留用光在给朝廷的报告中说："本宫田产不多，接待过往之外，厨堂缺乏，遂差化士于四方劝缘。法箓所得施利，添助支遣。道行每日但得一饭。食既不足，道童难望披度，渐见道流稀少。"①经再三请求，朝廷同意部分蠲免上清正一宫租徭，即以宋高宗绍兴年间"经界法"的实施为限，在此之前的田地按宋徽宗崇宁四年诏令蠲免租徭，此后"续置到田产"所产生的租赋徭役则不予蠲免②。留用光还仿效"江西建昌军麻姑山仙都观及诸寺观体例"，让龙虎山道士"四散劝缘"，让道童俗家出钱，建立了"长生度道库"，让前副知宫倪元章同道士周泰文掌管，经营高利贷，所获利润，专用于购置田产③。这样，龙虎山的经济势力大为增加。

同时，宋宁宗还诏令将龙虎山的上清正一宫住持制度由十方制恢复为世袭的甲乙制④。这无疑提高了龙虎山正一派天师在道教中的地位。第35代天师张可大正是在这种背景下登场的。

张可大，字子贤。宋理宗绍定三年（1230），嗣位为天师。符法精妙，长于"退潮拯旱"，屡见神验。因此，龙虎山声名大振，"宫观压东南，为福地第一"，求龙虎山道士作法事、为龙虎山捐钱捐物者络绎不绝⑤。据说有一次鄱阳湖水涨，毁圮民房无数，江西提刑袁甫请张可大作法退水。张可大用雷法震死一条大白蛇后，洪水自然消退。袁甫特意作诗一首赞誉他。端平年间（1234—1236），宋理宗慕名而多次召见他，并赐给他不少的钱物。

嘉熙三年（1239），钱塘江涨潮，洪水淹没了艮山门一带的民房。宋理宗诏令张可大作法救灾，张可大投铁符到深潭中，潮水于是消退。不久，又遇大旱蝗灾，张可大奉命在太乙宫举行斋醮求雨。不久，大雨降下，蝗虫死去。宋理宗再度召张可大，赐给他"观妙先生"的法号，赐田免租，任命他"提举三

---

① 娄近垣：《龙虎山志》卷九《嘉泰口年管辖留用光立长生局置庄田饭众帖文》。
② 娄近垣：《龙虎山志》卷九《崇宁四年赐上清观田亩以食道众蠲免租徭帖文》。
③ 娄近垣：《龙虎山志》卷九《嘉泰口年管辖留用光立长生局置庄田饭众帖文》。
④ 元明善：《龙虎山志》卷下《上清正一宫碑》。
⑤ 《隐居通议》卷一六《嗣汉三十六代天师简斋张真人墓志铭》。

山符箓、兼御前诸宫观教门事、主领龙翔宫"①。对龙虎山赐田免租,还亲笔为真风殿,紫微阁、真懿观题写匾额。正一派从此取得了统领龙虎山、茅山、阁皂山符箓诸派的地位。

南宋正一派道士以龙虎山为中心,在相邻的福建北部和江西庐山地区的活动都比较活跃。例如,宋理宗端平元年(1234),知邵武军王埜为祈祷一州平安,在郡治设立黄箓醮,为庄重其事,还特意"邀龙虎山张天师至"②。宋末元初,在福建武夷山一带,"士大夫尊道信法者固多",而这些信道的士大夫主要"奉行正一教法"。有些信道的士大夫甚至"以不登祖师正一玄坛、不识简斋天师真人为大欠"③。江西庐山太平兴国宫供奉的主神是"九天采访应元保运真君"。在"九天采访应元保运真君之殿"的主廊左侧建有道藏,庋藏道家经书;在其主廊的右侧建有天师堂,命名为"正一之殿"。这说明,主持这所著名宫观的道士属于正一派④,或至少与正一派有着特殊的关系。

宋理宗开庆元年,即蒙古宪宗蒙哥九年(1259)冬,时为藩王的忽必烈率军进攻鄂州(今湖北武汉)。明人宋濂在《〈汉天师世家〉叙》中说:忽必烈当时派遣间谍到龙虎山,请张可大预卜未来。张可大告诉蒙古间谍说:"善事尔主。后二十年,当混一天下。"后来事态的发展果如张可大所料⑤。元成宗《赠张宗演为演道灵应冲和玄静真君制》中所谓"自王师临鄂渚之初,而妙道达世皇之听"⑥,也就是指这件事情。另外,元成宗元贞元年(1295)二月《赠三十五代真人诰》中也提到:"昔先皇在潜邸,遣间使询殊庭,知天命之有归,以灵诠而默授,谓圣明当一四海,其征验后二十年。盖神与道俱洞测将来之数,及远怀近悦,允符前日之言。"⑦

宋理宗景定四年(1263),张可大病逝,次子张宗演继承法统,成为第36

① 张正常:《汉天师世家》,《中华道藏》第46册。
② 《隐居通议》卷三〇《大乾梦录》。
③ 《叠山集》卷二《与天师张简斋》、《与道士桂武仲》,文渊阁《四库全书》本。
④ 《庐山太平兴国宫采访真君事实》卷一《殿宇像设》。
⑤ 《宋学士文集》卷三六,《四部丛刊》本。
⑥ 《汉天师世家》卷三,《中华道藏》第46册。
⑦ 元明善:《龙虎山志》卷上《大元制诰》。

代天师。

宋恭帝德祐元年,即元世祖至元十二年(1275)四月,为利用正一派道教势力的影响帮助自己迅速平定江南,元世祖决定招抚张宗演,于是派遣兵部郎中王世英、刑部郎中萧郁携带诏书,随进攻长江以南的元军南下,拟在平定南宋后,立即将张宗演召赴大都①。元世祖在诏书中写道:

> 谕龙虎山张天师,卿之先祖道陵,用心精一,得法箓之正传,甚有征验,流布至今,子孙相承,已数十代,二千余年矣。虽常闻卿之誉,以两国梗绝之故,未遂延请。迩者,宋主不度德量力,执我行人,久留弗遣,以故命中书左丞相伯颜率兵南伐。上天眷合,大江已为我有,南北一家。今特遣武略将军、兵部郎中王世英,武略将军、刑部郎中萧郁赍诏召卿,毋以易主,遂生疑贰。卿之先世,自东汉以来,历事一十五姓,无非公心,未尝有所偏执。天无私心,厥命靡常,卿知道者,宁想昧于是乎?宜趋命驾,毋多辞让。故兹诏示,复宜知悉,钦哉!②

次年春,元军占领临安府,谢太后、宋恭帝率南宋政府投降。四月,张宗演应召,离开龙虎山北上。至元十四年(1277)春正月,元世祖忽必烈赐给张宗演"演道灵应冲和真人"之号,任命他总领江南诸路道教③。

由宋入元的刘埙在其《嗣汉三十六代天师简斋张真人(留孙)墓志铭》中,也留有一段相关的记述:

> 三十六代天师宗演,起绍陵(作者按,绍陵为宋理宗陵墓名。这里借指宋理宗)讫德祐,且十年。方禁中奉秘祝,谨然不召。至乙亥(作者按,"乙亥"是宋恭帝德祐元年、元世祖至元十二年)、丙子(作者按,"丙子"是宋恭帝德祐二年、元世祖至元十三年)间,金陵已不守,信未下,然北使已先传张天师召,召且亟。当是时,环江南之冰泮者无息壤,兹山独师是恃,而师不自保。然未几时而锡冠剑、陟师号、予护持、免征发、

---

① 《元史》卷八《世祖五》。
② 《汉天师世家》卷三,《正统道藏》第34册。
③ 《元史》卷九《世祖六》。

掌教事、度诸品，若曰神仙子孙而不名，由是宠光赫然，又前代盛时所未有。由是士大夫有不能出者、贫无处者、阡陌之负未粗者、亲者、故者，莫不挂冠易服，庇风雨寒暑①。

由此可见，元世祖忽必烈重用张宗演，并非是想起了张宗演之父张可大的预言，而是由当时形势发展所决定的。这样一来，正一派道教在元朝政府的扶持下就更受人们尊崇，愈发兴盛了。

### 二、上清派

上清派是从天师道分化而成的一个道教教派，约形成于东晋时期，因主要传习《上清经》（《大洞真经》）而得名，以晋代女道士魏华存（南岳魏夫人）为第一代宗师。自第九代宗师陶弘景（456—536）居茅山传道后，茅山遂成为上清派的布道中心。因而，上清派也被称为"茅山派"或"茅山宗"。

从南朝到北宋，上清派一直法箓兴盛、高道辈出，在道教诸派中的地位名列前茅。宋仁宗天圣三年（1025），上清派第23代宗师朱自英还为垂帘听政的刘太后主持了入道仪式②。由此而声名大振。

不过，从北宋中期以后，由于龙虎山天师正一派的兴起，上清派的地位略有下降。绍圣四年（1097），宋哲宗"别敕江宁府句容县三茅山经箓宗坛，与信州龙虎山、临江阁皂山，三山鼎峙，辅化皇图"。这种"三山鼎峙"，打破了上清派唯我独尊的格局。

然而，由于上清派第一代宗师魏华存是一位女性的原因，两宋的皇后都对茅山情有独钟。因此，茅山上清派一直保持着与两宋朝廷的密切关系。为皇后、皇太后设醮，也以在茅山为最高规格。例如，绍兴七年，宋高宗为其被羁押在北方的生母宣和皇后韦氏上尊号曰皇太后，并对宰臣张浚等人说："宣和皇后春秋寝高，朕朝夕思之，不遑安处。"于是，派人"于三茅山设黄箓醮仰祝圣寿"③。

---

① 《隐居通议》卷一六。
② 《茅山志》卷二五《宋天圣皇太后受上清箓记》。
③ 《宋会要辑稿》后妃二之五。

南宋沿袭北宋制度,规定上清派宗师都由皇帝敕封。在南宋 152 年间,从第 27 代宗师到第 42 代宗师,上清派代代相承,共有 16 位宗师。其人其事对茅山上清派影响极大的,有以下数位。

第 28 代宗师蒋景彻(? —1146),字通老,建康府句容(今属江苏)人,赐号元观先生。建炎元年(1127)冬,继掌茅山法统。建炎四年,一股盗寇闯入茅山,焚毁了元符万宁宫。事后,蒋景彻通过左街道录傅希烈向朝廷报告,请求重建,得到了宋高宗拨赐的金钱。同时,蒋景彻又亲自到临安府化缘,得到了大将杨存中及其夫人赵氏的支持,出私财建造了元符万宁宫的山门。这使茅山很快从战乱中恢复了生机,"殿堂轮奂,逾于旧矣"①。

第 30 代宗师李景暎(? —1163),字灵晖,建康府句容人,赐号靖真先生。秦桧当政时,其妻王氏信奉上清道教,取道名曰纯素。秦氏一门对茅山道教的支持,力度较大。秦桧之子秦熺多次入茅山,题诗留迹。他所吟咏的"家山福地古云魁,一日三峰秀气回"的诗句,甚至被知建康府宋贶"镌版揭于梁间"②。秦桧死后,上清派为摆脱与秦桧的关系,于是编造神话,称茅山境内丁公山东岩下的山洞是"酆都考讯之所",将鬼城搬到了茅山。李景暎又对秦妻王氏称"桧系此酆山狱中"。为求得"冥释",王氏还让秦熺在洞口建起了一座太乙殿③。因此,上清第 45 代宗师刘大彬撰《茅山志》,为李景暎作"赞"即曰:"玄狱之警,亦辅名教。"

第 34 代宗师薛汝积(? —1214),字德夫,常州晋陵(今江苏常州)人,赐号冲玄明一先生。喜学《周易》、《老子》、《庄子》。嘉定三年(1210),宋宁宗杨皇后效法真宗刘皇后,在临安府皇宫中遥拜薛汝积为临坛度师,在茅山华阳洞天上清宗坛为她传受大洞毕法,度入道门④。另外,第 39 代宗师景元范(? —1262)也为宋理宗谢皇后担任临坛度师,传受大洞毕法,遥度她入道。杨皇后和谢皇后都有很大的政治能量,她们成为上清派女弟子,自然对上清

① 《景定建康志》卷四五《宫观》。
② 《建炎以来系年要录》卷一六八,绍兴二十五年四月己卯条。
③ 《茅山志》卷一七《紫阳观》。
④ 《句容金石记》卷五《嘉定皇后受箓记》。

派的发展有着积极的作用。

第 35 代宗师任元阜(1176—1239),字山甫,建康府溧水(今属江苏)人。擅长祈晴祷雨之术。嘉定十六年(1223),淫雨不止,宋宁宗召他入京,修建大醮。"师敕水至坤隅,向艮户摄罡,若有禁敕"。不久,天气转晴。宋宁宗因而赐予他"通灵先生"之号。明年,又召他祷雨。雨水霈足,宋宁宗为他加赐"至道"之号,又赐象简冠帔。皇后赐给他一把纨扇,并在扇面上亲书"妙相真人"四字。对于赐予的钱物,任元阜全部放发给了穷人。于是,宋宁宗对他越加敬重了。由此可见,斋醮是道教进行宗教活动的重要方式,又是交结朝廷、影响群众的重要手段,对社会的影响很大。

第 38 代宗师蒋宗瑛(?—1281),字大玉,常州人,赐号冲妙先生。宝庆三年(1227)冬,朝廷将举行南郊,但久雨不晴。蒋宗瑛受命前往临安府,作法祈晴。郊礼完毕后,宋理宗御书"上清宗坛"、"圣德仁佑之殿"、"景福万年之殿"三榜赐之,又赐钱缗十万缗以缮修宫殿。他登坛嗣法后,多采取与朝廷不合作的态度。开庆元年(1259),他称病离开茅山,自动放弃宗师之位,在温州一带隐居,注有《大洞玉经》十六卷。宋廷无奈,只得另行任命景元范为上清派第 39 代宗师。南宋灭亡后,他受元世祖征召,到达大都(今北京)后病逝①。

除这些宗师之外,上清派还有许多著名的高道。生活于北宋末年的镇江府金山神霄宫住持黄澄尤其值得一提。

黄澄是常州人,早年在丹阳县仙台观当道士。"学道茅山五十余年,流辈推重"。宋徽宗政和八年(1118),敕差住持镇江府金山神霄万寿宫。"累授太素大夫、冲素静一先生,领玉堂高士、左右街都道录兼管教门公事"。

上清派所传经典严格地说不是单纯的上清经或正一经,而是包括二者在内的前期的三洞真经,即《上清经》、《灵宝经》、《三皇经》。但上清派最为推崇的经典除《上清经》外,主要是《高上玉帝大洞雌一玉检五老宝经》、《太上素灵洞元大有妙经》、《黄庭经》、《真诰》、《登真隐诀》等。另外,上清派以

----

① 以上引证史料,如无特别说明和注释,均出自《茅山志》卷一二《上清品》。

修习上清道法为主,但也兼习灵宝派及正一派道法。其修持方法以存神、炼气为要,但也结合了符法、咒术、药饵、外丹诸术,以求长生之道。

有鉴于此,黄澄认为虽然"三山经箓,龙虎正一、阁皂灵宝、茅山大洞,各嗣其本宗",但实际上三家道法经过长期相互融合,差异已经不大,因此请求朝廷下令"混一"三家道法。于是龙虎山正一派和阁皂山灵宝派都开始传习上清毕法,加深了符箓三派道法的融合程度①。宋孝宗淳熙元年(1174),郢州(今湖北江陵)道士张道清上龙虎山拜谒张天师,"受上清大洞箓以归"②。此事可为正一派与上清派符箓通用之佐证。

宋理宗时期,茅山道士司徒坦、叶晞彭都是上清派著名道士。司徒坦被召为祐圣观虚白斋高士,任右街鉴义,赐洞微真应先生之号。淳祐九年(1249),擢为左街道录,主管教门公事③。宋理宗还曾亲书"玉气凝润、鹤情超辽"八字赐予他④。叶晞彭则被赐予"灵宝大师"之号,敕差茅山都道正、知崇禧观、管辖本山诸宫观⑤。宋度宗时,茅山山门道正、权知御前崇禧观兼管领本山诸官观事、赐紫张大淳也是茅山高道,编有《三茅真君加封事典》,被宋廷特赐"冲靖明真微妙大师"之号⑥。

茅山著名的宫观有元符万宁宫、玉晨观、崇禧观等。其中,玉晨观被世人称为茅山第一福地⑦。其宫观住持采用敕封制,不仅是上清派道士,而且正一派道士也都可以依据敕命担任宫观住持。宋光宗绍熙年间(1190—1194),龙虎山正一派道士易如刚因"教法精严"⑧,敕授茅山玉晨观住持⑨。宋宁宗即位后,"制授管辖三茅山崇禧观"。不久,召授左街鉴义,"充太一宫

① 《茅山志》卷一六《黄澄传》;《浮溪集》卷二〇《镇江府金山神霄宫碑》,文渊阁《四库全书》本。
② 赵道一:《历世真仙体道通鉴续编》卷五《张道清》,《中华道藏》第47册。
③ 《三茅真君加封事典》卷上《尚书省札》。
④ 《茅山志》卷一七《崇禧万寿宫》。
⑤ 《三茅真君加封事典》卷上《缴省割申建康府状》。
⑥ 《三茅真君加封事典》卷首。
⑦ 《景定建康志》卷四五《宫观》。
⑧ 元明善:《龙虎山志》卷下《上清正一宫碑》。
⑨ 杨谭:《昆山郡志》卷五《释老》。

高士并都监住持,专任祈祷"。"五迁至左右街都道录、太一宫都监"。嘉定六年(1213),特赐"通妙先生"。嘉定十四年,奉旨降香,设醮茅山,赐号"通妙葆真先生"①。

### 三、灵宝派

灵宝派始创于东晋末年,奉元始天尊为最高神,奉三国道士葛玄为祖师。南朝时,因陆修静弘扬教法而兴盛于世。但该派道士较少官方背景,多活动于民间。其主要经典有《度人经》(《灵宝无量度人上品妙经》)、《灵宝五符经》、《灵宝赤书五篇真文》等。北宋末年,因灵宝派以江西阁皂山为祖坛传法,因此也被称为"阁皂宗"。

灵宝派的基本信仰,自然也是长生成仙。但因该派在发展过程中汲取了"因果报应"、"三世轮回"、"涅槃灭度"等佛教教义,所以它的成仙思想被染上浓重的佛学色彩。例如,成书于东晋末南朝初的《太上洞玄灵宝智慧定志通微经》(一名《思微定志经》)便称说:"当知三界之中,三世皆空。知三世空,虽有我身,皆应归空。明归空理,便能忘身。能忘身者,岂复爱身? 身既不爱,便能一切都无所爱,唯道是爱。能爱道者,道亦爱之。得道爱者,始是反真。思微定志,理尽于斯。"既不爱身,也就不再追求肉体不死、即身成仙,而只追求积功累德,死后升入仙堂,或来世成仙。这与道教"以吾我为真实,故服饵以养生"的宗旨大异其趣,而与佛教"以有生为空幻,故忘身以济物"的思想极其吻合②。

陆修静之后,灵宝派长期师承不明。直到唐末五代,以吉州新淦县(今江西新干)境内的玉笥山③、阁皂山④为中心,灵宝派道士的活动才日趋活跃。

玉笥山在北宋徽宗以前,道教势力并不弱于阁皂山。唐朝末年,道士刘

① 元明善:《龙虎山志》卷上《易如刚》,《茅山志》卷四《宝庆易如刚先生敕牒》。
② 梅鼎祚编:《释文集》卷三七,释道安:《二教论·仙异涅槃五》,《四库全书》本。
③ 后因从新淦分置了峡江县,故玉笥山在今江西峡江县境内。
④ 入宋后,因行政区划的变化,阁皂山在临江军清江县(在今江西樟树市西南)境内。

潜谷在原玉梁观旁修建了老君院，道士曹处明又建起了精思院，王处士又将玉梁观改建为灵宝院。三院道士各有弟子传承：刘潜谷传陈绍规，王处士传丁守玄、姚文质，曹处明传宋怀德、汪希声。此八人"皆有道者"，被后人称为"玉梁八祖"。南唐保大年间，由灵宝院的姚文质倡议，"合三院之田，复为玉梁观"。经此合并，玉梁观已颇具规模。

北宋大中祥符元年（1008），宋真宗敕赐观额，改"玉梁"为"承天"。当时，在玉笥山中，共有道宫二、道观二十一座，"以承天宫为冠"。"方其盛时，聚徒至三百人"，"友寮五十余"。大观四年（1110），承天宫发生火灾，玉笥山道士于是各自离山"出建坛场"，山中"以居寮之存者仅十有三"。从此，玉笥山开始衰落。南宋周必大曾对此议论说："大观庚寅，不戒于火，后虽葺治，未复其旧，且非传箓之地，故不能与阁皂争长雄。"①

南宋高宗建炎、绍兴之际，玉笥山管辖刘思齐、知宫杨得清初步修复了承天宫。其后，道士何道冲、何守元继续维修，承天宫才得以完全修复。超燕堂也是玉笥山的一处名胜。元人刘将孙在《超燕堂记》中记述说："入宋渡江，茂穆二陵盛时，堂中羽衣以数十、琴、书、道术各有声当世。白玉蟾往来，为赋玉笥，有'此小蓬莱'之诗，其盛丽可想已。"②

但在宋理宗淳祐年间（1241—1252）以后，超燕堂逐渐颓圮，堂空人去。承天宫的情况还不错，基本能够维持。宋度宗咸淳年间（1265—1274），管辖李允一因其兄李珏为阁门宣赞舍人，颇得度宗信任，便托其兄为之请求，将承天宫改为了甲乙相传的宫观。

阁皂山因"山形如阁、山色如皂"而得名③。葛玄是灵宝派的托名祖师，而"江西葛仙迹为多，阁山最著"④，因而阁皂山也就被指认为灵宝派的祖庭，是道教所谓"七十二福地"之一。宋哲宗绍圣四年（1097年），敕命以茅山、龙虎山、阁皂山为江南符箓派三山。宋徽宗崇宁年间，封葛玄为"冲应真

---

① 以上引文并见《文忠集》卷五二《群玉诗集序》，《四库全书》本；揭傒斯：《文安集》卷一二《临江路玉笥山万寿承天宫碑》。
② 刘将孙：《养吾斋集》卷一七，文渊阁《四库全书》本。
③ 吴曾：《能改斋漫录》卷九《阁皂山》，文渊阁《四库全书》本。
④ 《须溪集》卷一《临江军阁皂山玉像阁记》。

人"。政和八年(1118),改赐原阁皂山景德观额为"崇真宫",并赐给"元始万神"铜印一枚,专用于授法箓。不过,阁皂山灵宝派道教的真正兴盛,应是从宋徽宗政和年间开始的。宋理宗时曾担任过右街鉴义的杨至质在其《谢郡守王监簿》一文中对此有明确的交待:"尝闻山川以人而轻重,钟鼓随时而盛衰。维张、葛双坛,记寰宇之福地;有陈、黄二士,列政和之道官。后先领袖以俱贤,内外规模而毕备。"①在这里,杨至质是将"陈、黄二士"作为"张、葛双坛"之后阁皂山的领袖人物来看待的。

到南宋后,阁皂山道教的势力日益张大。周必大在宋孝宗乾道九年(1173)冬曾参观过阁皂山,写下了《记阁皂登览》。据周必大所见,阁皂山的宫观建筑颇有规模:一进门就是御书阁,"横连十一间",珍藏有太宗、真宗、仁宗、高宗所赐御书。"阁后即坛,翼以修廊,又其后即殿宇,道士数十房,分居左右,各治厅馆,颇华洁,仍为楼以奉像设,有足观者"②。到南宋宁宗初年,以崇真宫为中心,"道士数百人环居其外,争占形胜,治厅馆总为屋一千五百间"。对此,周必大也不禁赞叹道:"江湖宫观,未有胜于此者!"③宋宁宗嘉定八年(1215),由清江湖山人杨舜臣捐钱五千缗,阁皂山又翻修了大殿,命名为"昊天殿"④。

阁皂山崇真宫的住持,也就是灵宝派传箓嗣教宗师。但遗憾的是,历代灵宝派传箓嗣教宗师的传承谱系资料已经佚失,人们只能见到一些零散的记录。例如,元朝阁皂山万寿崇真宫住持杨伯晋便是灵宝派四十六代传箓嗣教宗师⑤,宋宁宗时崇真宫的住持朱季愈(一作朱季湘)是四十代传箓嗣教宗师⑥,宋孝宗时崇真宫的住持陈元礼也被呼为"陈宗师",只是不知道其为多少代宗师而已。

---

① 杨至质:《勿斋集》卷上,《四库全书》本。
② 《文忠集》卷一八三。
③ 《文忠集》卷八〇《临江军阁皂山崇真宫记》。
④ 白玉蟾:《玉隆集》卷三一《阁皂山崇真宫昊天殿记》,《中华道藏》第19册。
⑤ 《清容居士集》卷三七《临江路阁皂山万寿崇真宫住持四十六代传箓嗣教宗师杨伯晋升加太玄崇德翊教真人》。
⑥ 《玉隆集》卷三一《心远堂记》。

阁皂山灵宝派有不少道士诗文俱佳,与士大夫多有交往。如陈元礼以诗文擅名一时,"凡公卿大夫士,无不与之游,为之赋诗者多至三百人"。其中,著名者有周必大、谢谔、杨万里、洪迈、朱熹、罗点、徐谊、沈诜、萧逵等①。知德庆府(今广东德庆)曾丰也作有《寄题阁皂陈元礼苍玉轩》一诗,赠与陈元礼②。号为"懒云道士"的张惟深,也是杨万里的"诗客"③,两人互有唱酬。

道士杨介如(1158—1225)字固卿,丰城县(今属江西)梅仙乡人。自幼入阁皂山为道士,"道书外,禅宗、方伎之说,皆探骨髓,听者竦动"。对政治也有很大兴趣,开禧北伐之际,他甚至还去了边境,向边将献计献策。因不见采用,遂怅怅归山,不复再出。其后,住持清江县(今属江西)相堂观。"一日,诸文士集观中倡酬",轮到杨介如时,他大声朗吟出一诗句:"酒量春吞海,诗肩夜耸山。"语惊四座,莫不叹服④。

杨至质字休文,号勿斋,丰城人⑤。是阁皂山另一位高道。宋理宗初年,为阁皂山讲师。与真德秀友善,真德秀为作《勿斋记》⑥。淳祐中,宋理宗敕赐高士、右街监仪、主管教门公事、兼领旌德观都监,又亲书"勿斋"二字以赐之。其为文典雅,尤长于四六,著有《勿斋集》二卷。

刘将孙在《题阁皂山〈凌云集〉》中总结说:"近世周益公之辞藻,朱文公之理学,杨诚斋之风节,与人交皆不数数,独为阁皂笔墨先后辉映,其缠绵倾倒如此,不但以其地,则山中人有以取知于诸公者固尔也。"⑦以诗文见长,这也是阁皂山灵宝派道教的特色之一。

灵宝派的焚修之术为存神、炼气、诵经,与上清派近似,但法术以符咒、斋醮科仪为主,尤其注重劝善度人。这在宋人洪迈的《夷坚志》中多有反映:

南宋初年,越州萧山有民女武元照,得异人传授"灵宝大洞法及大洞大

---

① 《道园学古录》卷四六《苍玉轩新记》。
② 《缘督集》卷四,文渊阁《四库全书》本。
③ 杨万里:《诚斋集》卷三七《赠阁皂山懒云道士、诗客张惟深》,《四部丛刊》本。
④ 《后村先生大全集》卷一四八《阁皂山道士杨固卿墓志铭》。
⑤ 《后村先生大全集》卷八八《云泉精舍记》。
⑥ 《西山先生真文忠公文集》卷二六《勿斋记》。
⑦ 《养吾斋集》卷二五。

法师回风混合真人印"，遂为人作法治病，人称"武真人"①。

南宋人陈季若"平生多梦怖，不能独寝。每寝熟，必惊厌"。于是受人指教，每天早晨起床后，便焚香念诵"元始天尊、灵宝护命天尊号"，每号各念诵三十遍。坚持不到一年，便不再做噩梦了②。

宋高宗绍兴八年(1138)，临江军司法参军朱琼因小妾自杀，惶惶不可终日，只好"招阁皂山道士行法禳逐"③。

临江军阁皂山下，有一富人张氏，"以财雄乡里"。宋高宗绍兴十四年(1144)，因家中闹鬼，只好"登山上玉笥观"，"设黄箓九幽醮，命道士奏章于天"④。

宋孝宗乾道五年(1169)，寓居于衡湘一带的赵生因其妻"苦头风痛不可忍"，几近疯狂，于是"命道士作灵宝度人醮数筵"⑤。

宋孝宗淳熙年间(1174—1189)，临安府人徐伯禄为纪念亡弟，于是"招临江阁皂山道士谭师一至家，建设黄箓醮"⑥。

不过，随着南宋内丹术及雷法的流行，灵宝派也开始重视内丹术及雷法的修炼。例如，灵宝派第四十代宗师朱季愈"凡于金汞、龙虎之书，六壬、八门、三甲、五雷之文，尤所精炼"，因而声名大振，"数携琴剑诣京华，所至权贵皆倒屣之"。宋宁宗赐给他紫衣，又"赐其冲妙之号"⑦。兼修内丹术及雷法，应是南宋灵宝派的一个普遍的趋向。

---

① 《夷坚丁志》卷一四《武真人》，第653页。
② 《夷坚甲志》卷一二《诵天尊止怖》，第106页。
③ 《夷坚支乙》卷七《朱司法妾》，第847页。
④ 《夷坚乙志》卷一七《阁皂大鬼》，第326页。
⑤ 《夷坚丁志》卷一三《李氏虎首》，第649页。
⑥ 《夷坚支甲》卷七《徐达可》，第767页。
⑦ 《玉隆集》卷三一《心远堂记》。

# 第三节　新生符箓派

## 一、天心派

天心派因传习一种名为"天心正法"的新符箓而得名,创于北宋初年。据邓有功《上清天心正法序》称:宋太宗淳化五年(994 年),江西临川县掾饶洞天,掘地得"玉篆天心秘式"一部,名曰正法。饶洞天当时虽获得"天心秘式",但却不知道如何行法。后来经神人指点,师从著名道士谭紫霄,始得其术。饶洞天于是被人称为"天心初祖"。饶氏传法于弟子朱仲素、朱仲素传游道首、游道首传邹贵、邹贵传符天信、符天信传邓有功。入南宋后,邓有功一系承传不明。

北宋末年,开封人路时中(字当可)在蜀中得人传授,遂精通"天心正法"①。北宋灭亡后,路时中到了南方,宋高宗绍兴元年(1131),官至朝散郎、干办诸司审计司。他虽身为南宋官员,并非道士,但因常用"天心正法"为人治病,知名度极高,因而被世人称为"路真官"②。

据生活于两宋之际的张知甫说,路时中"行正一箓,能致已焚之词役使鬼神,呼吸雨风,骇人耳目。又以炊饼布气令圆,其红如丹砂,谓之三光丹"③。可见路时中的"天心正法"不过就是将气功与"正一箓"结合起来的一种巫术。"三光丹"又称"太阳丹"。与路时中同时代的曾敏行对路时中制造"太阳丹"之事有较为详细的记载:

> 路真官……能作太阳丹。置蒸饼,面果粒于掌,望太阳嘘呵,揉而成丹。其色微红,以授病者,服之良愈。崇观间,有官婢病狂邪,如有所凭,召路入禁中,令作丹,而不能成。左右哗曰:"不曾带得厢王家药料

① 《夷坚丁志》卷一八《路当可》,第 684 页。
② 《建炎以来系年要录》卷四三,绍兴元年四月癸酉条。
③ 张知甫:《张氏可书》,文渊阁《四库全书》本。

来耳。"盖京师厢王家卖臙脂也。路曰："适被召,迫促而来,神气不定,故丹不成。乞赐盥漱,再造。"有旨赐之。已而丹成,以授病者,下咽而愈。路之捕治鬼物,其术甚神,人多能言之①。

南宋一代,在路时中的影响下,涌现出了一大批能够较熟练地运用"天心正法"的官员,仅《夷坚志》一书所载,就有知宣州南陵县钱说、道州录事参军杨仲弓、知池州陈楠、常州"姚将仕"、宗室赵子举和赵伯兀父子、天长镇税官孙古等②。他们也主要是运用"天心正法"来治疗精神疾病,有时也用"起龙致雨符"求雨③。

天心正法来自正一和上清派,奉上天北极大帝(斗中北极)为主神。例如,绍兴三年处州天庆观道士吴师正撰写《天庆观钟铭》时,自列法衔即为"处州天庆观太上正一盟威高上神霄九一六阳太平辅化法籙典者、太微仙佐、行上清北极天心正法、敕差副道正,权道正、赐紫、灵希大师臣吴师正"④。其所传符印颇多,主要有北帝正法三符(天罡大圣符、黑煞符、三光符)及两枚神印(北极天枢院印、都天大法主印),另有各种咒诀、誓文、榜式等等。

在以路时中为首的这一批精通"天心正法"的南宋官员那里,"天心正法"只是一种法术,而不是正式的道教教义。因此,大约在南宋中期以后,信奉"天心正法"的道士假借路时中的名声,先后编撰了《无上玄元三天玉堂大法》、《无上三天玉堂正宗高奔内景玉书》等书⑤,不仅将路时中树为天心派的宗师,而且还为路时中杜撰出了一位名叫赵昇的祖师。后人沿袭此说,都承认路时中在绍兴之初"再编天心法"⑥,在天心派中具有宗师的地位。

原来的"天心正法"只注重符印,自《无上玄元三天玉堂大法》、《无上三

---

① 曾敏行:《独醒杂志》卷一〇,文渊阁《四库全书》本。
② 参见《夷坚支乙》卷五《南陵蜂王》,《夷坚支甲》卷五《唐四娘侍女》,《夷坚丁志》卷六《王文卿相》,《夷坚支乙》卷七《姚将仕》,《夷坚乙志》卷六《魅与法斗》,《夷坚丙志》卷七《大仪古驿》。
③ 陆友仁:《吴中旧事》,文渊阁《四库全书》本。
④ 潘绍诒:[光绪]《处州府志》卷二六,光绪三年刊本。
⑤ 在《无上玄元三天玉堂大法》中,编造有路时中的自述,称自己在宣和年间曾"被命通守金陵",即担任过知建康府。这与路时中的仕履完全不符。是为其造假之明证。
⑥ 金允中:《上清灵宝大法》卷四三,《中华道藏》第34册。

天玉堂正宗高奔内景玉书》等书问世后,天心派具备了教派理论科仪规定。它以《度人经》、《生神章》为"真经"①,强调以内炼为本。《无上玄元三天玉堂大法》卷一《发明大道品第一》假借路时中祖师赵昇的话说:"道之妙,先天而生;道之理,后天而存;道之教,末世始立"。"道本无名,道亦无形";"道不可以形迹求,不可以声色得;凡人有生,均禀此道"。因此,只要"修持坚久,则飞升可冀"。"故圣师之意,必令先修之身,然后可以行鬼神"。"制教者,当以明教为先,修持为本,岂患不能行法耶"②?

南宋中期的金允中对假借路时中之名编成的《无上玄元三天玉堂大法》中的科仪基本是肯定的,说:

> 绍兴之初,路真官再编天心法,则用世法以定之者尤众。路君高才博达之士,撰传度科文,又于其法十卷之首,各作一叙,极为精确,超越古今。惜其所见有偏,升天师与上帝同列,奏告尊崇之比僭。天尊独跻万真之上,失于碍理,良可恨耳。惟出给仙诰之事,路君却不从旧例,止给补帖而已,大为允当③。

> 路真官时中立玉堂醮法,以正一法箓衔位,而行洞玄科品,乃越一阶而文移行用,以天师与上帝同其轻重,是其大失也④。

到南宋后期,又有蜀人廖守真师从金鼎妙化执法真人申霞,传"天心正法",又形成另一个天心支派。廖守真的三传弟子彭元泰在宋度宗咸淳十年(1274)作有《法序》一文,说:"昔宗师廖真人修大洞法,诵《度人经》。……于是,北帝敕主法仙卿下降,特遣侍御殷郊,护助真人修炼大丹。所到则瘟疫消灭,神煞潜藏,行无择日,用不选时,如意指使,悉顺真人之意焉。于是颁一符付真人,为役使之信。后真人得道,遍历江湖。"⑤廖守真后传弟子萧安国,萧安国传萧道一,萧道一传彭元泰。彭元泰再传史白云和张湖山。史

① 路时中:《无上玄元三天玉堂大法》卷之二〇《生身受度品第二十一》,《中华道藏》第30册。
② 《无上玄元三天玉堂大法》卷一《发明大道品第一》。
③ 《上清灵宝大法》卷四三《传度对斋品》。
④ 《上清灵宝大法》卷一〇《箓阶法职品》。
⑤ 佚名:《道法会元》卷二四六《天心地司大法》,《中华道藏》第38册。

白云传费文亨,费文亨传陈一中;张湖山传傅道判。不过,彭元泰之后诸人,已经由宋入元。

南宋末年,还有雷时中(1221—1295)传"混元法"。"混元法"其实也是天心派的另一个支系,据元代浮云山圣寿万年宫道士赵道一的《历世真仙体道通鉴续编》卷五《雷默庵传》记载,雷时中,字可权,号默庵,又号双桥老人。隆兴府(今江西南昌)人,徙居鄂州武昌县金牛镇。早年"三领乡荐,精心道学,专务性理";其后"留心道法,绝念功名"。宋度宗咸淳六年(1260),自称祖师路真君下凡,传授给他"混元六天如意道法"。又有雷霆辛天君下降,向他传达"昊天敕命",让他开阐雷霆之教,普济众生;以《度人经》为旨,化导世人及开度弟子。雷时中由此而得道,飞升上清。著有《心法序要》、《修炼直指》、《道法直指》、《原道歌》,"皆发扬混元道化之妙"。

南宋末年,道教的庸俗化日益严重。耐得翁撰《就日录》,对此予以揭露和批判:"《夷坚志》载真官行持灵验处极多。且行持符法,……亦是运自己精神真气正心而驱除妖邪。若自己神灵气清心正之人,鬼神亦自畏之,况受正法符箓乎?……今也不然。有无事取罪者妄意传授符箓,假此以苟衣食,行持治病则自带亲仆,专备附体,仍呼神叱鬼,又且召役岳帝、城隍。……而又要求财物,作为淫乱,动违天律。生不免于雷震,则死堕于风刀幽沉!"[①]

对此,雷时中也认为:"圣人设教,千经万论,莫不教人收心养性。"那些"借先贤之名,撰造傍门小法"的堕落道士,诡称"咽龙虎精炁,吞日月精华"而"淫少女阴中之精,采室女口中之唾",或"诳惑愚迷,欺骗钱帛"的恶行,将会导致"渐生恶疾"。"重则丧生,轻则残废"。因此,他呼吁"行法之士,不干非理之事,不取非理财物,不起妄心,不贪邪欲"[②]。这说明,雷时中的"混元法",具有强烈的儒家伦理色彩,其教义确实具有混融"儒、释二家","博采旁求,归于一致"的特色。

雷时中声名远扬,有"弟子数千人,分东南、西蜀二派"。其弟子卢、李二

---

① 《说郛》卷三四上。
② 《道法会元》卷一五四《修炼直指》,《中华道藏》第37册。

宗师"道行于西蜀",另一弟子南康军(今江西星子)人查泰宇"道行乎东南"①。进入元代后,雷时中的"混元法"派系仍有较强的影响力。

### 二、神霄派

神霄派以传习神霄雷法而得名。所谓神霄雷法,又称作雷法或五雷正法,据称是一种将内丹功法和符箓术数相融合的道法,但其实就是一种以幻术作掩护、宣称能够运用雷电来役使鬼神的巫术。宋人储泳揭露说:"向有行雷法者,以夜游艾纳数药合而为香,每烧则烟聚炉上,人身鸟翼,恍如雷神,所至敬向,不知其为药术也。师巫多挟术以欺世。"②

神霄雷法在北宋后期开始流行。神霄派声称其法出自元始天王之子神霄玉清真王,但创始人实为两宋之际南丰(今属江西)道士王文卿(1093—1153 年)。

王文卿字予道,号冲和子。他自称得火师汪真君授以飞神谒帝之术,遂能召雷祈雨。王文卿早年,"每于乡市遇儿童,则戏索一钱,画雷于其掌,令握固,行数步开掌,则雷声霹雳,谓之卖雷公"。看来,王文卿画雷的颜料应是一种化学物质,在掌心紧握加热后会发出爆裂声。他所书写的神符,多作"召和气,作融风。神符府末吏王文卿书"这样的格式③。

宋徽宗政和六年(1116),京师大旱。王文卿由林灵素推荐,进京与林灵素一起作法,"执简敕水,果得雨三日"。被徽宗授予凝神殿侍宸④。其后,据说王文卿因奉诏用雷法劾治宫中作祟的白龟、京师狐王庙的狐妖、瑶津池的黑鲤妖,又为宋廷举行明堂大礼而作法祈晴获得成功,因而被宋徽宗封为冲虚通妙先生。从此,神霄雷法大行天下,道家各派,如天师道之张继先、上清派之刘混康等,为扩大自身影响,都兼传习雷法。到南宋时,天心派也有将天心法与五雷法结合在一起行用的,称"天心五雷法"或"五雷天心法"。例

---

① 《历世真仙体道通鉴续编》卷五《雷默庵》。

② 储泳:《祛疑说·烧香召雷神、钱入水即化》,文渊阁《四库全书》本。

③ 郝玉麟等编:[雍正]《福建通志》卷六〇《方外》,文渊阁《四库全书》本。

④ 赵与峕:《宾退录》卷一,上海古籍出版社 1983 年版,第 5 页。

如,常州姚将仕,"纳粟买官,能行五雷天心法"①。正一宫法师刘守真,"奉行太上天心五雷正法"②。

北宋灭亡前夕,王文卿离开京师回到故乡。南宋高宗曾用敕书征召他到临安,但他以老病为由予以谢绝,隐居不出,直到绍兴二十三年(1153)去世。王文卿的弟子有熊山人、平敬宗、袁庭植等③。其外甥上官氏得其所真传。其从孙王嗣文又得上官氏之传,因法术高明而知名,被宋宁宗赐予"妙济先生"的称号。

神霄派雷法根据天人感应理论,吸取内丹家所谓人身为一小宇宙之说,认为施行雷法时所召摄的雷神将帅,实即自身中三宝(精气神)及五行(五脏之气)所化。作法者若能内炼成丹,以自心元神主宰自在,随意升降身中阴阳五气,使之交感激荡,便能感通身外天地间主掌阴阳五气之雷神将帅,从而达到兴云致雨或止雨放晴、驱邪伏魔、禳灾治病等目的。王文卿在为《高上神霄玉枢斩勘五雷大法》作序时说:"以我元命之神召彼虚无之神,以我本身之气合彼虚无之气,加之步罡诀月、秘咒灵符,斡动化机,若合符契,运雷霆于掌上,包天地于身中,曰旸而旸,曰雨即雨,故感应速如影响。"他认为《周易》"刚柔相摩,八卦相荡,鼓之以雷霆,润之以风雨"的原理"即此法此道之妙用也"。因此,该派以融合内丹与符箓为特色,强调以自我元神本性为作法施符之本。王文卿还特别指出:"凡求仙慕道之士,不炼内丹,形还外灭。不施符水,不达三天。"④

王文卿所传,分支极多。新城县(今江西黎川)人高子羽也是王文卿徒弟。临江军(在今江西樟树市西南)人徐次举又得高子羽之传。徐次举又传抚州金溪县(今属江西)人聂天锡。在聂天锡之后,得王文卿之传而最为著名者,是临川(今江西抚州)人谭悟真。以致"人不敢称其名,但谓之谭五雷"。谭悟真再传庐陵(今江西吉安)人罗虚舟,罗虚舟又传授鄱阳(今江西

---

①　《夷坚支乙》卷七《姚将仕》,第846页。

②　《夷坚志补》卷二二《钱炎书生》,第1755页。

③　赵道一:《历世真仙体道通鉴》卷五三《王文卿》,《中华道藏》第47册。

④　《道法会元》卷六一《〈高上神霄玉枢斩勘五雷大法〉序》,《中华道藏》第36册。

波阳)人胡道玄。胡道玄"道行关陕、荆襄、江汉、淮海、闽浙之间",人称神霄
野客。宋度宗咸淳五年(1269)、六年,连续大旱。胡道玄作法祈雨,"嘻笑怒
骂,雷雨随至","环四五千里之间,所至无不应者"。因而,"官吏畏而民爱
之","郡县争致之"①。

另外,两宋之际河东人萨守坚,自称"汾阳萨客"。据说他入川,在青城
山见到王文卿而学习神霄雷法,尽得其神秘。后游于东南,祈禳劾治,其法
术还有超过王文卿之处。萨守坚撰有《雷说》、《内天罡诀法》、《续风雨雷电
说》,阐述雷法要旨。其法裔流传后世,被称为"西河派"或"天山派",属神
霄支派,以擅长咒枣术而闻名。

"咒枣术"实际是一种魔术。宋人储泳说:"旧闻咒枣而烟起或咒而枣焦
者,心虽知其为术,不知其所以为术也。后因叩之道师,乃知枣之烟者藏药
于枣,托名以咒,捻之则药如烟起。其枣之焦者,藏镜于顶,感召阳精,举枣
就镜,顷之自焦。是知奇怪之事,非药则术,不足多也。"②

生活在宋末元初的湖州(今属浙江)人莫月鼎(约1223—1291),也精于
神霄雷法。他原名莫起炎,出生于官宦之家,因科举不利而转学佛,再转学
道,更名洞一,自号月鼎③。入四川青城山丈人观,师从徐无极学习五雷法,
后听说南丰(今属江西)道士邹铁壁有王文卿雷法秘籍,又前往师事之,得受
真传。宋理宗宝祐六年(1258),因浙东大旱,在绍兴府(今浙江绍兴)建坛
场,行雷法祈雨。因得大雨,宋理宗称莫月鼎为"神仙",并作诗一首赞誉
他④。入元后,莫月鼎被称为"莫真官",门下弟子甚多。莫月鼎一派,也是神
霄支派。

---

① 以上引文见《道园学古录》卷二五《灵惠冲虚通妙真君王侍宸记》。
② 《祛疑说·咒枣烟起、咒枣自焦》。
③ 《历世真仙体道通鉴续编》卷五《莫月鼎》。
④ 宋濂:《宋学士文集》卷一一《元莫月鼎传碑》,《四部丛刊》本。然其曰:"宝祐戊午,[浙]
(河)东大旱,马廷鸾方守绍兴,迎致月鼎。"实误。马廷鸾知绍兴府,在宋度宗咸淳九年
(1273)、十年。宝祐间,马廷鸾为史馆校勘。开庆元年(1259),方为校书郎,官职尚微。

### 三、净明派

净明派系从灵宝派分化而来,奉东晋道士许逊为祖师。许逊原为江西地区传说中的神人,北宋时影响逐渐加大,颇受江西洪州(今江西南昌)一带民众的信仰。政和二年(1112年),宋徽宗敕封许逊为"神功妙济真君";政和六年,改洪州西山玉隆观为"玉隆万寿宫",并亲赐匾额。玉隆万寿宫由此而成为净明派的传播中心。

南宋绍兴元年(1131),玉隆万寿宫道士何真公①等人宣称:许真君(许逊)等六位真人在建炎三年(1129)从天而降,出示了"灵宝净明秘法",用"忠孝廉慎之教"来教化民众②。绍兴元年,许真君又降授《飞仙度人经》、《净明忠孝大法》给何真公等人。于是,何真公等人随即在玉隆万寿宫建立"翼真坛",传度弟子五百余人,形成了净明道派。

净明派有自己崇奉的神灵和神仙传授系统。唐代道士胡慧超著有《西山十二真君内传》,将传说中晋代的许逊、吴猛、陈勋、周广、曾亨、时荷、甘战、黄仁览、施岑、彭抗、盱烈、钟离嘉等神异道士称为"十二真君"。但何真公等人却只称"六真人"③,不再提"十二真君"了。

净明派对《西山十二真君内传》中的神话体系加以改造,不仅编造了"孝悌王——兰公——谌姆——许逊"这样一个神仙传授系统,而且以"孝悌"作为教义的核心,宣称"夫孝至于天,日月为之明,孝至于地,万物为之生,孝至

---

① 有学者认为,"何真公"即南宋初年翼真坛副演教师何守证。但何守证在作于绍兴元年的《《灵宝净明新修九老神印伏魔秘法》序》中自称:"守证自愧肉质地行,闻见隘塞,有何补于宗教? 然误蒙真师收录,充灵坛下弟子,今已三年矣,谨直序其事于篇首。"可见何守证并不是当时净明派的宗师。文中所谓的"真师",才是何守证的师傅。

② 何守证:《〈灵宝净明新修九老神印伏魔秘法〉序》,《正统道藏》本。该序文称六真降临乃"炎宋中兴,岁在作噩"之际。"作噩"为酉。建炎三年为己酉年。是知此"作噩"是建炎三年。

③ 据郭武先生考证,何真公等人所说的"六真人"即被南宋净明道崇奉的"祖师"太阳上帝孝道仙王灵宝净明天尊(日中仙王)、"祖师"太阴元君孝道明王灵宝净明黄素天尊(月中明王)、"经师"至孝恭顺仙王(谌姆)、"籍师"玄都御史真君(吴猛)、"监度师"三天扶教辅元大法师正一冲玄静应真君(张道陵)、"度师"九州都仙太史高明大使至道玄应神功妙济真君(许逊)。此说有些勉强,姑备一说。参见郭武:《〈净明忠孝全书〉研究——以宋、元社会为背景的考察》第三章《祖师传纪:元代以前的教团历史》,中国社会科学出版社2005年版,第200—201页。

于民,王道为之成",以始、元、玄三气与日、月、星及孝道仙王、孝道明王、孝悌王对应起来,制造了净明派的三位天神:"始气为大道,于日中为孝道仙王;元气为至道,于月中为孝道明王;玄气为孝道,于斗中为孝悌王。"①

《西山十二真君内传》原有"三气"与"三清"的对应关系:"三气者,玉清三天也。玉清境,是元始太圣真王治化也;太清者,玄道流行虚无自然玉皇所治也;吾于上清已下,托化人间,示陈孝道之教。"但在白玉蟾的《玉隆集》中,已经将其删除了。

何真公等人还假借许逊的名义编撰了《太上灵宝净明飞仙度人经法》(《飞仙度人经》)、《净明新修九灵宝老神印伏魔秘法》等净明派道教经典。但这些经典主要是通过改造灵宝派经典完成的,还带有灵宝派符箓的痕迹②。

净明道修炼的"净明秘法"主要是由"三五飞步"、"度脱六亲"、"救治百病"、"束缚百邪"等方术构成的。该派与神霄、清微等新符箓道派相似,也重视内丹与心性修炼。便它更强调来自儒家的忠义思想,认为只有以"忠义"为宗旨,调养心性,使之纤尘不染,无幽不烛,才能达到"净明"的最高境界。因而,净明派具有儒道融合的特点。

然而,南宋时期,普通民众对于许真君,还并不是将他作为净明派的教主来看待的,而是将他视为一位无所不能的神明。其巫教色彩依然很浓。而且,这种信仰已经深深溶入了隆兴府(今江西南昌)一带地区的民俗之中。白玉蟾《续真君传》记述:

> 每岁季夏,诸卿士庶,各备香华、鼓乐、旗帜,就寝殿迎请真君小塑像幸其乡社,随愿祈禳,以独除旱蝗。先期数日,率众社首,以瓜果酌献于前殿,名曰"割瓜"。预告迎请之期也。真君之像凡六,唯前殿与寝殿未尝动,余皆随意迎请。六旬之间,迎请周遍。洪、瑞之境八十一乡之人,乃同诣宫醮谢,曰"黄中斋"。七月二十八日,仙驾登宫左之五龙岗,

---

① 《修真十书·玉隆集》卷三六《兰公》,《中华道藏》本。
② 参见卿希泰:《关于净明道形成问题刍议》,见《刍荛集》,巴蜀书社1997年版,第302页。

禁辟蛇虎,自古以然,谓之"禁坛"。故远近祈禳之人昼夜往还,绝无蛇
虎之患。仲秋号净月,自朔旦开宫,受四方行香祷赛荐献,……远迩之
人,扶老挽幼,肩舆乘骑,肩摩于路。……以至茶坊、酒炉、食肆、旅邸,
相续于十余里之间,骈于关市,终月乃已。常以净月之三日,仙仗往黄
堂观谒谌姆。……初六日早,由西路以还宫中。每以中秋日修庆上升
斋,先一日建醮,次日黄君来觐。黄君,真君之婿也。……每三岁上元
后一日,真君仙仗往瑞阳,存问黄君,曰"西抚"。……瑞人多出城迎谒,
号曰"接仙"。……士庶焚香迎谒者以千数,凡所经由,聚落人民、男女
长幼,动数百人焚香作礼,化钱设供,至有感激悲号者。每仙驾出入,主
首必再拜送迎于大门之外,至于南朝、西抚及州府迎请祈求,必主首从
行焉。……仙驾每行,必冲早涉暝,履茅灰荆棘之地。部从社赛之人,
动逾数百,然从古未间有伤其足者。唯忌人畜生死厌秽,凡香钱、服用、
饮食、坐卧,皆须避之,否则立有卒暴之祸,后有迍蹇之灾,皆前人所传
而今人所见之明验也①。

与此相比,南宋时期的净明派在宗教理论上不仅还显得较为粗糙,没有
出现有影响力的高士,未能引起士大夫的深切关注;而且在宗教组织形式上
也不完善,其教派领袖的号召力甚至还不及每年组织民众举行朝谒、迎请、
迎接许真君系列民俗活动的"社首"或"主首"。因此,南宋时期的净明派影
响极其微弱。直到元朝,净明派在刘玉等人组织领导下才得以振兴。

### 四、东华派

东华派是在北宋末由灵宝派分化出的一个特殊的民间道教支派,因肇

---

① 《修真十书·玉隆集》卷三四。

始者王古①托称自己是丹元真人（南朝刘宋时期的道士陆修静，死后被神话为仙人）的东华嫡传，故名。但真正的创建者当为宁全真。

据《灵宝领教济度金书·嗣教录》记载，宁全真（1101—1181）原名本立，字道立，开封府人。"全真"是他的道名。自幼聪明好学，"凡诸子百家、医药卜筮之书，无不该贯融会"，而且还"善察天文躔度，犹工于风角鸟占卜术"。但由于家庭贫穷，为生活所迫，只好当了一名小吏。据说，王古入京担任户部尚书后，得知宁全真之名，便让他担任了自己属下的史掾，负责处理文字工作。

道士田思真（后被奉为灵虚诚应紫极田真君）诡称自己在庐山遇到了陆修静，"受三洞经教"，与东华丹元玄旨会合。王古得知后，便将田灵虚请到家中，商议创立"东华教"。由于宁全真负责抄录相关文字，因此也以王古、田思真弟子的身份参加了创教活动。王古被贬官流放后，这个创教工作也随之停顿下来。但宁全真"能通真达灵，飞神谒帝"的法术也名闻京城。

北宋灭亡后，宁全真漂泊到了南方。一路行法，"凡所至处，人辄归慕"。不久，他又从杨司命的弟子仕子仙手中得到了《灵宝玄范四十九品》、《五府玉册符文》和一宗印诀。绍兴十六年（1146）南郊前不久，雨雪交作。宁全真受命作法祈晴。因祈晴成功，颇得宋高宗信任。绍兴二十年，大宦官刘敖出家当上道士，入主吴山宁寿观，宋高宗为他亲赐法名，曰"能真"。刘能真早年曾向宁全真学过"上清灵宝大法"，是宁全真南渡后传法的第一批弟子之一。不久，刘能真便被宋高宗任命为"左右街大都道录、少师"，赐号"紫衣真人"②。

绍兴三十一年，金朝皇帝完颜亮率金军南侵，宋高宗又召见宁全真，让

---

① 《道法会元》卷二四四《玉清灵宝无量度人上道》在"灵宝源流"中记载："司命神盖实惠尚书王真人，讳古，字贤孙。"称其为"司命神盖宝惠尚书王真人"。但宋徽宗初年官至尚书之职的王古仅有一人。其人字敏仲（或作敏中），大名府莘县（今属山东）人，宋真宗宰相王旦后裔。神宗时，历任司农主簿、湖南转运判官、提点淮东刑狱等职。绍圣初，迁户部侍郎。详定役法，与尚书蔡京多不合。宋徽宗即位后，擢为户部尚书。入崇宁党籍，谪衡州别驾，安置温州。其后，官复朝散郎，寻卒。《玉清灵宝无量度入上道》所谓"贤孙"，可能是王古的一表字。

② 《两浙金石志》卷九《刘能真创建通元观记》。

他预卜吉凶。宁全真预言："天亡此胡。三日后天下当太平。"完颜亮死于金军内乱、金军北撤后，宋高宗为他赐号曰"洞微高士"，不久，又赐号"赞化先生"。

宋孝宗即位后，宁全真因反对枢密使、都督江淮兵马张浚出兵北伐，预言"今日出师不利"，激怒了张浚。刘能真此时出于嫉妒心理，也"大兴谤讪"，刘能真在皇宫内的党羽宦官谢安道、鲁允修及统制官陈瑶、李嵘等人也出面诬陷，使宁全真蒙冤入狱，发配军中效力。张浚主持的隆兴北伐失败后，宁全真才得到开释。

从此，宁全真"晦迹深遁"，在浙东一带传道，"士夫慕其道而归之者如市"。因痛恨刘能真让自己"求生不得，求死不得"，他为自己的教派立下一道规定："东华灵宝，上道宗派。真真相授，不许传黄冠。"这就是意味着：东华派只是一种居家道士的教团，所有拥有官方度牒的道士均不能参加这个教团。

《正统道藏》第51册所收的《上清灵宝大法》66卷，题为宁全真授、王契真纂；第12册所收的《灵宝领教济度金书》322卷（正文320卷并目录1卷，制教录1卷），题为宁全真授、林灵真编。而《灵宝领教济度金书》卷首《嗣教录》又称林灵真入元后编有"《济度之书》一十卷，《符章奥旨》二卷"。这里所谓的"济度之书"应该就是《灵宝领教济度金书》。现存《灵宝领教济度金书》322卷是在明初编成的。两相对比，卷帙数量相差太大，可能《嗣教录》的卷数记载有误。但不管怎么说，《灵宝领教济度金书》的基本内容应该是来自宁全真的编撰。下文所引《灵宝领教济度金书》卷一四八《发念》中的"四夷宾伏"之语，就不会是元人提出的。

《灵宝领教济度金书》是现存卷帙最多的一部道书。该书记录了东华派的斋仪禁咒修持等道法，十分庞杂。但其中所包含的思想却与东华派民间道教的性质十分吻合，非常的世俗化，许多地方与儒家思想极其接近。姑举其《发念》一文：

> 一念：为道四大合德，斋主七世父母，免脱忧苦，上升天堂，衣食自
> 然。二念：帝王国主，道化兴隆，庠序济济，皇教恢弘，威仪翼翼，普天所

瞻,民称太平,四夷宾伏,妖恶自灭,贤圣日生。三念:法师功德大建,教化明达,俱获飞仙。四念:同志学人,早得仙道,更相阅度。五念:九亲和睦,好尚仁义,贵道贱财,行为物范。六念:损己布施道士及饥寒者,天下人民,各得其所。七念:蠕动跂行,一切众生,咸蒙成就。八念:赦贳前生今世罪愆,立功补过。九念:家门隆盛,宗庙有人,世生贤才。十念:尊受师经,不敢中息,平等一心,广度一切,克获上仙,白日登天,拜见太上,永成真人,云车羽驾。(和)与道合真①。

因此,东华派在浙东大受民众欢迎。"浙右诸处士庶,多率钱建斋醮,或度幽魂,或谓兵戈,或祈晴雨,动有玄报,不可殚纪"。洪迈作《夷坚志》,在《侯将军》中也记述了宁全真"书符箓,使置于门首,建坛置狱","敕神将擒扑","画地为牢"等作法降服所谓"飞猴"的故事,称他在"焚猴尸,扬灰江上",使女子精神恢复正常后,"凡赂谢钱帛,分毫不受"②。

宗室赵德真(字义夫)、婺州兰溪县(今属浙江)的官宦子弟何淳真,是宁全真的得意弟子。何淳真"为国子进士,慕先生之教,不惜重赏,延于家塾"。宁全真晚年双目失明,一直住在何淳真家里。弟子门徒众多,"如宋扶、何德阳、王承之、章友直、宗妙道、胡元鼎、胡次裴、赵怀政、胡仲造、杜文豫,皆受学焉"。他的侍婢三娘子也一直陪伴在他身边照顾他的生活。

宁全真去世后,由王㳎(字光宝)、赵德真先后继承法统,成为东华派宗师。赵义夫假托上天之意,追授宁全真以"洞微高士开光救苦真人"的法号③。

赵德真之下的东华派宗师,据《道法会元》卷二四四《灵宝源流》记载,有"云林先生宋真人,讳存真;玉虚先生张真人,讳洞真;太玄先生孔真人,讳敬真;丹霞先生卢真人,讳谌真;东华先生薛真人,讳熙真"。

南宋末年,有林灵真"绍开东华之教,蔚为一代真师"。林灵真自称"投礼提点复庵先生戴公焴为师",又称"学道于虚一先生林公、东华先生薛公"。

---

① 佚名:《灵宝领教济度金书》卷之一四八《发念》,《中华道藏》第40册。
② 《夷坚志补》卷二二《侯将军》,第1750页。
③ 以上引文,如无注明,均见《灵宝领教济度金书》卷首《嗣教录》,《中华道藏》第39册。

"林公"不详,"薛公"即薛熙真。

林灵真(1239—1302)原名伟夫,字君昭,温州平阳人。"灵真"是其法名。出身于官宦之家。祖父林粲官至武经郎,父亲林嗣孙官至保义郎。舅父徐俨夫是宋理宗淳祐元年(1241)状元,官至礼部侍郎。

林灵真因累举不第,于是弃儒从道,自号水南,将自家屋舍改建为道观,号为"丹元观"。"家赀钜万,如弃弊屣"。这已经与宁全真时代的东华派有很大区别了。

南宋灭亡后,林灵真"深隐蕃芝山修洞,将弥千日"。三年后,接受元朝张天师任命,被授予温州路玄学讲师。不久,又升为本路道录。林灵真依照"正一教法",汇辑"三洞领教诸科及历代祖师所著内文秘典",编为"《济度之书》一十卷,《符章奥旨》二卷"。另据《道法会元》卷二四四《灵宝源流》记载,三十九代天师太玄张真人(张嗣成)也是林灵真的再传弟子。由此可见,入元以后,东华派便融入正一教了①。

### 五、清微派

该派由上清派衍生而出,因自称其符法出自清微天元始天尊,故名清微派。上清派以晋代女道士魏华存(南岳魏夫人)为第一代宗师。而清微派则以唐末五代女道士祖舒为第一代宗师。

由黄舜申所传、其弟子陈采所编的《清微仙谱》称:在祖舒之下,直到南宋,清微派的宗师有休端、郭玉隆、傅央焴、姚庄、高奭、华英、朱洞元、李少微、南毕道、黄舜申。明代第四十三世天师张宇初说:"清微自魏、祖二师而下,则有朱、李、南、黄诸师,传衍犹盛。"②认为"朱、李、南、黄诸师"才是清微派发展历程中的重要人物。张宇初的这个说法是合理的。

清微派法术的核心是雷法。《雷奥秘论》宣称:清微法有三品灵书。上品灵书,以示天人;中品灵书,以示神人;下品灵书,即"今人间清微雷法妙道是也"。清微派的雷法接近于神霄派,只是所用符箓不同而已。因此,清微

---

①　《灵宝领教济度金书》卷首《嗣教录》。
②　张宇初:《道门十规》,《中华道藏》第42册。

派道士自己也承认："清微法者,即神霄异名也。"①

在清微派宗师中,第一个传播雷法的就是第七代宗师朱洞元。《清微仙谱》曰："青城通惠真人朱洞元,成都人也。圆目美须,隐居青城,敷宣雷奥,位清微洞卫上卿神霄玉枢使。"又曰："云山保一真人李少微,房州保峰一水人也。所居故址犹存,人称为李雷公宅。真人先以宦族世家房陵,弃俗悟真,感师授道,位清微都元右卿。后见天吏下降,传宣王敕令,任五雷院使。后升飞游三界,隐显莫测。"

朱洞元、李少微都应生活在南宋时期。在南宋理宗时,李少微又将雷法传与南毕道。

南毕道(1196—? 年),字斗文(一说原复姓东南,名珪),眉州眉山(今属四川)人。早年登进士,步入仕途。宋理宗时,曾任湖南某州通判。宣称得遇保一真人、五雷院使李少微,遂拜其为师,得授雷法②。因此,"遂役鬼神,致雷雨,动天使,陟仙曹"。后累官至广西提刑③,晚年隐居青城山④。

黄舜申(1224—?),字晦伯(一说字应炎),号雷困,福建建宁(今福建建瓯)人。他"性质颖悟,经史百家靡不通贯"。大约在宋理宗嘉熙四年(1240),他随担任广西提刑司幕僚之职的父亲在广西时,患上重病,南毕道"以符疗之,雷震于庭,其疾顿痊"。黄舜申大为叹服,于是拜南毕道为师。黄舜申得到南毕道的雷法书后,认真钻研,"覃思著述,闻扬宗旨",将南毕道的雷法发扬光大,使清微派的法术、教理得以完备。因此,张宇初说:"凡符章、经道、斋法、雷法之文,率多黄师所衍。"⑤

现存的清微派道书主要有《清微斋法》、《清微元降大法》、《清微神烈秘法》、《清微通玄秘法》、《清微丹诀》、《清微演运诀》等。另外《道法会元》一书中,也保存了一些有关清微派雷法的著作。

清微道法在理论上与神霄派大同小异,也主张以内炼为本,符咒斋仪为

---

① 佚名:《清微神烈秘法》卷上《雷奥秘论》,《中华道藏》第31册。
② 陈采:《清微仙谱》,《中华道藏》第31册。
③ 《历世真仙体道通鉴续编》卷五《黄雷渊》。
④ 佚名:《清微斋法》卷上,《中华道藏》第31册。
⑤ 《道门十规》。

末,称:"不死者,炼精成气,炼气成神,炼神合道,能事毕矣。"①。黄舜申甚至假借天人同体相感之说,将内炼与宇宙现象对应起来,说:"耳热生风,眼黑生云,腹中震动即雷鸣,汗流大小皆为雨,目眩之时便火生。"认为只要炼到"内境不出,外境不入,但觉身非我有、天地虚然,入定光中","或见祖师,出令雷霆,万真随行",即出现种种幻觉之时,那临坛作法就能够灵验了②。

据说黄舜申的法术极其高明,"凡有祈祷,若持左券而能不动声色,以取偿责报于渺茫冲漠之中,弗爽暑刻",在当时颇有名气。因而,"一时王公大人争欲罗致,四方来受学者以千数"③。宋理宗也召见了他,并题写"雷困真人"四字以赐之。

至元二十三年(1286),元世祖忽必烈召见了黄舜申,授予他"丹山雷渊广福普化真人"的法号。黄舜申不久便离开大都,回到了丹山(福建建宁府),隐居于一个被称为"紫霞沧洲"的地方④。

黄舜申亲传弟子前后共 35 人,分为两类:"其所度弟子,皆立石题名。立石之前者三十人,立石之后者五人而已。前者各得一法,后者尽得其传"。在湖北武当山传法的张道贵(武当洞渊张真人)、叶云莱、刘洞阳等人是黄舜申的前一类弟子,"其道则多行于北";江西南昌人熊道辉(西山真息熊真人)属黄舜申的后一类弟子,"道阐四方,则尤多行乎南土"⑤。这南北两系的清微派在元代十分活跃。

## 第四节　金丹派南宗

北宋时期,道教内丹炼养术大为盛行,其理论和功法已渐趋成熟。到南宋与金朝、蒙古(元朝)对峙时期,遂形成了专以内丹修炼为宗旨的两大道

---

① 佚名:《清微丹诀·清微隐真合道章第一》,《中华道藏》第 31 册。
② 《清微丹诀·发用章第四》。
③ 《清微仙谱》卷首《清微仙谱序》。
④ 《清微仙谱》;《历世真仙体道通鉴续编》卷五《黄雷渊》。
⑤ 《历世真仙体道通鉴续编》卷五《黄雷渊》。

派,即流传于南宋境内的内丹派和兴起于金元之际的北方全真道派。在道教史上,一般称南宋内丹派为"南宗",全真道为"北宗"。南宗、北宗在炼养方法上有所不同:北宗主张先性后命,强调明心见性;南宗则主张先命后性,强调性命双修。北宗要求道士要绝对禁欲,南宗则倡导男女双修,且入道者不必出家。

内丹炼养术以炼成金丹为目的,认为金丹即是"道",故南宗也称金丹派南宗。该派以神仙钟离权和吕洞宾为祖师,以北宋张伯端为建宗立派的宗师,并提出了"张伯端→石泰→薛道光→陈楠→白玉蟾"的传法谱系,将五人合称为"南五祖"。

张伯端(987—1082 年)①,字平叔,又名用成,号紫阳,台州临海(今属浙江)人。精于内丹学,乃北宋内丹术之集大成者。他吸收儒佛二教心性之学,将自己前后所作概括内丹术的"律诗九九八十一首"及"续添《西江月》一十二首"编为《悟真篇》②,对道教内丹理论与方法进行了系统的阐发和完善,提出炼精气为"修命"、炼心神为"修性",而精气心神互炼即"性命双修"的内丹理论。因而,《悟真篇》是继《参同契》之后最重要的一部内丹学著作,并称"丹经之王",对后世道家的发展影响极大。其弟子为石泰。

石泰(1022—1158),字得之,号杏林,一号翠玄子,常州人。曾作五言绝句八十一首,汇编为一书,名曰《还源篇》(一作《还元篇》),总结了自己对内丹修炼之术的心得要领。例如,"诧女骑铅虎,金公跨汞龙,甲庚明正合,炼取一炉红",便是对男女双修的隐喻。在该书自序中,他说自己是:"素慕真宗,遍游胜境,参传正法,愿以济世为心。专一存三,尤以养生为重。"认为"学仙甚易而人自难,脱尘不难而人未易"。其弟子为薛道光。

薛道光(1078—1191),又名薛式,字太源,陕州(今河南三门峡市)人,一说阆中(今属四川)人。早年为僧,法号紫贤,一号毗陵禅师。宋徽宗崇宁五年(1106)冬,在郿县得遇石泰,得授口诀真要,于是弃佛入道。注解《悟真

① 张伯端的生卒年,目前学术界有多种说法。这里采用的是南宋人翁葆光《张紫阳事迹本末》的说法。可参见樊光春:《张伯端生平考辨》,《中国道教》1991 年第 4 期。
② 张伯端:《〈悟真篇〉原序》,文渊阁《四库全书》本。

篇》。宋钦宗靖康元年(1126),又以前后所作五言绝句十六首、七言绝句三十言、《西江月》九首,汇编成书,名曰《还丹复命篇》。另撰有《丹髓歌》,收诗三十四首。以诗为诀,总结了内丹术修炼的要领。其弟子为陈楠。

　　陈楠(?—1213),字南木,号翠虚,惠州博罗县(今属广东)人。得"太乙刀圭金丹法诀"于毗陵禅师,又得《景霄大雷琅书》于黎姥山神人,故能兼行雷法。能以符水和泥,捻土为丸,为人治病,人称"陈泥丸"。因道法高妙,宋徽宗政和年间(1111—1118),被任命为提举道箓院事,主持全国道教事务。北宋灭亡后,南归罗浮山。著有《翠虚篇》。弟子有九霞子鞠九思、蛰虚子沙蛰虚、海琼子白玉蟾等①。他在《罗浮翠虚吟》一诗中吟咏道:"道光禅师薛紫贤,付我归根《复命篇》";"嘉定壬申八月秋,翠虚道人在罗浮";"遂以金丹火候诀,说与琼山白玉蟾"②。明确说明了他上承薛道光,下传白玉蟾的师传关系。

　　白玉蟾(1194—1229)字如晦,自号琼山道人、武夷散人、海南翁等。本名葛长庚,生于海南琼州(今海南海口),因其母改嫁,过继为白氏子。成年后,因犯罪逃亡③,弃家出游,师事陈楠,行踪不定:"时又蓬发赤足,以入尘市,时又青巾野服,以游宫观,浮湛俗间,人莫识也。"他对当时的社会现状深感不满,行为狂放不羁:"或醉甚辄呼雷,或睡熟能飞章,或喜或怒,或笑或哭,状如不慧";"彻夜烧烛以坐,镇日拍拦以歌,晨亦不沐,昼亦不炊,经年置水火于无用";"无酒亦醉,睡醒亦昏"④。白玉蟾学识渊博,多才多艺,"博洽儒书,究竟禅理,善草书篆隶,尤妙梅竹,间自写其容,数笔立就,工画者不能及"⑤。

　　白玉蟾的内丹学说力求糅合儒道释三教。他曾说:"或凡或圣,如影随形,一为无量,无量为一。譬彼日月现于众水,日月之光,本无彼此,随水而生,逐眼而现。一水千眼,千日千月;一水一眼,一日一月;千水一眼,一日一

---

① 郝玉麟等编:[雍正]《广东通志》卷五六《仙释志》,文渊阁《四库全书》本。
② 陈楠:《翠虚篇》,《中华道藏》第19册。
③ 《直斋书录解题》卷一二《群仙珠玉集》。
④ 留元长:《海琼问道集》卷首《〈海琼问道集〉序》,《中华道藏》第19册。
⑤ [雍正]《广东通志》卷五六《仙释志》。

月;千水千眼,千日千月;如影随形,亦复如是。取亦不得,舍亦不得,不取不舍,亦不可得。"这明显是取自佛教之说。他甚至用禅宗心法来看待内丹,称:"丹者心也,心者神也。阳神之为阳丹,阴神之为阴丹,其实皆内丹也。"①他《〈道法九要〉序》中提出:"三教异门,源同一也。"并强调说:"道不可离法,法不可离道。道法相符,可以济世。"主张道法并用②。另外,他还兼修神霄雷法。

白玉蟾死后据说被宋理宗封为紫清真人,因而世称其为紫清先生。其弟子有彭耜、留元长、方碧虚、廖蟾辉、沈白蟾、林自然等,形成了有系统的道团组织,活跃于宋末元初。

白玉蟾著述颇丰。宋人俞琰在《席上腐谈》卷下说:"白玉蟾有《武夷集》、《上清集》、《玉隆集》、《海琼集》、《金关玉钥集》,又有《留子元问道集》、《彭鹤林问道篇》,皆门弟子所编。"因此,明人胡应麟将他与陈抟、张伯端、薛道光、林灵素、王中孚并列为"道之博于经方、且饶论述者"③。

南宋时期的金丹派南宗尤其注重张伯端的"男女双修术",即所谓"阴阳丹法"。南宗所传阴阳栽接功夫,在炼精化炁一步,主张由彼家身上采取先天一炁之坎中阳艾,和自家离中真阴合而成丹④。

南宋初年,道士刘永年自称于绍兴八年(1138 年)遇"至人"亲授内丹口诀,遂得"双修"秘诀。刘永年的弟子有翁葆光。翁葆光以阴阳双修说解释《悟真篇》内丹法,著有《悟真篇注》三卷:"上卷以炼金丹为强兵战胜之术,中卷以运火金液丹为富国安民之法,下卷以九转大还丹为神仙抱一之道。"翁葆光将这三种法术命名为"三乘大法",宣称"此乃无上无极上品天仙之甲科,至真之妙道也"⑤。

宋孝宗时,陆思诚撰《〈悟真篇〉记》,极力赞誉张伯端的"男女双修术",说"女人修仙,则以乳房为生气之所,其法尤简。是以男子修仙曰炼气,女人

①　《海琼白真人语录》卷一《师徒问答》。
②　《道法会元》卷一,《中华道藏》第 36 册。
③　《少室山房笔丛正集》卷二二《华阳博议上》。
④　参见胡孚琛:《道教内丹学揭秘》,《世界宗教研究》1997 年第 4 期。
⑤　翁葆光注、戴起宗疏:《紫阳真人悟真篇注疏》卷首,《中华道藏》第 19 册。

修仙曰炼形。女人修炼,先积气于乳房,然后安鼎立炉,行大阴炼形之法,其道最易成道也,良有妙旨。"还编造北宋末年吕洞宾秘密向湖州娼妓张珍奴传授"太阴炼形太丹法",使张珍奴"自是神气裕然,若大开悟"的故事,对"男女双修"大力宣传。

在白玉蟾之后,金丹派南宗流派众多,各家撰述也较多,但都呈现着一种分散的状态。其中,莹蟾子李道纯撰有《全真集玄秘要》、《三天易髓》等,云峰散人夏元鼎撰有《紫阳真人悟真篇讲义》七卷、《黄帝阴符经讲义》四卷,抱一子陈显微撰有《〈周易参同契〉解》,蕴空居士黄自如撰有《金丹四百字注》,霍济之撰有《先天金丹大道玄奥口诀》,玉溪真人李简易撰有《玉溪子丹经指要》三卷,冲虚妙静宁真子郑德安撰有《金液大丹口诀》等等。

入元后,金丹派南宗逐渐与北方的全真派合流。

# 第五章  巫教的影响及巫术的泛滥

在人类历史上,最早产生的宗教是原生性宗教,也称为原始宗教或自发宗教、氏族—部落宗教、自然宗教等等。其信仰之表现形态多为植物崇拜、动物崇拜、天体崇拜等自然崇拜,以及与原始氏族社会存在结构密切相关的生殖崇拜、图腾崇拜和祖先崇拜等。

自然宗教没有教义、没有系统组织,但在"万物有灵"的信仰框架内,其宗教仪式却是形形色色、多种多样。

在东汉佛教传入、道教产生之前,中国的原生性宗教就是巫教。其宗教仪式的主持人和宗教活动的组织者是巫师,其沟通天神、人鬼、地祇的法术是巫术。东汉以后,尽管佛教、道教等创生性宗教得到了很快很大的发展,但巫教却并未因此而退出历史舞台,反而以鬼神崇拜和巫术为支撑而更新演变,在佛教和道教的不断侵削下,始终与佛道二教并存发展,在南宋时期,仍具有很大的影响力。

## 第一节  南宋巫教的地域分布

生活在两宋之际的张邦基在提到以平江府(今江苏苏州)为中心的"三吴"地区的淫祠时曾痛切地说:

> 予每愤南方淫祠之多,所至有之。陆龟蒙所谓有雄而毅、黝而硕者

则曰将军,有温而愿、皙而少者则曰某郎,有温而尊严者则曰姥,有妇而容者则曰姑,而三吴尤甚。所主之神不一,或曰太尉,或曰相公,或曰夫人,或曰娘子。村民家有疾病,不服药剂,惟神是恃。事必先祷之,谓之问神。苟许其请,虽冒险以触宪纲,必为之。傥不诺其请,卒不敢违也。凡祷,必许以牲牢祀谢。封敕命物,所费不赀。祷而不验病者已殂,犹偿所许之祭,曰:"弗偿,其祸必甚。"无知之俗,以神之御灾捍患为可倚,惴惴然不敢少解也。岂独若曹乎? 近时士大夫家亦渐习此风。士大夫稍有识者,心知其非,而见女子之易惑,故牵于闺帏之爱,亦遂徇俗,殊可骇叹①。

张邦基所提到的这些淫祠所供奉的神祇及其信奉行为,既没有系统组织,又没有明确的教义,还具有明显的功利性,是最典型的巫教形态。

中国历代封建国家为维持祭祀的规范,大都编制有"祀典"。宋代也不例外。政和元年(1111),因旧时所编祀典已经不能适应新的发展,宋徽宗曾诏令太常寺、礼部"遍行取索,纂类祀典"②。到绍兴二十七年(1157),宋高宗接受校书郎叶谦亨的建议,又下诏编定了《绍兴正祠录》③。

凡不在南宋政府祀典、"民俗所建,别无功德及物"④的神祠,统统被称为"淫祠",受到南宋法律的禁止。

南宋的巫教受佛教密宗的影响,发展极为迅猛,各类淫祠数量极多,分布地域极广,且危害性极大。

黄庭坚在《江西道院赋》中说:"江汉之俗多機鬼,故其民尊巫而淫祀,虽郡异而县不同,其大略不外是矣。"⑤这虽然是北宋后期的情形,但与南宋应无太大的差异。

彭龟年在《挽张南轩先生》一诗中写道:"吴楚尚機鬼,习俗久已尤。淫

---

① 张邦基:《墨庄漫录》卷八《元丰末阳县令焚木居士良是》,中华书局 2002 年版。
② 《宋会要辑稿》礼二〇之一〇。
③ 《宋史》卷三一《高宗八》,第 588 页。
④ 《宋会要辑稿》礼二〇之一〇。
⑤ 黄庭坚:《山谷集》卷一《江西道院赋》,文渊阁《四库全书》本。

词张郁气,驰走如奔泷。春秋严报祈,夜鼓纷逢逢。娱神杂羽翮,酾酒堆罂缸。间用次睢社,千金博奇庞。"①这反映了三吴和三楚地区的情况。

南宋末年,王应麟对福建建州的风俗有一概说:"建俗禨鬼。恶少身殉淫祠,愚氓神事之。"②大儒朱熹说自己家乡"风俗尚鬼,如新安等处,朝夕如在鬼窟"。又说:"蜀中灌口二郎庙","今逐年人户赛祭,杀数万来头羊,庙前积骨如山";"利路又有梓潼神,极灵。今二个神似乎割据了两川"③。

宋高宗绍兴二十一年,知沅州傅宁说:"湖南、北之俗,遇闰岁,则盗杀小儿以祭淫祠,谓之采生。"④其后,陈淳也说:"湖南风俗,淫祀尤炽,多用人祭鬼,或村民裒钱买人以祭,或捉行路人以祭。"⑤

绍兴二十三年,将作监主簿孙寿祖说:"湖广夔峡多杀人而祭鬼,近又寝行于他路。浙路有杀人而祭海神,川路有杀人而祭盐井者。"⑥

宋人何恪说:"江西之俗禨鬼,病却医药不御,惟巫史禳禬是信,不爱费,死且弗寤。故一草木之妖、一狐枭之祥,往往尸而祝之。"⑦洪迈称说:"江浙之俗信巫鬼。"⑧

南宋民众对巫教极为信向。高邮军"民俗乐于事神,丹楹刻桷金碧相辉者,皆淫鬼之祠也。妖巫女觋,以淫词怪语,簧鼓群听。卖罪买福,如执券契,甚则疾不呼医,惟禳禬为事,虽死且不怨"⑨。《夷坚支乙》卷一《聂公辅》记载:博州高唐县人聂公辅富甲一方,"性好鬼神"。以至"凡有所往,无论路远近、事大小,必扣诸神,神以为可则行,不可则已"。"又酷信巫祝,奉淫祠尤谨敬"。

① 彭龟年:《止堂集》卷一六《挽张南轩先生八首之五》,文渊阁《四库全书》本。
② 王应麟:《四明文献集》卷五《故观文殿学士正奉大夫(史字之)墓志铭》,文渊阁《四库全书》本。
③ 《朱子语类》卷三《鬼神》,第53页。
④ 《建炎以来系年要录》卷一六二,绍兴二十一年闰四月丙戌条。
⑤ 《北溪字义》卷下。
⑥ 《建炎以来系年要录》卷一六五,绍兴二十三年七月戊申条。
⑦ 《敬乡录》卷一〇《仰山庙记》。
⑧ 《夷坚乙志》卷一九《韩氏放鬼》,第352页。
⑨ 杨宜仑等编:[嘉庆]《高邮州志》卷一一上《陈侯(敏)修学记》,道光二十五年刻本。

建康府句容县"土瘠而民贫",民众"往往短于财,啬于施"。但是,为重建祭祀祠山张王的正顺忠祐灵济昭烈王祠庙(南庙),却在都会首许恭、副会首李立等人的主持下,"争舍乐赴,如影随形"。该庙修建"所费累巨万",全是由该县民众承担的。在该庙北边据称有张王墓地,"广袤数百亩"。宋高宗绍兴末年推行经界法,官府宣布这块墓地为官地,免除田租以招募民众租佃,但"民亦不敢佃据"①。

广西钦州一带,人们最怕家鬼。所谓家鬼,就是祖先。"村家入门之右,必为小巷升堂。小巷右壁穴隙方二三寸,名曰鬼路,言祖考自此出入也。人入其门,必戒以不宜立鬼路之侧,恐妨家鬼出入";"城中居民于厅事上置香火,别自堂屋开小门以通街"。新媳妇进门拜一次家鬼之后,就再也不敢进厅堂了。据说,如果进了厅堂,那家鬼就"必击杀之"。只有"主妇无夫者乃得至厅"②。

南宋人项安世曾总结说:"凡言怪神者,中国少而荆越多,城市少而村野多,衣冠少而小民多,富室少而贫民多,主人少而童仆多,男子少而妇女多,昼日少而暮夜多,月夜少而晦夜多。盖非愚则暗也。"③这基本上是符合南宋实际情况的,但其所谓"怪神",主要是指不载于官方祀典的"淫祠"。而对于"正祀"诸神,无论官员还是百姓都是可以合法祭祀的。其分布地域之广、数量之多,虽不如"淫祠",但其规模和宗教影响力却远远要大于"淫祠"。

《宋会要辑稿》礼二〇中载有全国(不包括京师开封府)1200余所列入祀典、较为著名的神祠。程民生先生对其进行了分类统计,制成了"宋代各路祠庙简表"。移录如下④:

| 京西 | 55 所 | 京东 | 13 所 | 河北 | 41 所 | 河东 | 64 所 |
| 陕西 | 101 所 | 两浙 | 155 所 | 福建 | 135 所 | 淮南 | 57 所 |
| 江南 | 110 所 | 广东 | 23 所 | 广西 | 50 所 | 四川 | 247 所 |

---

①　《句容金石记》卷五《重修建康府句容县南庙记》。
②　《岭外代答》卷一〇《家鬼》,第447页。
③　项安世:《项氏家说》卷上《论鬼神》,文渊阁《四库全书》本。
④　程民生:《神人同居的世界》,河南人民出版社1993年版,第234页。

　　　　湖南　37 所　　湖北　59 所　　不详地　283 所

　　此表所收数据虽不完整,但大致可以反映出北宋时期全国各路神庙的分布情况。

　　到了南宋,因南宋朝廷对巫教的政策有所放松,因而各地被列入祀典的神庙数量大为增加。由于巫教的地域性太强,各地供奉的神祇大不一样,因此我们只能找一个有代表性的府州,大致看一看其祠庙的类型及其分布状况。

　　临安府,作为南宋都城,其城内五花八门的祠庙、林林总总的神灵,可以说是南宋最具代表性的。

　　据《咸淳临安志》记载,临安府共有祠庙 90 座,其中,土神祠庙 5 座:城隍庙、昭济庙、忠清庙、吴越钱武肃王庙、吴越钱文穆王庙,山川诸神祠庙 16 座:平济庙、顺济庙、英显通应公庙、汤村龙王堂、善顺庙、昭应庙、孚应庙、广顺庙、惠顺庙、顺济龙王庙、嘉泽庙、水仙王庙、会灵庙、龙井惠济庙、南高峰龙王祠、玉泉龙王庙,节义祠庙 11 座:旌忠庙、灵卫庙、忠勇庙、昭节庙、显功庙,仕贤祠庙 6 座:灵惠庙、嘉泽庙、白文公祠、显应庙、昭贶庙、苏文忠公祠,寓贤祠 2 座:许箕公由以下三十四贤祠、潘逍遥祠,古神祠庙 10 座:大禹祠、周赧王庙、防风氏庙、中将军庙、汉留侯祠、汉萧相国祠、周绛侯庙、显忠庙、福德衍庆真君庙、曹王庙,土俗诸祠 29 座:显应庙、翼灵庙、旌忠庙、金华将军庙、广福庙、三将军庙、嘉应公祠、通应侯祠、护国天王堂、玉仙堂、石姥祠、吴客三真君祠、清元真君义勇武安王庙、华严菩萨庙、半逻老人庙、霸王庙、会灵护国祠、灵休庙、真圣庙、半山七娘子庙、苏将军庙、尚将军庙、义桥前后庙、灵应庙、奉王庙、福济王庙、济惠二王庙、白龙王庙、黑龙王庙,东京旧祠庙 2 座:惠应庙(皮场庙)、二郎祠,外郡行祠 8 座:东岳庙、广惠庙、仰山二王庙、显祐庙、灵顺庙、顺济圣妃庙、广灵庙、梓潼帝君庙。

　　《礼记·祭法》规定了五种祭祀原则:“夫圣王之制祭祀也,法施于民则祀之,以死勤事则祀之,以劳定国则祀之,能御大灾则祀之,能捍大患则祀之。”这个儒家的祭祀规范被历朝历代政府所遵行,南宋政府也不例外,为历代的圣明帝王、忠臣烈士都建立了祠庙,并定期指派相关官员进行祭祀。

但是,这个祭祀规范也受到巫教的强烈干扰,不仅受祭的那些"法施于民"、"以死勤事"、"以劳定国"的圣贤先烈逐渐被鬼神化,而且"能御大灾"、"能捍大患"者在中国传统祭祀体系中几乎都变成了神鬼。

在临安府的这些祠庙中,有相当数量的巫教神祇都并非只是临安府的地方神明,而是具有普遍意义的巫教神祇,特别是8座所谓"外郡行祠",更是如此。如此众多的巫教神祇,大多数都是宋代才被正式赐予庙额或被加封王爵的。

宋儒陈淳说:"江淮以南,自古多淫祀",而南宋"淫祀极多"。而究其原因,则"皆缘世教不明,民俗好怪","以财豪乡里者"对巫教大力支持,"里中破荡无生产者"又借巫教"哀敛民财为衣食之计"。因此,"上而州县,下至闾巷村落,无不各有神祠"。政府对巫教神庙的管理又极其不力,"朝廷礼官又无识",在对巫教神祇的封爵上不愿多与地方政府和民众计较,放宽了封爵赐额的标准,结果导致"无来历者皆可得封号,有封号者皆可岁岁加大"[①]。

## 第二节　南宋官员的巫教鬼神观

强烈的鬼神观念是巫教最显著的特征。尽管宋代是中国古代文明明显进步的时期,但大多数宋代官员对鬼神依然是心存敬畏的。他们敬畏佛教、道教的鬼神,但更敬畏巫教的鬼神。

在衡山南岳庙中,供奉着南岳司天昭圣帝。而在衡州衙门中有一项惯例:"南岳司天昭圣帝,每春首必换幞头,须本郡通判换之。"据说,"一换而正者,岁必大熟,否则岁必大歉"[②]。

据说,痛恨淫祠的张栻曾派自己属下的一位司户领人去拆毁某一"大王庙"。这位司户平日历来畏神怕鬼,接到一纸命令,当即吓得"两脚俱软",结

---

① 《北溪字义》卷下。
② 《能改斋漫录》卷一八。

果只能"卧乘舆而往"①。

又如,建康府句容县的正顺忠祐灵济昭烈王祠庙(南庙)供奉祠山张大帝,颇有神应:"水旱必祷,痛疾必呼,是皆感于精神,发于梦寐,曰雨曰旸,如操左券。"因此,官员"过之者撤盖,止呵舆马,不敢及门",都不敢有任何冒犯神灵的举动。一般过庙门者都"低徊局蹐,改容振服而后去"②。

但这一类过于畏惧神鬼的举动却不被大多数士大夫所认同。宋宁宗时官至太府卿的项安世说:"儒者非不知信鬼神,但儒者以为当诚心谨行以事之,小人以为当贿赂酒肉以结之尔。儒者非不信灾异,但儒者以为当恐惧修省以消之,小人以为当巫觋章醮以治之尔。人但能以立朝事君之说还治其家,则言鬼神者必不曰当用贿赂酒肉,言灾异者必不曰当用巫觋章醮矣。"③

官员们敬神,在很大程度上是一种职责行为。周穆王时期,祭公谋父所谓"事神保民"④,一直是以后中国古代政府官员的基本责任。但"事神保民",又"莫先祭祀"⑤。《春秋》所谓"国之大事,在祀与戎"⑥,一直是中国古代官员的政治古训。南宋大儒真德秀说得更透彻:

> 臣德秀窃惟:昔者帝王受命,颛穹为神。人主既设为公侯、卿大夫、群臣、群吏之位,择天下贤能以居之,惠绥吾民,俾各有宁宇,而又秩百神、崇明祀以佐人治所弗及。凡皆为民而已。故人臣之尽心官守者,有陟典焉,有加命焉;而年事顺成,亦必丰其祀以报。幽明虽殊,其为劝奖一也。后世缘古人追称之礼,凡神之有功于人者,往往加以爵号,虽先王未之有,然厚于神者,即所以厚于民也。制不同而意同。此圣朝之所以沿循不废欤⑦?

帝王之所以"秩百神、崇明祀",主要是"佐人治所弗及"。既然帝王治理天下

---

① 《北溪字义》卷下。
② 《句容金石记》卷五《重修建康府句容县南庙记》。
③ 《项氏家说》卷上《论鬼神》。
④ 《国语》卷一《周语上》,《四部丛刊初编》本。
⑤ 《续资治通鉴长编》卷一六九,皇祐二年十二月甲午条,第4073页。
⑥ 杜预:《春秋经传集解》卷一三,成公十三年,《四部丛刊初编》本。
⑦ 《西山先生真文忠公文集》卷三五《敕封慧应大师后记》。

需要神的辅佐,那臣下岂能对神不恭！朱熹主张"人做州郡,须去淫祠",但他对"正祀"也不敢草率从事,反而告诫官员说："若系敕额者,则未可轻去。"①

就连对巫教淫祠深恶痛绝的张邦基,也认为神有邪正之分。所谓神,应是"聪明正直而一者",只能造福于人类,"岂有以酒食是嗜而窃福"！"以饗饔于愚鲁之民,岂又所谓聪明正直者耶"？对于那些"有功于人,载在祀典,血食一方"的五岳、河渎、古先贤德,人们必须要崇敬之、祭祀之②。

祭祀五岳,是北宋朝廷的大祀。北宋时,祭东岳泰山于兖州,西岳华山于华州,北岳恒山于定州,中岳嵩山于河南府,南岳衡山于衡州。但五岳中有四岳都在北方。北宋灭亡后,在南宋境内,就只有南岳衡山了。

抗金名臣李纲曾写过一篇《祭南岳文》,十分诚恳感人：

> 维绍兴二年岁次壬子九月戊午朔二十有七日甲申,具位李纲谨遣左从事郎、宣抚使司干办公事郑昌龄以牲牢、酒醴、茗果之奠,敢昭祭于南岳司天昭圣帝之神。天地凝结,五岳环峙,莫镇方维。炎运中微,岱、恒、嵩、华,或失其守,沦于割据,独兹衡岳,岿然雄尊。作镇尚土,为朝廷重,庇麻士民,孰不仰止？某以不材,误蒙上恩,宣抚荆广,总师置司,取道长沙,经由岳下。戎事倥偬,密迩祠庭,不护造诣,遣官摄祭,牲醴之奠,惟以告虔,肃清一方,捍御外侮。神其祐之。尚飨③！

知广州洪适作有《祭南海神庙广利王文》,并在庙中对着广利王宣读：

> 诸侯祭其封内名山大川,古制也。惟神筑宫专祠,实尸南海之威休。民之奉事,虔不敢怠。暮春之吉,祀有常典。庶几邀神之福,使瘴疠熄灭,雨风节调,民以佚居,吏得以救过。惟神其听之④。

南宋官员遇有重大政治举措时,要向神禀告,并祈求神灵帮助自己,监

① 《朱子语类》卷三《鬼神》,第53页。

② 张邦基：《墨庄漫录》卷八《元丰耒阳县令焚木居士良是》,中华书局2002年版；参酌文渊阁《四库全书》本。

③ 《李纲全集》卷一六四《祭南岳文》,第1516页。

④ 《盘洲文集》卷七一《祭南海神庙广利王文》。

督实施。

宋高宗后期,王之望出任总领四川财赋。他整顿财政,编制了新的"科约",即新的财政预算。由于执行起来难度很大,所以在付诸正式实施之际,王之望亲自到祭祀江神的江渎庙,向江神奏报自己所写的《江渎庙奏科约文》:

> 漕运之司,岁有科约,制一路财赋之出入。益部废而不讲,已更十年,州郡出纳,无以检束,奸弊百出,公私告病。某承乏计事,复修旧籍,郡为一编,凡十有六帙。念天地之间,幽有鬼神,明有官吏。公家之利病,民生之休戚,惟吏与神分掌其柄,故官法之所不及者,鬼得而诛之。惟神尊居四渎,功利半天下,而发源启庙,实在此都。福善祸淫,神得司之,则于一路财赋经常之制,不可以无所稽也。是用焚献一部,以助神之威灵。若其蔑弃有司之籍,蠹耗邦财,以欺天而虐民者,神其鉴之①!

南宋官员在到任之时,按习惯要向神禀告宣誓。陆游到福建担任提举常平茶盐公事,曾于赴任之初,写下了《福建谒诸庙文》:

> 某闻:聪明正直,神之所以为神也。靖共尔位,好是正直,吏之所以事神也。一戾于此,神且殛之,其何福之敢望?某蒙恩出使一道,告至之始,祗栗于祠下②。

南宋官员在离任之际,大多也要向神汇报自己在任内的任职情况。王十朋离任之际,曾写下了《辞诸庙文》,向境内诸庙之神宣读:

> 某来守是邦几二年矣,而治无述焉,宜神之所不福也。然千里之内无盗贼干戈疾疫之蓄者,岂非神之赐耶?今易命丹丘,行有日矣,不敢不告③!

---

① 王之望:《汉滨集》卷一六《江渎庙奏科约文》,文渊阁《四库全书》本。
② 《渭南文集》卷二四。
③ 王十朋:《梅溪集》(后集)卷二八《辞诸庙文》,文渊阁《四库全书》本。

上述事例从另一角度也说明：南宋官员大多是相信巫教诸神具有超自然神力的。他们的种种"谒庙文"、"辞庙文"、"祭庙文"、"祭岳文"，乃至"祈雨文"、"祈晴文"、"祈雪文"等等，都是在恳求神灵相助。

## 第三节　南宋祀典中的主要巫教神祇

巫教是一种泛神信仰。由于其神灵众多，地方性极强，因而历代王朝都采用政府认可的方式来对其进行管理，编制祀典以规范祭祀行为。凡被官方认可的，则被纳入祀典，成为合法的神灵，享受人间的香火供养。

宋徽宗政和元年（1111），秘书监何志同就曾向朝廷反映，称许多州县的祠庙，"多出流俗一时建置，初非有功烈于民者"，但地方官员却谎称这些祠庙已经"载在祀典"。而且，由于祀典收录不详，导致许多神祇在不同的地区、不同的时间有不同的封爵或错误的封爵。"如屈原庙在归州者封清烈公，在潭州者封忠洁侯；及永康军李冰庙，已封广济王，近乃封为灵应公"①。到了南宋后期，宋理宗即位后，还多次下诏，命令诸路州军"具境内灵祠之焯著者上于朝而褒显之"②。这样一来，许多在民间有着强大影响力的巫教神祇也就理所当然地进入了宋代国家祀典之中。

由于在南宋祀典中被列为"正祀"的神祇数量很多，不可能、也没有必要一一枚举。下面，仅就几位在南宋具有较大影响的巫教神祇作一分述。

### 一、东岳庙与东岳大帝

东岳庙是祭祀东岳泰山的祠庙。在巫教中，五岳是山川诸神中之最尊者，而宋代的东岳泰山又是五岳中"尤为尊崇"者，被封为"天齐仁圣帝"（简称为东岳圣帝或东岳大帝），"在在诸州县皆有东岳行祠"③，以遥祭泰山。

---

① 《宋会要辑稿》礼二〇之一〇至一一。
② 《西山先生真文忠公文集》卷三五《敕封慧应大师后记》。
③ 陈淳：《北溪字义》卷下。

如秀州海盐县（今属浙江）建有岳帝行祠，"自三门、两庑、前后大殿、圣母眷属，凡为殿五；官曹、司典、侍从、监卫塑像仪物，莫不毕备"①；广东肇庆府建有东岳行宫②，金州（今陕西安康）也有东岳天齐仁圣帝庙③。因而，供奉泰山之神的东岳行庙，其地位之高，也"非诸祠庙所得拟议也"④。

泰山不在南宋境内，因此，南宋祭祀东岳大帝的最大的神庙就是建在都城临安府的东岳行庙。南宋风俗，按惯例以三月二十八日（一说为三月二十七日）为东岳圣帝生日。以泉州为例，"阖郡男女于前期彻昼夜就通衢礼拜，会于岳庙，谓之朝岳，为父母亡人拔罪。及至是日，必献香烛上寿"⑤。一进岳庙大门，人们"群恸谓为亡者祈哀，以为阴府缧绁之脱"，而亲人健在者也预先为他日祈祷，"谓之朝生岳"⑥。

由于东岳行庙的地位重要，宋理宗还亲笔为临安府的东岳行庙题写了"东岳行宫东岳之殿"八个大字的匾额。

## 二、城隍庙与城隍神

城隍原义是指城墙和护城河。据宋人赵与峕说，建造最早的城隍祠庙是三国吴大帝孙权赤乌二年（239）建于芜湖的城隍祠。但是，城隍庙大量出现还是在唐代。到了宋代，则是盛况空前，"其祀几遍天下"⑦！宋人陆游对此总结说："自唐以来，郡县皆祭城隍，至今世尤谨。守令谒见，其仪在他神祠上。社稷虽尊，特以令式从事；至祈禳报赛，独城隍而已。"《宝庆四明志》卷二《城隍》称："社稷为一州境土最尊之神，城隍为一城境土最尊之神"。社神和稷神与城隍神各司其职。

不过，宋代祭祀城隍的制度也尚未完全定型，其主要表现为：庙额、封爵

---

① 《至元嘉禾志》卷二四《岳庙记》。
② 江藩：[道光]《肇庆府志》卷七《重修东岳行宫记》，清光绪重刻道光本。
③ 李国麒编：[乾隆]《兴安府志》卷二五《重修东岳庙记》，清刻本。
④ 《至元嘉禾志》卷二四《岳庙记》。
⑤ 《北溪字义》卷下。
⑥ 《北溪大全集》卷四三《上赵寺丞论淫祀》。
⑦ 《宾退录》卷八，上海古籍出版社 1983 年版。

不统一;既有庙额又有封爵的城隍庙不多,有许多城隍庙或只有庙额而没有封爵,甚至有大量州县的城隍庙连庙额也没有;各地城隍神名号不一,并非专神。

据赵与旹《宾退录》卷八记载,到宋宁宗时,南宋有庙额、封爵的城隍庙共有 14 所,但各自的庙额、封爵不同:

临安府:永固庙、显正康济王。绍兴府:显宁庙、昭顺灵济孚祐忠应王。台州:镇安庙、顺利显应王。吉州:灵护庙、威显英烈侯。筠州:利贶庙、灵祐顺应显正王。袁州:显忠庙、灵惠侯。濠州:孚应庙、灵助侯。建宁府:显应庙、福应惠宁侯。建康府溧水县:显正庙、广惠侯。泉州惠安县:宁济庙、灵安昭祐侯。邵武军:显祐庙、神济训顺侯。邵武军泰宁县:广惠庙、靖惠孚济侯。韶州:明惠庙、善祐侯。成州:灵祐庙、英祐侯。

有庙额而没有爵命的城隍庙共有 12 所:镇江府:忠祐庙,宁国府:灵护庙,隆兴府:显忠庙,德安府:威泽庙,楚州:灵显庙,和州:孚惠庙,襄阳府:孚济庙,汀州:显应庙,珍州:仁贶庙,静江府:嘉祐庙,庆元府昌国县和邵武军建宁县都叫惠应庙。

另外还有许多府州军县的城隍庙沿用前代赐爵、但未得到宋朝政府正式承认。如湖州城隍叫阜俗安城王,处州龙泉县城隍叫广顺侯,潼川府和兴元府的城隍都叫安平将军,南康军、安庆府及潭州益阳县、太平州芜湖县、南安军上犹县的城隍都叫辅德王等等,不一而足。

而这些具有庙额或封爵的城隍神到底是谁,从其庙额、封爵上不可得而知之。据赵与旹《宾退录》卷八记载,城隍神有名有姓者,在"镇江、庆元、宁国、太平、襄阳、兴元、复州、南安诸郡,华亭、芜湖两邑"是汉初为掩护汉高祖刘邦而献身的大将纪信;在"隆兴、赣、袁、江、吉、建昌、临江、南康"是西汉大将灌婴;在"福州、江阴"是楚汉相争时期的将领周苛;在"真州、六合"是楚汉相争时期的大将英布。和州城隍神是楚霸王首席谋士范增。襄阳府谷城县的城隍神是西汉相国萧何。兴国军城隍神是后秦开国君主姚苌之父姚弋仲。绍兴府城隍神是唐朝越州(即宋绍兴府)总管庞玉。鄂州的城隍神是刘宋时期龙骧将军焦度之父焦明。台州城隍神是三国时期吴国尚书仆射屈晃

之子屈坦。筠州城隍神是唐初的本州刺史应智顼。南丰县的城隍神是曾大
兴水利的唐朝县令游茂洪。溧水县的城隍神是唐朝县令白季。秦汉时期的
南宋的巫风尤为强烈,这些楚汉名人成为当地城隍神,看来还是颇有历史渊
源的。

### 三、广惠庙与祠山张王

广惠庙的原庙在广德军(今安徽广德)的祠山和方山,所祭之神为张王。
张王名字叫张渤。宋仁宗康定元年(1040),始封灵济王。宋徽宗崇宁三年
(1104),赐庙额曰广惠,累封至正祐昭显威德圣烈王。宋度宗时,累加封为
正祐圣烈昭德昌福真君。

据传说,张王曾现身为猪,因此祭祀或供奉张王的人,"必诵《老子》,且
禁食彘肉"①。每年仅广德军一地,祭祀张王,就要宰杀耕牛"七百二
十"头②。

《宋史》卷四三八《黄震传》载:广德军有祠山庙,"岁合江淮之民祷祈者
数十万,其牲皆用牛。郡恶少挟兵刃舞牲迎神为常,斗争致犯法";"其俗又
有自婴桎梏、自栲掠以徼福者";"又其俗有所谓埋藏会者,为坎于庭,深广皆
五尺,以所祭牛及器皿数百纳其中,覆以牛革,封反镝一夕,明发视之,失所
在"。

据宋宁宗时钱塘主簿赵师白说,"凡雨旸疵疠之灾、寇攘水火之患",只
要向张王祈祷,就没有得不到保祐的。因此,"离宫行庙、金碧丹雘之辉,连
城跨郡,岩峣相望焉"③。《会稽志》卷六《余姚县》也记载说:"祠山庙甚盛,
江浙间多有行庙。"但有些地方的行祠或行庙并不冠以"祠山"、"广惠"等字
样,如明州昌国县(今浙江定海)称烈港庙,湖州则称灵济庙④。

① 《会稽志》卷六《余姚县》。
② 《黄氏日抄》卷七四《以申尚书省乞禁本军再行牛祭事》。
③ 《咸淳临安志》卷七三《广惠庙记》。
④ 绍兴府(今浙江绍兴)的张王行祠称正顺忠祐灵济昭烈王庙。

### 四、仰山二王庙与龙神

仰山二王庙建在袁州宜春（今属江西）的仰山，称"孚忠庙"，靠近龙潭。据说仰山二王就是两位龙神，一托名萧大分，一托名萧陆[①]。当地人祭祀仰山二王，始于西晋怀帝永嘉年间（301—312）。仰山二王的神灵在于"有水旱螟螣、疾疫兵火，祷之辄应"，因而"自大江以西，家有其像，饮食必祭"[②]。经宋真宗、宋神宗、宋哲宗、宋徽宗、宋高宗的历次加封，大龙被封为"祐德显仁福善灵济王"，小龙被封为"敷德威仁英显康济王"。其父母妻子，乃至子媳，或受封为侯，或受封为妃，或受封为夫人[③]。

在宋人洪迈的《夷坚志》中，有《龚舆梦》、《汤省元》、《钟世若》、《吴虎臣梦卜》、《王茂升》、《仰山行宫》等数则有关仰山二王神迹的故事。不过，这些神迹都与举子登科有关。由此可见，南宋的江西人，在很大程度上已将其奉为"登科入仕"之神。这与四川地区的梓潼神很相似。南宋的江西和四川，都是举子登科兴盛的地方，仰山二王与梓潼神由于有应举的需要，因而其神力也就有了相应的变化。

在临安府，由于仰山二王有帮助马军司将士运送木排之功，故马军司将士在临安府为其建立了行庙。在吉州永新（今属江西）于宋孝宗隆兴元年（1163）在知县马淙的主持下，也建立了仰山庙。宋孝宗乾道二年（1166），知静江府张孝祥因祈祷仰山二王保佑有灵验，于是在静江府（今广西桂林）建立了仰山二王庙[④]。

宋理宗开庆元年（1259），蒙古军由云南进攻湖南，围攻潭州（今湖南长沙）。景定元年（1260），蒙古军又由潭州北上，攻陷临江军（治今江西清江）和瑞州（治今江西高安）。但据称因其战马无缘无故地不能前行，因而没有攻入宜春。当地人都认为这都是因为二王的保佑。于是宋理宗根据地方官

---

① 乐史：《太平寰宇记》卷一〇九《袁州》。《宋会要辑稿》礼二〇之八四曰："仰山二神萧氏祠，在袁州宜春县，仲父大分，季子隆。"恐有误。

② 《敬乡录》卷一〇《仰山庙记》。

③ 《宋会要辑稿》礼二〇之八四至八五。

④ 汪森：《粤西文载》卷三七《桂林仰山庙碑》，文渊阁《四库全书》本。

员的请求,下诏为仰山二王增封,"极其褒表"。咸淳五年(1269),面对蒙古军猛烈的攻势,宋度宗只得乞灵于神明的庇护,又改封仰山二王为"显德仁圣忠祐灵济王"和"福德圣仁忠卫康济王"①。

仰山孚忠庙在南宋很有影响力,"栋宇之盛与祠山张王庙相埒","江湖诸郡皆春秋来祭,奉之甚严"②。

### 五、梓潼帝君庙与文昌神

梓潼帝君祠建在隆庆府梓潼县(今属四川),祭祀晋朝张恶子。张恶子是晋朝军人,战死后为战神,俗称梓潼神,曾保佑过后秦姚苌(330—394 年)的军队战无不胜。唐玄宗、唐僖宗入蜀,因都曾得其冥助,故先后封其为左丞相、济顺王。宋真宗咸平三年(1000),据称宋军在平定王均成都兵变中也曾得其神力相助,故于次年追命其为英显王③,"修饰祠宇,仍令少府造衣冠法物祭器"④。

其后,据称有两位四川赴京应考的举子夜行,入梓潼神庙席地而睡。于是,梦见神仙为来年科举考试出题,其赋题为"铸鼎象物"。到考试时,两位举子突然又失去了记忆,以致名落孙山⑤。"铸鼎象物"是宋真宗大中祥符五年(1012)的赋题。自此,直到北宋后期,梓潼神竟逐渐演变成了专主登科入仕之神。蔡京之子蔡絛称:"蜀道有梓潼神祠者,素号异甚。士大夫过之,得风雨送,必至宰相;进士过之,得风雨,则必殿魁。"⑥当然,梓潼神还有许多其他的神应。如北宋文同《祭梓潼神文》是祈求梓潼神随时开导自己,以免做官犯下过错⑦。而南宋王质《祭梓潼神文》则是祈请梓潼神为自己昭雪冤屈⑧。

---

① 《咸淳临安志》卷七三《外郡行祠》。
② 范成大:《骖鸾录》。
③ 曾巩:《隆平集》卷三《祠祭》,文渊阁《四库全书》本。
④ 《文献通考》卷九〇《郊社考二十三》。
⑤ 叶梦得:《岩下放言·来岁状元赋》,《说郛》本。
⑥ 《铁围山丛谈》卷四,第64页。
⑦ 文同:《丹渊集》卷三五,文渊阁《四库全书》本。
⑧ 《雪山集》卷一一。

宋徽宗时,对梓潼神屡行加封,还封其父为义济侯、其母为柔应夫人、其妻为英惠夫人。宋高宗时,累封梓潼神为英显武烈忠佑广济王。累封其长子为嗣庆永宁侯,其次子为奕载顺应侯①。到南宋末,梓潼神又被"封王爵曰惠文忠武孝德仁圣王","王之父母及妃若子若孙若妇若女俱褒赐显爵美号,建嘉庆楼奉香灯矣。"②

此神虽为"蜀中神",但由于他"专掌注禄籍",南宋时已经变成被全国士子所崇奉的大神了,不仅在临安府的梓潼神祠香火兴旺,"凡四方士子求名赴选者,悉祷之"③;而且全国许多州县都建有他的行祠。如严州的梓潼真君行祠,"旧在天庆观虎间"。宋理宗景定元年(1260),因梓潼真君乃"世言帝命司桂籍、主人间科第者",知严州钱可则于是重建该祠,虔诚祈祷④。景定二年,吉州龙泉县(今江西遂川)建立了梓潼君祠⑤。甚至连以多士而著名的明州奉化县(今属浙江)也建有梓潼帝君殿⑥。

### 六、五显灵观祠与五通神

徽州婺源县建有五显灵观祠,"其神五人,旧号五通庙"⑦。其所供奉之神为五通。宋徽宗大观三年(1109)三月,始赐庙额曰"灵顺"。宣和五年(1123)正月始封五位神祇为通贶侯、通佑侯、通泽侯、通惠侯、通济侯。宋孝宗淳熙十一年(1184),累封为显应昭庆公、显济昭贶公、显佑昭利公、显灵昭济公、显宁昭德公⑧。其后,临安府所建行庙被命名为灵顺庙。

五通神起源不详。有说出于屈原《九歌》的⑨,有说出于佛教的。连极其崇敬五通神的李觏也不知道五通神的来历,只是说:"五通之为神,不名于旧

①　《宋会要辑稿》礼二〇之五六。

②　《梦粱录》卷一四《外郡行祠》。

③　以上史料均见《梦粱录》卷一四《外郡行祠》。

④　《景定严州续志》卷四《梓潼真君行祠记》。

⑤　文天祥:《文山集》卷一二《龙泉县太霄观梓潼祠记》,文渊阁《四库全书》本。

⑥　《雪坡集》卷三三《明州奉化县梓潼帝君殿记》。

⑦　罗愿:《新安志》卷五《婺源祠庙》。

⑧　《宋会要辑稿》礼二〇之一五八。

⑨　《项氏家说》卷八《九歌》。

文,不次于典祀,正人君子未之尝言。"①据吴曾《能改斋漫录》卷一八《伍生遇五通神》记述,在宋人眼中,五通神常以五少年的形象现身。

宋代的五通神又叫五显神,但有两种不同类属,一在"淫祠"中,一在"正祀"中,都极有神通,十分灵验。正神能治病救人②、助举子登科③。但淫神却十分凶恶。《夷坚丁志》卷一九《江南木客》记载:"二浙、江东曰'五通',江西闽中曰'木下三郎',又曰'木客',一足者曰'独脚五通',名虽不同,其实则一";"尤喜淫,或为士大夫美男子","妇女遭之者,率厌苦不堪,羸悴无色,精神奄然"。到明清以后,五通神则完全演变成了邪神。《汤子遗书》附录《行略》记述明代汤斌事迹时说:"有五通神者,江以南崇奉数百年,祸福立应,岁娶民间子女为妇,所娶妇皆立死,远近奔走如鹜。督抚初至,谒毕,然后受事。府君取其像投太湖中,民大骇。已而妖遂绝。"但在宋代,从总体上看,五通神还是正神。

王炎④是婺源人。他在为《五显灵应集》作序时称:"凡郡县必有明神,司祸福之柄,庇其一方。在吾邑,则五显是也。阖境之人,旦夕必祝之,岁时必俎豆之,惟谨神之,灵应不可殚纪";"地方百余里,民近数万户,水旱有祷焉而无凶饥,疾疠有祷焉而无夭折,其庇多矣。余威遗德溢于四境之外,达于淮甸闽浙,无不信向"⑤。"岁四月八日,四方民诣五显神为佛会,天下商贾辏集"⑥。朱熹的故乡也是婺源。他也回忆说:"风俗尚鬼,如新安等处,朝夕如在鬼窟。某一番归乡里,有所谓五通庙,最灵怪。众人捧拥,谓祸福立见。居民才出门,便带纸片入庙,祈祝而后行。士人之过者,必以名纸称'门生某人谒庙'。"⑦

---

① 《直讲李先生文集》卷二四《邵氏神祠记》。

② 《夷坚三志己》卷一〇《周沅州神药》,第1378页。

③ 《夷坚三志己》卷一〇《林刘举登科梦》、《夷坚三志己》卷六《李克己井梦》,中华书局1981年版,第1379页、第1349页。

④ 南宋有两位王炎。一字公明(1115—1178),相州安阳人,官至参知政事。此王炎字晦叔,号双溪(1137—1218),南宋徽州婺源(今属江西)人,官至军器监。著有《双溪类稿》等。

⑤ 王炎:《双溪类稿》卷二五《〈五显灵应集〉序》,文渊阁《四库全书》本。

⑥ 程敏政:《新安文献志》卷八五《饶州路治中汪公(元圭)墓志铭》,文渊阁《四库全书》本。

⑦ 《朱子语类》卷三《鬼神》,第53页。

由于五通有如此神通,因而南宋朝廷为五位神祇多次加封王爵,到南宋后期,累封为显聪昭圣孚仁福善王、显明昭圣孚义福顺王、显正昭圣孚智福应王、显直昭圣孚信福佑王、显德昭圣孚爱福惠王。并在临安府城内外先后建有七座灵顺行庙:一在南高峰顶荣国寺,庙后有华光楼,旁为射亭,为角抵台。一在北高卫,为景德灵隐禅寺后山塔庙。一在钱塘门外九曲城下。一在钱塘县调露乡灵感寺。一在候潮门外瓶场湾。一在候潮门外普济桥东樱木教场之侧普济寺。一在钱塘县六和塔寺南徐村新石塘。"每岁都人瓣香致敬者,纷纷咸趋焉"①。

饶州德兴县(今属江西)、汀州长汀县、临江军樟树镇(今江西清江)、庆元府(今浙江宁波)均建有五显庙②。宋宁宗嘉定十四年(1221),台州修建了五显灵观王行祠。建康府(今江苏南京)也建有五显华光楼③。因而,南宋后期的刘辰翁有言:"五王祠,新安、婺、台最盛。"④

直到元代,婺源五显神庙还维持了一派兴旺景象:"每岁夏初,四方之人以祈福会集祠下者,上穷荆越,下极扬吴,衔舟塞川,重雾翳陌,百贾列区,珍货填积,赋羡于官,施溢于庙,浃旬日乃止,尤为一邦之盛。"⑤

### 七、顺济圣妃庙与天妃

顺济圣妃庙建在兴化军莆田县(今属福建),其神是当地一位"少能言人祸福"⑥、姓林的女巫。在她死后,当地人将她奉为神明,称通贤神女或称龙女,为她在出海口建立了"林夫人庙"。尽管此庙当时还不太大,但颇有灵异,"邑人祠之,水旱疠疫,舟航危急,有祷辄应"⑦。据说,当地有人出海遭遇风暴,因"遥望百拜乞怜"这位林夫人保佑,结果"见神出现于樯竿",免于覆

---

① 《咸淳临安志》卷七三《外郡行祠》,《梦粱录》卷一四《外郡行祠》。
② 《夷坚三志己》卷一〇《周沅州神药》,《永乐大典》卷之七八九一《临汀志》,《须溪集》卷一《五显华光楼记》,《延祐四明志》卷一五《在城神庙》,《至大金陵新志》卷一一上《祠庙》。
③ 《赤城志》卷三一《祠庙门》。
④ 《须溪集》卷一《五显华光楼记》。
⑤ 吴师道:《礼部集》卷一二《婺源州灵顺庙新建昭敬楼记》,文渊阁《四库全书》本。
⑥ 《咸淳临安志》卷七三《顺济圣妃庙记》。
⑦ 程端学:《积斋集》卷四《灵济庙事迹记》,文渊阁《四库全书》本。

舟之难。从此，"凡贾客入海，必致祷祠下，求杯珓，祈阴护，乃敢行"。林夫人实际已经成为当地的海神。于是，莆田人为她重建祠庙，"为屋数百间，殿堂宏伟，楼阁崇丽"，堪称福建第一大庙①。

宋徽宗宣和四年（1122），给事中路允迪等人出使高丽，遭遇风暴，因有通贤神女降临其樯桅上，路允迪所乘之船幸免于难。第二年，宋朝政府应允路允迪的请求，为神女庙颁赐庙额，曰顺济。宋高宗绍兴二十六年（1156），正式封神女为灵惠夫人。宋光宗绍熙三年（1192），累封为灵惠妃。宋宁宗时，宋军在淮西一线与金军交战时甚至都在战船上供奉着"灵惠妃"的神像和牌位。据称，宋军因此而得到了神的庇护，获得胜利。由此，该神被累封为"灵惠协应嘉应善庆圣妃"②。在南宋都城临安府，也建立了行祠。

宋人丁伯桂在《顺济圣妃庙记》中记述了南宋后期各地祭祀顺济圣妃的情况："神虽莆神，所福遍宇内，故凡潮迎汐送，以神为心；回南簸北，以神为信；边防里捍，以神为命；商贩者不问食货之低昂，惟神之听。莆人户祠之，若乡若里，悉有祠。所谓湄州、圣堆、白湖、江口，特其大者。尔神之祠，不独盛于莆、闽、广，江浙、淮甸皆祠也。"③。但总起来说，顺济圣妃还是一位海神："其妃之灵者多于海洋之中，佑护舡舶，其功甚大，民之疾苦，悉赖骈蠓。"④

到了元朝，这位圣妃被改封为天妃；到了清朝，又被加封为"天后"。而东南沿海地区则俗称其为"妈祖"，在人们心目中的地位极其神圣。

## 第四节　巫教与南宋官方祭礼

天地崇拜、山川崇拜、祖先崇拜、鬼神崇拜是巫教的主要内容。本着"子

---

① 《夷坚支景》卷九《林夫人庙》，第950页。
② 《梦粱录》卷一四《外郡行祠》。
③ 《咸淳临安志》卷七三《外郡行祠》。
④ 《梦粱录》卷一四《外郡行祠》。

不语怪力乱神"①的原则,自汉代以后,巫教中的神鬼崇拜遭到儒家的摒弃,而天地崇拜、山川崇拜、祖先崇拜则被儒家所接受,其相关的祭祀仪式经过不断改造,演变成了在儒家思想指导下的国家祭礼。但南宋时期的国家祭礼仍具有浓厚的、不同于佛教和道教的巫教色彩。

宋代的国家祭祀一般分为大祀、中祀、小祀三种规格。《宋会要辑稿》礼一四之一记载:宋神宗时,宋代大祀有17种:"昊天上帝、感生帝、五方上帝、九宫贵神、五福太一宫、皇地祇、神州地祇、太庙、皇后庙、景灵宫、朝日、高禖、夕月、社稷、蜡祭百神、五岳。"②中祀有11种:"风师、雨师、海渎、五镇、先农、先蚕、五龙、周六庙、先代帝王、至圣文宣王、昭烈武成王。"小祀有14种:"司中、司命、司民、司禄、灵星、寿星、马祖、先牧、马社、马步、司寒、山林、川泽、中霤。"到了南宋,"大祀五十五,中祀四,小祀十四"③,祭祀数量还有增加。宋代祭祀天地、山川、祖宗、神鬼的仪式种类之繁多,于此可见。所祭诸神的数量多得也令人吃惊。在宋高宗绍兴四年(1134)的明堂大礼上,"自天地至从祀诸神"就多达"七百七十一位"④。

在这些祭祀中,以冬至南郊的规格为最高。所谓"南郊",就是在京城南郊祭祀天地(有时只祭天)。作为把儒家天命思想具体化的礼仪,郊祀是中国历代都要讲行的国家重大典礼。宋代的南郊一般是三年举行一次,花费钱财巨大。迫于财政压力,宋王朝往往将南郊改在明堂举行。明堂就是大礼堂。在明堂举行祭祀天地之礼,因规模缩小,其费用开销相对要少一些。南宋一朝,历代皇帝亲祀南郊共19次,而亲祀明堂则多达30次。

到南宋后期,明堂祭祀的天神、人鬼、地祇总数减少,只有"五百七十位"了。其中,"殿上正配四位:昊天上帝,皇地祇,太祖皇帝,太宗皇帝。东朵殿一十三位:青帝,感生帝,黄帝,大明,天皇大帝,木神,火神,土神,勾芒,祝融,后土,东岳,南岳。西朵殿一十二位:白帝,黑帝,神州地祇,夜明,北极,

① 《论语·述而》,文渊阁《四库全书》本。
② 在这段史料中,只记载了16种大祀,明显漏记了一种。
③ 《玉海》卷一〇二《熙宁太常祠祭总要》。
④ 《玉海》卷六九《绍兴礼器》。

金神,水神,蓐收,元冥,中岳,西岳,北岳。东廊二百有八位:北斗,天乙,太乙,岁星,荧惑,……东镇,南镇,中镇,东海,南海,东渎,南渎,虚宿,女宿,牛宿,……东山,南山,中山,东林,南林,中林,东川,南川,东泽,南泽,天垒城,璃瑜,代星,齐星,周星,晋星,韩星,秦星,魏星,燕星,楚星,郑星,越星,赵星,……东邱,南邱,中邱,西邱,北邱,东陵,南陵,中陵,西陵,北陵,东坎,南坎,中坎,西坎,北坎,东衍,南衍,中衍,西衍,北衍,东原,南原,中原,西原,北原,东隰,南隰,中隰,西隰,北隰。西廊一百七十五位:帝座,五帝,内座,太白,辰星,鹑火,鹑首,……西镇,北镇,西海,北海,西渎,北渎,星宿,柳宿,……西山,北山,西林,北林,中川,西川,北川,中泽,西泽,北泽,……土司空,八魁,羽林军,垒壁阵斧钺,败臼,天网,北落师门,天钱,泣星,哭星"。另外,东廊、西廊、南廊还有众星,共一百五十八位①。

从这个明堂神位看,尽管道教不断地在收编巫教神灵,但宋代国家祭祀体系中的巫教诸神,与道教的诸神并不相同,其自然崇拜中星宿、山川、隰泽的成分特别明显。

南宋君臣对祭祀大地之礼看得很重,认为"寅畏天命、明德恤祀"是君主赖以"交通肹蠁、对越神明"的主要途径,"礼严体重,所不容忽"②。宋孝宗时,中书舍人胡铨在《论卜郊疏》中就告诫皇帝说:"'国之大事,在祀与戎'。先祀后戎,祀莫大焉。"③之所以如此,是因为大多数宋人都相信祭祀能够与天地、山川、祖先感格相通,能够获得神明的保佑。

不过,宋人祭神并非一味恭敬讨好,也有奖惩分明的时候。比如腊日(十二月初八日)合祭百神于四郊的"腊祭"④,就是对百神的一次"年终考核"。在腊祭的前一日,户部要将什么地方发生了水灾、什么地方发生了旱灾、什么地方发生了虫灾等受灾情况报告礼部。礼部根据户部的报告,在祭祀时,对"当方年谷不登"⑤、负有相关责任的神灵予以处罚,即所谓"黜其方

---

① 《文献通考》卷七五《明堂神位》。
② 卫泾:《后乐集》卷一〇《论祠祭差官当严其制札子》,文渊阁《四库全书》本。
③ 杨士奇等编:《历代名臣奏议》卷二二,文渊阁《四库全书》本。
④ 《宋会要辑稿》礼一九之二四。
⑤ 《群书考索》卷三四《群祀类》,文渊阁《四库全书》本。

守之神而不祭"。之所以如此,是因为"其平日享一方香火牲牢之奉而不能庇护其民"①。这乍看上去好像类似儿戏,但认真体会,在其深处却透露着宋人对神明的无限信任,希望他们能够保佑人间风调雨顺。

这些巫教因素进入国家祭祀典礼,便形成了一种与国家政治、儒家思想纠缠在一起的文化传统,使巫教鬼神和巫术在"敬天"、"爱民"的旗帜下,堂而皇之地在南宋发挥着特殊的宗教功能。

绍兴六年八月,宋高宗下诏宣布亲征,前往建康府驻跸。出发前两天,便"遣官奏告天地、宗庙、社稷,应临安府载在祀典神祇"。出发的当天,"毂祭用牸羊、祝文",并致祭"沿路桥梁、十里内神祠、名山、大川"。绍兴三十一年,面对大举南侵的金军,南宋朝廷惊恐万分,不少官员纷纷请求"告祭沿江州府县镇祠庙,并礼文未载于图经、灵迹显著者,同力保护江左"。宋高宗接受了官员的意见,派遣官员祭告"三茅真君、应元保运真君"以及"延祥观、四圣显应观、护国显应昭惠王、旌忠观、忠烈灵应王、忠显昭应王、忠惠顺应王、祚德庙、强济公、英略公、启祐公、吴山忠清庙、忠壮英烈威显王",又派侍从官行礼致敬,告诉各路神祇"金贼犯边,朝廷用兵,乞赐阴助,扫除妖孽",希望得到神祇的保护②。开禧二年(1206)五月,宋军挥师北伐,宋宁宗于是举行隆重仪式,"奏告天地、宗庙、社稷、宫观、九宫贵神、五岳四渎、风伯雨师、北方天王、马祖、蚩尤"③。这种祭祀、祷告神灵,以祈祷胜利的方式在古代社会自然可以起到鼓舞人心的作用,因此为统治者所相信和看重。

## 第五节 官方祈雨等仪式中的巫教因素

受巫教和巫术的影响,宋人大多相信通过祈祷神明或施用巫术,在正常情况下可以控制天气变化,以消弭灾害。因此,两宋的朝廷历来就有明确规

---

① 郑刚中:《北山集》卷一四《祈雨祭文之二》。
② 《宋会要辑稿》礼一四之八八。
③ 《文献通考》卷八九《郊社考二十二》。

定:"州县有水旱,长官以下分诣山川祈祷"①。从皇帝到各级任责官员都承担有天旱祈雨、久雨祈晴的祈祷事务。

宋朝对祈祷神灵相助称"祈报",有一套较为完整的制度规定。《宋史》卷一〇二《祈禜》记载:"祈,用酒、脯、醢,郊庙、社稷或用少牢;其报,如常祀。或亲祷诸寺观或再幸,或彻乐、减膳、进蔬馔,或分遣官告天地、太庙、社稷、岳镇、海渎、或望祭于南北郊。或五龙堂、城隍庙、九龙堂、浚沟庙,诸祠如子张、子夏、信陵君、段干木、扁鹊、张仪、吴起、单雄信等庙,亦祀之。或启建道场于诸寺观,或遣内臣分诣州郡,如河中之后土庙、太宁宫,亳之太清、明道宫,兖之会真景灵宫、太极观,凤翔之太平宫,舒州之灵迁观,江州之太平观,泗州之延祥观,皆亟香奉祝,驿往祷之。凡旱、蝗、水潦、无雪,皆禜祷焉。"

绍兴十三年(1143)夏,临安府大旱,甚至连人畜饮水都发生了困难。太常寺建议:"检照国朝典礼,凡京都旱,则祈岳、镇、海、渎及诸山川能兴云雨者,于北郊望告;又祈宗庙、社稷及雩祀上帝、皇地祇。"宋高宗于是诏令宰相以下相关官员分往各处祈雨。如,命秘书省著作佐郎兼权兵部郎官梁汝永往径山龙潭、大宗正丞兼权刑部郎官李祥往广德张王祠,"各赍御香、祝板祈雨"②。

祈雨时一般要事先写好祈雨文,在祈祷时高声宣读。我们不妨看看南宋初年知绍兴府綦崇礼的《秦望山灵惠侯庙祈雨文》:

> 维神夙以利泽,享有爵号。民所疾苦,神宜图之。前遣县僚,既常有请,载恭明诏,祷于祠下。伏愿出其灵䎫,呼吸云雷,霈为甘霖,救此旱虐。敢重以请,尚飨③!

如果祈雨成功,那就还得再写一篇谢雨文,向神灵致谢。兹举叶适《祠山谢雨文》为例:"乃五月乙酉雨,昼夜不止,百泉交趋,千壑并至。或耘其前,歌长以谣;或播其后,笑而忘号。担牲挈壶,敬谢明德。伊苗有穉,谁稼

---

① 阎肇等编:[嘉庆]《衡阳县志》卷三八《丞湘岣嵝祠坛记》,嘉庆二十五年刻本。
② 《宋会要辑稿》礼一八之二四。
③ 綦崇礼:《北海集》卷三六,文渊阁《四库全书》本。

之稽!"①

除了写祈雨文之外,许多场合还得实施祈雨法。北宋咸平二年(999),宋真宗向诸路颁布了唐朝李邕的《雩祀五龙堂祈雨之法》。景德三年(1006),宋真宗命令朝廷刊行《画龙祈雨法》,颁发诸路州县。皇祐二年(1050),宋仁宗向诸路颁发了《祭龙祈雨雪法》。熙宁十年(1077),宋神宗向地方官员颁发了《宰鹅祈雨法》、《蜥蜴祈雨法》,令其照办。

这些祈雨法,其实都是巫术。《雩祀五龙堂祈雨之法》规定:"以甲乙日择东方地作坛,取土造青龙。长吏斋三日,诣龙所,汲流水,设香案、茗果、瓷饵,率群臣、乡老日再至祝酹。不得用音乐、巫觋,以致媟渎。雨足,送龙水中。余四方皆如之,饰以方色。大凡日干及建坛取土之里数、器之大小及龙之修广,皆取五行成数焉。"②《蜥蜴祈雨法》规定:"捕蜥蜴十数至瓮中,渍之以杂木叶。选童男十三岁以下、十岁以上二十八人,分两番,间日衣青衣,以青涂面及手足,人持柳枝,沾水散洒,昼夜环绕,诵咒曰:'蜥蜴蜥蜴,兴云吐雾。雨若滂沱,放汝归去。'"③但大多数宋人都对其功效深信不疑。朱熹在经过认真考察后,就认为蜥蜴确实能够吞水造雹。既然能造雹,那也就能够致雨④。

乾道四年(1168),南宋朝廷将皇祐二年的《祭龙祈雨雪法》"添入绘画龙等样制",印制成册,颁降给各级地方政府,要求"遇愆雨雪,严洁依法祈求"。其作法的程序为:一、置坛。"先择左侧有龙潭或湫泊或水泉所出,水边林木郁茂或有洞穴深邃堪畏之处,或居灵祠古庙,以为坛地,取庚、辛、壬、癸及成日、满日丑时置坛"。二、画龙。"取新净绢五尺",先画水:"水有波岸,水中尽龟";再画龙:"龙色随日干,庚、辛日画作白龙,壬、癸日画作黑龙"。最好照南宋画家张僧繇所画"盘龙"的样子画。"其龙以金、银、朱砂和黄丹作色饰之,极令鲜明"。最后画天空:"用朱砂点十黑为天元龟星形,星中画黑

---

① 叶适:《水心集》卷二六《祠山谢雨文》,文渊阁《四库全书》本。
② 《宋会要辑稿》礼一八之五。
③ 《宋会要辑稿》礼一八之一四;《宋史》一○二《吉礼五》,第2502页。
④ 《朱子语类》卷二《天地下》,第24页;卷三《鬼神》,第35页。

鱼"。三、祭龙。"取新竹二竿,各长七尺,竿头带少叶,植于坛上,竿头各挂一皂幡,各长二尺四寸"。将龙画"挂两竹之间"。"前置新席一,设俎豆、酒脯、时果、名香,烧香以糖灰火,勿用炭","亦勿用铁器"。因为龙怕炭,也怕铁器。祭祀时,主祭官员先读祝文,再杀白鹅于坛南,"刀割其项,三分存一,勿令断。盘盛血,至于坛上,承之以俎。又以盘盛鹅身于坛南,取血奠之"。最后,"以大盆盛净水",以杨柳枝条点水洒在龙画上,将龙画"置于水上"。主祭官员及相关人员退场后,对坛场实行戒严,派几十人巡逻,"至来日午时前,不得更令人至坛侧"。四、验雨。"次日寅时前",派人入坛,验视血盘中有什么东西。如果没有东西,那很快就会下雨或下雪;"或有虾蟆、蜥蜴、蜈蚣、百足之类,即有大水";"或得飞鸟、蚊子及虫鸟粪,即由祀官心不精洁,故祷无应"。如"祷无应",就要再次举行祭祀。五、赛龙。如果雨或雪下足,三天以后,便杀一头公猪,用一只盘子盛血,再用一只盘子盛上煮熟的肉,献上时令水果和美酒,向龙神致谢。主祭官员宣读感谢的祝文后,从坛外取土块置于坛上,念咒语:"祈雨(雪)已毕,无有后报。急急如律令!"随即"闭气而还"。最后,将龙画"送置左侧大水或潭穴中"①。

另外,有些地方也采用到有灵应的水潭中取水回来,在州衙或县衙内对着"神水"举行祈祷仪式。如,陆九渊祈雨就是派人"敬以净瓶"上泉龙潭取水,"归至郡治东荆岑亭上,朝夕致敬,以幸灵沛"②。

祈雪的程序与祈雨相同。如祈雪有应,一般还得写一篇谢雪文,以感谢上天眷渥。

祈晴,除主祭官员要宣读祈晴文外,是否还有相应的巫术,不得而知。宋宁宗时,知隆兴府卫泾作有《隆兴府吴城山龙王庙祈晴文》:"惟神兴雨成云,变化无际。时则为泽,过则为沴。方旱而霖,物蒙其济;方获而潦,害且不细。嗟我农人,当此敛穑。零雨其蒙,终风且曀。并走群望,浃旬未霁。筑场纳禾,公私所系。下夺民食,上妨国计。惟尔有神,庙食世世。害于粢盛,胡然供祭?爰即祠宇,肃陈牲币。亟导晴曦,尽驱阴翳。收敛神功,以须

---

① 《宋会要辑稿》礼四之一五至一七。
② 陆九渊:《象山集》卷二六《上泉龙潭取水祷雨文》,文渊阁《四库全书》本。

嗣岁。"①

祈晴成功后,自然还得宣读谢晴文。宋宁时,知江陵府彭龟年曾撰有一篇《江陵府谢晴文》:"天作霖雨,害我滞穗。吏实不德,召此大沴。奔告于神,神不我弃。气郁忽明,欲雨辄霁。岂吏足矜?惟民之瘁。神实念此,卒扫阴翳。俾民妇子,获敛获刈。千仓万箱,讫此丰岁。敬拜神休,尚几终惠。"②

地方官祈雨,可以去任何神庙祈祷。绍兴年间,知绍兴府綦崇礼为祈雨,就先后写下《禹庙祈雨文》、《秦望山灵惠侯庙祈雨文》、《南镇庙祈雨文》、《伯益皋陶庙祈雨文》、《马太守庙祈雨文》、《越王庙祈雨文》、《舜帝庙祈雨文》,遍告诸神庙③。

从这些祈文、谢文,我们可以看到南宋官员对农业生产的关心和对神祇的谦恭和崇敬。当然,也有少数官员在祈文中对神祇提出了责备。宋孝宗时,王十朋在《诸庙祈雨文》中写道:"兹者七月不雨,祷祈未应。神庙食于此,其可坐视而不救乎?油然云,沛然雨,在神呼吸间也。宜速效职,毋作神羞!"雨水降下后,王十朋又写了一篇《诸庙谢雨文》:"兹因不雨,是用祷于神祇,且责其坐视不救,而戒其速宜效职。果不踰时,沛然下雨。神亦可谓灵矣。有德必报,其何敢忘!"④绍兴年间,四川宣抚使郑刚中的《祈雨祭文之二》写得更是毫不客气:

> 某闻蜡祭,合百神于南郊,以为岁报者也。先一日,户部以水旱虫蝗之报礼部使,黜其方守之神而不祭,为其平日享一方香火牲牢之奉而不能庇护其民,故黜之也。凤之河池县,大军屯泊,财赋会聚,吏民蒙境内百神之休相多矣。今年夏旱异常,众会巾子山灵助王可祷而雨。王有庙焉,貌其像于山之阳;有龙焉,湫其神于山之阴。取湫水赴邑祷之,踰旬不报也。岂使民之过恶酷烈,虽神无所致其力耶?抑所谓神者,顷

① 卫泾:《后乐集》卷一九《隆兴府吴城山龙王庙祈晴文》,文渊阁《四库全书》本。
② 《止堂集》卷一五《江陵府谢晴文》。
③ 綦崇礼:《北海集》卷三六《知绍兴府诸庙祈雨文》。
④ 《梅溪集》(后集)卷二八《诸庙祈雨文》。

亦得名于偶尔也？二者，某未能辨也。或初祷弗虔，未当神意，故甘泽
嘉霆阋而未与，亦不可得而知也。今宣抚使涓辰祓濯，躬诣祠下，遣官
再酌灵湫而奉之。谨与神为三日之约：傥能如约相报，惠雨盈尺，则躬
率鼓吹，役归之后，亟当修严庙宇，罗列羊豕，上灵休于朝，而永侈爵号。
若曰三日有未能，约五日。过五日，虽雨，非神之赐也，而神之祠自是衰
矣。某谨再拜以告，尚享①！

不过，像这样使用警告性过激言辞的祈文为数不多，因为大多数官员是
畏惧神祇法力的。在高深莫测的神祇面前，他们永远只能是精神奴隶！就
连大儒朱熹在《广祐庙祈雨文》中，为求得三日内降雨，也只好对坐落在邵武
军境内的广祐王庙"拜伏于庭，不胜哀叩"。先是对广祐王大加赞誉："大王
有功德于此土之人，苟有旸之忧，无不祷于大王。其祷之也，则无不昭答如
影响之随至。斯民之心归之如父母，信之如蓍蔡者有年于此矣。"最后，言也
哀哀："大王若哀其迫切，赦其前愆，有以惠绥之，则三日之内，熹等斋宿以俟
休命。三日而不应，则是大王终弃绝之。熹等退而恐惧，以待诛殛，不敢复
进而祷矣。"②

## 第六节 南宋的巫师与巫术

在巫教体系中，巫师是其行为的主体。南宋巫师作为一种受社会习俗
承认的特殊社会阶层，较为广泛地参与了社会活动。南宋刘克庄在其《老
巫》一诗中，对宋代的巫师有传神的描述："灾祸妖祥判立谈，白头犹舞茜衣
衫。卖符效速抛农业，治祟年深转法衔。三老赛冬为杀豕，四婆开岁倩祈
蚕。暮归舍下分余胙，不信人间有季咸。"③

宋人沿袭唐人的称谓，仍将巫师统称为师巫。"师"指男巫，"巫"指女

---

① 《北山集》卷一四《祈雨祭文之二》，文渊阁《四库全书》本。
② 《晦庵集》卷八六。
③ 《后村先生大全集》卷二〇。

巫。当然,把"师巫"称作"巫师",或将其简称为"巫"的情况也是屡见不鲜的。此外,对于那些巫术高超的男性巫师,宋人则将其与那些法术精湛的和尚、道士等视为一类,都尊称为"法师"。

世代家传的巫师,宋人多称其为"巫家"。如鲁应龙的《闲窗括异志》记载:"巫家丘氏,世事邹法主。……今其子孙,尚以巫祝相传不绝。"再如,《夷坚丁志》卷二〇《陈巫女》记载:"南城士人于仲德,为子矸纳妇陈氏。陈世为巫。女在家时,常许以事神。既嫁,神日日来惑蛊之。……于氏父子计,以妇本巫家,……遂令归母父家,竟复使为巫。"除去家传外,巫师也招收门徒,传授巫术。江西洪州巫师招收门徒的方法很特别。他们的门徒,是从婴儿里挑选的。这样便于巫师保持自己巫术的神秘性。巫师作为沟通人类与鬼神的媒介,为了适应民间对多神的信仰,大多都应是信奉多神的。但是,宋代有不少巫师却奉事专神,各行其是,互相封闭,没有严密的组织系统。主要从事巫蛊、治病、祭祀这三类巫术。

所谓巫蛊,即巫师使用邪术加害于人。根据巫术社会功能的道德价值分类,巫术分为两大类,即善意的巫术与恶意的巫术(通常也叫作白巫术与黑巫术)。巫蛊属于黑巫术的范畴。它以侵害人的生命、财产以及尊严为目的,予人以种种不幸的后果,明显有害于社会秩序、违背社会道德规范。

有关宋代的巫蛊活动,《夷坚志》记载最多。从《张妖巫》、《邓城巫》、《丽池鱼箔》、《廖氏鱼塘》、《鲁四公》、《化州妖凶巫》、《董氏子学法》等故事中,我们可以看到宋代巫师利用巫术勒索他人的钱财而传播疾病、败坏酒酿、破坏渔业、干扰经商,以及伤害他人、侮辱妇女的种种劣迹。

宋代施行巫蛊所用的手法主要是杀人祭鬼、传播病毒、诅咒等。其中,尤以杀人祭鬼和传播病毒为害最大。

杀人祭鬼多发生在湖南、湖北地区,川峡、浙江、江东等地也时有发生。宋孝宗淳熙十二年(1185),前发遣筠州(治今江西高安)赵谧上奏说:"湖外风俗,用人祭鬼。每以小儿妇女生剔眼目、截取耳鼻,埋之陷窬,沃以沸汤,糜烂肌肤,靡所不至。盖缘贩弄生口之人偷窃小儿妇女,贩入湖之南北,贪取厚利。"①宋宁宗嘉泰元年（1201），有官员上奏，称江东广德军"愚民杀人之风"已经传入湖州，在一年不到的时间里，湖州境内便"已杀四十九人，而邻里掩盖不以闻者不预焉"。当地人受巫教淫祠的影响，认为"杀人而死，可得为神"。于是，"凡欲杀人者，三五为群，酾酒割牲，谓之起伤"。"起伤之庙，盖遍于四境之内矣"②。

杀人祭鬼手段简单而残酷，容易被人识破，且流行地域有限，一般只是局限在偏僻乡村。但传播病毒则不然。它流行地域极广，在南方各地极为常见。限于当时的认识能力，人们往往将其传得神乎其神，莫知其所以。其实，宋代巫师传播病毒的主要手段不过是一般人所说的"嫁金蚕"之类的巫术而已。

所谓"嫁金蚕"，宋人毕仲询在其《幕府燕闲录》中称："南方人畜金蚕。金蚕金色，食以蜀锦，取其遗粪置饮食中以毒人。人死，蚕善能致他财使人暴富，而遣之极难，水火兵刃所不能害，必多以金银置蚕其中，投之路隅，人或收之，蚕随以往，谓之嫁金蚕。"③而所谓"金蚕"，宋人徐铉则认为不过是"石中蛴螬"之类的东西④。金蚕是病毒的携带体。除金蚕之外，蛇、蜈蚣、虾蟆等均可以成为病毒的携带体而转嫁于人，传播病毒。

宋代巫师培养病毒的方法是"以五月五日聚百毒物，纳大瓮，相啖噆。久之发视，独其一存，则遂能变化隐见，是为蛊神。神必有牝牡，其合各有时。近者数月，远或一二年。事蛊者谨其时日而降之置盘水其前，则牝牡游而合焉。其精浮水，则以针眼受之，是为蛊药。药不可宿，必以是日毒于人。常置于糗饵脯醢，不于羹。盖药精气也，宿之则枯，热之则消"⑤。这与魏晋

---

① 《宋会要辑稿》刑法二之一二二。
② 《宋会要辑稿》刑法二之一三二。
③ 引自曾慥：《类说》卷一九，文渊阁《四库全书》本。
④ 徐铉：《稽神录》卷一《金蚕》，中华书局1996年版，第10页。
⑤ 孙应时：《烛湖集》卷十《余安世斩蛊传》。

南北朝以来巫师培育病毒的方法一脉相承①。

如果用猫作为病毒携带体传播病毒,宋人称"养猫鬼咒诅杀人"②。隋朝独孤陀家中"常事猫鬼,每以子日夜祀之","其猫鬼每杀人者,所死家财物潜移于畜猫鬼家"③。宋人对猫鬼为何物,也不甚明白。王懋专门对"猫鬼"进行了考证,说:"仆始不晓猫鬼为何物,因观《巢氏病源》,知猫鬼乃老狸野物之精变而为鬼蜮而依附于人。人畜之以毒害人。其病心腹刺痛,食人腑脏,吐血而死。乃知猫鬼如此。"④这与宋人所记载的"能入人腹中,残啮肠胃"⑤,"蛊生其腹,浸而啮其五藏肠胃","死者焚其尸,心肺常不坏,穿穴若蜂窠然"⑥等等蛊毒症状几乎一致。

至于诅咒之术,即使用巫术诅咒人得病或死亡,不过是类似现代催眠术之类的精神控制法。从科学的角度看,只要巫蛊时巫师不采取其他手段,单凭厌魅诅咒,是根本不可能害人的。然而,在坚信厌魅诅咒可以杀人的情况下,巫蛊也许会对坚信者的精神造成紧张,从而引起一些精神伤害。只要不信巫蛊可以害人,它就不会有什么效力。宋代有部分官员对诅咒之术已经有了清楚的认识。南宋时,胡石壁审理李学谕告黄六师咒诅其父一案时,责备李学谕说:"既为士人,当晓之以理,岂不知人之疾病,或因起居之失节,或因饮食过伤,或因气血之衰,或因风邪之袭,但当惟医药之是急,不当于鬼神而致疑。而乃谓其父病之由,起于师巫之咒,钉神之胁,则父之痛在胁,钉神之心,则父之痛在心。此何等齐东野人之语,而发于学者之口哉!"结果,黄六师以造作淫祠之罪,被"从轻杖一百,编管邻州";而李学谕也被"罢职",受

---

① 《隋书》卷三一《地理下》记载:"鄱阳、九江、临川、庐陵、南康、宜春……此数郡往往畜蛊,而宜春偏甚。其法以五月五日聚百种虫,大者至蛇,小者至虱,合置器中,令自相啖,余一种,存者留之。蛇则曰蛇蛊,虱则曰虱蛊,行以杀人,因食入人腹内,食其五藏,死则其产移入蛊主之家。三年不杀他人,则畜者自钟其弊。累世子孙相传不绝,亦有随女子嫁焉。干宝谓之为鬼,其实非也。自侯景乱后,蛊家多绝,既无主人,故飞游道路之中则殒焉。"

② 《续资治通鉴长编》卷二一,太宗太平兴国五年二月戊申记事,第 472 页。

③ 《北史》卷六一《独孤信传》附《独孤陀传》。

④ 王懋:《野客丛书》卷三〇《猫鬼》。

⑤ 毕仲询:《幕府燕闲录》,《说郛》卷四一下。

⑥ 孙应时:《烛湖集》卷一〇《余安世斩蛊传》。

到轻责①。但是,大部分官员和普通民众对诅咒之术依然是深信不疑的。

在中国古代,巫师活动是历来都得到社会上大多数人所承认的。在宋代,整个南方地区都严重地存在着"氓疾不治,谒巫代医"②的社会问题。"一有疾病,唯妖巫之言是听。亲族邻里不相问劳,且曰此神所不喜。不求治于医药,而屠宰牲畜以祷邪魅,至于罄竭家资、略无效验而终不悔"③。

巫师治病的手法各种各样,有所谓"摄召"之法,即摄鬼招魂之类的巫术。巫师作法时,或"持刀吹角,诵水火轮咒"④,或"鸣锣吹角"⑤,有些法术高明的巫师甚至还能运用"移景法",即幻灯影像来鬼影变幻,以增强效果。宋人储泳对这种"移景法"曾进行过揭露,说:"移景之法,类多髣髴,惟一法,如烈日中影人无不见,视诸家移影之法特异。及得其说,乃隐像于镜,设灯于旁,灯镜交辉,传影于纸。此术近多施之摄召,良可笑也。"还有用化学原理来表演"叱剑斩鬼"的:"每置剑空室中,以水濆之,叱其斩妖,对众封闭。来日启之,流血满地。"这种方法其实是用"一草实,密以擦剑,含水大喷。经夕,视之水,皆血色"。至于,"师巫多挟术以欺世"的"行雷法",则是"以夜游艾纳数药合而为香,每烧则烟聚炉上,人身鸟翼,恍如雷神,所至敬向","不知其为药术也"⑥。宋代巫师治病,也有用祷神术者:"巫师刲羊豕以请于神,甚者用人为牲以祭"⑦。例如,宋宁宗时,常州"疫气大作,民病者十室而九",当地"东岳行宫后有一殿","奉祀瘟神,四巫执其柄,凡有疾者,必使来致祷,戒令不得服药"⑧。祷神时,巫师也会使用一些幻术来迷惑人。储泳就曾揭露过"钱入水即化"的"神术":"向见一女巫应有祈祷,必纳香钱,使自投于净盂中,随即不见,人多神之。后得其术,乃用荸荠水银杂草药数种

① 《名公书判清明集》卷一四《巫觋以左道疑众者当治,士人惑于异者亦可责》,中华书局1987年版,第548页。
② 《王文公文集》卷八七《虞部郎中晁君(仲参)墓志铭》,第923页。
③ 《宋会要辑稿·刑法》二之一五二。
④ 《夷坚丁志》卷一四《刘十九郎》,第660页。
⑤ 《夷坚甲志》卷六《宗演去猴妖》,第47页。
⑥ 以上引文分见《祛疑说》"咒水自沸、移景法"、"叱剑斩鬼"、"烧香召雷神"、"钱入水即化"。
⑦ 晁公遡:《嵩山集》卷五○《定慧院记》。
⑧ 《夷坚支戊》卷三《张子智毁庙》,第1074页。

埋之地中,七七药成,每密投少许于水中,钱入即化。"①

　　所谓"祭祀巫"就是专主祭祀的巫师。祭祀巫主要依托各类祠庙及民间
庆节活动,诈降灵异,为人们祈禳厌胜或祈祷幸福。祭祀巫在宋代是活动能
量仅次于治病巫的一个巫种,对社会的危害也比较大。北宋夏竦指出:"黔
黎无识,黩神右鬼;妖巫凭之,诈降灵异;元元从之,祈禳厌胜。且鸡豚醴酌,
祀无名土木,贫者货鬻以供祭赛。村聚里间,庙貌相望;春夏秋冬,歌舞荐
仍;民产益薄,而蚕食滋甚。"②为达到"鼓气焰以兴妖,假鬼神以哗众"③的目
的,祭祀巫往往"故为阴庑复屋,塑刻诡异,使祭者凛慄"④。他们借神灵之名
蛊惑民众、获取钱财,甚至肆意欺压人民。例如,南宋吉州祠庙中的祭祀巫,
其权势便"过于官府","一庙之间,责柽而至动以数千计"⑤。

　　宋人费衮在《江东丛祠》中记述了一则祭祀巫用毒酒杀人的故事,很有
代表性:

　　　　江东村落间有丛祠。其始,巫祝附托以兴妖。里民信之。相与营
　　茸,土木寖盛。有恶少年不信,一夕,被酒入庙,肆言诋辱。巫骇愕不知
　　所出,聚谋曰:"吾侪为此祠,劳费不赀。一旦为此子所败,远迩相传,则
　　吾事去矣!"迨夜,共诣少年,以情告曰:"吾之情状,若固知之。傥因成
　　吾事,当以钱十万谢若。"少年喜,问其故,因教之曰:"汝质明复入庙,詈
　　辱如前。凡庙中所有酒殽,举饮啖之,斯须则伪为受械祈哀之状,庶印
　　吾事。今先赂汝以其半。"少年许诺,受金。翌日,果复来庙廷,祖裼睊
　　嚌,极口丑诋不可闻。庙傍民大惊,观者踵至。少年视神像前方祭赛罗
　　列,即举所祀酒悉饮之,以至殽馔无孑遗。旋俯躬如受絷者,叩头谢过。
　　忽黑血自口涌出,七窍皆流,即仆地死。里人益神之,即日喧传傍郡,祈
　　禳者云集。庙貌绘缮极严,巫所得不胜计。越数月,其党以分财不平,

　　①　《祛疑说》"烧香召雷神"、"钱入水即化"。
　　②　夏竦:《文庄集》卷一三《进策·禁淫祀》,文渊阁《四库全书》本。
　　③　《苏魏公文集》卷六四《润州州宅后亭记》。
　　④　《水心集》卷二三《王栴墓志铭》。
　　⑤　《巽斋文集》卷四《与王吉州论郡政书》。

诣郡反告,乃巫置毒酒中杀其人。捕治引伏,魁坐死,余分隶诸郡,灵响讫息①。

在南宋人的诗中,对祭祀巫的活动颇多描写。例如,陆游在《赛神》中写道:"岁熟乡邻乐,辰良祭赛多。荒园抛鬼饭,高机置神鹅(村人谓祭神之牲曰神猪神鹅)。人散丛祠寂,巫归醉脸酡。饥鸦更堪笑,鸣噪下庭柯。"②在《赛神曲》中写道:"击鼓坎坎,吹笙呜呜。绿袍槐简立老巫,红衫绣裙舞小姑。乌桕烛明蜡不如,鲤鱼糁美出神厨。老巫前致词,小姑抱酒壶。愿神来享常欢娱,使我嘉谷收连车。牛羊暮归塞门间,鸡鹜一母生百雏。岁岁赐粟,年年蠲租。蒲鞭不施,圜土空虚。束草作官但形模,刻木为吏无文书。淳风复还羲皇初,绳亦不结况其余。神归人散醉相扶,夜深歌舞官道隅。"③周紫芝在《鼓冬冬行》中写道:"烟雨凄凄芳草渡,隔岸冬冬赛神鼓。男巫唱歌女巫舞,蚕宜青桑麦宜土。天下无兵三百州,不如卖剑买汝牛。千仓万廪汝莫爱,富民今岁新封侯。"④这反映了祈祷性质的巫术在宋代社会生活中仍然具有很大的影响力,与民俗紧密结合在一起。

## 第七节　巫教与佛教和道教

创生性宗教产生后,原生性宗教却并未因此而退出历史舞台,其残存成分,即不断发展演变的巫术,直到今天,仍未消亡,因而成为了人类历史上存在时间最长的一种宗教。中国的情况也是如此。东汉时期,佛教开始传入中国,道教在中国本土也开始形成。佛教是外来宗教,但道教却是在中国的原生性宗教——巫教的基础上发展起来的。不过,巫教并没有因为佛教和道教的逐渐壮大而日趋消亡,反而一分为二,一部分以祖先崇拜、精灵崇拜、

---

① 费衮:《梁溪漫志》卷一〇,文渊阁《四库全书》本。
② 《剑南诗稿》卷四八。
③ 《剑南诗稿》卷二九。
④ 《太仓稊米集》卷三六。

祈福禳灾等表现形式深入儒家的"礼"制、融入国家和民众的祭祀活动,另一部分则以魔力崇拜、预知祸福等表现形式扎根于中国社会之中,始终保持了强大的势力,令佛道二教感到了很大的压力,不敢存有一丝蔑视之心。

### 一、佛教道教对巫教的借用

吾敬东先生指出:"佛教与巫术之关系包括对弥陀、弥勒、观音在内的诸神观念的改造及相关仪式的祭祀化;地狱或冥府(包括九华、丰都)及阎罗王等鬼界观念的兴盛;密教、瑜伽特别是咒术、气功等神秘形式与中国巫术(方术)的结合,而在这种结合中,道教又扮演了十分重要的角色。此外,由净土宗而白莲社进而白莲教的过程,也可以看出佛教向民间宗教(包括巫术)的流变和转换。"①

佛教为更好地融入中国社会、道教为争取更多的信众,在许多场合都不得不借用巫教的巨大影响力,甚至对巫教的巫术也大量加以吸收。

南宋时,有不少寺院宫观内建有祠庙,祭祀巫教诸神,对巫教之神加以"收编"。如,临安府在吴山、西溪法华山、临平景星观、汤镇顺济宫、汤村坛山梵刹共建有东岳行宫五座,"俱奉东岳天齐仁圣帝香火"②。在庆元府(今浙江宁波)报恩光孝观中,自唐以来便建有五龙祠堂,每遇干旱,祈祷必灵。南宋时依然如此③。连著名的阿育王山广利禅寺中也建有渊灵庙,庙中共有七口喂养鳗鱼的水井,"相去数步,水仅盈尺"。当地人都认为"鳗鼋能致雨",因此一有旱灾,府衙派会便官员"具香花"前来,会同僧人"焚香致意,梵呗铙鼓",在鳗井前举行祈雨仪式。有时还会从井中"迎请"鳗鱼到庆元府城中,"置于白衣观音寺,建道场"祷雨,然后再送回井中。由于这种祷雨方法颇有灵应,阿育王山广利禅寺也声名远扬④。径山兴圣万寿禅寺"基局于五峰之间",有"神龙灵响素著,国家民庶有祷辄应,累封神应德济显祐广泽王

---

① 吾敬东:《巫术与古代中国宗教精神》,《华东师范大学学报》(哲学社会科学版)2002 年 2 期。

② 《梦粱录》卷一四《外郡行祠》。

③ 《宝庆四明志》卷一一《神庙》。

④ 《阿育王山志》卷五,李柄:《渊灵庙祷雨记》。

庙"，因而在寺"东偏"特别建有"龙王殿，以严香火之奉"①。平江府承天能仁寺中有圣姑庙，"盖陆氏女，今号惠感夫人，郡人祈子颇验"②。

内建有巫教神祠或神庙的寺院宫观，数量很多：平江府崑山县慧聚寺中有"马鞍山神祠"。宋徽宗时赐庙额为"惠应"，封静济侯。宋高宗绍兴五年，又加封该神为静济永应侯③。衡州衡山县净福寺中有龙潭神祠。绍兴十九年(1149)，赐额为"时苏"④。恭州江津(今属重庆)缙云山崇教寺中有"羚羊泉神祠"。宋神宗时封灵成侯，宋徽宗时赐庙额为"康济"。绍兴十五年，累封为德施灵成昭应侯⑤。明州奉化县(今属浙江)虚白观后建有天齐仁圣帝殿(东岳行殿)⑥。严州梓潼真君行祠，"旧在天庆观庑间"⑦。寺院宫观内建立神祠、神庙，在经济上对寺院大有好处。例如，荆门军当阳县(今属湖北)城东的仇香寺内建有供奉关羽的"蜀汉寿亭侯祠"。每当发生瘟疫，民众必定要进庙上香祷告，请求关王保祐。而"寺僧以给食"⑧，即要靠这些香火钱吃饭。

巫教神祠神庙大多由庙祝主持⑨，但一些巫教神祠神庙也由僧人或道士代掌香火。如绍兴府城隍显宁庙原来一直"以一僧掌香火"，但由于庙小，僧人"实无栖止之所"。宋宁宗嘉定十七年(1224)，知府汪纲重修了城隍显宁庙，"于祠之西别创佛室、斋堂、寮舍、厨湢无不备具，俾常居以供香火"⑩。镇江府丹阳县有彭山龙祠，祠中有水池，据说池中有神龙，颇有灵验。宋宁宗嘉泰元年(1201)，大旱，知府李沐祷雨获得成功，奏请朝廷赐额曰"显济庙"，

① 《攻媿集》卷五七《径山兴圣万寿禅寺记》。
② 《文忠集》卷一六七《泛舟游山录》。
③ 《宋会要辑稿》礼二〇之九六。
④ 《宋会要辑稿》礼二〇之一二一。
⑤ 《宋会要辑稿》礼二〇之一二九。
⑥ 《宝庆四明志》卷一五《奉化县·神庙》。
⑦ 《景定严州续志》卷四，叶梦鼎：《梓潼真君行祠记》。
⑧ 《宋会要辑稿》礼二〇之二九。
⑨ 例如，吴澄《吴文正集》卷三八《江州城隍庙后殿记》记载："有钱氏者，先世河北人，名安道。绍兴初，江淮招讨使张浚命之世掌城隍祠。其来孙大通，攻阴阳方伎，涉三教绪言，熟诸人情世务，士大夫善与游。"
⑩ 张淏：《会稽续志》卷三《祠庙·府郭》，文渊阁《四库全书》本。

请道士守庙。当地富人戎某"买地百七十余亩建庙,及置仁信乡田一百余亩,供给道士之守庙者"①。

有时,佛寺甚至还需要建立祠庙、祀奉巫教之神来予以保护,否则就可能会发生火灾等。宋孝宗淳熙六年(1179),乐清县建西塔院,因乡民声称此地有厉鬼作祟,故在塔北建起了三间庙屋,"以祠瘟神、火神"。从此,"岁为常祀"②。而乐清县建东塔院时,官府出钱,又面对大海,索性就在院中建起了"夙祈堂",以祭祀巫教诸神:"左序川源,右列坊巷,凡苗稼虫蝗之神毕秩焉,俾就精严,以时祷禬者。"官府祈祷,便直接在此堂举行仪式。为此,官府"复给新塘田百亩以益之",以补贴东塔院日常费用③。

在宋代,寺院宫观如无雄厚根基,又没有神异耸动民众,那是难以有很好发展的。如,常熟县海虞山宝严寺原本就是一所教院,"荒陋不足安众",加之"又无神灵降依为之惊动祸福,以来四方之供",因而"单钵不陈,像设无飨",一派败落萧索的气象④。而潼川府遂宁县定明院的情况就迥然不同。在两宋之际,定明院曾由僧人主持,在临江崖壁上动工雕造出了一尊百尺佛像。当僧人还想修建一座五层佛阁时,正巧有"大水流巨木至岩下",被用为佛阁的建材。此等灵异,经僧人一宣传,于是该佛像成为了人们祈求祷告的对象,"居者求福,行者求安,耕者求丰,蚕者求熟,无官求官,无子求子,病者祈愈,产者免难,旱者祷雨,涝者祈晴,无不如意"⑤。

类似这样借用巫教神异性发展起来的寺院还有不少。静江府(今广西桂林)西山中的岩坎中有"灵踪石像"。这原本只是一尊类似人头像的一块石头,但在南宋初年,却突然被"采樵放牧之童"发现有了灵异。于是,乡民在此建起了一间岩室和草庵,请来一位僧人居住,照看香火。"自后年间旱涝,疫疾所生,祷叩者无不通感。稼苗既穟,灾病释除,忧危者乐业营家,恐怖者安然坐食"。由于有如此神异,自宋高宗绍兴十五年(1145)起,到宋孝

① 俞希鲁:《至顺镇江志》卷八《丹阳县神庙》,《宛委别藏》本。
② 佚名:[永乐]《乐清县志》卷五《西塔院记》,《天一阁藏明代方志选刊》本。
③ [永乐]《乐清县志》卷五《东塔院记》。
④ 崔敦礼:《宫教集》卷六《海虞山宝严寺田记》,文渊阁《四库全书》本。
⑤ [光绪]《遂宁县志》卷四《南禅寺记》。

宗乾道九年（1173），由当地民众集资、官府资助和拨赐寺额，终于将其扩建成了颇具规模的福缘寺①。

还有的寺院采用邪恶巫术假造神异以欺诈民众。如庆元府鄞县（今浙江宁波）惠光院曾有一位住持僧"塑神像，纳老乌于其腹，以术咒之，使为祸福于人而邀利"。"民之有灾患者，不祷其神则不宁"。宋孝宗乾道年间（1165—1173），知庆元府张津得知此事后，"追妖僧至庭下，具得奸状，遣吏剖其像，果有死乌"。于是，"杖其僧而逐之，民以安息"②。

当然，所谓灵应，最多的还是表现祈雨祈晴的场合。秀州（今浙江嘉兴）景德寺前有三塔，三塔前有白龙潭。据传潭中有白龙。景德寺内因此建"有伽蓝祠"，"号顺德龙王"，祭祀白龙。宋孝宗淳熙元年（1174），发生大旱，知嘉兴县事李时习建议"取虎颅骨"，"用长缏繫之"，放入白龙潭中，"雨足即出之"。使用这种巫术祈雨，果然生效。为报答"龙恩"，官府还重修了顺德龙王庙③。合州（今重庆合川）龙多山道士李道备起初"道不足以动人而施者寡，窭不足以瞻众而役者希"，生活十分窘困。后因能"噀水布气"，"为人祷祠祭祀而能有感召致云雨"，为官府祷雨获得成功，得到官方资助，带动各方施主纷纷捐献钱物，于是建起了一所规模颇大的至道观④。

## 二、巫教神祠庙会与佛教法会的结合

南宋末年，黄公绍为各种佛教结社写了许多则榜文。其中，《五通庙戒约榜》、《惠应庙斋会戒约榜》⑤是为在五通神庙、惠应神庙前举行的佛会和道场而写的。《五通庙戒约榜》曰：

> 世间十二类生，俱入无余灭度；如来千百亿化，正为大事因缘。念四大假合之躯，有六道轮回之苦，是故灵山一会，以济法界众生。其间

① 谢启昆：《粤西金石略》卷八《福缘寺修寺记》，清嘉庆六年铜鼓亭刻本。
② 《宝庆四明志》卷一三《鄞县志卷二》。
③ 《至元嘉禾志》卷二二《三塔白龙潭记》。
④ 周澄、张乃孚等编：〔乾隆〕《合州志》卷一二《龙多山至道观记》，乾隆五十四年刻本。
⑤ 均见《在轩集》。

无主之孤,最是大慈所闵。不有我法,永无出期。汝等从累劫来,号无明种。心如栲栳,本为痴结之团;身似芭蕉,那得坚牢之物?不知其故,堕在此中。征人相顾月如霜,屡经草白;人生几何春与夏,又见梅黄。幽关不开,苦树未拔。长作鹄亭之鬼,谁念梧邱之魂?幸逢四月八日之佳辰,真是千载一时之庆会!万方百姓,朝天下之正神;三界众真,归佛中之上善。今夜斋主作庄严海,建功德林,惟此武阳,莫如顺正。神现青铜镜,当年曾著于灵踪;地据碧玉环,此日重兴于庙貌。揭祥辉于宝鉴,照幽壤于黑山;大开解脱之门,超度沉冥之路。汝等恩幸恩幸,志心志心,好须听法闻经,便与回光返照。金莲涌地,于今所说道场;铁树开花,是汝再生时节。不违物勒,咸听誓言。

《惠应庙斋会戒约榜》曰:

沙界群生,四大无非假合;业身累劫,大道不免轮回。是故有灭有生,皆因自作自受。苦海鼓业风之浪,稠林翳邪见之尘。诸天正乐,修罗方嗔,业珠已积,罪鉴难逃。欲修有漏之缘,须种无边之福。昔我大干梵主受戒圆觉禅师,修斋作大王,作此当生之果,悟道然同死,在于不杀之心,所以入佛位中;而能救世间苦。曰旸曰雨,有欲必从。大札大荒,何灾不灭?若有疫死、兵死、饥寒死,皆在悲观、慈观、广大观。汝等经大劫殃,号无明种,长夜漫漫何时旦,潭影悠悠几度秋?月明之鹊无依,夜飞之萤自照。未属轮回地,永无解脱期。幸逢八月五日之嘉辰,正是千载一时之庆会。斋主既演金轮科教,又崇水陆道场。焦面圣者,为汝开明;灌顶药师,为汝说法。奕奕新庙,迎来亿圣万灵;依依法筵,普度孤魂五姓。恩幸恩幸,难思难思。今者说鹫峰缘,举龙湖偈,即此比邱之饭,广其干施之仁,当生欢喜心,共为皈向处。里社鸣而圣人出,咸瞻惠应之光;天堂有则君子登,速证如来之觉。各宜谛听,如法奉行。

《祠山庙水陆戒约榜》曰:

告五姓孤魂等,盖闻遍浮提界在我法中,有真君存,即此心是。凡曰善男善女,同归大圣大慈。相古先民,若时有夏,惟皇上帝,式遏苗顽,既命重黎,以绝地天通,乃生正祐,而佐水土治。林泽魑魅无不若,山川鬼神莫不宁。生太平,死太平,福无量,寿无量。自经千百亿劫,谁念一切众生? 浩浩尘沙,茫茫宇宙,三元甲子,虽若数行乎中,二将丁壬,无非神在其上。以此威猛力,为汝解脱门。汝等入邪见林,堕无明网。黑风漂罗刹,可怜命无处逃;金乌绕须弥,不与劫同时尽。杜陵之骨谁收,望帝之魂谁念? 敌场勇士,浮萍柳絮之无根;战马将军,野草闲花之满地。惟有青蝇吊客,那逢白鹤仙人? 未得出期,永为苦趣。世尊以慈悯故,发广大心。甘露如来,普施法筵;香乳焦面,圣者悉停。地户泥犁,若有见闻,同生欢喜。我真君人中佛位,天下神爷。一驾辒辌,瑞应夹锺之二月;万官苍佩,辉临环玉之千峰。如是我闻,甚为希有。今宵斋主之道场,人演华藏之顿乘,设桑门之盛馔,重重无尽,如见诸佛诸尊,会会相逢,所谓一时一际,汝等幽篁睹日,枯木逢春,同来听法闻经,正好明心见性,勿以强凌弱,勿以卑踰尊,勿起嗔贪,勿生骄慢。神通具足,快瞻圣烈之光;清净法身,直证毘卢之果。志心谛听,信奉受行。

这些榜文说明:南宋后期,巫教神祠的庙会与佛教的法会已经水乳交融地结合到了一起。

### 三、佛教对巫教的反作用

由于道教与巫教同源,因此大量巫教诸神很容易就能被改造为道教诸神。事实上,只要是人气旺盛的巫教诸神,道教都以"收编"的方式将其纳入自己教门之下。这样一来,自东岳大帝,到文昌神、天妃、真武,都逐渐自然而然地变成了道教的神祇。

但佛教则不一样。在佛教显宗和密宗的影响下,巫教发生了积极和消极两个方面的变化。

巫教祭神和祭祖的仪式,自古以来就采用"血食"的形式,即宰杀动物以祭之。在南宋,因祭神和祭祖,每年都要造成极大的财力物力浪费。如前述广德军祠山庙祭祀张王,每年要宰杀耕牛720头;蜀中灌口二郎庙每年祭祀二郎神,要杀数万来头羊,以至庙前积骨如山。就连南宋皇室在景灵宫祭祀列祖列宗,每年也要"用酌献二百四十羊"①。

佛教显宗以慈悲为本,将"杀戒"列为五戒之首,将"杀业"列为十业之首,将"不杀生"作为信佛者的基本戒律。因此,佛教对巫教的"血食"进行了"素食"改造,使之符合佛教教义。

朱熹说:"夷狄之教入于中国,非特人为其所迷惑,鬼亦被他迷惑。大乾庙所以塑僧像,乃劝其不用牲祭者。其它庙宇中亦必有所谓劝善大师。盖缘人之信向者既众,鬼神只是依人而行。"②

"劝善大师"就是泗州大圣③。北宋张舜民在《郴行录》有一详细的记述:在岳州(今湖南岳阳)洞庭湖中的沙洲上有青草庙。庙门南向,"门内一排三殿","中曰劝善大师,乃一僧像;西曰安流大王,东曰昭灵大王。中曰劝善,即泗州大圣也;昭灵,马援也;安流者,莫知其为谁"④。

南宋时,也有建在东岳行宫内的"劝善大师"。洪迈《夷坚支乙》卷七《劝善大师》记述说:"饶州东岳行宫遭火荡尽,后来草创修理,仅有屋一二十间。绍熙五年十二月,判官孟滋同妻往谒,至外舍小室,见一僧,像貌彩饰皆剥落,问何神,祝吏曰:'劝善大师也。'滋顾其妻有整治之意,而未尝出言。是夕,梦一长身僧来丐衣服御冬寒,且云:'不过费君家钱三千耳。'觉而惊异。明日,即令工往,装绘一新,正用楮币三千。"

在神庙内设置"劝善大师"神像,无非就是禁止巫教神祇的"血食"。实际上,随着佛教的广泛普及,巫教对民众的影响也有可能被佛教抵消。例如,在长江三峡流域的各州中,"十有三皆尚鬼而淫祀",以施州(今湖北恩施)、黔州(今重庆彭水)的巫风最烈,而涪州(今重庆涪州区)稍次之。涪州乐温县(在今重庆长寿东北),"有疾则谢医却药,召巫师刲羊豕以请于神,甚

---

① 《建炎以来朝野杂记》(甲集)卷二《今景灵宫》,第77页。
② 《朱子语类》卷一二六《释氏》,第3038页。
③ 泗州大圣的原型是唐代的僧伽大师。僧伽大师是西域人,龙朔年间,南游江淮,在泗州建寺。唐中宗亲自书"普光王寺"之匾额赐之。后被民间神化成观音大士的化身。北宋王巩《甲申杂记》记载:"滕友作监司广东,患伤寒不省。久之,梦泗州大圣洒杨枝水,且语之曰:'宋祚无穷。为臣者,惟忠与正。无动汝志,无易汝守。汝亦有无穷之问。'听毕遂愈。"
④ 《画墁集》卷八。

者用人为牲以祭。不可,则云神所遣,弗置也,即卧不食,俟期以死。世相传为常,不之怪,吏亦不能禁,是以一方大蒙其害。民用鲜少,生字不蕃,长吏以下惧焉"。宋高宗时,知州效仿唐朝柳州刺史柳宗元的办法,修建定慧院,拟用佛教"慈惠不杀"的教旨去感化民众。据说,柳宗元"修郡之大云废佛祠,设浮图氏之法以竦动"当地民众的做法很有成效,"由是,其俗去鬼息杀而稍迁焉"。乐温县定慧院的建立,对当地民众自然也会有影响①。对此,朱熹也说:"后世被他佛法横入来,鬼神也没理会了。"又说:"世人所谓鬼神,亦多是吃酒吃肉汉,见他戒行精洁,方寸无累底人,如何不生钦敬!"②

与此相反,在佛教密宗尸身法术的强烈影响下,南宋巫教也表现出了更为血腥的另一面,使杀人祭神这种野蛮的宗教习俗重新抬头,更加猖獗,令人发指。

唐不空译《金刚手光明灌顶经·最胜立印无动尊大威怒王念诵仪轨法品》:"黑月分八日,断食一日夜,取一未坏尸,遍身无瘢痕,诸根皆全具,少年好丈夫。得如是死尸,当坐于心上,念诵一万遍,其尸即动摇,明者不应怖,尸口出妙莲。便即须割取,执之便腾空,成就持明仙,身状如梵天,得为仙中王。"而这与南宋杀人祭鬼喜欢用官员秀士等聪明人、美少年、美少女、僧道等特点不无关系。宋法贤译《金刚萨埵说频那夜迦天成就仪轨经》卷二云:"持明者欲要降雨,作龙王像,以五种甘露药及五种三昧药、白蚁子土,作百头龙王,亦是频那夜迦天化。以此龙王安自卧床头边,烧人肉熏,刹那中间即降大雨。"而这与南宋杀人祭鬼时或将生人"脔割烹炮"③也有一定联系。

宋代是一个经济与文化的繁荣都超过了前代的时期。在这样一个时期,按理说南方的巫风应有所减弱,然而事实上却正好相反。因此,不能不说宋代民间"人祭"之风的盛行与密宗尸身法术的传播有密切的关系④。

---

① 《嵩山集》卷五〇《定慧院记》。

② 《朱子语类》卷一二六《释氏》,第3028页

③ 《名公书判清明集》卷一四《行下本路禁约杀人祭鬼》,第545页。

④ 参见刘黎明《宋代民间"人祭"之风与密宗的尸身法术》,《四川大学学报》2005年第3期。

# 第六章　伊斯兰教与穆斯林

伊斯兰教传入中国,是在我国唐朝时期①。据学者的研究,在这一时期,将伊斯兰教传入中国的,主要是来中国经商的信奉伊斯兰教的外国商人。他们来到中国后,部分人由于种种原因而留居下来,定居于长安、扬州、广州、泉州等地,繁衍生息,人数逐渐增多。

两宋时期,在中国本土的伊斯兰教同唐代一样,主要是在来华经商以及落籍和侨居于中国的以阿拉伯人、波斯人为主体的穆斯林中传播,游离于中国主流宗教圈之外。但是,在宋代,伊斯兰教在中国的载体的性质已从一种"侨民的宗教"而逐渐变为一种影响有限的"国民的宗教"了。

## 第一节　贸易、战争与在华穆斯林

唐宋时期,伊斯兰教在中国的流布和发展与海外贸易的盛衰息息相关。宋代海外贸易的范围、规模都比前代有所扩大。在宋孝宗淳熙年间(1174—1189 年)曾担任过桂州(治今桂林)通判的周去非,在其所著《岭外代答》卷

---

① 目前关于伊斯兰教传入中国的时间大致有六种说法。一是隋文帝开皇(581—600)说,二是隋炀帝大业九年(613)说,三是唐高祖武德(618—626),四是唐太宗贞观(627—649),五是唐高宗永徽二年(651),六是 8 世纪初(唐肃宗、唐代宗时期)说。笔者不同意隋朝说,在这里所谓的"唐朝时期",只是一个宽泛的说法。

三《航海外夷》中记述了"南宋——大食"航路上与南宋有海上通商关系的国家和地区的概况：

> 诸蕃国之富盛多宝货者，莫如大食国，其次阇婆国，其次三佛齐国，其次乃诸国耳。三佛齐者，诸国海总之往来之要冲也。三佛齐之来也，正北行，舟历上竺与交洋，乃至中国之境。其欲至广者，入自屯门；欲至泉州者，入自甲子门。阇婆之来也，稍西北行，舟过十二子石，而与三佛齐海道合于竺屿之下。大食国之来也，以小舟运而南行，至故临国，易大舟而东行；至三佛齐国，乃复如三佛齐之入中国。其他占城、真腊之属，皆近在交阯洋之南，远不及三佛齐、阇婆之半。而三佛齐、阇婆，又不及大食国之半也。诸蕃国之入中国，一岁可以往返，唯大食必二年而后可。大抵蕃舶风便而行，一日千里；一遇朔风，为祸不测。幸泊于吾境，犹有保甲之法；苟泊外国，则人货俱没。若夫默伽国、勿斯里等国，其远也不知其几万里矣。

由于海外贸易的兴盛，宋代的海港与前代相比，不仅数量有所增加，而且规模也有所扩大。在两宋的三百年间，重要的港口有广南东路的广州、福建路的泉州、两浙路的明州（治今浙江宁波）、杭州、秀州华亭县（今上海）、温州、江阴军（治今江苏江阴）、京东路的登州（治今山东蓬莱）、密州坂桥镇（今山东胶县）等。

广州港是位于南海航路上的主要吞吐港，也是我国自秦汉以来便已形成的最大的海外贸易港。山东半岛以及两浙路诸港分布在东海航路上，是与高丽和日本等远东国家和地区海外贸易的主要港口。泉州港则是介于东海航路和南海航路之间的重要港口。另外，海南岛在"南宋——大食"航路上也具有重要的地位。南宋中期，楼钥在《送万耕道帅琼管》一诗中曾吟咏道："琉球大食更天表，舶交海上俱朝宗。势须至此少休息，乘风径集番禺东。不然舶政不可为，两地虽远休戚同。古今事变无定论，难信捐之与扬雄。四州隅分各置守，琼台帅阃尤尊崇。"①其中，"势须至此少休息"、"不然

①《攻媿集》卷三。

舶政不可为"两句是海南岛作为重要航运补给站地位的写实。

随着宋代海外贸易的范围、规模的扩大,来华贸易的穆斯林的人数越来越多。而且,随着时间的推移,在中国定居下来的穆斯林也越来越多。到北宋崇宁三年(1104),徽宗还接受了广南路提举市舶司的建议,同意所有"蕃国及土生蕃客愿往他州或东京贩易物货者",只要向相关提举市舶司提出申请,由提举市舶司发给证明文件,便可在中国各地通行①。南宋继续沿用这一规定。这就进一步扩大了穆斯林在中国的活动范围。

来华贸易的穆斯林大多喜欢携带家眷到广州等城市居住。大概由于他们大量购置房产引起了物价上涨的缘故,宋仁宗景祐二年(1035),原广南东路转运使郑载还向宋仁宗建议说:"广州每年多有蕃客带妻儿过广州居住,今后禁止广州不得卖与物业。"②但郑载这个意见未得采纳。

另外,还有大量穆斯林留居中国,娶中国妇女为妻。例如,南宋初年,有一位名叫蒲亚里的大商人到了广州做生意。而"有右武大夫曾纳利其财,以妹嫁之,亚里因留不归"③。根据伊斯兰教义,穆斯林同异教徒或非信教者成立婚姻关系是被禁止的。所以,凡非穆斯林同穆斯林结婚,无论是男性或是女性,都必须改信伊斯兰教。其子女自然就成为了穆斯林。

到了南宋后期,随着宋蒙战争的爆发,还出现了在蒙古军队中的穆斯林将士因种种原因或向宋军投降,或被宋军俘虏,因而留在中国的情况。

例如,在宋理宗端平年间(1234—1236),京湖安抚制置大使赵范幕府中便有回回人。端平三年春,因襄阳城中的宋军发生内乱,赵范惊慌失措,"遂同李虎、黄国弼、夏全及回回四人潜出西门",结果导致襄阳城被蒙古军占领④。再如,宋度宗时,宋军曾多次派出善于潜水的、所谓"无鼻孔回回",从阳罗堡(在今湖北武汉一带)"潜渡江北盗马,或多至二三百匹"⑤。

①　《宋会要辑稿》职官四四之八。
②　《宋会要辑稿》刑法二之二一。
③　《宋会要辑稿》职官四四之二〇。但《中兴小纪》卷二三,绍兴七年闰十月辛酉条以及《建炎以来系年要录》卷一一六,绍兴七年闰十月辛酉条均作"有武臣曹讷利其财,以女适之"。
④　周密:《齐东野语》卷五《端平襄州本末》,中华书局 1983 年版,第 83 页。
⑤　周密:《癸辛杂识》(续集)卷上《盗马踏浅》,中华书局 1988 年版,第 132 页。

宋理宗景定二年(1261),南宋骁将、潼川府路安抚使刘整率部在泸州(今属四川)投降蒙古。忽必烈在特赐刘整的手诏中宣布:"今兹刘整,慕我国朝,既能顺德而来,当副徯苏之望。市肆勿易,田里俾安。尔有货财,毋令劫掠;尔有禾稼,罔使践伤。诸回回通事人等逃在彼军者,许令自还为良,不属旧主。"①忽必烈在手诏中特将"诸回回通事人等逃在彼军者"作为专门一事提出,可见这一类人数不少。

再如,《淮阳献武王(张弘范)庙堂之碑》记载:"扬州都统姜才者,宋之名将也。所统士有部落种人,自为一军,劲悍善战。至是,以二万人出扬州桥。都元帅阿珠与王当之,两军夹水而陈。王以十三骑绝渡冲之,阵坚不动,王引却以诱之。其骁将本回纥人,铠仗甚异,跃马出众,夺大刀出前趣王,王还辔反迎刺之,应手顿殪马下。立阵者同口欢叫,震动天地,而敌人亦不觉失声,遂溃走。"②这里所谓的"部落种人"和"回纥人",考虑到扬州也是穆斯林较多的城市,以及文中"铠仗甚异"之语,应该认定其为穆斯林。因为,张弘范作为蒙古大将,他对当时的汉人、蒙古人以及中国北方少数民族的兵器应该是非常熟悉的,不应有"铠仗甚异"之语。

来华经商并定居下来的穆斯林商人主要集中生活在广州和泉州两地。北宋后期,定居外国商人在华所生的后代已经被宋人称为"土生蕃客"或"五世蕃客"③。而到了南宋,"五世蕃客"又繁衍出六世、七世、八世以及十几世的"蕃客"。尽管不能肯定这些"土生蕃客"全都是穆斯林,但在他们当中,穆斯林为多数这一事实则是不容置疑的。这一类"蕃客"实际已经成为中国人。对此,范立舟先生有一精当的概括:"这种现象的出现,说明伊斯兰教在中国的载体的性质已从一种'侨民的宗教'而成为一种影响有限的'国民的宗教'了。"④

---

① 王恽:《秋涧集》卷八二《中堂事记下》,文渊阁《四库全书》本。
② 《道园学古录》卷一四。
③ 《宋会要辑稿》职官四四之八、四四之一〇。
④ 范立舟:《论宋元时期的外来宗教》,《宗教学研究》2002 年 3 期。

## 第二节　宋人对伊斯兰教的认识

伊斯兰教之真主(安拉)是独一的,无偶的,无形象的,在时间上无始终,在空间上无方位,超然物外,语言不能描述,感官不可感知,思维不容虑想。它同中国哲学思想史上的"天"或"神"是有本质区别的。如果一定要把真主理解为天,那么,它应该是"天上之天"①。这对于唐宋时期的中国人来说,是很难理解的。

唐代僧人慧超的《往五天竺国传》对伊斯兰教的概括只是"事天":"(大食)国人爱杀生,事天不识佛法"。"云自手杀而食,得福无量。国人爱杀事天,不识佛法。国法无有跪拜法也。"唐玄宗时曾被大食军队俘虏的杜环在回国后撰有《经行记》一书,记述了自己在西亚地区的所见所闻。其中,与伊斯兰教及其宗教习俗有关的部分如下:

> 法有数般:有大食法,有大秦法,有寻寻法。其寻寻烝报,于诸夷狄中最甚,当食不语。其大食法者,以弟子亲戚而作判典,纵有微过,不至相累。不食猪狗驴马等肉。不拜国王父母之尊,不信鬼神,祀天而已。其俗每七日一假,不买卖,不出纳,唯饮酒,谑浪终日②。

> 无问贵贱,一日五时礼天,食肉作斋,以杀生为功德。……断饮酒,禁音乐。……又有礼堂,容数万人。每七日,王出礼拜,登高座为众说法,曰:"人生甚难,天道不易。奸非劫窃,细行谩言,安己危人,欺贫虐贱,有一于此,罪莫大焉。凡有征战,为敌所戮,必得生天。杀其敌人,获福无量。"率土禀化,从之如流。法唯从宽,葬唯从俭。……其俗礼天,不食自死肉及宿肉,以香油涂发③。

---

① 李兴华、秦惠彬等著:《中国伊斯兰教史》,中国社会科学出版社 1998 年版,第 23 页。

② 杜佑:《通典》卷一九三《边防九·大秦》,文渊阁《四库全书》本。

③ 《通典》卷一九三《边防九·大食》。又,文中"容数万人"实误。生活于五代宋初的王溥所撰《唐会要》卷一〇〇《大食国》作"数百人"为是。

普通穆斯林的宗教功课可概括为"五功"。第一是念功,即穆斯林在重要场合都要铭记、颂念"清真言":"除真主之外,别无神灵;穆罕默德,是真主的使者。"第二是礼拜,即"每日五次,七日一聚"。"每日五次"是指每日的五时礼拜,即晨礼、晌礼、晡礼、昏礼、宵礼。"七日一聚"是指每周星期五在礼拜寺举行的聚礼。聚礼由教长主持。第三是斋戒,即每年在伊斯兰教历的九月封斋一个月。在此期间,破晓至日落整个白天,不得饮食。第四是课功,即按财产向政府或宗教机构捐纳钱物,用于赈济。第五是朝觐,即凡有能力穆斯林一生至少要到麦加朝圣一次①。从唐人的相关记述看,他们对伊斯兰教的礼拜和斋戒仪式以及"不食猪狗驴马等肉"、"不食自死肉及宿肉"的宗教习俗是比较清楚的。

宋人对伊斯兰教的了解比唐人更深入一些,其相关记述也比唐人更多、更细致。例如,宋孝宗时,周去非在《岭外代答》中记述说:"有麻嘉(今译麦加)国,……此是佛麻霞勿(今译穆罕默德)出生之处。有佛所居方丈,以五色玉结甃成墙屋。每岁遇佛忌辰,大食诸国王,皆遣人持宝贝金银施舍,以锦绮盖其方丈。每年诸国前来,就方丈礼拜,并他国官豪,不拘万里,皆至瞻礼。方丈后有佛墓,日夜常见霞光,人近不得,往往皆合眼走过。若人临命终时,取墓上土涂胸,即乘佛力超生云。……有吉慈尼(今译加兹尼)国,……其国有礼拜堂百余所,内一所方十里。国人七日一赴礼堂礼拜,谓之除幰(现通译主麻)。"②

再如,宋理宗时,赵汝适在《诸蕃志》中记述说:"(大食)王与官民皆事天。有佛名麻霞勿。七日一削发剪甲,岁首清斋,念经一月。每日五次拜天。……弼斯罗(今译巴士拉)国,……事天不事佛,遵大食教度。……默伽猎国,王逐日诵经拜天。……王每出入乘马,以大食佛经用一函乘在骆驼背前行。"③

还有,朱彧的《萍洲可谈》、岳珂的《桯史》、周密的《癸辛杂识》等书对伊

---

① 参阅丁明仁:《伊斯兰文化在中国》,宗教文化出版社2003年版,第124至129页。

② 《岭外代答》卷三《大食诸国》,第99至100页。

③ 赵汝适:《诸蕃志》卷上《大食国》、《弼斯罗国》、《海上杂国》,文渊阁《四库全书》本。

斯兰教在宋朝的传布情况也有不少珍贵的记载。

在这些著述中，尽管都是用佛教为参照系来观察、描述伊斯兰教的，如赵汝适在《诸蕃志》中把穆罕默德称为"佛名麻霞勿"①，把《古兰经》称为"大食佛经"②等等，但这与杜环将伊斯兰教称为"大食法"，只注意到了它政教合一的特点，如"其大食法者以弟子亲戚而作判典，纵有微过不致相累"，缺少宗教意味相比较，无疑更具有了宗教的神圣性。这种现象，也可以说是一种历史的进步。这就相当于佛教初入中国时，人们只能以道教为参照系去观察佛教、去翻译佛经一样。

另外，生活在北宋中期的太常博士黄孝立"尝至广州，见南蕃人以夷法事天，日夕焚香，拜金书，字号为天篆"③。这里所谓"金书"，应为《可兰经》。而且，在宋徽宗初年，知广州朱师服之子朱彧还在一次宴会上听穆斯林高声诵读过《可兰经》。朱彧在其所著《萍洲可谈》卷二中记载道：

> 余在广州，尝因犒设，蕃人大集府中，蕃长引一三佛齐人来，云善诵《孔雀明王经》。余思佛书所谓"真言"者，殊不可晓，意其传讹，喜得为证，因令诵之。其人以两手向背，倚柱而呼，声正如瓶中倾沸汤，更无一声似世传《孔雀真言》者。余曰："其书已经重译，宜其不同。但流俗以此书荐亡者，不知中国鬼神如何晓会？"

"真言"指密宗咒语。《孔雀明王经》是佛教密宗经典，全称为《佛母大孔雀明王经》，由唐代僧人不空译为汉文。故朱彧又称其为《孔雀真言》。然而在这里，由于朱彧对伊斯兰经典不清楚，所以"蕃长"只能以"《孔雀明王经》"来指称《可兰经》。从三佛齐人"以两手向背，倚柱而呼"的诵读姿势看，哪有一点儿像念诵佛经的样子！朱彧肯定是听过佛教徒念诵《孔雀明王经》的，而这位"三佛齐人"所诵读的"更无一声似世传《孔雀真言》者"，更说明他诵读使用的语言绝非梵文，而是"声正如瓶中倾沸汤"的阿拉伯文。

---

① 《诸蕃志》卷上《大食国》。
② 《诸蕃志》卷上《海上杂国》。
③ 《欧阳文忠公文集·集古录跋尾·福州永泰县无名篆》。

## 第三节 南宋伊斯兰教的礼拜堂

伊斯兰教的礼拜场所,在唐代杜环的《经行记》中被称为"礼堂",在南宋岳珂的《桯史》中被称为"祀堂",在方信孺的《南海百咏》中被称为"礼拜堂"。在元代以后,多以"寺"称之,如怀圣寺、真教寺、清净寺等。被通称为"清真寺",则是在明代以后的事情。

宋宁宗时,方信孺在《番塔》一诗中,以诗序、诗、自注的形式对广州伊斯兰教礼拜堂及"怀圣塔"有一记述和交待:

> 蕃塔始于唐时,曰怀圣塔。轮囷直上,凡六百十五丈①,绝无等级。其颖标一金鸡,随风南北。每岁五、六月,夷人率以五鼓登其绝顶,叫佛号以祈风信,下有礼拜堂。

> 半天缥缈认飞翚,一柱轮囷几十围。

> 绝顶五更铃共语,金鸡风转片帆归。

> 自注:《历代沿革》载怀圣将军所建,故今称怀圣塔②。

按方信孺之说,广州的"番塔"和"礼拜堂"始建于唐代。但有学者也认为方信孺此说不可信,此塔此堂应是北宋始建③。

尽管迄今"唐建"和"宋建"两说并存,但广州的"怀圣塔"和"礼拜堂"至迟在北宋哲宗元祐年间(1086—1093)之前就已经存在,并已成为广州城中的一处名胜,却是不争的事实。蒋之奇在元祐元年八月至元祐四年三月间

---

① 此处所谓"六百十五丈",实误。"六百"乃衍字或误字。另外,在方信孺《净慧寺千佛塔》一诗的小序中,也有类似的错误:"塔在寺中,高二百七十丈。成于哲宗绍圣间,郡人林修之力也。"

② 《全宋诗》卷二九一四,北京大学出版社1998年版,第55册,第34742页。

③ 参见白寿彝:《跋〈重修怀圣寺记〉》,《中国伊斯兰史存稿》,宁夏人民出版社1982年版,第329页。

担任知广州一职。在这一期间，郭祥正曾作有《广州越王台呈蒋帅待制》一诗："番禺城北越王台，登临下瞰何壮哉！三城连环铁为瓮，睥睨百世无倾摧。蕃坊翠塔卓椽笔，欲蘸河汉濡烟煤。"①这座"蕃坊翠塔"应该就是方信孺所说的"怀圣塔"。

宋光宗绍熙三年(1192)，岳飞之子岳霖担任知广州一职。当时，其子岳珂年仅10岁，曾参观过方信孺所说的"怀圣塔"和"礼拜堂"。后来，岳珂在《桯史》一书中凭借回忆，记述了该塔和该堂的基本情况：

> 獠性尚鬼而好洁，平居终日，相与膜拜祈福。有堂焉，以祀名，如中国之佛，而实无像设，称谓聱牙，亦莫能晓，竟不知何神也。堂中有碑，高袤数丈，上皆刻异书如篆籀，是为像主，拜者皆向之。……后有窣堵波，高入云表，式度不比它塔，环以甃，为大址，象而增之，外圜而加灰饰，望之如银笔。下有一门，拾级以上，由其中而圜转焉如旋螺，外不复见其梯磴。每数十级启一窦，岁四五月，舶将来，群獠入于塔，出于窦，啁哳号呼，以祈南风，亦辄有验。绝顶有金鸡，甚钜，以代相轮②。

在这里，岳珂将礼拜堂称为"祀堂"。"窣堵波"、"相轮"都是佛教用语。窣堵波即"塔"之梵文音译。相轮又称"轮相"，就是佛塔顶上高耸的圆轮，是一种"以人仰望而瞻视也"③的装饰性标志。宋僧元照在《行事钞资持记》下四之一中称说："相轮者，圆轮耸出，以为表相故也。"这也说明：岳珂也是以佛教为参照来理解伊斯兰教的。实际上，岳珂所谓"窣堵波"，就是伊斯兰教的"宣礼塔"(邦克楼、呼拜楼)。生活在宋末元初的郑思肖则将宣礼塔称为"叫佛楼"④。

在泉州，伊斯兰教的礼拜场所则有建于北宋的"艾苏哈卜寺"和建于南

---

① 郭祥正：《青山集》卷八，文渊阁《四库全书》本。
② 《桯史》卷一一《番禺海獠》，第125—126页。
③ 释法云：《翻译名义集》卷七，《大正藏》NO. 2131。
④ 郑思肖：《心史》卷下《大义略序》，明崇祯十二年张国维刻本。

宋的“清净寺”①。

今天泉州的清净寺即北宋始建的“艾苏哈卜寺”。其史料依据是艾苏哈卜寺扩建时的阿拉伯文石刻。此石刻为元武宗至大三年(1310)重修该寺时所镌刻。据碑文称,该寺始建于伊斯兰教历400年(1009—1010年),即北宋仁宗大中祥符二年;重建于伊斯兰教历710年(1310—1311年),即元武宗至大三年②。

元顺帝至正十年(1350年),在清净寺重建时,吴鉴撰写有《清净寺记》:“宋绍兴元年,有纳只卜·穆兹喜鲁丁者,自撒那威从商舶来泉,创兹寺于泉州之南城,造银灯、香炉以供天,买土田、房屋以给众。后以没塔完里阿哈味不任。寺坏不治。至正九年,闽海宪佥赫德尔行部至泉。摄思廉夏·不鲁罕丁命舍剌甫丁·哈悌卜领众分诉。宪公任达鲁花赤高昌翽玉立正议,为之征复旧物。众志大悦。于是里人金阿里愿以己赀一新其寺,来征余文为记。”③但这座清净寺现已不存。

此外,根据明清时期的一些记载,南宋时期,在杭州、扬州、福州等地均建有伊斯兰教寺。不过,这些记载的可信性还需要依赖考古新发现的进一步证实。

## 第四节 南宋穆斯林的宗教习俗

伊斯兰教禁食猪肉。关于这个问题,在《古兰经》第二章第一七三节中

---

① 关于泉州清净寺的始建年代,现在有唐建、北宋建、南宋建等三种说法。唐建之说证据不足,而北宋说与南宋说现仍存有争议。北宋说与南宋说之所以会产生争议,原因就在于一些学者认为“艾苏哈卜寺”与吴鉴所谓的“清净寺”原本就是同一座伊斯兰教寺。“艾苏哈卜”是音译,而“清净”是意译而已。笔者认为“艾苏哈卜寺”与吴鉴所谓的“清净寺”原本就不是同一座伊斯兰教寺。可参见庄为玑、陈达生:《泉州伊斯兰教寺址的新研究》,载《泉州文史》第4期。

② 参见陈达生:《泉州伊斯兰石刻》,宁夏、福建人民出版社1984年版,第3页。

③ 自明人何乔远《闽书》仅录吴鉴《清净寺记》的前半部分之后,有关清净寺的碑记已有黄仲琴、吴文良、前岛信次等人根据相关碑志所记录或重新整理的多种文本。此据方明、姚大力:《元代泉州清净寺碑的文本复原》,《文汇报》2004年8月11日。

有明训："他(真主)只禁戒你们吃自死物、血液、猪肉以及诵非真主之名而宰的动物。因为情势所迫,非出自愿,且不过分的人,(虽吃禁物),毫无罪过。"

宋代穆斯林遵从伊斯兰教规,严格禁食猪肉。对此,生活在两宋之际朱或在其《萍洲可谈》卷二中记述说:"或云其先波巡尝事瞿昙氏,受戒勿食猪肉,至今蕃人但不食猪肉而已。又曰:'汝必欲食,当自杀自食。'意谓使其割己肉自啖。至今蕃人非手刃六畜则不食。若鱼鳖,则不问生死皆食。""瞿昙氏"原本是佛教人乔答摩的旧译,转义为"佛"之意。在这里,因朱或以佛教类比伊斯兰教,故"瞿昙氏"实际变成了"真主安拉"的借称,而"波巡"则是指"穆罕默德"。这种比附尽管可笑,但朱或有关穆斯林禁食猪肉的记述基本上是正确的。

另外,按伊斯兰教义规定,穆斯林有独特的丧葬仪式。南宋方信孺作有《南海百咏》,吟咏广州风物。其中,《蕃人冢》一诗写道:"鲸波仅免葬吞舟,狐死犹能效首丘。目断苍茫三万里,千金虽在此生休。"该诗有一小序:"在城西十里,累累数千,皆南首西向。"①这是南宋广州的穆斯林公墓。

在南宋的泉州,也有穆斯林公墓。曾任提举市舶司的林之奇在宋孝宗初年作有《泉州东坂葬蕃商记》。其曰:

> 负南海、征蕃舶之州三,泉其一也。泉之征舶通互市于海外者,其国以十数,三佛齐其一也。三佛齐之海贾,以富豪宅生于泉者,其人以十数,试邽围其一也。试邽围之在泉,轻财急义,有以庇服其畴者,其事以十数,族蕃商墓其一也。蕃商之墓建,发于其畴之蒲霞辛②,而试邽围之力能以成就封殖之。其地占泉之城东东坂。既剪薙其草莱,夷铲其瓦砾,则广为之窀穸之坎,且复栋宇,周以垣墙,严以扃钥,俾凡绝海之蕃商有死于吾地者,举于是葬焉。经始于绍兴之壬午(三十二年),而卒成乎隆兴之癸未(元年)。试邽围于是举也,能使其椎髻卉服之伍,生无所忧、死者无所恨矣。持斯术以往,是将大有益乎互市而无一愧乎怀远

---

① 《全宋诗》卷二九一四,北京大学出版社 1998 年版,第 55 册,第 34746 页。
② 蒲霞辛,其事迹不详。

者也。余固喜其能然,遂为之记,以信其传于海外之岛夷云①。

赵汝适在《诸蕃志》卷上中对此事也有记载:"有蕃商曰施那帏,大食人也。侨寓泉南,轻财乐施,有西土气息。作丛冢于城外之东南隅,以掩胡贾之遗骸。提舶林之奇记其实。"

林之奇所谓"试郍围"、赵汝适所谓"施那帏",无疑是同一人。另外,元人吴鉴在《清净寺记》中记述说:"宋绍兴元年,有纳只卜·穆兹喜鲁丁,自撒那威从商舶来泉,创兹寺于泉州之南城"。有学者认为:所谓"撒那威",与"试郍围"、"施那帏"一样,都是波斯湾东岸"西拉夫"城的不同译法。而在穆斯林中间,把出生地列入名字当中则是很普遍的现象。因此,"纳只卜·穆兹喜鲁丁"的全名很可能是"纳只卜·穆兹喜鲁丁·撒那威",而"试郍围"、"施那帏"也就是"纳只卜·穆兹喜鲁丁"②。另外,岳珂在《桯史》卷一一《番禺海獠》中记载:所谓"泉亦有舶獠,曰尸罗围,赀乙于蒲,近家亦荡析。"这里所谓的"尸罗围",与林之奇所谓"试郍围"、赵汝适所谓"施那帏"不是一人,而是其后裔。这个穆斯林家族从南宋绍兴元年来到泉州,到岳珂写成《桯史》(约在1217年前后),已在中国生活了近一个世纪,经历了从繁盛到衰落的过程。

## 第五节　穆斯林与南宋社会

宋代穆斯林多是富商巨贾,身份特殊,颇为地方官员看重。对于其头面人物,从北宋到南宋,广州知州按例都要"以岁事劳宴之,迎导甚设"③。北宋徽宗时,知广州朱服在府衙中举办宴会款待在广州的穆斯林上层人物,也是

---

① 林之奇:《拙斋文集》卷一五,文渊阁《四库全书》本。
② 白寿彝:《跋吴鉴〈清净寺记〉》,《中国伊斯兰史存稿》,宁夏人民出版社1982年版,第323页。
③ 《桯史》卷一一《番禺海獠》,第126页。

"蕃人大集府中"①。从南宋洪适所写的《设蕃乐语》、《设蕃致语》中，我们也可以体会到当时盛宴大开的热闹场景："南越建邦，乃夷落珍奇之凑；北风应律，正舶商遄发之期"；"惟朝家申来远之恩，故会府举示慈之宴"；"当其整楫之时，爰共肆筵之乐。嘉宾簪盍，廉贾鼎来。缠头夸衣卉之装，屈膝拜赐花之况"；"卉服氍衣，已睢盱而就列；夷歌胡伎，盖兰阇以同欢"②。

同时，穆斯林大商人为提高自己的社会地位，也不断邀请宋代官员携带家眷到自己家中做客。例如，南宋光宗时，知广州岳霖就曾接受广州蒲姓穆斯林的邀请，携带家眷，亲赴其家参观。

北宋时，为更有效地管理在华穆斯林，宋朝政府在广州等城市的穆斯林聚居区设立了"蕃坊"。蕃坊也就是在华穆斯林的聚居区，其中设有"蕃长司"，设蕃长一人，"用蕃官为之"。蕃长"巾、袍、履、笏如华人"，其职责主要有二，一是"管勾蕃坊公事"，二是"专切招邀蕃商入贡"。穆斯林犯法，轻罪则"诣广州鞫实，送蕃坊行遣"。蕃长司将犯法之人"缚之木梯上，以藤杖挞之，自踵至顶"，"每藤杖三下，折大杖一下"。但徒刑以上罪犯，则须交由广州知府衙门判决③，蕃长司无权处置。

到了南宋，作为一种基本社区管理制度，"蕃坊"制尽管在法律上也得以沿袭下来，但许多穆斯林却已经走出蕃坊，在所居住的地市中自由生活了。例如，宋高宗时，在泉州，"有贾胡建层楼于郡庠之前，士子以为病，言之郡。贾赀巨万，上下俱受赂，莫肯谁何"。士子们不服，又集体上告到"部使者"那里。部使者根据士子们的要求，委托泉州通判傅自得处理此事。傅自得于是以"化外人，法不当城居"为理由，命令军将派兵将这座穆斯林商人所建的高楼拆毁了④。随着在华穆斯林汉化程度的提高，一些担任了南宋官职、军职的穆斯林自然更不会居住在蕃坊中了。

凭借富足的家资，一些穆斯林甚至能迎娶宋朝宗室女子。在北宋哲宗

---

① 朱彧：《萍洲可谈》卷二，中华书局2007年版，第136页。
② 洪适：《盘洲文集》卷六五、六六，文渊阁《四库全书》本。
③ 《萍洲可谈》卷二，第134页。
④ 《晦庵集》卷九八《朝奉大夫直秘阁主管建宁府武夷山冲佑观傅公（自得）行状》。

元祐年间(1086—1094),就曾有"广州蕃坊刘姓人娶宗女"。这位刘姓的穆斯林是"土生蕃客",从相貌语言已经断定他是外国人了。他娶宗女后,累官至左班殿直。在他死后,"宗女无子,其家争分财产,遣人挝登闻鼓,朝廷方悟宗女嫁夷郎,因禁止。三代须一代有官,乃得娶宗女"①。到宋理宗时,又有"贾胡蒲姓求婚宗邸",但遭到大宗正丞王太冲的激烈反对:"归明徭乃欲妇宗姬!平婚帖不可得也。"②但像这一类有勇气公开求婚而遭到拒绝的毕竟是少数,半公开、甚至不公开的情况应占多数。

由于宋代政府要依赖穆斯林商人进行海外贸易,宋王朝禁止奢侈的法令对他们基本不起作用。例如,宋光宗时,广州蒲姓穆斯林的豪宅"宏丽奇伟,益张而大",虽然"屋室稍侈靡逾禁",但南宋官员"方务招徕,以阜国计,且以其非吾国人",只得舍弃不问③。因此,宋代穆斯林的生活方式颇引人注目。据岳珂《桯史》卷一一《番禺海獠》所记:

> 旦辄会食,不置匕箸,用金银为巨槽,合鲑灸、梁米为一,洒以蔷露,散以冰脑。从者皆置右手于褛下不用,曰此为触手,惟以溷而已,群以左手攫取,饱而涤之,复入于堂以谢。居无溲匽。有楼高百余尺,下瞰通流,谒者登之。以中金为版,施机蔽其下,奏厕铿然有声,楼上雕镂金碧,莫可名状。有池亭,池方广凡数丈,亦以中金通瓮,制为甲叶而鳞次,全类今州郡公宴燎箱之为而大之,凡用钰铤数万。中堂有四柱,皆沉水香,高贯于栋,曲房便榭不论也。

而穆斯林大商人为显示自己的阔绰,往往"挥金如粪土"。在赴宋朝政府官员宴会时,经常要在地毯上抛洒"珠玑香贝","狼籍坐上"。而且在事后三日,还要"以合荐酒馔烧羊"酬谢主要官员。阿拉伯蜜酒和烤羊给南宋的广州人留下深刻的印象:"龙麝扑鼻,奇味不知名,皆可食";"羊亦珍,皮色如黄金";"酒醇而甘,几与崖蜜无辨"④。

---

① 《萍洲可谈》卷二,第138页。
② 《后村先生大全集》卷一五五《礼部王郎中(太冲)墓志铭》。
③ 《桯史》卷一一《番禺海獠》,第125页。
④ 《桯史》卷一一《番禺海獠》,第126—127页。

另外,从北宋郭祥正"乐声珊珊送妙舞,春色盎盎浮樽罍。鬼奴金盘献羊炙,蔷薇瓶水倾诸怀"①、"至今正月二十五,城北夹道珠帘张。元戎要宾锤大鼓,老蛮献馔烧肥羊"②等诗句看,也可以证明"羊炙"、"蔷薇水"、"烧肥羊"等具有浓郁阿拉伯特色的物品已经深入宋代广州社会生活中。

另外,政和七年(1117)七月,宋徽宗曾有一道诏令:"广东之民多用白巾,习夷风,有伤教化,令州县禁止。"③这是所说的"白巾",大概就是阿拉伯人的白头巾。穆斯林生活方式对宋代社会的影响,由此可见一斑。这种民风,到南宋时也绝不会因北宋末年的这道诏令便立刻绝迹。

为更好地融入中国社会,来华或定居的穆斯林商人也积极资助地方社会公益事业。例如,熙宁五年(1072),号称"大食勿巡国使"的穆斯林商人辛押陁罗"进助修广州城钱粮,仍乞统察蕃长司",但遭到了宋神宗的婉言谢绝④。在这一时期,辛押陁罗还曾捐资参加修建广州州学⑤。南宋孝宗时,泉州穆斯林商人也曾经自愿出钱帮助南宋政府建造战船⑥。这些义举,有利于宋代穆斯林社会地位的提高。

另一方面,我们还可以看到:到了南宋,随着海外贸易的日益扩大,不仅是来华的穆斯林商人越来越多,而且在华穆斯林的汉化程度及社会地位也越来越高。在这一方面最为典型的,莫过于于南宋末年的蒲寿庚⑦。

蒲寿庚出于广州蒲氏。广州蒲氏乃"土生蕃客",依靠海外贸易,世代繁衍。但经过长期发展,蒲氏家族也出现了贫富分化。据与蒲寿庚有文字之交的刘克庄说,早年蒲寿庚家为巨富——"君家有陶猗之名",后来"家赀益落",蒲寿庚一家于是流落到泉州安家——"诛茅泉上"⑧。蒲寿庚与其弟蒲

---

① 《青山集》卷八《广州越王台呈蒋帅待制》。
② 《青山集》卷八《蒲涧奉呈蒋帅待制》。
③ 《宋会要辑稿》刑法二之六八。
④ 《续资治通鉴长编》卷二三四,熙宁五年六月己巳记事,第5683页。
⑤ [雍正]《广东通志》卷二六九《刘富传》。
⑥ 《水心集》卷一九《中奉大夫、直龙图阁、司农卿林公(湜)墓志铭》。
⑦ 又有讹作"寿晟"、"寿晟"的。
⑧ 《后村先生大全集》卷一一一《蒲领卫诗》。

寿庚都曾在南宋军队中当过兵①。这大概就是在其家道中落时候的事情。后来,蒲寿宬与其弟蒲寿庚因清剿海寇有功,积功转官。蒲寿宬在宋度宗咸淳年间(1265—1274)累官至知梅州(今属广东)。而其弟蒲寿庚则"累官福建安抚沿海制置使","提举泉州海舶司,擅番舶利者三十年"②。生活在宋元之际的方回说:"泉之诸蒲为贩舶作三十年,岁一千万而五其息,每以胡椒八百斛为不足道。"③在南宋末期,泉州蒲氏遂成巨富。

　　蒲寿宬著有《心泉学诗稿》六卷。从其诗作看,"颇有冲澹闲远之致,在宋元之际犹属雅音","亦足以备一家"④,有较高的文学水准。另外,其诗作也反映了他与三教九流交往的广泛社交活动⑤。

　　其中,尤能反映他宗教倾向的有《头陀成庵主刺血写〈法华经〉》、《赠日者冯鼎山》、《登北山真武观试泉》、《游金山寺呈茂老长》、《小儿生日》等若干首。《小儿生日》是蒲寿宬 28 岁所作,其曰:"今年二十八,细忆始生时。渐喜山多树,尤怜水满池。相宽吾老大,自教尔童儿。佛诞明朝是,然香共展眉。"⑥由此可见,像蒲寿宬之类的穆斯林已经完全中国本土化了。

①　蒲寿宬:《心泉学诗稿》卷二《登师姑岩,见城中大阅,恍如阵蚁,因思旧从戎吏,亦其中之一蚁,感而遂赋》。
②　[雍正]《福建通志》卷六六《杂记·泉州府》。
③　方回:《桐江集》卷六《乙亥前上书本末》,《宛委别藏》本。
④　《四库全书总目》卷一六五《〈心泉学诗稿〉提要》,文渊阁《四库全书》本。
⑤　参见吴海鸿:《宋末回族诗人蒲寿宬研究》,《西北第二民族学院学报》1996 年 1 期。
⑥　蒲寿宬:《心泉学诗稿》卷四,文渊阁《四库全书》本。

# 第七章　民间秘密宗教

　　民间秘密宗教,是指流行于社会下层、有系统的、受到政府禁止的宗教。民间秘密宗教大多是由宗教异端转化、演变而来的①。南宋人所谓"教变则禅,禅弊为魔,魔炽为贼"②,大致也就是这个意思。由于这类宗教大都秘密流传,因此今天有的研究者将其称之为秘密宗教、民间秘密宗教或民间秘密宗教结社。

　　在宋代,这类宗教大都以吃素、夜聚晓散为特征,因而宋人在一般情况下也将其泛称为"吃菜事魔"③。但事实上,即便是在南宋政府的法令中,"吃菜"和"事魔"在特别的场合还是有所区别的。例如,绍兴七年(1137)三月二十四日,南宋政府颁布法令:"禁东南民吃菜,有妄立名称之人,罪赏并依事魔条法。"④由此可见,不光是"吃菜",就连"妄立名称"的民间秘密宗教组织,也并不是等同于"事魔"的。只是由于"罪赏并依事魔条法",因而"吃菜"才被不分青红皂白地包含在了"吃菜事魔"之中,在一般情况下使人难以

---

① 所谓宗教异端,就是指非正统宗教或反正统宗教及反国家统治秩序和世俗社会现状的激进宗教派别。

② 《释门正统》卷四《斥伪志》。

③ 过去有不少学者都不加甄别地一概将"吃菜事魔"视为摩尼教。林殊悟先生在《吃菜事魔与摩尼教》一文中,经过缜密研究,得出了宋代"统治者并没有把吃菜事魔用来专指明教"的结论。在他之前,日本学者竺沙雅章先生在《喫菜事魔について》中也强调:"吃菜事魔的宗教并非单指摩尼教即明教。"陈高华先生在《摩尼教与吃菜事魔》一文中的结论更明确:"吃菜事魔是当时各种异端宗教的总称,摩尼教只是其中一种。"

④ 《宋会要辑稿》刑法二之一一二。

分清黑白而已。

南宋民间秘密宗教是在北宋民间秘密宗教的基础上发展来的,两者有着千丝万缕的联系。因此,有必要首先对北宋民间秘密宗教的概况做一回顾。

## 第一节　北宋民间秘密宗教概况

### 一、宋仁宗时期的民间秘密宗教

宋仁宗时期,"民间传习妖教寖盛"的地方主要是"京畿、京东西、河北",其组织形式主要是"僧徒讖戒、里俗经社之类",其涉及面极宽,"自州县坊市至于军营,外及乡村,无不向风而靡"①。其特点是"以诵佛为名"②,"不食荤血"、"夜聚晓散"③。普通民众参加经社,"原其本情,皆为妄求佛果",但经社的组织者却以"修善"为名,"诱之以天堂,怖之以地狱",将他们逐渐从精神上控制起来。在宋仁宗时期,政府对于这一类经社的活动还是较为宽容的。对此,时任三司使的张方平在《论京东西河北百姓传习妖教事》中分析说:"盖愚俗传习,初无恶意,渐为诱惑,因入于邪。州县官司因循不切觉举,至于法寺议断,又亦例从宽典,以故愚民公然传习。"④这也就给当时民间秘密宗教的广泛传布提供了条件。

宋仁宗庆历七年(1047)十一月,贝州(在今河北清河西)宣毅军小军官王则利用秘密宗教,发动兵变,占据贝州,"僭号东平郡王,以张峦为宰相,卜吉为枢密使,建国曰安阳。榜所居门曰中京,居室厩库皆立名号,改年曰得圣,以十二月为正月"。"旗巾号令,率以'佛'为称。城以一楼为一州,书州

---

① 《乐全集》卷二一《论京东西河北百姓传习妖教事》。
② 赵抃:《清献集》卷六,文渊阁《四库全书》本。
③ 《宋名臣奏议》卷九八《乞禁夜聚晓散及造仪仗事神》。
④ 《乐全集》卷二一《论京东西河北百姓传习妖教事》。

名,补其徒为知州,每面置一总管"①。这场暴动在持续 66 天后,才被宋军镇压下去了。

王则发动贝州暴动时声称"释迦佛衰谢,弥勒佛当持世",可见他是利用了"弥勒教"。另外,王铚在其《默记》卷中说:"王则叛于贝州。其徒皆左道用事,闻教妖术最高,声言教为谋主用事。朝廷亦知教妖术最高,果为则用,不可测也。闻之大骇,捕昙及教妻儿兄弟下狱,冀必得教。虽昙言教逐出既自缢死,终不信也。又于娼馆得教所题'教与吕洞宾同游',又诏天下捕李教及吕洞宾二人。会贝州平,本无李教者,始信其真死矣。"可见王则发动贝州暴动,在相当程度上还借用了李教的名声。

李教系河北武邑人,其父李昙官至都官郎中。"自少不调,学左道变形匿影飞空妖术。既成而精,同党皆师而信服焉"②。李教曾在真定府师从赵仲,学习巫术。一日酒醉之后,信笔在娼馆题写下了"吕洞宾、李教同游"七字。此事被人告发,河北转运司于是派人捕捉李教。其父李昙将李教藏匿在家中,"及移文捕逐甚急,教遂自缢"③。但赵仲却被处死,其父母妻子也被逮捕下狱,后由河北转运司奏明朝廷后,才予以开释。李教自缢是在王则贝州暴动前夕。

由此可见,王则发动贝州暴动所利用的秘密宗教,是以"弥勒教"为基础,杂揉道教及其他秘密宗教成分而创立的。

王则的贝州暴动,一度极大地震撼了北宋朝廷。在镇压了这场暴动后,"州郡大索妖党,被系者不可胜数"④。但这场风暴很快就过去了。张方平在《论京东西河北百姓传习妖教事》一疏中向朝廷建议说:"近贝州妖贼传云凭恃妖术,朝廷加罚按察等官。自缘素失防检,致滋窃发。故降新条,增损旧文。……闻州郡颇有告发妖事者,中使驰传捕妖者,近已数辈。窃虑奸人乘便,搆造疑似,以干赏利。官吏希风,不详事体;枝蔓考逮,以及善良;或挟怨

---

① 《宋史》卷二九二《明镐传》附《王则传》,第 9771 页。
② 王铚:《默记》卷中,中华书局 1981 年版,第 31 页。
③ 《续资治通鉴长编》卷一六三,庆历八年二月丁丑条,第 3918 页。
④ 李攸:《宋朝事实》卷一六《兵刑》,《丛书集成初编》本。

仇,更西攀引;榜掠之下,何求不获! 则平人自诬,皆为妖党。上致朝廷深惑,下使人情惴恐。伏望圣慈深察此理,特降明诏:应今日以前传习妖教人并与除罪。内情涉不顺、徒党已成者,即令勘奏。今日已后,仍敢传习者,并依新敕施行。"而宋仁宗也认为不能"滥及良民",于是在庆历八年三月四日下诏宣布:"诸传习妖法非情涉不顺者,毋得过有追捕。"①

在王则暴动被平定后的第七年,即宋仁宗至和二年(1055),殿中侍御史赵抃在《奏状乞禁断李清等经社》中指出:"臣窃闻近日京城中有游惰不逞之辈百姓李清等私自结集至二三百人,夜聚晓散,以诵佛为名,民间号曰经社。此风既盛,则惑众生事,如昔年金刚禅、二会子之类。伏乞圣旨指挥下开封府,严行禁断,以杜绝妖妄。"②这就说明两个问题。一是"经社"与"金刚禅"和"二会子"是绝不相同的;二是北宋政府对民间经社的态度仍然是较为宽容的,以致在都城开封府竟还有较大规模经社的地下活动。

## 二、宋徽宗时期的民间秘密宗教

在这种宽松条件下,到了北宋后期,随着社会矛盾和冲突的日益尖锐,不仅北方的民间秘密宗教组织有了更大规模的发展,而且南方的民间秘密宗教又在摩尼教异端的影响下出现了新动向。

北方的情况可以河北为例。据《宋会要辑稿·刑法》二之六三记载:政和四年(1114年)八月三十日,宋徽宗诏令:"河北州县传习妖教甚多,虽加之重辟,终不悛革。闻别有经文,互相传习鼓惑致此。虽非天文图讖之书,亦宜立法禁戢。仰所收之家经州县投纳,守令类聚,缴申尚书省。或有印板石刻,并行追取,当官弃毁。应有似此不根经文,非藏经所载准此。"《宋会要辑稿·刑法》二之七四至七五记载:宣和元年(1119年)四月一日,宋徽宗下诏宣布:"沧州清池县饶安镇市户张远、无棣县新丰村张用、清州乾宁县齐圮等各为烧香受戒,夜聚晓散,男女杂处,互相作过。见今根勘,仰承勘官子细研穷,不得漏失有罪,亦不得横及无辜。兼访闻沧清恩州界日近累有夜聚晓

---

① 李焘:《宋朝事实》卷一六《兵刑》,《宋会要辑稿》刑法二之二九。
② 赵抃:《清献集》卷六,文渊阁《四库全书》本。

散公事,从来条约甚明。深虑愚人易惑而滋长,害及良民。仰本路提点刑狱司检会条贯,申明行下,令逐州县镇粉壁晓示,重立告赏,其为首人,于常法之外当议重行断罪。"这些民间秘密宗教活动最后大都演变成了如火如荼的民众暴动,北宋王朝从联金攻辽的前线抽调了大量精锐的部队,才将这些暴动镇压下去了。

所谓摩尼教异端,就是指以摩尼教基本教义为基础、吸收了佛教密宗、道教的某些内容而创立的、不被朝廷认可的民间秘密宗教。据生活在两宋之际的方勺《青溪寇轨》和庄绰《鸡肋编》所载,它的原生地是在福建,北宋后期流传到温州,再由温州传布到了整个两浙地区。

宋徽宗宣和二年(1120)十一月四日,有官员上奏,向朝廷报告了温州等处摩尼教异端的活动情况:

> 一、温州等处狂悖之人,自称明教,号为行者。今来明教行者各于所居乡村建立屋宇,号为斋堂。如温州共有四十余处,并是私建无名额佛堂,每年正月内取历中密日,聚集侍者、听者、姑婆、斋姊等人,建设道场,鼓扇愚民,男女夜聚晓散。
>
> 一、明教之人所念经文及绘画佛像号曰《讫思经》、《证明经》、《太子下生经》、《父母经》、《图经》、《文缘经》、《七时偈》、《日光偈》、《月光偈》、《平文策》、《汉赞策》、《证明赞》、《广大忏》、《妙水佛帧》、《先意佛帧》、《夷数佛帧》、《善恶帧》、《太子帧》、《四天王帧》。已上等经佛号,即于道释经藏并无明文该载,皆是妄诞妖怪之言,多引"尔时明尊"之事,与道释经文不同。至于字音,又难辨认。委是狂妄之人伪造言辞,诳愚惑众,上僭天王、太子之号①。

文中的"夷数佛帧"即耶稣图像。但摩尼教《忏悔文》第九条是"十戒",其首戒就是"不拜偶像"。这就说明:北宋末年温州等地明教已汲取了佛教、道教的因素,发展为偶像崇拜的民间宗教了。

与这位宋朝官员上奏几乎同时,方腊在睦州青溪县(在今浙江淳安西

---

① 《宋会要辑稿》刑法二之七八。

北)聚众暴动,反抗北宋政府统治,"兰溪灵山贼朱言、吴邦,剡县仇道人,仙居吕师囊,方岩山陈十四,苏州石生,归安陆行儿,皆合党应之",东南大震①。在当时参加方腊暴动的民众中,有不少摩尼教的教徒②。方勺在《青溪寇轨》中记述说:"睦州方腊之乱,其徒处处相煽而起。"其中,"仇道人"被方勺称为"越州剡县魔贼",看来是异端摩尼教的一方教主。宋宁宗时任权知台州的李兼作有《戒事魔十诗》,其中第七首即曰:"仙居旧有祖师堂,坐落当初白塔乡。眼见菜头头落地,今人讳说吕师囊。"由此可见,吕师囊也是异端摩尼教的一方教主③。因此,当时台州仙居县民众参与方腊暴动的人极多。南宋人洪适"方腊反,台之仙居民应之"的记述是符合当时实情的。洪适还说,在方腊暴动被平定后,官府大举"踪捕反党",仅台州宁海县,在一天之内就有"菜食者数百人"被押解到县监狱,不久便全部被处死了④。

由于方腊暴动有这样的宗教背景,因此,北宋尚书省于宣和三年闰五月七日提出了应当从重惩处"吃菜事魔"的建议:"契勘江浙吃菜事魔之徒,习以成风,自来虽有禁止传习妖教刑赏,既无止绝吃菜事魔之文,即州县监司不为禁止,民间无由告捕,遂致事魔之人聚众山谷,一日窃发,倍费经画。若不重立禁约,即难以止绝,乞修立条。"⑤八月二十五日,宋徽宗下诏宣布:"诸路事魔聚众烧香等人所习经文,令尚书省取索名件,严立法禁,行下诸处焚毁。令刑部遍下诸路州军,多出文榜,于州县城郭乡村要会处分明晓谕。应有逐件经文等,限今来指挥到一季内,于所在州县首纳。除《二宗经》外,并焚毁。限满不首杖一百,本条私有罪重者自从重。仍仰州县严切觉察施行,

---

① 《宋史》卷四六八《童贯传》,第 13660 页。

② 方腊起事与摩尼教的关系,学术界迄今尚有不同意见。一种看法是方腊起事受到了摩尼教影响,另一种意见则完全否定方腊起事受到了摩尼教影响。笔者认为:方腊暴动时服色尚赤,与摩尼教服色尚白完全不同,可见方腊暴动并没有用摩尼教来组织群众。但参加方腊暴动的民众中确有摩尼教教徒。

③ 志磐在《佛祖统纪》卷三九中记载:"一旦郡邑有小隙,则凭狼作乱,如方腊、吕昂辈是也。"由此可见,吕师囊很可能是宋人对"吕昂",亦即"吕师昂"的误记。吕师囊的"师"无疑是尊称,"囊"即"昂"字讹音。

④ 洪适:《盘洲文集》卷七四《先君述》,《四部丛刊》本。

⑤ 《宋会要辑稿》刑法二之八一。

及仰刑部、大理寺,今后诸处申奏案内如有非道释藏内所有经文等,除已追取到声说下本处焚毁外,仍具名件行下诸路照会,出榜晓谕人户,依今来日限约束首纳,焚毁施行。"①

北宋政府陆续调集了十多万大军,经过一年多的作战,于宣和四年春,最终将方腊暴动镇压下去了。东南地区的杭、睦、歙、处、衢、婺六州及其所属五十余县都因此而陷入战火②。

在这场血雨腥风之后,北宋政府加强了对各种"吃菜事魔"的打击,但由于北宋政权很快便在金军的进攻下土崩瓦解,而新建立的南宋政权在南宋初年又无暇及无力镇压南方的民间秘密宗教,因此各种宗教异端在南宋初期趁天下大乱之机又有了更大的发展。

## 第二节　南宋政府对"吃菜事魔"的镇压

进入南宋后,民间秘密宗教势力第一次给予南宋统治者以巨大震撼的无疑是建炎四年(1130)"王念经"利用"经社"来组织和发动的反宋暴动。

"王念经"原名王宗石,又称"王九十二"。"念经"之名,能够说明王宗石大致是利用创办经社、组织信徒集体念经的形式来聚集民众、发动暴动的。但由于王宗石暴动具有强烈的突发性,南宋统治者对其宗教异端的性质和内容都不甚了了,因此史料记载尤为简略。

熊克《中兴小纪》卷九记载:"饶、信间有妖寇王念经等聚众数万。"韩元吉所撰《连公(南夫)墓碑》称:"有王念经者,以左道聚愚民至十余万。"③宋高宗《赵公谨奖谕敕书》云:"饶州、信州界内,有事魔贼徒王九十二杀人放火。"④徐梦莘记述说:"妖贼'王念经'众二十余万,据信州之贵溪、弋阳县。"

---

① 《宋会要辑稿》刑法二之八三。
② 《青溪寇轨》,第109页。
③ 《南涧甲乙稿》卷一九。
④ 汪藻:《浮溪集》卷一六,文渊阁《四库全书》本。

众说纷纭。另,洪迈《夷坚支庚》卷七《盛珪都院》有载:"建炎庚戌,妖贼'王念经'啸聚旁邑,狂僭称尊,步市之人皆窜伏山谷。万生(即余干县金步市民万廿四)投贼中,受其官职。"由此可见,"王念经"反宋暴动后,便立即建立了自己的政权。

"王念经"的大本营设在信州贵溪县(今属江西)。南宋浙西江东制置使张俊以全军讨伐"王念经"。宋将辛企宗受命率军镇压,但屡屡受挫,"累月不能克"①。建炎四年夏,宋将王德受命讨伐"王念经"。从饶州(今江西波阳)出兵,采用长途奔袭战术,直抵贵溪,"乘大雨,一鼓擒念经"②,"执其渠帅",将其押解到越州(今浙江绍兴),向朝廷献俘请功。同时,又在贵溪、弋阳两县大肆屠戮参加暴动的民众,"所杀不可胜纪"。宋高宗事后得知此事后,不禁喟然长叹:"此愚民无知,自抵大戮。朕思贵溪两时间二十万人无辜就死,不胜痛伤。"③在"王念经"等二十六位首领在越州被诛杀后,宋高宗便以"魔贼平"为名,发布德音,"释饶、信二州徒以下囚"④。

由于建炎年间南宋政权在金军的多路攻击下命悬一线、不绝如缕,因此宋高宗的德音只是无奈之举。到绍兴初年,南宋政权在江南基本站稳脚跟后,出于稳定内部统治秩序的需要,南宋政权便开始着手制定更为严厉的法令,以打击民间秘密宗教势力。其中,"经社"由于鱼龙混杂,且有"王念经"暴动的惨痛教训,自然成为南宋政府注意和打击的重点对象。

在南宋历史上,首次遭到官方严厉镇压的摩尼教活动,现存有较完整史料记载的是衢州开化县余五婆教下的教徒和信众。

衢州开化县(今属浙江)位于严州(在今浙江建德东)、徽州(今安徽歙县)、信州(今江西上饶)之间,"万山所环,路不通驿,部使者率数十岁不到"。在这个交通闭塞的地方,"居人流寓,恃以安处"⑤,民众自治性较强。

---

① 徐梦莘:《三朝北盟会编》卷二一二,绍兴十二年十月十四日壬申条,上海古籍出版社 1987 年版,第 1528 页。
② (同治)《续纂江宁府志》卷九《艺文下》,傅霄:《王公(德)神道碑》。
③ 《建炎以来系年要录》卷三四,建炎四年六月辛卯条。
④ 《建炎以来系年要录》卷三六,建炎四年八月戊子条。
⑤ 《鸡肋编》卷中,第 64 页。

余五婆居住在开化县九里坑,虽长期传习摩尼教,但并没有利用宗教形式来组织民众武力反抗官府的意识。绍兴三年(1133)初春,有"邑人以私怨告众事魔",这才惊动了官府。秘书少监孙近将此事报告了宋高宗,请求"命衢、严州守臣捕治禁止"。为防止事态扩大,孙近还解释说:"江、浙山谷之民,平时食肉之日有数,所以易于食菜。今者一概株连党与,则其众不可胜治。"御史曾统也有相同的看法,建议说:"开化连接徽、严二州之间,地险而僻。其人勇悍喜斗,不可不早为之图。望捕为首三人,法外行遣。自余党徒,一切出榜释其罪戾。免致反侧生变。"于是,宋高宗"诏衢州守臣汪思温追捕事魔为首之人,重置于法,勿得张皇搔扰"①。

不料,因走漏风声,余五婆仓惶出逃到了严州遂安县(在今浙江淳安东南)缪罗家躲避。官兵前往缉捕,缪罗便率领其徒众占据白马源(一说叫白马洞),"辄衣赭服,传宣喧动"②,以武力拒捕。于是,南宋知严州颜为派遣兵马监押王宏率领射士、保甲六千余人前往围捕,宋高宗也命令神武中军统制杨沂中带领所部三千人前去镇压。由于力量过于悬殊,缪罗被迫与其徒众八人到严州,接受了知严州颜为的招安。但随之而来的杨沂中所部却奉诏继续搜捕参与缪罗暴动的"余党",逮捕了"王仓等九十六人"和"(缪)罗家属妻男等九人"。宋高宗诏令,将缪罗等人"并送永州羁管"③,但余五婆下落不明。知衢州汪思温和知严州颜为也都因此事而被罢免。

这桩事变,导致"两州被害,延及平民甚众"④。宋高宗对此也"恻然动心",且对"方腊以前,法禁尚宽,而事魔之俗未至于甚炽;方腊之后,法禁愈严,而事魔之俗愈不可胜禁"的事态发展感到迷惑不解,于是要求身边的官员对此作出合理解释。

绍兴四年五月,起居舍人王居中上书,指出政府对"吃菜事魔"的镇压过于严酷:"州县之吏,平居坐视,一切不问则已,间有贪功或畏事者,稍纵迹

---

① 《建炎以来系年要录》卷六三,绍兴三年二月丁丑条。
② 《鸡肋编》卷中,第64页。
③ 《宋会要辑稿》兵一三之一四。
④ 《鸡肋编》卷上,第12页。

之,则一方之地,流血积尸;至于庐舍积聚、山林鸡犬之属,焚烧杀戮,靡有孑遗。自方腊之平,至今十余年间,不幸而死者,不知几千万人矣。"认为对"吃菜事魔"应责成各级官吏明确负责,"宣明诏旨,许以自新";加强宣传,"择平昔言行为乡曲所信者,家至而户晓之";并奖励那些能够脱离"吃菜事魔","率众归善"者;因势利导,从根本上解决问题。宋高宗对王居中的意见表示赞许,诏令诸路安抚司、提刑司照此意见办理,"毋得骚扰生事"①,对"吃菜事魔"的严酷惩罚开始有所放宽。

在这种政治气候下,绍兴九年,又有一位官员以"乞修立吃菜事魔条禁,务从轻典"②为名上书,声称:"吃菜事魔本非徒侣而被诳诱、不曾传授他人者各从徒二年半,委是立法太重,请各杖一百断罪。"尽管有不少官员对此表示反对,但宋高宗却接受了他的建议,并命令刑部依照这位官员的意见修改了原有的相关法令,将其改定为:"非传习妖教,除为首者依条处断,其非徒侣而被诳诱、不曾传受他人者,各杖一百断罪。"③

但到绍兴十年,情况却发生了逆转。这一年年末,在婺州东阳县(今属浙江)又发生了"吃菜事魔"人举行的暴动。宋高宗命令殿前司前军统制王滋率军前去镇压,同时又特意让宰执告诫王滋:"不以多杀为功。"④以免由此又引发血腥屠杀。不久,这次暴动便在官军的武力镇压下被平息下去了。第二年年初,东阳县的各级官吏因疏于防查、"不能擒捕事魔之人"而遭到了大小不等的处罚。而绍兴九年从轻修定的法令,也被宋高宗下令取消,仍依照旧法施行,即由"杖一百断罪"恢复为"徒二年半"。

绍兴十一年正月,南宋政府重新整理了自绍兴元年至绍兴十年间的敕文,重申了对所有民间秘密宗教的惩治条令:

> 诸吃菜事魔或夜聚晓散、传习妖教者绞,从者配三千里,妇人千里编管。托幻变术者减一等,皆配千里,妇人五百里编管,情涉不顺者绞。

---

① 《建炎以来系年要录》卷七六,绍兴四年五月癸丑条。
② 廖刚:《高峰文集》卷二《乞禁妖教札子》,文渊阁《四库全书》本。
③ 《宋会要辑稿》刑法二之一一二。
④ 《中兴小纪》卷二八,绍兴十年十二月丁酉记事。

以上不以赦降原减,情理重者奏裁。非传习妖教,流三千里,许人捕至,以财产备赏,有余没官。其本非徒侣而被诳诱,不曾传授他人者,各减二等①。

绍兴十二年七月十三日,宋高宗又发布了一条诏令:

> 吃菜事魔、夜聚晓散、传习妖教、情涉不顺者,及非传习妖教止吃菜事魔,并许诸色人或徒中告首,获者依诸色人推赏,其本罪并同原首。自今指挥下日,令州县多出印榜晓谕,限两月出首,依法原罪。限满不首,许诸色人告如前。及令州县每季检举,于要会处置立粉壁,大字书写,仍令提刑司责据州县有无吃菜事魔人,月具奏闻②。

绍兴十四年夏,宣州泾县(今属安徽)又爆发了俞一、周三等人组织的摩尼教暴动。事变被南宋政府镇压后,周三被俘。据周三等人供认,俞一是"传授饶州张大翁吃菜"。其聚集教徒的方法主要是举行"夜斋"。而据事后江南东路安抚制置使张守的调查声称,所谓"夜斋",就是"昏夜聚首素食",是在绍兴十四年的前几年才流行于宣州一带乡村。张守认为:"契勘,僧俗斋饭当在晨朝,今以夜会,则与夜聚晓散不甚相远。"③

宋高宗闻知俞一暴动之事极为恼怒,说:"两国修和,并无科须,民何乃为盗!监司每奏无事魔者,今乃有此。可令取问。"对已调任的前江东路提点刑狱公事洪兴祖给予了降两级的处分,并命令知宣州秦梓发兵捕灭④。到十月,"官军入魔寇巢穴,擒俞一等殆尽"⑤,将这次暴动镇压下去了。

事后,江南东路安抚制置使张守奉命向宋高宗报告了相关情况。在《措置魔贼札子》中,张守说:

> 臣窃见吃菜事魔。前后法禁告捕罪赏,委曲详尽,不可复加。然而所在州军未能尽革者,盖缘田野之间深山穷谷肉食者少,往往止吃蔬

---

① 此条敕令,郭东旭先生《宋代法制研究》第199页将其误为宋徽宗宣和三年(1121)的敕令。
② 以上各条引文,均见《宋会要辑稿》刑法二之一一三。
③ 张守:《毗陵集》卷七《措置魔贼札子》,文渊阁《四库全书》本。
④ 《建炎以来系年要录》卷一五一,绍兴十四年六月癸巳条。
⑤ 《中兴小纪》卷三一,绍兴十四年十月戊子条。

菜。至于事魔之迹,则诡秘难察,以故事未发作,则无非平民,州县虽欲根治,却虑未必得实,别致骚扰生事,因循涵养,日复一日。及一旦作过,则连乡接村,动至千百,必待讨杀而后定。州县所以不能禁止于未然也。

为杜绝后患,张守提出了条措施:一、"吃菜事魔皆有师授,要须绝其本根,则余党自然消散。"为此,要迅速将远在饶州的俞一师父张大翁捉拿归案。二、发布文告,"行下本路州县乡村",严禁"夜斋"。三、将"宣州所获魔贼"的判决结果,"镂版出榜,下本路州县乡村晓谕,庶使愚民稍知畏戢"①。

张守的这些举措,实际也就是南宋政府镇压和防范"吃菜事魔"的常用手法。此外,范浚在其《进策·募兵》中还曾向南宋政府建议:

> 陆逊料当时召募易动难安之民,臣亦策今日召募可以安未动之寇也。何以言之? 江浙之人传习妖教旧矣,而比年尤盛。绵村带落,比屋有之。为渠首者,家于穷山僻谷,夜则啸集徒众,以神怪相逛诱,迟明散去,烟消鸟没。究之则鬼迹,捕之则易以生事。根固蔓连,势已潜炽。其人类多奸豪拳勇,横猾不及。此时因召募而收用之,以消患于未萌②。

范浚这个建议到底被南宋政府采纳没有,不得而知,但南宋军队中确有"吃菜"者,这也是事实。绍兴十五年二月四日,宋高宗下令说:"近传闻军中亦时有吃菜者,若此辈多食素则俸给有余,却恐骄怠之心易生。可谕与诸处统兵官,严行禁戢。"③但这些"吃菜"者不一定就是民间秘密宗教信徒,更不能断言他们就是被南宋政府有意识地招募进军中的。

尽管如此,我们也可以看到这个问题的另一个方面:南宋政府将"吃菜事魔"视为洪水猛兽,甚至为了禁绝"事魔"而严禁"吃菜"。绍兴三十年七月,知太平州周葵上书请求"乞禁师公劝人食素"。刑部根据其建议,又从严拟定了相关法令:"师公劝人食素",即使其"未有夜聚晓散之事",也比照

---

① 《毗陵集》卷七《措置魔贼札子》。
② 范浚:《香溪集》卷一四,文渊阁《四库全书》本。
③ 《宋会要辑稿》刑法二之一一三。

"结集立愿、断绝饮酒"的法令"断罪追赏",即"将为首人从徒二年断罪,邻州编管,仍许人告,赏钱三百贯。其被劝诱为从之人,并从杖一百。如徒中自告,免罪追赏"①。

南宋政府惩治"吃菜事魔"的刑法条例,其主要内容都是在宋高宗绍兴年间(1131—1162)制定的,而且一直被后来各朝所沿用。例如,宋理宗时,蔡杭在《莲堂传习妖教》的判决书中所依据的敕文②,就是"绍兴敕"。

## 第三节　南宋佛教、道教异端

### 一、秘密经社

北宋的各类"经社"因其以"夜聚晓散,以诵佛为名",因此被统治者视为危险的宗教异端而遭到严禁。如前所述,宋仁宗时期已有被称之为"经社"的民间宗教秘密组织出现。到北宋后期,又出现了"燃香会"、"香会"之类的宗教或民间秘密宗教组织。例如,秦观便曾为法云寺长老所组织的燃香会撰写过疏文③。另据《宋会要辑稿》刑法二之四八记载:

> (大观二年)八月十四日,信阳军言:"契勘夜聚晓散、传习妖教及集经社④、香会之人,若与男女杂处,自合依条断遣外,若偶有妇女杂处者,即未有专法。乞委监司每季一行州县,觉察禁止,仍下有司立法施行。"从之。

对此,有学者认为:"在宋代尚有弥勒教与摩尼教混合的教派,名叫'香会'或'集经社'的。"⑤但我认为,在宋代的各种"经社"中,尽管会有弥勒教

---

① 《宋会要辑稿》刑法二之一一三。
② 《名公书判清明集》卷一四,第535页。
③ 秦观:《淮海集》(后集)卷六《法云寺长老然香会疏文》,文渊阁《四库全书》本。
④ "集经社",实为"结集经社"之误,漏写了"结"字。
⑤ 马西沙:《民间宗教志》,上海人民出版社1998年版,第14页。

与摩尼教混合的教派存在,但主要形式和成分还应该是吃斋念佛的佛教世俗团体。不然,上引《宋会要辑稿》不会将用"及"字将"夜聚晓散、传习妖教"与"集经社、香会"并列起来。这种并列关系,也正好说明了"集经社、香会"与"夜聚晓散、传习妖教"还是有明显区别的。前一节所引宋仁宗至和二年(1055)殿中侍御史赵抃在《奏状乞禁断李清等经社》中所谓"臣窃闻近日京城中有游惰不逞之辈百姓李清等私自结集至二三百人,夜聚晓散,以诵佛为名,民间号曰经社。此风既盛,则惑众生事,如昔年金刚禅、二会子之类。伏乞圣旨指挥下开封府,严行禁断,以杜绝妖妄",也说明经社与"金刚禅"(弥勒教)、"二会子"(摩尼教)是不同性质的民间宗教组织。

在《宋会要辑稿·刑法》二之六一中,也明确指出了"讲说、烧香、斋会"只是民间聚集的一种重要方式而已:

> 政和四年二月五日,臣僚言:"欲乞下诸路、括责州县,前此有以讲说、烧香、斋会为名而私置佛堂、道院为聚众人之所者,尽行毁拆,明立赏典,揭示乡保,仍令逐都保每季具有邪州聚众申县,县申州,州申提刑司类聚以上朝廷。结集徒党、事非细密,申令已明,倘复违犯,当严邻保之法。州城兵官、县巡尉其不觉察之罪,比他官宜加等坐之,庶止邪于未形,且使无知之人免陷于刑戮。"从之。

南宋有关"香会"的记载并不多。大约在宋孝宗时期,陈淳在漳州曾写有《与李推论海盗利害》一文,其曰:"至如乐山一所,非有寺额,而僧道设计哀敛民财,尤为精致。每一岁间,招诱农商工贾,递分节次,各以时会,名曰烧香,就稠众中察其猾黠好事者分俵疏,且请为劝首,抄题钱物,每疏以数百缗,经年积蓄,今已浩大,而其中辈行屡经官司,争主首之权,此亦可以按籍举而归之官。"①在这里,"烧香会"的后台是寺院,但出面负责组织的则是民间"主首"。

南宋后期,徽州婺源(今属江西)雪顺庙还一度出现过香会,但后来因遭

---

① 《北溪大全集》卷四五。

到一位江东路李姓提刑的禁止①而被取消。不过,婺源雪顺庙香会与佛教似乎没有什么关系,好像只是祭祀民间神灵或祈求雨雪顺时的香会。直到元朝初年,在耶律楚材的《西游录序》中,又才提到"香会":"夫杨朱、墨翟、田骈、许行之术,孔氏之邪也;西域九十六种、此方毗卢、糠瓢、白经、香会之徒,释氏之邪也;全真大道、混元太一、三张左道之术,老氏之邪也。"②

不过,"经社"这种民间佛教活动组织形式却一直延续了下来,而且有所发展。《宋会要辑稿》刑法二之一一二记载:

> (绍兴二年)十月二十九日,枢密院言:"宣和间,温、台村民多学妖法,号吃菜事魔,鼓惑众听,劫持州县。朝廷遣兵荡平之后,专立法禁,非不严切。访闻日近又有奸猾改易名称,结集社会,或名白衣礼佛会,及假天兵,号迎神会。千百成群,夜聚晓散,传习妖教。州县坐视,全不觉察。"诏令浙东帅宪司、温台州守臣疾速措置收捉,为首鼓众之人依条断遣。今后遵依见行条法,各先具已措置事状以闻。

在这里,提到了民间秘密宗教"结集社会"的方式新出现了"白衣礼佛会"、"迎神会"等。由于魔尼教徒都身穿白衣,因此过去有不少研究宋代民间秘密宗教的学者一见到"白衣"字样,便轻率地将其归结到摩尼教的范围。这无疑是错误的。

弥勒教与摩尼教在中国民间融合后,其教徒的确是身穿白衣的。例如,在隋炀帝大业六年(610),"有盗数十人,皆素冠练衣,焚香持花,自称弥勒佛。入建国门,监门者皆稽首。既而夺卫士仗,将为乱,齐王暕遇而斩之。"③再如,开元三年(715)十一月十七日,唐玄宗在《禁断妖讹等敕》中宣布:"比有白衣长发,假托弥勒下生,因为妖讹,广集徒侣,称解禅观,妄说灾祥,别作小经,诈云佛说,或诈云弟子,号为和尚,多不婚娶,眩惑闾阎,触类实繁,蠹政为甚。刺史县令,职在亲人,拙于抚驭,是容奸宄。自今以后,宜严加

---

① 《黄氏日抄》卷七十四《提刑林司业书(应炎)判备榜移牒》。
② 耶律楚材:《湛然居士集》卷八,文渊阁《四库全书》本。
③ 《隋书》卷三《炀帝纪》,文渊阁《四库全书》本。

捉搦。"①

但是,在许多场合,"白衣会"并不是与弥勒教和摩尼教有关的组织。如,《续资治通鉴长编》卷八,乾德五年四月戊子条记载:"禁民赛神,为竞渡戏及作祭青天白衣会,吏谨捕之。"《宋史》卷三三三《荣諲传》记载:"(荣諲)为开封府判官。太康民事浮屠法,相聚祈禳,号'白衣会',县捕数十人送府。尹贾黯疑为妖,请杀其为首者而流其余,諲持不从,各具议上之。中书是諲议,但流其首而杖余人。"这里的"白衣",只是指在家佛教信徒,而不是特指白色衣服。《夷坚三志壬》卷六《蒋二白衣社》可为明证:

> 鄱阳少年稍有慧性者,好相结诵经持忏,作僧家事业,率十人为一社,遇人家吉凶福愿,则偕往建道场,斋戒梵呗,鸣铙击鼓。起初夜,尽四更乃散,一切如僧仪,各务精诚,又无捐丐施与之费,虽非同社,而投书邀请者亦赴之。一邦之内,实繁有徒,多著皂衫,乃名为白衣会。

"蒋二白衣社"绝对是"遵纪守法"的白衣会(白衣社)。但由于白衣会或白衣社多在夜里活动,而且确实也有"违法乱纪"的,所以统治者对其活动大多抱有极深的成见。宋宁宗开禧末、嘉定初担任知台州的李兼为向民众广泛宣传"吃菜事魔"的危害,曾写过《戒事魔十诗》,其第二首即曰:"白衣夜会说无根,到晓奔逃各出门。此是邪魔名外道,自投刑辟害儿孙。"②在李兼眼中,白衣会完全就是邪教组织。

绍兴六年(1136)六月八日,宋高宗诏令:如有"结集立愿、断绝饮酒"的结社之人,将"为首人徒二年,邻州编管,从者减二等。并许人告,赏钱三百贯。巡尉、厢耆、巡察人并邻保失觉察,杖一百。"③这是南宋政府专门针对结集经社的惩罚条令。

绍兴十五年二月四日,宋高宗告谕大臣:"近传闻军中亦时有吃菜者。若此辈多食素,则俸给有余,却恐骄怠之心易生。可谕与诸处统兵官,严行

---

① 宋敏求:《唐大诏令集》卷一一三,文渊阁《四库全书》本。
② 《赤城志》卷三七《李守兼戒事魔十诗》。
③ 《宋会要辑稿》刑法二之一一三。

禁戢。"①

绍兴二十年四月,在信州(今江西上饶)发生了"妖贼"黄曾等人发动的暴动。黄曾等人在攻陷贵溪县后,被南宋江西兵马钤辖李横率军击败。六月,受到这场暴动震动的南宋政府再度发布命令,"禁民结集经社"②。次年正月,宋高宗又诏令敕令所修立相关法令。到淳熙元年(1174)四月二十八日,宋孝宗再一次下诏强调:"诸非僧结集经社及聚众行道者,并依绍兴二十一年正月二十八日诏旨,仍令敕令所修立条法。"③严禁各类经社的活动。

然而,这一类的禁令在具体操作上,还取决于地方官员的认识和态度。这里仅以泉州为例:

宋理宗初年,泉州信奉佛教的民众以"聚众定社"的方式创立了"大道场有三所,一则衙前,二则寿宁,三则开元寺之普度会"。其基本仪式有三类:"其聚男女杂坐,以梵书轮玩,则谓之'传经';率男女蹑足,行拜于通衢,则谓之'朝岳';列男女行伍,张灯膜拜,则谓之'塔会'"。真正组织者"大抵实豪强之宗子",但他们不敢出头露面,只能采取"隐匿姓名,托之他人"的方式在幕后操纵。

宋孝宗乾道四年(1168),王十朋知泉州时④,有豪民出面请求官府准许他们开办"衙前塔会",但遭到王十朋的严辞拒绝。王十朋甚至下令将其逮捕,"送司理以正其哀敛之罪"。最后,由于全州大多数人的求情,王十朋将其释放出狱,但"犹封罪名于案,以杜其后"。在此后二十多年的时间里,泉州的各类佛教集会都未得举行。直到宋宁宗初年,由于"权贵子弟为倡首",泉州塔会又从而得以复兴⑤。

---

① 《宋会要辑稿》刑法二之一一三。
② 《宋史》卷三〇《高宗七》,第 572 页。
③ 《宋会要辑稿》刑法二之一一八。
④ 汪应辰:《文定集》卷二三《龙图阁学士王公(十朋)墓志铭》,文渊阁《四库全书》本。
⑤ 陈淳:《北溪大全集》卷四五《代王迪父上真守论塔会》,文津阁《四库全书》本。文渊阁《四库全书》漏缺此文。

### 二、白莲教

白莲教初创于两宋之际,创始人是平江府(今江苏苏州)延祥院的僧人茅子元。白莲教在初创时期只是佛教的一个世俗化的异端教派,后来逐渐演化为民间秘密宗教。

茅子元,平江府昆山人,自号万事休。父母早亡,投平江州延祥寺,依僧人志通出家。习诵《法华经》,十九岁落发,习止观禅法。北宋末年,茅子元二十多岁时,他自称在定中闻鸦声悟道,遂作一颂:"二十余年纸上寻,寻来寻去转沈吟。忽然听得慈鸦叫,始信从前错用心。"从此,他追慕东晋慧远莲社遗风,将莲宗即弥陀净土和天台宗的教义及修持内容结合起来,掺入佛教密宗"男女双修"的方式,自成一派,号称"白莲",面向社会信众传播净土宗。他前往淀山湖(在今上海、浙江、江苏交界地区),创立莲宗忏堂,又编制了《莲宗晨朝忏仪》(即《晨朝礼忏文》)、《圆融四土三观选佛图》(即《圆融四土图》),劝导广大男女信众同修净业,自称"白莲导师",传授弟子。

宋理宗时,僧人宗鉴撰《释门正统》,对茅子元创立白莲教的情况有简略的交待:"所谓白莲者,绍兴初吴郡延祥院沙门茅子元曾学于北禅寺梵法主会下,依仿天台,出《圆融四土图》、《晨朝礼忏文》,偈歌四句,佛念五声,劝诸男女同修净业,称白莲导师。其徒号'白莲菜',人亦曰'茹茅阇黎菜①'。"②

这里所谓的"北禅梵法主",是指平江府北禅寺天台法主净梵(?—1127)③。净梵俗姓笪,秀州(今浙江嘉兴)人。年十岁,依胜果寺师永忏主出家。年十八,受具戒,从超果惟湛法师学;不久,又从神悟处谦法师学;遂精通《法华经》及忏法。"大观中,结二十七僧修法华忏,每期方便正修二十八日,连作三会"④,声名远扬。他所制定的忏法规式,据到南宋后期的僧人

① "茹"者,吃菜也。"阇黎"即僧师之意,"茅阇黎"即称茅子元。"白莲菜"突出了白莲社吃斋念佛的基本性质,而"茹茅阇黎菜"则凸显了茅子元的导师地位。
② 《释门正统》卷四《斥伪志》。
③ 净梵卒年,《佛祖统纪》卷一四作建炎元年(1127),《释氏稽古略》卷三作建炎二年。此从《佛祖统纪》。
④ 宗晓:《法华经显应录》卷下《苏州梵法主》,《卍新纂续藏经》本。

志磐说,还被两浙地区所行用。茅子元并非净梵法嗣,只是在北宋末年曾经参观学习过学净梵所主持的法会。净梵的忏法规式对他来说,应该是有影响的。净梵卒于宋高宗建炎元年,故上引《释门正统》"绍兴初吴郡延祥院沙门茅子元曾学于北禅梵法主会下"一语中的"绍兴初"明显是错误的。因此,对茅子元创立白莲教的时间,由于其有一个过程,不能简单地将其定在北宋末或南宋初,而应大致定在两宋之际。

据元代僧人普度《庐山莲宗宝鉴》卷四《慈照宗主》记载,茅子元创立白莲教的宗旨是"普结净缘,欲令世人净五根、得五力、出五浊也";其修持方法是"受持五戒:一不杀,二不盗,三不淫,四不妄,五不酒";"念阿弥陀佛五声以证五戒"。

然而,宋理宗时的僧人志磐撰《佛祖统纪》,却对茅子元的白莲教大加指斥:"吴郡延祥院僧茅子元者,初学于梵法主,依放台宗,出《圆融四土图》、《晨朝礼忏文》、偈歌四句、佛念五声,劝诸男女同修净业,自称白莲导师,坐受众拜。谨葱乳,不杀,不饮酒,号白莲菜。受其邪教者,谓之传道;与之通淫者,谓之佛法。相见傲僧慢人,无所不至。愚夫愚妇转相诳诱,聚落田里,皆乐其妄。有论于有司者,正以事魔之罪,流于江州。然其余党效习,至今为盛。""所谓《四土图》者,则窃取台宗格言,附以杂偈,率皆鄙薄言辞;《晨朝忏》者,则撮略《慈云七忏》,别为一本,不知依何行法? 偈吟四句,则有类于樵歌;佛念五声,则何关于十念? 号白莲,妄托于祖;称导师,僭同于佛。假名净业而专为奸秽之行,猥亵不良,何能具道!"①

茅子元的白莲教最大的特色就是打破了佛教历来的传统,实行男女共同修炼。但也正是由于有此,所以茅子元的白莲教在宋高宗绍兴年间(1131—1162)又不可避免地被统治者指为"吃菜事魔"而遭到打击。茅子元46岁那年,"有以事魔论于有司者,流之江州"②。

据《庐山莲宗宝鉴》卷四《慈照宗主》记载,茅子元在江州(今江西九江),仍坚持在逆境中传教,"随方劝化,即成颂文",后来编成《西行集》。

---

①　《佛祖统纪》卷四七。
②　《佛祖统纪》卷五四。

宋孝宗即位后，对白莲教实行解禁。他的宠臣张抡"效远公莲社，与僧俗为念佛会"①，自号莲社居士，"日念佛声不少止"②，还作有《莲词》一卷。宋孝宗本人对茅子元也颇为敬重，曾在下令江州召茅子元往临安的诏书中盛赞茅子元"专修净业，委有道行"③。

乾道二年（1166），宋孝宗下诏："朕尝观九江之奏，一僧名子元，习效白莲之净社，会集庐山之大缘，化七万之缁流，修十六之妙观，久无间断，未有不如所愿而得往生也。即今召赴德寿殿，讲演净业大义。可赐褐蕃罗青界相金襕仙花袈裟一顶、金拔折罗环钩一副。"④当茅子元奉诏到达临安府（今浙江杭州）后，宋孝宗和太上皇宋高宗在德寿殿观看他"演说净土法门"后，还特赐他"劝修净业白莲导师慈照宗主"的称号。

茅子元早年曾经发过誓言："愿大地人普觉妙道。"此次回到平江府后，为了振作宗风，茅子元一方面将自己的著述分别编集为《弥陀节要》、《法华百心》、《证道歌》、《风月集》，以行于世；另一方面又将"普觉妙道"四字提炼概括为白莲教的宗旨，并将其作为本宗门徒的定名法号。例如，元代江州庐山东林禅寺僧人、编撰《莲宗宝鉴》、尊称茅子元为祖师、自称白莲宗善法堂主的普度，就是取的"普"字。

普度在《莲宗宝鉴》卷四《念佛正派说》中，对"普觉妙道"评价颇高："我祖师欲令大地众生见本性弥陀，达唯心净土，普皆觉悟菩提之妙道，乃立'普觉妙道'四字为定名之宗。观夫四字一镜，洞照无边，同一体用。""等众生界名曰普，智达斯理名曰觉，德用无边名曰妙，千圣履践名曰道。又，普者即自心周遍十方之体也，觉者即自心智照不迷之用也，妙者即自心利物应机之行也，道者即自心通达中正之理也。恒沙诸佛所证者，此道也。历代祖师所得者，此道也。十方生净土者，已学此道也。未来修行者，当学此道也。"

从临安回来后，茅子元于乾道三年（1167）三月去世⑤。门徒为他在松江

---

① 《夷坚三志己》卷七《善谑诗词》，第1352页。
② 《松隐集》卷一一《和张才甫野望轩》。
③ 释熙仲：《历朝释氏资鉴》卷一一《宋下》，《卍新纂续藏经》本。
④ 《历朝释氏资鉴》卷一一《宋下》。
⑤ 《武林梵志》卷一○《古德机缘》。

建塔安放其骨灰,宋孝宗还敕谥其塔为"最胜之塔"①。

茅子元死后,据《释门正统》卷四《斥伪志》记载:"后有小茅阇黎复收余党,但其见解不及子元,又白衣展转传授,不无讹谬,唯谨护生一戒耳。"另据宋理宗时成书的《佛祖统纪》卷五四《事魔邪党》记载:"其徒展转相教,至今为盛。"

平心而论,茅子元创立白莲教时,从教义的角度看,白莲教与正统佛教的天台宗、净土宗并没有太大的不同。其"异端"主要表现在男女共同修持及独立成体系的宗教组织上。而且,随着白莲教的发展,男女双修涉及到的两性关系混乱的问题也越来越突出。对此,志磐在《佛祖统纪》卷五四《事魔邪党》中记述说:"民无知,皆乐趋之。故其党不劝而自盛。甚至第宅姬妾,为魔女所诱入其众中,以修忏念佛为名,而实通奸秽。"尽管元代白莲教僧人普度还专门撰写了《辨明双修》,称白莲教的"双修"不是男女双修,而是"修福、修慧"的"福慧双修"。并声称:"今有一等愚人,常行异教,诈称莲宗弟子,妄指双修潜通淫秽,造地狱业,迷误善人,沉迷欲乐,甘堕险坑,岂不谬乎。是真狐魅妖精,何异畜生类也!"但他同时又强调说:"今劝在家菩萨依戒修行,勿犯邪非,清心寡欲,双修福慧,回向西方。"②这个辩解不仅无力,反而是欲盖弥彰,正好说明了元代的白莲教徒中确有"犯邪非"者,而不是"一等愚人""诈称莲宗弟子"。

元代佚名所撰《湖海新闻夷坚续志》记载了大量的宋元时期故事。其《后集》卷二《伽蓝谴罪》曰:

> 淮西李觉本,年方总角,稍聪俊,音声嘹亮,面貌莹洁。自幼持莲斋,善于科教,居道众中,人不知其为男子,皆以道娘称之。尝赴斋会,堂主器爱之,举为忏首,留宿逾月,遂至不律,丑声播扬。一日,堂主与觉本同于卧房内发狂,具言违戒律之事:"今为伽蓝谴责,合堂道众急为我禳谢。"道众燃炬烧香,方禳谢间,二人已俱死矣。

---

① （元）释普度:《庐山莲宗宝鉴》卷第四《慈照宗主》。
② 《庐山莲宗宝鉴》卷一〇《辨明双修》。

从文中的"莲斋"、"道众"、"道娘"、"斋会"、"忏首"、"堂主"等词汇看,这讲述的是白莲教的淫乱故事。从"道娘"能当"忏首"看,宋元时期的白莲教的"双修",绝对是男女双修。长期处于一种性封闭状态的宋代民众之所以对白莲教活动趋之若鹜,除去宗教情结外,男女双修对他们应该也是具有强大吸引力的。

另外,到南宋后期,白莲教也有与其他民间秘密宗教相结合的趋势。《名公书判清明集》卷一四载有蔡杭①(久轩)大约在宋理宗淳祐年间担任浙东提刑时所拟定的所谓《莲堂传习妖教》判决书:

> 按敕:吃菜事魔,夜聚晓散,传习妖教者,绞,从者配三千里,不以赦降原减二等。又制:诸夜聚晓散,以诵经行道为名,男女杂处者,徒三年;被诱之人杖一百。又制:非僧道而给集经社,聚众行道,各杖一百。法令所载,昭如日星。今有犯上刺令,而又趋敛众财,擅行官法,假立官品,自上名号,如张大用者,其可恕乎?当司职在观风,方欲严行禁戢,而张大用者,自困缚打罗湖院僧,事败到官,是天厌其恶,使之败露。今详案款,其罪有七:传习魔教,诈作诵经,男女混杂,罪一;巧立名色,胁取钱米,假作献香,强人出售,罪二;自称尊长,自号大公,聚众罗拜,巍然高坐,罪三;布置官属,掌簿掌印,出牒座差,无异官府,罪四;假作御书,诳惑观听,以此欺诈,多取民财,罪五;甚至撰为魔术,阴设奸谋,疾病不得服药,祖先不得奉祀,道人于不孝,陷人于罪戾,罪六;擒打僧徒,藏匿锁缚,呼啸俦侣,假作军装,横行外地,自已可骇,公然管押入京,出没都下,罪七。置无砖席,胡跪膜拜,则有金鸡仰面之称;设无砖床,男女混杂,则有铁牛犁地之丑。聚会不法不道,徒党实繁,啸聚成屯,究其设意,不无包藏,祸根不除,将为大害。张大用系为首人,决脊杖五十,刺面,配二千里州军牢城,照条不以赦原。刘万六系次为首人,决杖三十,不刺面,配一千里州军牢城。李六二僧称大公,丁庆二僧称主簿,并勘杖一百,编管邻州,差官录问讫,押赴本司断。夏道主乃敢于灵芝门

---

① 《宋史》卷四二〇作"蔡抗"。蔡杭为蔡沈之子、蔡模之弟,当作"蔡杭"为是。

外聚集,免根究,帖县逐出州界。张五十、李道免根究,日下改业。所有
上件三处忏堂,帖县改作为民祈雨旸去处,并从侧近寺院差行者看守。
其会下说诱胁从之徒,初非本心,亦非素习,无问已追到未追到、已供摊
未供摊等人,并免坐罪,更不追唤,仰日下改弃邪习,仍为良民,归事父
母,供养祖先,以保身体,以保妻子,以保生理,如再敢聚集,定行追断。
帖引巡、尉、隅、保常切觉察,遍榜诸州县。

从这份判决书中的"莲堂"、"忏堂"、"会下说诱胁从之徒"、"诈作诵经,男女
混杂"等情况看,张大用等人所信奉的应该是白莲教。但从蔡杭给张大用定
下的第三桩罪"自称尊长,自号大公,聚众罗拜,巍然高坐"和第六桩罪"甚至
撰为魔术,阴设奸谋,疾病不得服药,祖先不得奉祀,道人于不孝,陷人于罪
戾"看,这种宗教形式又不同于白莲教。在摩尼教的教义中,不拜祖先是一
项核心内容,但摩尼教的仪式中却也没有教主"巍然高坐"而受人"罗拜"的
形式。由此可见,随着白莲教的发展,其教规教义也逐渐发生了较大的变
化。到南宋后期,已经由单纯的佛教异端而逐渐演变成为与摩尼教相结合
的一种民间秘密宗教了。

### 三、白云宗

白云宗是北宋末年居住在杭州灵隐寺白云庵的僧人孔清觉(?—1121)
创立的。据南宋僧人宗鉴《释门正统》卷四《斥伪志》、明代僧人明河《补续
高僧传》卷二三《白云孔清觉传》记载,孔清觉是孔子五十三世孙,河南府登
封(今属河南)人。幼习儒学,喜读《法华经》。宋神宗熙宁二年(1069),依
汝州龙门海慧大师出家。受海慧之嘱,往峨眉山参见千岁和尚,得其指教。
其后,又曾在舒州浮山太守岩结庵,冥思苦想二十年。宋哲宗元祐八年
(1093),由西京(今河南洛阳)宝应寺入杭州灵隐寺。因其言论惊人,声名卓

著,寺主请他入住寺后白云山庵,精研佛学。清觉自立宗旨,立"四果"①、
"十地"②,以分大小两乘,撰写了《证宗论》、《三教编》、《十地歌》等,颇得居
家信众信仰。信众尊称清觉为"白云和尚"或"白云道人",人们称其信徒为
"白云菜"或"十地菜",遂称其宗派为"白云宗"。宋徽宗大观元年(1107),
清觉一度前往湖州结庵而居,号称"出尘"。随即被其门徒迎回,入住杭州正
济寺。因其立说,专攻禅宗,遭到觉海愚禅师的反攻,诬其为"吃菜事魔"。
清觉因此坐罪,被流放南恩州(今广东阳江)③。宋徽宗宣和二年(1120),其
弟子政布等陈状申冤,清觉方被徽宗特旨开释放还。次年病逝,葬于杭州
南山。

白云宗在佛教教理上以华严宗、天台宗理论为支撑,"欲对破禅宗",但
因其在佛理上支离破碎,难以自成体系,"论四果,则昧于开权显实④;论十
地,则不知通、别、圆⑤异","教观无归,反成魔说"⑥,从而被人诬陷为"吃菜
事魔"。

白云宗在南宋,在家信众极多,在社会上很有影响力。宋理宗时期,僧
人宗鉴对白云宗有一比较公允的评价:"其徒甚广,几与白莲相混,特以妻子
有无为异耳。亦颇持诵,晨香夕火,供养法宝,躬耕自活,似沮溺荷篠之风,
实不可与事魔妖党同论。"⑦明代僧人明河也认为:"白云之道不淳,讥议归之

---

① 在佛教中,凡是闻佛音声和修四谛法门而悟道的人,总称为声闻乘。"四果"即指声闻乘的
  四种果位:须陀洹果(入流果)、斯陀含果(一来果)、阿那含果(无还果)、阿罗汉果(无生
  果)。须陀洹是初果,即初入圣人之流。斯陀含是二果。修到此果位者,死后升到天上去做
  一世天人,再生到我们此世界一次,便不再来欲界受生死了。阿那含是三果。修到此果位
  者,不再生于欲界。阿罗汉是四果。修到此果位者,解脱生死,不受后有,为声闻乘之最高
  果位。
② 指菩萨五十二位修行中,第五个十位名十地,在此十地,渐开佛界,成一切种智,已属圣位,
  故又名"十圣"。
③ 原文作"恩州"。宋仁宗时,王则在贝州(在今河北清河西)暴动被镇压后,宋政府将贝州改
  名为恩州。考虑到这一点,加之恩州为内地州郡,不可能将其作为流放孔清觉的地方,因
  此,原文的"恩州"应为"南恩州"之误。
④ 指佛教说法时,欲引众生入真实之教,遂用权便法来显真实义,故称"开权显实"。
⑤ 指天台宗的化法四教,即三藏教、通教、别教、圆教。藏、通、别、圆四教,是教化众生的法门,
  故名为"化法"。在这里,因行文讲究对仗的原因,省略了"三藏教"。
⑥ 《释门正统》卷四《斥伪志》。
⑦ 《释门正统》卷四《斥伪志》。

宜矣。至诋与白莲相混,特以无妻子为异,则亦太甚。然其持守精谨,于患难生死之际脱然无碍,去常人亦远。予故取其行已,而恨其为言也。"①因而白云宗在南宋前期基本还处于一种正常活动的状态,只是从宋宁宗朝开始才逐渐遭到政府禁绝,但这种禁绝又并非十分严厉,时紧时松。

白云宗的在家信众在南宋时被称为"道民",在浙西地区的势力和活动尤其引人注目。这不禁引起了统治者的极大担心。宋孝宗淳熙十五年(1188)至宋光宗绍熙元年(1190)间,因修建白云庵的问题,临安府白云宗道民活动开始引起了官府的注意。

临安府南山灵隐寺白云庵是白云宗祖师孔清觉创教的"祖庭",到了宋孝宗时期,白云庵已是毁坏多年了。当时,临安府一带白云宗道民的"魁宿"(首领)是沈智元。为振兴宗风,沈智元带头在原白云庵的旧址上重建了白云庵,而且还有"御书塔名"。这样一来,白云宗便与灵隐寺僧侣发生了纠纷,引起了一场官司。知临安府张构将白云庵定性为道人私自创立的庵舍,并根据过去已有的法令,"判道人私庵照应元降指挥,拆除基址还寺"。但沈智元拒不接受张构的判决,仗着有"御书塔名",反而在日后"再行广阔基址,鼎新建置,连甍接栋,穷极土木"②,将白云庵实际建成为一座颇具规模的寺院。

鉴于白云宗势力的日益壮大,宋宁宗庆元四年(1198)九月一日,有某官员上奏,要求禁止道民结社:

> 浙右有所谓道民,实吃菜事魔之流,而窃自托于佛老,以掩物议。既非僧道,又非童行,辄于编户之外,别为一族。奸淫污秽甚于常人,而以屏妻孥、断荤酒为戒法;贪冒货贿甚于常人,而以建祠庙、修桥梁为功行。一乡一聚,各有魁宿。平居暇日,公为结集,曰烧香,曰燃灯,曰设斋,曰诵经,千百为群,倏聚忽散,撰造事端,兴动工役,寅缘名色,敛率民财,陵驾善良,横行村疃。间有斗讼,则合谋并力,共出金钱,厚赂胥

---

① 《补续高僧传》卷第二三《白云孔清觉传》。
② 《释门正统》卷四《斥伪志》。

吏,必胜乃已。每遇营造,阴相部勒,啸呼所及,跨县连州。工匠役徒,悉出其党;什器资粮,随即备具。人徒见其一切办事之可喜,而不知张皇声势之可虑也。及今不图,后将若何? 乞行下浙西诸郡,今后百姓不得妄立名色,自称道民,结集徒党。严切晓谕,各令四散著业。如敢违戾,将为首人决配远恶州军,徒党编管。务要消散异类,使复齿于平民,以推广陛下抑诞怪、畅皇极之意。①

宋宁宗采纳了这个意见,但在具体实施上却并不十分严厉。嘉泰二年(1202),沈智元甚至上书,以白云庵有"御书塔名"为由,向宋宁宗"乞赐敕额"。对此,有官员上疏,对白云宗建白云庵一事予以了猛烈的抨击:"余杭南山,白云道人崇师之地;智元,伪民之魁,挟左道以惑众。揆之国法,罪不胜诛。……智元非惟不遵元判,又复妄扣天阍。玩侮朝廷,未有若此!"

这位官员又借机对白云宗的所谓恶行进行了声讨:"道民者,游堕不逞,吃菜事魔,所谓奸民者也。既非僧道,又非童行,自植党与,千百为群,挟持妖教,聋鼓愚俗;或以修路、建桥为名,或劝诵经、焚香为会,夜聚晓散,男女无别,呼啸善诱,实繁有徒。所至各有渠魁相统,忽集忽散,莫测端倪。遇有争讼,合谋并力,厚唊胥吏,志在必胜。遇有修建,贪缘假名,敛率民财,自丰囊橐。横行州县,欺轹善良,创置私庵,以为逋逃渊薮。盖由寄居形势之家受其嘱托,认为己产,出名占据,曲为盖芘,遂使州县莫敢谁何。"对此,这位官员自称:"此风久炽,全不为怪,臣未暇究论。"但是,对于"智元辇毂之迹,容奸集伪,建立屋宇,全无忌惮,妄肆侥求,至傲天听"的这种行为,他认为难以容忍:"度非智元自能为之,必有为之地者。非痛剿绝,何以令远!"

为此,这位官员建议:"将智元等重行编配,永不放还,庵舍尽行拆除,散其徒党,籍其物业,以为传习魔法、玩视典宪之戒。如本庵委有先朝御书塔名,只量留屋宇,就差邻僧掌管。并乞行下诸路监司遵从已降指挥,日下条奏。如奉行不虔,以违制论。寄居形势之家,准前认为己产、盖芘执占、不遵

---

① 《宋会要辑稿》刑法二之一三〇。

约束者,台谏指名弹奏。"①

宋宁宗接受了这位官员的建议,下令严厉禁白云宗。不少地方官员也确实认真贯彻执行了宋宁宗的诏令,对白云宗道民的不法活动予以了坚决的打击。例如,"溧阳民多奉白云宗教,雄据阡陌,豪夺民业,不与差徭,贫下之民有赴诉者,辄连结贿吏不行,或反为所诬"。宋宁宗嘉定十一年(1218),陆游之子陆子遹知溧阳县事,"夺白云宗所据民业,悉归其主。有田者当役,与齐民均正"②。

但是,也有不少官员和地方豪强庇护白云宗。宋理宗时,僧人宗鉴对宋宁宗诏令严禁白云宗的事情总结说:"施行以后,又复影傍权势,私立其庵。"直到宋理宗绍定六年(1233),三十余年间,南宋政府禁止白云宗活动的法令时紧时松,"视权势者之兴衰好恶而屡有废置焉"③。因此可以说,白云宗在南宋时是一种半公开半秘密的佛教异端。

到了元代,白云宗更有较大的发展。元成宗大德七年(1303),郑介夫上奏说:"外有白云宗一派,尤为妖妄。其初未尝有法门,止是在家念佛,不茹荤,不饮酒,不废耕桑,不缺赋税。前宋时谓其夜聚晓散,恐生不虞,犹加禁绝,然亦不过数家而已。今皆不守戒律,狼藉荤酒,但假名以规避差役,动至万计,均为诵经礼拜也。既自别于俗人,又自异于僧道,朝廷不察其伪,特为另立衙门。今宗摄钱如镜恣行不法,甚于僧司道所。亦宜革去,以除国蠹,以宽民力可也。"④

### 四、道教异端

南宋道教势力同北宋一样,远比佛教要小,因此很难形成具有一定规模的异端派别。但是,在南宋许多民间秘密宗教中却杂糅进了道教异端的部分形式和内容。从北宋到南宋,两宋政府始终高度防备的所谓"张角术",就

---

① 以上引文均见《释门正统》卷四《斥伪志》。
② 张铉:《至大金陵新志》卷一三下之上《人物志》,文渊阁《四库全书》本。
③ 《释门正统》卷四《斥伪志》。
④ 《历代名臣奏议》卷六七《治道》。

是指以张角为宗师而组织发动起来的道教异端。

早在北宋神宗时期，何执中为亳州判官时，颇得知州曾巩信任，"事无纤巨，悉委以专决"。亳州（今属安徽）有"妖狱久不竟，株连浸多"，何执中奉命审理。在审理过程中，何执中发现相关囚犯在说到牛角或羊角时，都称为"股"，而深究其原因，囚犯们都"闭不肯言，而相视色变"。何执中于是断言："是必为师张角讳耳。"囚犯们这才低头服罪①。北宋徽宗初年，张根任提举江南西路常平等事。当时，有"兴国民郭友余习妖教"，但被州县多次宽赦。张根反对赦免郭友余，说："友余，张角术也。异时，李逢尝以此惑民。请论如法。"结果，郭友余遭到了惩处②。

另外，由于北宋摩尼教具有明显的道教化色彩，南宋明教徒也自称摩尼教是"太上老君之遗教"③，因而宋人在谈论摩尼教时，往往将它与张角的道教异端联系起来。两宋之际，在庄绰《鸡肋编》和方勺《青溪寇轨》中，当谈到方腊暴动、连带记述两浙摩尼教的情况时，均称："其初授法，设誓甚重，然以张角为祖，虽死于汤镬，终不敢言角字。"这种情况，到南宋初年，应该也是存在的。

因此，《青溪寇轨》说：

> 后汉张角、张燕辈托天师道陵为远祖，立祭酒治病，使人出米五斗而病遂愈，谓之五斗米道。至其滋盛，则剽劫州县，无所不为。其流至今，吃菜事魔、夜聚晓散者是也。凡魔拜必北向，以张角实起于北方。观其拜，足以知其所宗原。其平时不饮酒食肉，甘枯槁、趋静黙，若有志于为善者，然男女无别，不事耕织，衣食无所得，败务攘敓以挺乱。其可不早辨之乎？

在宋高宗绍兴初年，"福州民张圆觉自言遇钟离先生，授以五花杖，因剃发从浮屠教。颇能谈人往来，证瓯粤。機鬼媚佛，一咮千煸，哄然神之，谓之

---

① 《宋史》卷三五一《何执中传》，第11101页。
② 《浮溪集》卷二四《朝散大夫直龙图阁张公（根）行状》。
③ 《海琼白真人语录》卷一《师徒问答》。

张圣者"。人们为参见这位"张圣者","扶携耋稚,丐庇澡雪,至暍殡道上无退心"。后来,"张圣者"又打算修造建州大中寺,凭借其在民众中的声望,还敛得了数量颇巨的钱物,形成了一定的组织规模。"恶少年板名伍中,潜有不逞谋"。当时,一般的官员都不敢得罪这位"张圣者",而提举福建常平茶事洪昕则不信邪,用斧头将"张圣者"的法物"五花杖"劈碎,破了"张圣者"的神话,让"张圣者"的信众清醒过来,最终将"张圣者"逮捕法办了①。在这里,应该注意的是:张圆觉虽最早自称是得遇道教神仙钟离先生,且被授予"五花杖",但随即却"剃发从浮屠教"。这就说明,张圆觉所看中的就是佛教对普通民众的组织力和号召力要远远超过道教。

### 五、巫教异端

在一般情况下,单凭本质上缺乏宗教组织性的巫教,是很难形成民间秘密宗教教派的,但巫教在促进民间秘密宗教组织早期的形成上却具有重要的作用。南宋初期,钟相在洞庭湖组织和发动的反宋暴动,就是这一类宗教异端的典型表现形式。

钟相原本是鼎州武陵县(今湖南常德)的一位巫师,"无他技能,善为诞谩。自号'老爷',亦称'天大圣'。言有神通,与天通,能救人疾患"②。洪迈记述说:"钟相者,邵阳人,善咒水治病,好作神语,人呼为钟颠,又称钟老爷。"③《鼎澧逸民叙述杨么事迹一》也记载:"时有土人妖巫钟相,久以幻怪鼓惑本土,乡村愚民连络澧峡无知之俗,悉来归奉,谓之'投拜',法下莫知其数。若受其法,则必致田蚕兴旺、生理丰富、应有病患不药自安,所以人多向之。钟相乃妄称'天大圣'名号,亦曰'钟老爷'。"④钟相向其信徒宣称:"法分贵贱贫富,非善法也。我行法,当等贵贱,均贫富。"此说一出,轰动一方。

---

① 洪适:《盘洲文集》卷七五《叔父常平墓志铭》,《四部丛刊》本。
② 徐梦莘:《三朝北盟会编》卷一三七,建炎四年二月十七日条。
③ 《夷坚三志辛》卷四《巴陵血光》,第1410页。
④ 岳珂:《鄂国金佗粹编续编校注》卷二五,中华书局1989年版,第1563页。

"环数百里间,小民无知者翕然从之,备糗相谒,旁午于道,谓之'拜爷'"①。经过二十多年的发展,钟相于宋高宗建炎四年(1130)春发动了暴动,"鼎、澧、荆南之民响应"。于是,钟相建立了政权,自称楚王,建年号为"天战",立妻子伊氏为皇后、儿子钟子昂为太子,"行移称圣旨,补授用黄牒"②。钟相指挥所部,"焚官府、城市、寺观、神庙及豪右之家,杀官吏、儒生、僧道、巫医、卜祝及有雠隙之人"。而且内部还有许多规矩,具有浓厚的神秘宗教色彩:"谓贼兵为'爷儿',谓国典为'邪法',谓杀人为'行法',谓劫财为'均平'。病者不许服药,死者不许行丧,唯以拜爷乱常为事。人皆乐附而行之,以为天理当然。"③

钟相暴动不久便被南宋湖北捉杀使孔彦舟指挥官军击败。而孔彦舟之所以能够击败钟相,也是找准了钟相利用宗教神秘性的弱点。当时,孔彦舟对官军俘虏的钟相部众从不杀害,在"断其指及耳鼻"后便将其放回,并告诉他们:"汝父有神,能为汝续,则再来。"钟相无论如何是不能为这些俘虏再接上手指和耳鼻的。这样,他能通神的神话也就破灭了,致使"其党亦生疑心"。孔彦舟又"阴遣人投其军中,谓之'入法'"。钟相对"入法"之人不加怀疑。结果,由于"入法之人为内应",钟相被官军击败,被俘后遭到杀害。

宋高宗绍兴年间,宣州泾县同公坑有女巫信奉一尊被称为"丁先生"的邪神。结果事情越闹越大:"一二年来,邪道甚盛,一方之人为所诳诱,焚香施财,略无虚日。去岁,有姓李人经提刑司陈告,虽曾行下本县毁拆庙宇,而其徒利于所得,更倡神怪之事,群起占护,县亦无如之何。即日邻比乡村往往食菜,结为邪党"④。其后,遭到官府镇压。

在宋光宗时期,由于"江宁巫风为盛",因而在江宁县(今江苏南京)也就产生了一批"有持妖术"而号称"真武法"、"穿云子"、"宝华主"的道教异端

① 徐梦莘:《三朝北盟会编》卷一三七,建炎四年二月十七日条,文渊阁《四库全书》本。但"拜爷"一语,《建炎以来系年要录》作"拜父"。另,《中兴小纪》称:"鼎州武陵县有土豪钟相者以左道惑众,乃结集为忠义民兵,其徒呼相为老父。"

② 《建炎以来系年要录》卷三一,建炎四年二月甲午条。

③ 徐梦莘:《三朝北盟会编》卷一三七,建炎四年二月十七日条,文渊阁《四库全书》本。

④ 廖刚:《高峰文集》卷二《乞禁奉邪神札子》,文渊阁《四库全书》本。

组织的头领。江宁县尉刘宰在掌握相关情况后，对其"皆禁绝之"，防止了这类组织的滋生蔓延①。

平江府（今江苏苏州）洞庭西山村民徐汝贤"自号水仙太保"，"以诈惑众，自言能出神，使人见神魂游于空中及死者魂魄见朱帝之内，掠人财贿、妻妾，为害数十年"。宋宁宗初年，知府王遂以兴妖作乱之名将他逮捕，派吴县主簿孙子秀领人捣毁了徐汝贤的坛祀，又将他"黥面鞭背"后，沉入太湖中淹死。王遂还为此写了一篇《辨惑文》，称："徐汝贤自号水仙太保，今在水中，且与鱼虾为侣。如有妖怪，愿以身当之。"②宋朝对巫师的惩治，从来没有如此严厉的。王遂之所以敢淹死徐汝贤，大概是徐汝贤罪孽深重、对社会危害特别大，具有兴妖作乱的性质，已经超过一般巫师的行为了。

## 第四节　南宋摩尼教

### 一、南宋之前摩尼教在中国的传布及流变

摩尼教是波斯人摩尼（216—276 年）于公元三世纪时在两河流域创立的。唐宋时，中国多译称其为"末摩尼法"、"明教"、"末尼教"、"牟尼教"等。摩尼宣称自己是继琐罗亚斯德、释迦牟尼、耶稣之后的第四位先知，以波斯原有的琐罗亚斯德教（即祆教）为信仰基础、又吸收东罗马的基督教、印度的佛教的宗教思想糅合成摩尼教义，崇拜光明，提倡清净，反对黑暗和压迫。摩尼教的基本经典是《二宗经》（亦作《二宗三际经》）。其教义的核心是"二宗三际论"。所谓二宗即"光明"与"黑暗"这两种互相对立的存在，三际是指"初际"、"中际"、"后际"三个阶段。初际时，光明王国和黑暗王国分离；中际时，二者相互混战；后际时，二者秩序重置，最终光明战胜黑暗。"二宗"

① 《宋史》卷四〇一《刘宰传》，第 12168 页。
② 王鏊：《姑苏志》卷四〇《宦迹四》，文渊阁《四库全书》本；《宋史》卷四二四《孙子秀传》，第 12663 页。

系指世界的二个本原，"三际"是说世界在发展过程中的三个阶段。

摩尼教在四世纪以后逐渐传入中国。延载元年（694），波斯人拂多诞持《二宗经》朝觐了武则天。从此，摩尼教得到武则天许可，开始在中国公开传播。开元二十年（732）七月，唐玄宗以敕令的形式禁止摩尼教在中国民众中传布："末摩尼法，本是邪见，妄称佛教，诳惑黎元，宜严加禁断。"只准许在中国的胡人信奉："以其西胡等既是乡法，当身自行，不须科罪者。"①安史之乱后，回鹘人有助唐平乱之功，而摩尼教又是回鹘国教，唐朝迫于回鹘的势力，又准许摩尼教在中国公开传布，除"两都及太原"外，"江淮数镇，皆令阐教"②。回鹘为黠戛斯攻破后，唐朝便立即改变了对摩尼教的优容态度，唐武宗会昌三年（843），没收摩尼寺的庄宅钱物，焚烧其书籍图画，流放其僧侣，死者大半。

此后，摩尼教转入地下，多在民间秘密传播。其宗教教义，对许多民间秘密宗教的创立都有深刻影响。五代后梁时，陈州（今河南淮阳）毋乙、董乙领导民众暴动时，便利用了摩尼教教义中的某些因素创建了"上乘宗"："依浮图氏之教，自立一宗"，"不食荤茹，诱化庸民，揉杂淫秽，宵聚昼散"③，"画魔王踞坐，佛为洗足。云'佛是大乘，我法乃上上乘'"，以组织和发动群众。

北宋前期，摩尼教采用了"道化"的形态，即依托道教而存在。如南宋明州（浙江宁波）的崇寿宫，在北宋时"初名道院，正以奉摩尼香火，以其本老子也。绍兴元年十一月，冲素太师陈立正始请今敕赐额"。对这种"道化"的摩尼教，在宋徽宗以前，北宋政府基本采取了一种默认的态度。南宋理宗时，崇寿宫住持张希声曾将载于《衡鉴集》中敕牒出示于黄震观看。黄震对此记载道："载我宋大中祥符九年天禧三年两尝敕福州、政和七年及宣和二年两尝自礼部牒温州，皆宣取《摩尼经》颁入《道藏》。其文尤悉。"④南宋度宗时，释志磐所撰《佛祖统纪》卷四八对此事也有记载："其经名《二宗三际》。二

---

① 杜佑：《通典》卷四〇，文渊阁《四库全书》。
② 李德裕：《会昌一品集》卷五《赐回鹘可汗书意》，文渊阁《四库全书》本。
③ 《旧五代史》卷一〇《梁书十·末帝本纪下》，中华书局1976年版。
④ 《黄氏日抄》卷八六《崇寿宫记》。

宗者,明与暗也;三际者,过去、未来、现在也。大中祥符兴《道藏》,富人林世长赂主者使编入藏,安于亳州明道宫。复假称白乐天诗云'静览苏邻传,摩尼道可惊。二宗陈寂默,五佛继光明。日月为资敬,乾坤认所生。若论斋絜志,释子好齐名。'以此八句表于经首。"北宋后期,浙江一带也有虽不入教,但家中收藏有《二宗三际经》的人户。如,台州宁海县的李氏,"富而戇,家藏妖书,号《二宗三际经》。时节集邻曲,醵香火祀神,元未尝习也。奸人诡入伍中,通其女。既泄,即告县,逮送狱"①。由此可见,《二宗三际经》的印行量较大。而且,即使是在方腊暴动被镇压后,《二宗三际经》也还不在北宋政府禁毁的范围。因此,在这样的背景下,到了南宋,摩尼教在民间更有了很大的发展。

### 二、南宋时期摩尼教的组织及其活动

南宋初年,随着摩尼教在民间的秘密发展,摩尼教异端也因地域的不同而出现了许多的宗派,各有不同的特点。

福建的摩尼教势力最为可观。《佛祖统纪》卷四八转引《夷坚志》称:"吃菜事魔,三山尤炽。为首者紫帽宽衫,妇人黑冠白服,称为明教会。"陆游《老学庵笔记》卷一〇记载:"闽中有习左道者,谓之明教。亦有明教经,甚多刻版摹印。"他们定时举行"明教斋","烧必乳香,食必红蕈,故二物皆翔贵"。他们自诩为摩尼教的正宗,否认自己是"吃菜事魔",声称:"男女无别者为魔,男女不亲授者为明教。明教,妇人所作食则不食。"陆游在其《条对状》中,又对福建的摩尼教情况做了进一步的补充:

> 明教尤甚,至有秀才吏人军兵亦相传习,其神号曰明使,又有肉佛、骨佛、血佛等号,白衣乌帽,所在成社,伪经妖像至于刻板流布,假借政和中道官程若清等为校勘,福州知州黄裳为监雕。以祭祖考为引鬼,永绝血食;以溺为法水,用以沐浴。其它妖滥,未易概举。烧乳香则乳香为之贵,食菌蕈则菌蕈为之贵。更相结习,有同胶漆,万一窃发,可为

---

① 洪适:《盘洲文集》卷七四《先君述》,《四部丛刊》本。

寒心。

而据方勺《青溪寇轨》和庄绰《鸡肋编》所载,江浙一带的摩尼教在南宋初年,又出现了一些不同于北宋末年的新情况:"闻其法断荤酒,不事神佛、祖先,不会宾客,死则裸葬。方敛,尽饰衣冠,其徒使二人坐于尸傍,其一问曰:'来时有冠否?'则答曰:'无。'遂去其冠。次问衣履,逐一去之,以至于尽,乃曰:'来时何有?'曰:'有包衣。'则以布囊盛尸焉。""亦诵《金刚经》,取'以色见我'为邪道,故不事神佛,但拜日月,以为真佛。"①在这里,"不事神佛。但拜日月祖先"正是摩尼教的基本教义精神。

但据廖刚《乞禁妖教疏》所言,"两浙江东西"之"吃菜事魔传习妖教","死则人执柴一枝烧焚,不用棺椁衣衾,无复丧葬祭祀之事,一切务灭人道。"这又与"以布囊盛尸"的"裸葬"有根本的不同,而与佛教的尸体火化的方式一样了。

另外,据《鸡肋编》卷上记载,浙江一带的"吃菜事魔","又谓人生为苦,若杀之,是救其苦也,谓之度人。度多者,则可以成佛。故结集既众,乘乱而起,甘嗜杀人,最为大患。尤憎恶释氏,盖以戒杀与之为戾耳"。这又与北魏时期的弥勒大乘教有些相近。

延昌四年(515)六月,沙门法庆与其妻尼姑惠晖、勃海人李归伯等利用宗教异端在冀州(今属河北)聚众造反,自称"大乘"。法庆封李归伯为"十住菩萨、平魔军司、定汉王","又合狂药,令人服之",使"父子兄弟不相知识,唯以杀害为事",命令部众多杀人:"杀一人者为一住菩萨,杀十人为十住菩萨。""所在屠灭寺舍,斩戮僧尼,焚烧经像,云新佛出世,除去旧魔。"②北魏孝明帝下诏任命元遥为使持节、都督北征诸军事,率军镇压了法庆领导的这场暴动③。

王质在《论镇盗疏》中所谈到的江西"吃菜事魔"情况比较含混:

---

① 庄绰《鸡肋编》的这条记载与《青溪寇轨》的记载基本相同。据庄绰自叙,这条记载记于绍兴二年。而《青溪寇轨》的记载则大致是转抄庄绰的。

② 《魏书》卷一九上《景穆十二王·京兆王》,中华书局1974年版,第445页。

③ 《北史》卷一七《景穆十二王上·京兆王》,中华书局1974年版,第634页。

朝廷所以禁止食菜事魔者，可谓甚严，而此弊未尝除。……臣往在江西，见其所谓食菜事魔者弥乡亘里，诵经焚香，夜则哄然而来，旦则寂然而亡。其号令之所从出，而语言之所从授，则有宗师。宗师之中有小有大，而又有甚小者。其徒大者或数千人，其小者或千人，其甚小者亦数百人。其术则有双修、二会、白佛、金刚禅，而其书则又有《佛吐心师》、《佛说涕泪》、《小大明王出世》、《开元经》、《括地变文》、《齐天论》、《五来曲》。……其宗师之御其徒，如君之于臣、父之于子，而其徒之奉其宗师，凛然如天地神明之不可犯、较然如春夏秋冬之不可违也。虽使之蹈白刃赴汤火，可也①。

其中，"双修"应是密宗的男女双修之术，"金刚禅"则是弥勒教，而"二会"、"白佛"都应是指的摩尼教。当然，也不能否认，王质所谈到的江西"吃菜事魔"是以摩尼教为主体、搀杂了其他秘密宗教的摩尼教异端。

以上所述可以说明：南宋的摩尼教因长期独立在中国各地域秘密发展，并逐渐同佛教的密宗、弥勒教等其他各种宗教相结合，已经与唐朝流行的、受官方承认的摩尼教有了很大的不同。不仅如此，各地的摩尼教在表现形态上也有较大的差异。

当然，也不能否认，由于南宋摩尼教处于地下秘密传播状态，官方或文人的正统记录往往是道听途说、支离破碎的，其中以讹传讹的成分不少，对当时流行于民间的各秘密宗教教派并不能详加甄别，难免张冠李戴，因而不可尽信。

相对而言，道教徒因道教与摩尼教有一种特殊的关系，因而对摩尼教有较多关注，其相关记载自然也就较为可信一些。例如，南宋后期，海琼白真人白玉蟾曾与其门徒彭耜有一段对话：

彭耜问曰："乡间多有吃菜持斋，以事明教，谓之灭魔。彼之徒且曰太上老君之遗教，然耶？否耶？"

答曰："昔苏邻国有一居士，号曰慕阇，始者学仙不成，终乎学佛不

①　《雪山集》卷三。

就,隐于大那伽山,始遇西天外道,有曰毗婆伽明使者,教以一法,使之
修持,遂留此一教。其实非理。彼之教有一禁戒,且云尽大地山河,草
木水火,皆是毗卢遮那法身,所以不敢践履,不敢举动。然虽如是,均是
在毗卢遮那佛身外面立地。且如持八斋,礼五方,不过教戒使之然尔。
其教中一曰天王,二曰明使,三曰灵相土地,以主其教。大要在乎'清净
光明大力智慧'八字而已。然此八字,无出乎心。今人著相修行,而欲
尽此八字,可乎? 况曰明教,而且自昧。"①

白玉蟾对摩尼教义的理解是非深刻的。在"彼之教有一禁戒,且云尽大地山
河,草木水火,皆是毗卢遮那法身,所以不敢践履,不敢举动"一句中,所谓
"毗卢遮那法身"只是佛教化的汉译,其本意乃摩尼教的"光明之神"。而这
一整句所表达的意思即陆游笼统概括的"肉佛、骨佛、血佛"。另外,《摩尼光
佛教法仪略》中规定:"每寺尊者,诠简三人:第一阿拂胤萨,译云赞愿首,专
知法事;第二呼嚧唤,译云教道首,专知奖劝;第三遏换健塞波塞,译云月值,
专知供施。皆须依命,不得擅意。"②而白玉蟾所说的"其教中一曰天王,二曰
明使,三曰灵相土地,以主其教",也仅是音译与意译差异的问题,而在三级
教阶设立这个问题上却是吻合的。白玉蟾尽管认为摩尼教不可能做到"清
净光明大力智慧",但他对这个摩尼教教义主旨的概括却是不存偏见的。

　　然而,普通民众信奉摩尼教,所追求的终极目标却并非"清净光明大力
智慧",而是看上了摩尼教在组织功能上的互助性。方勺《青溪寇轨》记载:
"始投其党,有甚贫者,众率财以助,积微以至于小康矣。凡出入经过,不必
相识,党人皆馆谷焉。凡物用之无间,谓为一家,故有'无碍被'之说,以是诱
惑其众。"另外,由于受摩尼教吃素、薄葬等教规的约束,教徒们因"绝酒肉、
燕祭、厚葬",因而也"自能积财",故民间相传并相信信奉摩尼教后便能够致
富的神话③。这也是摩尼教对普通民众有巨大吸引力的地方。

　　绍兴四年(1134),起居舍人王居中上书,向宋高宗分析了两浙地区"法

---

① 《海琼白真人语录》卷一《师徒问答》。
② 引自林悟殊:《摩尼教及其东渐》附录,中华书局1987年版,第232页。
③ 《青溪寇轨》,中华书局1983年版,第114页。

禁愈严,而事魔之俗愈不可胜禁"的原因。王居中分析说:摩尼教的"魔头"
(主事人)"尽录其乡村之人姓氏名字,相与谊盟",与教徒和信众建立起了亲
密的人际关系;"一家有事,同党之人皆出力相赈恤";"同党则相亲,相亲故
相恤,而事易济"。另外,由于"凡事魔者,不肉食",而"不肉食则费省,故易
足"。这不仅完全符合"先王道其民,使相亲、相友、相助之意";而且"甘淡
薄、务节俭"又"有古淳朴之风";因此,这种"吃菜事魔"有着强大的凝聚力。
王居中又进一步指出:与此相反,各级政府官员在为政时却做不到这样,也
不想这样做,因而民众都认为"吾从魔之言、事魔之道,而食易足、事易济也,
故以魔头之说为皆可信,而争趋归之"①。

　　王居中对摩尼教的这种较为客观的分析和评价对我们认识南宋摩尼教
有重要的作用。一般说来,宗教具有诸多的社会功能,而认同作用就是其社
会功能之一。这种认同作用使宗教徒在教义的作用下,在由神灵主宰下的
人与神、人与社会、人与人的关系中,来实现对自我的理解,进而确立同一信
仰,以达到在同一宗教组织内的群体认同。在此基础上,在教规的规范内,
它又能把分散的宗教徒组织起来,以"同宗相亲"为号召,凝聚人心,使宗教
成为一种超世俗的稳定社会实体。两宋之际,世事纷扰,人们惶恐不安,因
而这种符合"先王之道"、具有"古代淳朴之风"的摩尼教才能在民间得到较
快发展,补充了世俗社会相应的缺失功能。

　　从宋孝宗时期开始,尽管对"事魔"者的镇压依然严厉,但随着对白莲教
的解禁,政府对"吃菜"者的政策却有所放松。洪迈《夷坚三志》己卷《善谑
诗词》记载:

　　　　张才甫太尉居乌戍,效远公莲社,与僧俗为念佛会。御史论其白衣
　　吃菜,遂赋《鹊桥仙》词云:"远公莲社,流传图画,千古声名犹在。后人
　　多少继遗踪,到我便失惊打怪。西方未到,官方先到,冤我白衣吃菜。
　　龙华三会愿相逢,怎敢学他家二会?"

张才甫即宋孝宗宠臣张抡。乌戍即湖州。这条记载说明了当时的白莲教与

① 《建炎以来系年要录》卷七六,绍兴四年五月癸丑条。

摩尼教的区别并不分明,因此才有御史弹劾张抡"白衣吃菜"之事。而这种"不分明",正是相当数量的摩尼教徒借白莲教为掩护进行活动的结果。

宋理宗后期,吴势卿在江南东路任职时,在其《痛治传习事魔等人》的判决书中写道:

> 白佛载于法,已成者杀;黄巾载于史,其祸可鉴。饶、信之间,小民无知,为一等妖人所惑,往往传习事魔,男女混杂,夜聚晓散。惧官府之发觉,则更易其名,曰我系白莲,非魔教也。既吃菜,既鼓众,便非魔教亦不可,况既系魔教乎?若不扫除,则女不从父从夫而从妖,生男不拜父拜母而拜魔王,灭天理,绝人伦,究其极则不至于黄巾不止。何况绍兴间饶、信亦自有魔贼之变,直是官军剿灭,使无噍类,方得一了。若不平时禁戢,小不惩,大不戒,是罔民也。令照通判所申,道主祝千五决脊杖十二,刺配五百里;祝千二、十三、仇百十四各杖一百,编管邻州。阿毛杖六十,以为妇人无知者之戒。阿何责付其兄别嫁。私庵毁拆,如祝千二、十三、祝百一庵舍或有系坟庵,因而置立,则去其像;或有系神庙,因而会聚,则问其所事,若血食之神勿去,如或否,则系素食之神,不碍祀典者,移其神于寺舍,而去其庙。牒通判录问讫行,仍请备榜①。

这是摩尼教徒借白莲教为掩护进行活动的实例。这样一来,也无疑促进了摩尼教与白莲教合流的速度。

---

① 《名公书判清明集》卷一四,第537页。

# 第八章　南宋寺院宫观的殿堂及神像

## 第一节　佛教寺院的建筑布局

我国古代的佛教寺院建筑大约分依山式和平川式两类。宋代的佛教寺院建筑大多以法堂和佛殿为主体,完全摒弃了过去石窟寺的样式,塔庙式建筑虽有,但为数不多。在宋高宗绍兴二十三年至宋孝宗隆兴元年(1163)重建的临安府(今浙江杭州)月轮山寿宁院塔(六和塔),宋宁宗庆元年间(1195—1220)修建的嘉兴府(今浙江嘉兴)东塔广福教院等是典型的塔庙式建筑。一般寺院即使是建塔,也是另辟塔院,置于寺前、寺后或寺院两侧,而不以佛塔为主体。

佛教寺院的建筑格局一般是以南北为中轴线,自南向北,依次为三门、天王殿、佛殿、法堂、藏经楼。正中路的左右两侧建有东西配殿,一般是伽蓝殿、观音殿、药师殿、罗汉堂等。寺院的东侧(左侧)是僧人生活区,建有僧房、库房、香积(厨房)、斋堂(食堂),西侧(右侧)主要是云会堂。另外,因寺院宗派的不同,还设有一些诸如忏堂、大悲阁、祖师堂之类的特殊堂阁。

高僧惠洪的《信州天宁寺记》对北宋末年的寺院殿堂布局及其功能有一总体性的描述,非常生动:"入门纵望,序庑翼如而进,层阁相望而起。登普光明殿。顾其西,则有云会堂,以容四海之来者;为法宝藏,以大轮载而旋转之,以广摄异根也。顾其东,则有香积厨,以办伊蒲塞馔;为职事堂,以料理出纳。特建善法堂于中央以演法,开毗耶丈室以授道。又阁其上,以像观世音,示以闻、思、修,令学者入道也。"①南宋寺院的基本格局与此相同。

南宋高僧宝昙在《仗锡山无尽灯记》中记述了明州(今浙江宁波)延庆禅院的布局。该院有佛殿、藏殿两座大殿。佛殿中,"居千叶卢舍那,饮光、庆喜侍,文殊、普贤、释梵二天左右之"。藏殿中,"置大宝藏,运转五千余卷之书,神龙纠缠,鬼物森护"。"围绕二殿"有"行道",可容500人。建有一座祖堂、一座僧堂。僧堂可容纳150人,"宽深亢爽"。另有"燕客、湢、浴与栖老病之堂四","执事及燕退之房二"②。

由于南方多山多水的地形所限,南宋寺院一般都依山水之势而建,并不严格遵循南北向中轴线的规式。例如,临安府灵芝崇福寺在宋孝宗乾道元年(1165)重建时,首先便采用了风水先生的建议,改为东南向,"峙三门,翼两序,经藏、香积,次第而举"③。再如,径山兴圣万寿禅寺"基局于五峰之间",地形复杂。宋宁宗庆元六年(1200)重建时,便"开拓旧址",凿山填壑,因地制宜,"仍造千僧阁以补山之阙处","凿山之东北以广库堂,辇其土石置后山巨壑中","建蒙庵于明月池上"④。宋宁宗嘉定十六年(1223)至宋理宗宝庆元年(1225),南安军(今江西大余)云封禅寺住持永清重建该寺。因该寺坐落于大庾岭中,没有多少平地,因而永清的设计极为精妙:"中为祖师殿,东为霹雳泉亭,南为灵官殿,西为西阁,又西跨山两崖梁,空为僧堂,翼殿之右。"⑤

宋代的佛殿也不像明清时期通称为"大雄宝殿",一般只称为"佛殿"或"释迦殿"⑥,有时也有特别命名。如,建于宋宁宗庆元年间(1195—1200)的

---

① 《石门文字禅》卷二一。
② 《橘洲文集》卷一〇《仗锡山无尽灯记》。
③ 《咸淳临安志》卷七九,何澹:《灵芝崇福寺记》,文渊阁《四库全书》本。
④ 《攻媿集》卷五七《径山兴圣万寿禅寺记》。
⑤ [雍正]《江西通志》卷一二六《云封禅寺重修造记》。
⑥ 参见牟巘:《牟氏陵阳集》卷一一《松江普照寺释迦殿记》;《宝庆四明志》卷二一,方预:《释迦殿记》。

泰州报恩光孝禅寺佛殿，就是取《华严经》中之语，命名为"最吉祥殿"①。径山兴圣万寿禅寺的佛殿名曰"普光明殿"②。

唐朝中期以后，随着禅宗独立门户，禅宗《百丈清规》中"不立佛殿，唯树法堂"的规式广泛被禅寺所遵守③。不仅如此，禅宗还有毁坏非禅宗寺院佛像的过激行为。邓州丹霞天然禅师（？—824）在唐宪宗元和年间（806—820），投宿慧林寺，"遇天大寒，取木佛烧火向"④。朗州（今湖南常德）德山院宣鉴禅师（782—865）公开宣称："比丘行脚，当具正眼。诵经礼拜，乃是魔民；营造殿宇，又造魔业。且天下惟奉一君一化，岂容二佛所居！撤去大殿，独存法堂。"⑤因此，唐朝中期到五代十国，禅宗寺院大多是没有佛殿、天王殿和佛像的。禅宗寺院建筑布局的中心是法堂。但律宗寺院建筑布局的中心却是佛殿。律寺的佛殿前是天王殿，佛殿后便是法堂。

北宋时，大部分禅宗寺院不再遵守"不立佛殿，唯树法堂"的规式，开始建立佛殿，修造佛像。据王禹偁记述，在黄州齐安永兴禅院中，宋太宗时，"郡人王福舍钱二百万造大殿成"；宋真宗时，"蕲州人王真舍钱四十万创菩萨殿塑弥勒像"⑥。但是，仍有禅寺不建佛殿、佛像。例如，宋神宗熙宁十年（1077），知潭州谢景温将道林寺（律寺）改为禅寺，延请云居元祐禅师（1030—1095）为住持。"道林蜂房蚁穴，闻见层出，像设之多，冠于湘西"。于是，元祐禅师将佛殿夷平，改建为虚堂（法堂）、禅室，"以会四海之学者"。"役夫不敢坏像设，祐自锄弃诸江"⑦。

宋徽宗时期编定的《禅苑清规》规定："每日晚参，于佛殿前礼佛。"这说明，建立佛殿和佛像已经成为禅宗寺院的定制⑧。到南宋时，佛殿规模日趋侈大。泰州报恩光孝寺建造佛殿便花费了4万缗，"伐木于黄冈，蔽流而

---

① 《渭南文集》卷一六《泰州报恩光孝寺禅寺最吉祥殿碑》。
② 《攻媿集》卷五七《径山兴圣万寿禅寺记》。
③ 《宋高僧传》卷一〇《唐新吴百丈山怀海传》。
④ 《五灯会元》卷五《青原下二世·邓州丹霞天然禅师》。
⑤ 《石门文字禅》卷二一《潭州白鹿山灵应禅寺大佛殿记》。
⑥ 《小畜集》卷一七《黄州齐安永兴禅院记》。
⑦ 《佛祖历代通载》卷一九。
⑧ 《禅苑清规》卷九，《卍新纂续藏经》NO.1245。

下"，"为重屋八楹，东西百三十六尺，南北九十六尺，高百一十尺，佛、菩萨、阿罗汉三十有一躯"①。而且，南宋时期也见不到禅宗僧人敢于自毁佛殿、佛像的记录了。

在《禅苑清规》中，除佛殿外，还可以看到法堂、僧堂、库司、众寮、浴室、三门、真堂、方丈、藏殿、土地堂、童行堂、延寿堂、阁、塔、罗汉堂、水陆堂、庄舍、油坊、东司等。而这一类的建筑，在南宋时也日益完备。绍兴十三年（1143），临安府仙林寺建成，号称"行都僧坊第一"。该寺的主要建筑即有三门、佛殿、药师殿、法堂、佛阁、戒坛、寝室、方丈、僧堂、厨库、廊庑、钟楼、磨坊、病院、选僧、浴厕等②。

律寺和教寺中三门、佛殿、法堂、方丈、钟楼、僧堂、法轮宝藏、忏殿、厕溷、浴室等建筑的功能与禅寺基本相同。另外，值得一提的是，由于宋代冶炼技术的发展，寺院中出现了声震四方的巨型铁钟和高大的钟楼。泰州报恩光孝禅寺就有"有巨钟千石"，"建楼百尺以栖钟"③。

## 第二节　佛殿的神像配置

美轮美奂的佛殿、高大宏伟的佛像，在特定的环境中具有震摄人心的作用，在宗教信仰中有着特殊的功能。生活在两宋之际的邓肃指出：

> 累土于地，屹高寻丈，假以金碧丹腹之饰，望之俨然，固不离一聚块耳，然方为聚块，夫人皆得以贱之，一旦建立于上，虽顽夫悍卒亦必肃然，如临父母。是可以妄斥之耶？其功迹之妙，虽幻于作者之手，而瞻仰之诚则生于见者之心。原其手之所以运用，推其心之所以孚感，天机忽然，不容拟议。教外不传之妙，已行乎其中矣。然则丹霞、德山之道，亦岂殊于目连者乎？此主禅悦者其于佛氏塑像所以未能释然，不以介

---

① 《渭南文集》卷一六《泰州报恩光寺禅寺最吉祥殿碑》。
② 《松隐集》卷三一《仙林寺记》。
③ 《渭南文集》卷一六《泰州报恩光寺禅寺最吉祥殿碑》。

意也①。

古代佛殿中像设如何布置,由于记载缺乏,难以详考。五台山佛光寺佛殿还保存着唐代的佛堂。主像凡五尊,正中是释迦佛,左次是弥勒佛,极左是普贤,右次是阿弥陀佛,极右是观音②。这与后世神像配置以普贤与文殊对称的方式大不一样。因此,我们不能简单地以明清佛殿的神像配置的方式去反推唐宋元时期的配置式样。

宋代佛教像设有不少具体的记载。佛殿只设一尊佛像的,其佛为释迦牟尼佛或毗卢遮那佛,或接引佛(阿弥陀佛)。佛像的两侧通常会有两位菩萨或两位弟子陪侍,称"胁侍"。佛像及胁侍的配置通常反映着寺院的宗派特色。如毗卢遮那佛一般是华严宗或密宗的主神,释迦牟尼佛以文殊、普贤相配,称"华严三圣",多用于华严宗寺院。阿弥陀佛与观世音、大势至相配,称"西方三圣",主要出现在净土宗的忏堂中。

当然,也有一些特例。慧洪在《潭州白鹿山灵应禅寺大佛殿记》中写道:"像设释迦如来百福千光之相,文殊师利、普贤大菩萨,大迦叶波(迦叶)、庆喜(阿难)尊者,散华天人、护法力士,又环一十八应真大士,序列以次,庄严毕备。"再如平江府常熟县胜法寺佛殿:"大雄如来巍处正座,迦叶、阿难拱侍左右,普贤、文殊以次导旁,二大神厉色御侮,尊者一十八列坐。"③这是一佛用两菩萨、两弟子并侍的配置式样。

宋理宗时,僧人宗鉴在《释门正统》卷三《塔庙志》中说:"今殿中设释迦、文殊、普贤、阿难、迦叶、梵王、金刚者,此土之像也。阿难合掌,是佛堂弟,理非异仪。迦叶擎拳,本外道种,且附本习,以威来象。盖若以声闻人辅,则迦叶居左,阿难居右;若以菩萨人辅,则文殊居左,普贤居右。今四大弟子俱列者,乃见大、小乘各有二焉耳。梵王执炉,请转法轮;金刚挥杵,卫护教法也。"可见这种形式,在南宋也一直被采用。

宋代较大的佛殿一般是供奉三尊佛像,即所谓"三佛同殿"。三佛同殿

---

① 《枏梠集》卷一七《南剑天宁塑像》。
② 梁思成:《记五台佛光寺的建筑》,见《文物参考资料》1953 年第 5、6 期。
③ 卢镇等编:《重修琴川志》卷一三《胜法寺佛像记》,《宋元方志丛刊本》。

的配置方式有两种,一是"三身佛",一是"三世佛"。

三身佛的配置方式主要来自天台宗的法身、报身、应身说①。法身佛是"毗卢遮那佛",居中。报身佛是"卢舍那佛",居左。应身佛是"释迦牟尼",居右。

三世佛从时间和空间区别,又分为"竖三世佛"和"横三世佛"。

竖三世佛指佛在过去、现在、未来三世时间相互接续。现在佛是释迦牟尼,居中。过去佛是迦叶诸佛(燃灯佛),居左。未来佛是弥勒佛,居右。

横三世佛是在东方、中土、西方三个不同世界中的佛。中土娑婆世界的教主是释迦牟尼佛,居中。东方净琉璃世界的教主是药师琉璃光佛,居左。西方极乐世界的教主是阿弥陀佛,居右。但宋代这种配置形式不多见。宋仁宗时,漳州崇福禅院千佛阁落成,僧人契嵩记录其佛像的配置:"释迦、弥勒、药师则位乎其中,千如来则列于前后左右也。阁之下,亦以释迦、文殊、普贤众圣之像而位乎其中,五百应真与十六大声闻则列其四向。"②

还有一种特殊的"三佛同殿"配置。宋光宗绍熙年间,庆元府法慈院修建了忏堂。这座忏堂规模宏大,陆游称说:"虽庆元多名山巨刹,然忏堂之盛,未有如法慈者。"其"南北八丈六尺,东西五丈八尺,而栋之高四丈一尺"。其中的像设布局为:"奉释迦于中,而左则弥勒,右则无量寿,又以天地鬼神之像陪拥四旁。"③

但这种配置式样遭到了僧人宗鉴的批评:"或设三佛同殿,右弥勒、天亲、无著(胁侍)者,当来补处之像也;左弥陀、观音、势至(胁侍)者,净土之像也。窃尝论之:若据娑婆化主,止立释迦之像,辅以文殊、普贤可也。当来下生,既在补处,未有辅佐,岂得与释迦、弥陀并列而为三耶?"④

南宋寺院中,还有供奉七佛的佛殿。所谓七佛,即《佛说长阿含经》卷一所载,在释迦牟尼之前的六佛与释迦牟尼自己。释迦牟尼之前的六佛依次

---

① 法身,指佛先天所具有的能体现佛法之身。报身,指佛经过修持而获得佛果之身。应身,指佛为教化众生而变化显现之身。
② 《镡津集》卷一四《漳州崇福禅院千佛阁记》。
③ 《渭南文集》卷二一《法慈忏殿记》。
④ 《释门正统》卷三《塔庙志》。

是毘婆尸佛、尸弃佛、毘舍婆佛、拘楼孙佛、拘那含佛、迦叶佛。如秀州资圣寺于绍兴十五年（1145）建成后，寺院方面便"命东都孟道一造释迦世尊一，会七像于殿、普门大士（即观音）于堂"①。

## 第三节　寺院中的几种重要殿阁

### 一、罗汉堂、罗汉殿

罗汉是阿罗汉的简称，原指原始小乘佛教所达到的最高成就。在西晋竺法护所译的《弥勒下生经》中，只有大迦叶（亦译作摩诃迦叶）比丘、君屠钵叹比丘、宾头卢比丘、罗云（亦称罗怙罗、罗睺罗）比丘等四大罗汉。在北凉道泰所译的《入大乘论》中，罗汉已增至十六位，但无具体名号；在唐代玄奘所译的《大阿罗汉难提密多罗所说法住记》中，才首次列出了十六罗汉的名号。到五代十国时，十六罗汉又增为十八罗汉②。

五代十国时期，人们对罗汉的尊崇开始风行。罗汉造像的规模也越来越大、越来越生动。寺院中供奉五百罗汉，大多只能另设一殿而处之，称其为罗汉堂或罗汉阁、罗汉殿③。

南宋时，罗汉越来越受到民众的崇信，甚至具有了"送子"的神奇功能。《夷坚甲志》卷一四《董氏持罗汉》记述说："乡人董彦明，三十余岁未有子，与其妻自鄱阳偕庐山圆通寺，以茶供罗汉，且许施罗帽五百顶以求嗣。"《夷坚支乙》卷一〇《黄讲书祷子》讲述说：信州人黄廓因无子，于是"携妻施氏及

---

① 《至元嘉禾志》卷二三《资圣寺佛殿记》。
② 据《咸淳临安志》卷二九《烟霞洞》引《大中祥符志》的记载，早年烟霞洞内"有石刻罗汉六尊"，后来吴越王钱氏梦见僧人告诉他："吾有兄弟一十八人，今方有六。王可聚之。"于是，"遂别刻一十二尊，以符所梦"。
③ 据宋代普济的《五灯会元》卷一〇记载，在衢州古寺的塔下曾铸有十六罗汉铜像。后因主持道潜禅师移住杭州慧日永明院（即后来的净慈寺）时，遂请求吴越王钱俶将其移到了慧日永明院中供养。明人田汝成在《西湖游览志》卷三中称慧日永明院因此"始作罗汉堂"。但仅为十六罗汉铜像便专建罗汉堂，似乎没有必要。田汝成的记载不太可信。

侍妾诣佛寺,祷于罗汉堂"。"是夜,梦与妻妾同数罗汉位次,相视而笑","妻妾同时亦感此梦"。后来,妻妾在同一年都生了儿子。

因此,寺院在建造十八罗汉像时都比较注意其形象的生动性,以充分吸引信众。宋孝宗乾道六年(1170),婺州净土禅寺新塑成十八大阿罗汉像,"伟岸奇古,神彩了然"。这大大提高了该寺的知名度,以致"士女大会,香云蟠结,擎跪赞叹,谓殊胜事,独未曾有"①。

一般寺院将十六罗汉或十八罗汉作为佛祖嘱咐住世护法的弟子,大多将其塑像列于大雄宝殿两侧。而五百罗汉②的塑像因人数众多,只能另行供列。据宋人刘道醇的《五代名画补遗》记载,唐代的雕塑家杨惠之曾为洛阳广爱寺三门塑造过五百罗汉。不过,由此判断,杨惠之所塑,既在三门,那很有可能只是浮雕。到五代十国吴越政权时,在杭州大仁院后山有岩,"岩石虚广若屋,下有洞路",称为"石屋"。洞内石壁"上镌五百罗汉","石屋上建阁三层"③。而作为圆雕的五百罗汉造像,在五代十国时期南唐政权辖下的庐山东林寺中也有建造。开宝九年(976年)四月,宋军攻占江州(治今江西九江)后,宋将曹翰"调发巨舰十余艘","载庐山东林寺五百铁罗汉像归,至颍州新造佛舍"④。由此可见,庐山东林寺的五百铁罗汉像颇有规模,如无专门的罗汉堂,是无法供奉的。而在吴越政权统治下的杭州,南天竺寺因供养有五百罗汉,所以又被称为"五百罗汉院"⑤。

建造五百罗汉院需要耗费大量财力,普通寺院是难以完成的。宋孝宗乾道六年(1171年),知成都府张震授意成都府金绳院建造五百大阿罗汉。但历经四年,才建造了二百尊。一直到宋孝宗淳熙五年(1178),五百罗汉像

---

① 《敬乡录》卷七《净土禅寺新塑罗汉记》。
② 五百罗汉,据《十诵律·五百罗汉出三藏记》记载,原指随释迦牟尼听法传道的五百弟子。而《入大乘论》始称:"十六大阿罗汉眷属自六百至千六百不等,惟第二尊者迦诺迦伐蹉与自眷属五百阿罗汉分住北方,故世称五百罗汉。"这种说法为中国人所普遍接受。宋僧赞宁所撰《宋高僧传》卷十《唐荆州天皇寺道悟传》中,则有五百罗汉翱翔于荆州当阳柴紫山天空的记载。
③ 董嗣杲:《西湖百咏》卷下。
④ 《续资治通鉴长编》卷一七,开宝九年四月辛亥记事,第371页。
⑤ 田汝成:《西湖游览志》卷十一《北山胜迹》,文渊阁《四库全书》本。

才全部完成①。不过,因五百罗汉堂能够提升寺院的知名度及对信众的凝聚力,不少寺院还是热衷于建造五百罗汉堂的。宋高宗绍兴二十六年(1156),建安县(今福建建瓯)白云山崇梵禅寺住持惠琳曾对自己建造五百罗汉像的动机有一表白:"闽于天下,僧籍最富,今衰死殆尽。吾将制五百大士之像,使是州之民知虽无僧而有贤圣者存,岂不助吾教哉!"②

总体来说,南宋时建有五百罗汉堂或五百罗汉殿的寺院数量要比北宋更多。据《咸淳临安志》卷七八记载,临安府报恩光孝禅寺建有五百罗汉堂。《至元嘉禾志》卷二六《崇福寺记》记载:"至乾道中,则有真济大师法印为无量寿阁,雕三圣尊像,塑五百大阿罗汉。"据《北磵集》卷四《钦山禅院记》记载,宋宁宗嘉定四年(1211年),澧州钦山禅院建成五百阿罗汉殿。宋孝宗时,周必大记述了无锡南禅寺新建成五百罗汉阁的情况:"比创五百罗汉阁,谓之泛海罗汉,盖闽人为之,航海而来也。"③相关记载还有很多,不胜枚举。

宋代还为五百罗汉取了名号。据宋人陈思的《宝刻类编》卷八记载,五代十国时期吴政权太和三年(933年),宣州(治今安徽宣城)新兴寺崇福院曾刻有"五百罗汉碑"。这是目前已知的最早的有关五百罗汉名号的碑刻,但此碑现已不存。在今广西宜山县会仙山白龙洞,有北宋元符元年(1098年)所刻的《供养释迦如来住世十八尊者五百大阿罗汉圣号》摩崖石刻,记录了十八罗汉及五百罗汉的名号,由北宋人龙管所记。这是现存最早的五百罗汉名号。其后,绍兴四年(1134年)江阴军乾明院又立碑刻有"五百罗汉尊号",由南宋人高道素所记④。不过,两碑所列罗汉名号和排列名次并不完全相同。近代佛寺中所塑五百罗汉像,大多都是根据高道素所记的"五百罗汉尊号"而列名排列的。

---

① 《成都文类》卷四一《金绳院五百罗汉记》。
② 《南涧甲乙稿》卷一五《建安白云山崇梵禅寺罗汉堂记》。
③ 《文忠集》卷一六七《泛舟游山录》。
④ 此碑今已不存。明崇祯十六年(1643年),高承埏曾将此碑文重刻于泾县县署中,其子高佑铠又重刻,后被收于《嘉兴续藏》第四十三函中。

### 二、观音殿、大悲阁、圆通殿

寺院中安放观音像的殿阁称观音殿、大悲阁、圆通殿等。南宋时期,随着佛教世俗化的加剧,观音崇拜日益盛行。宋人大多认为:"观音大士最有缘于阎浮提①人"。"凡有所祈,无不向答"②。因此,上自帝王,下至百姓,无不对观音菩萨顶礼膜拜。宋孝宗在《上天竺大士赞》中充满宗教激情地写道:

> 观音大士以所谓普门示现神通力,故应迹于杭之天竺山,其来尚矣。朕每有祈祷,随念感应,曰雨曰旸,不愆晷刻,是有助于冲人者也。因为作赞曰:猗欤大士,本自圆通。示有言说,为世之宗。明照无二,等观以慈。随感随应,妙不可思③。

宋理宗在《天竺广大灵感观音殿记》中写得更为诚恳:"观世音菩萨摩顶受记,合掌作誓言,愿以慈悲心救度河沙众生受诸苦恼,凡火坑波涛之难、刀锯枷械之难、恶兽蝮蛇之难,一切困厄、可怖可愕,惟能一念归敬,则以变化力游戏三昧,现帝释身,现梵王身,现长者身,现宰官身。慧日慈云,甘露法雨,转热恼而清凉,变急难而安乐,随其声音,种种解脱"。"我闻补陀山宛在海中岛,是为菩萨现化之地,距杭之天竺一潮耳,故神通威力每于天竺见之";"佛法自汉永平流行中国,今几千百年矣,而大士灵异独于我朝为最验";"曰雨曰旸,有请必应。其所以福生民、寿王国者至矣"④。

南宋帝王的这种信向,无疑会影响整个南宋社会。所谓"处处弥陀佛,家家观世音"⑤,就是南宋社会世俗佛教信仰的真实写照。因此,观音殿成为南宋寺院殿堂的主体部分之一。南宋黄震在《宝庆院新建观音殿记》中写道:"惟观音之在佛氏,号称大慈大悲,水旱必于此祷,疾痛必于此告,凡有求

---

① "阎浮提":又作阎浮利、赡部提、阎浮提鞞波,原本系指印度之地,后则泛指人间世界。
② 《紫微集》卷三二《观音记》。
③ 《咸淳临安志》卷四二。
④ 《咸淳临安志》卷四二。
⑤ 《五灯会元》卷一六《智海逸禅师法嗣》。

而不获者必于此依归,名以灵感,人不敢议,故僧庐佛屋千窗万宇,必待观音殿成,然后称大备。盖今佛氏之号召人心,莫切于观音矣。"①

南宋初年,湘潭隐山大禅寺甚至将佛殿改为观音阁,"刻木高三丈,象千手观世音居之",而"徙佛于左庑",使观音阁取代佛殿而成为隐山大禅寺的主体建筑。其后,有不少僧侣认为这样不合制度:"夫观世音固慈悲神通,其视如来,盖亦瞻前忽后,安能邍履佛地哉!"等到法赞担任该寺住持后,遂下令改建,方才恢复了佛殿为主体的常制②。

受密宗的影响,在宋人眼里,观音具有多首、多臂、多目的法力:"一首三首乃至八万四千烁迦罗首,二臂四臂乃至八万四千母陀罗臂,二目三目乃至八万四千清净宝目"。"凡诸菩萨所能",观音菩萨无所不能③。因而千手千眼观音的造像在南宋、尤其在四川地区逐渐增多。

平江府(今江苏苏州)洞庭华山观音院,自唐武宗以后,直到北宋末年,"虽号观音,盖未睹其像,名存而实亡"。两宋之际,在主僧维照的一力主持下,经过二十年,方才建成了观音像和观音殿。观音造像千变万化,造形生动,但花费极大。洞庭华山观音院圆通殿中的观音像"用紫旃檀八百两"造成,"饰以黄金丹砂、珍珠琉璃,端严瑞相,工妙天下,并刻诸天十有六尊,庄严毕备","费钱几三百万"④。

尽管如此,但有一尊法相庄严、精巧绝伦的观音像和一座美轮美奂的观音殿,对寺院的发展无疑是大有好处的。因此,南宋不少寺院都在建造观音像和观音殿上下了很大的工夫。

绍兴十七年(1147)至二十一年,成都府圣寿寺大中祥符院僧人法珍等人募集钱物,招募工匠,花了近五年时间,雕造了一尊千手千眼观音像。该像"立高四十七尺,横广二十四尺"。法珍等人随后又建造了大悲阁安放观音木像。该阁"广九十尺,深七十八尺,高五十四尺"⑤。像、阁建成后,名动

---

① 《黄氏日抄》卷八八。
② 《斐然集》卷二〇《湘潭县龙王山慈云寺新建佛殿记》。
③ 《橘洲文集》卷五《大悲阁记》。
④ 《吴都文粹》卷八《观音院圆通殿记》。
⑤ 《成都文类》卷四〇《大中祥符院大悲像并阁记》。

四方。

湖州报恩光孝禅寺因"在寺西偏两楹之间","旧有观音大士像",而且极为灵应,"郡人归心,以疾痛苦见于求拯者,日不下数十。应感事迹,不可疏举"。该寺因而得到的施舍也越来越多,于是,在"廊庙之前左建殿屋四楹",建起了观音殿,"前为复廊与旁两庑,深明壮丽,具妙庄严"。而该寺也因此得到了很好的发展,寺院规模宏大,"土木雄胜","他伽蓝莫及"①。

### 三、藏殿、转轮殿

"藏殿"是佛寺中的图书馆,建造得较为华美:"为佛菩萨以周其四面,为神龙以绕其四柱"②。轮藏是佛寺中特有的可以旋转的放置佛经的书架,又称转轮藏。其规制一般为八角形的书架,中心立轴,使书架可以旋转,方便抽阅。轮藏建造得较为华美:"上萃天宫,若极有顶,下峙山海,以表其旋。"为轮藏设立的殿堂,称为转轮殿。"儒有兰台东观,道有金匮石室,皆藏书之地也,而释氏独衷之轮格,而谓之转轮藏。"③佛教转轮藏,始创于南朝萧梁时期的双林大士传弘,是佛教寺院建筑的一大特色。

建成于宋高宗绍兴十五年(1145)的处州龙泉县西山集福教院佛经藏,据宋人张嵲"土木之崇高、像设之雕镂、经帙之整洁,遂甲于境内焉"的记述④,可知这座藏殿具有相当的规模。但建造一座藏殿、备齐藏经,则需要花费巨额资金。

临安府盐官县(在今浙江海宁西南)安国寺是一座大寺,"实一方之冠,缁徒乃盛他邑"。该寺建成藏殿,"经自四大部,下逮诸律论,皆有之",共花费"二万缗"⑤。

南康军都昌县(今属江西)祇园禅院建造藏殿、轮藏及从福州购买藏经,总共花费"一千万以上"。从宋孝宗乾道九年(1173)至淳熙七年(1180),首

---

① 刘一止:《苕溪集》卷二二《湖州报恩光孝禅寺新建观音殿记》。
② 邹浩:《道乡集》卷二六《永州法华寺经藏记》。
③ 以上引文均见钱泰吉:《海昌备志》卷一二《轮藏记》,道光刊本。
④ 《紫微集》卷三二《处州龙泉西山集福教院佛经藏记》。
⑤ 《海昌备志》卷一二《轮藏记》。

尾七年才建造完备。该藏修建得极为精巧："其制函受帙,室受函。经之帙五千四十有八,而为函已有八十有四。大木中立,众材辐辏。室则环附如纲目,如弈局。阴为机关,激轮运转,其崇二十有五尺,其周八面寻有五寸,上为毗卢遮那,宫殿楼阁充满虚空境界中,为善财参五十三善知识,因地下为八大龙神舒爪运肘之势,其外覆以大殿,广容其藏。"①

明州(今浙江宁波)仗锡山延胜院有"大宝藏,运转五千余卷之书"。该转轮藏上雕塑有许多神龙、鬼物,"神龙纠缠,鬼物森护"。但所藏佛经多是靠知藏僧"终岁行乞于外"而逐渐收集起来的②。吉州安福县(今属江西)兴崇院于宋孝宗淳熙六年(1179)建成轮藏后,派僧人蕴贤跋涉两千里,到福州开元寺购回了《毗卢藏》③。

为方便阅览藏殿的佛经,一般寺院又在藏殿之下再建经堂。如南剑州沙县(今属福建)宝峰栖云禅院在建成藏殿后,"又于藏殿之西相地爽垲,构大经堂",命名为"印心堂","以招具眼人同观藏教","集诸净侣同阅秘典"④。看来所藏佛经是对外开放的。读者一般都在经堂阅读佛经。

宋高宗时期,台州普安禅寺曾得到潼川府路安抚使、知泸州冯楫捐赠的《大藏经》一部、"得经五千四十八卷"。于是建立了"转轮大藏,中栖千函,外覆大屋"。转轮藏建好后,"学者恣取观之"⑤。

宋儒胡寅说:"今释氏之书五千四十八卷,以词之多,故世人鲜能究之。吾尝阅实其目,则曰论、曰戒、曰忏、曰赞、曰颂、曰铭、曰记、曰序、曰录杂,出于僧人所为,居其大半,而以经称者才二千余卷焉。"⑥禅寺修建藏殿,不仅打破了禅宗"不立文字"的旧规,而且轮藏的转动还被僧人视为一种特别的修持:"金碧相鲜,炳焕殊特。诸天宫殿大地山河,磅礴穹窿,与藏回旋,诸大菩

---

① 尤袤:《梁溪遗稿》(文钞补编)《轮藏记》,《全宋文》卷五〇〇一。
② 《橘洲文集》卷一〇《仗锡山无尽灯记》。
③ 《诚斋集》卷七三《兴崇院经藏记》。
④ 《栟榈集》卷二〇《跋罗右文李左史题栖云真戒大师营治》,《李纲全集》卷一三五《栖云院新修印心堂名序》,第1299页。
⑤ 《汉滨集》卷一四《台州重修普安禅寺记》。
⑥ 《斐然集》卷二〇《桂阳监永宁寺轮藏记》。

萨及护法神宴坐奔驰,与藏往复,互相戛摩,出大音声,演出苦空无我妙义。凡见闻者,靡不蒙益,而况发心精诚归向! 由一转藏至百千转,旋见关机,反观自性,转贪恚痴为大智能,顿悟圆通,证无上道,夫何疑哉!"

南宋寺院竞相以经藏丰富而夸耀,"故轮藏之兴,周遍禅刹,与诸有情,作大饶益"。推着转轮藏旋转也是一种法事:"关机斡旋,周行不息,运转一匝,则与受持诵、书写一大藏经教等,无有异。夫一藏教,其数五千四十八卷,一偈一句,含无量义。其有受持读诵书写,非积岁时晦明寒暑不能成就云,何乃于屈伸臂间、运动机轮而得圆满!"①因此,"岁时邦人来会,稽首作礼,藏为旋转,或三或五,至于七,人人欢踊,各满志愿"②。这项法事对普通信众很有吸引力,"推挽所逮,有大音声发于其中,凡见闻瞻礼,咸极所至,祈禳感应辄如向","以故学佛喜舍之徒,常辐辏于三解脱门,斋储于是取给焉"③。两宋之际,一般寺院让信众推动轮藏转三圈就要收费"三百六十"文④,临江军惠历寺轮藏推一圈"以资冥福",甚至要收费"千钱"⑤。通过转轮藏,寺院能获得一笔不小的收入。这也是南宋各寺院争相建立轮藏的动机之一。

## 第四节　道教宫观的殿堂布局及神像配置

道教宫观的大门与佛教寺院相同,也称"三门",但其实是棂星门⑥。宋

---

① 以上引文均见《李纲全集》卷一三三《澧州夹山普慈禅院转轮藏记》,第 1280 页。
② 邹浩:《道乡集》卷二六《永州法华寺经藏记》。
③ 《海昌备志》卷一二《轮藏记》。
④ 《鸡肋编》卷中。
⑤ 《梁溪漫志》卷一〇《惠历寺轮藏》。
⑥ 棂星门即天门,是中国传统宫室、祭祀建筑(如天坛,社稷坛)坛庙和陵寝建筑中的大门样式,出现时间不晚于唐代。棂星门通常是两个立柱,上搭一根横木,称为额,形成门框,内装对开门。棂星门是从古代的乌头门发展而来的。《旧五代史》记载"正门阀阅一丈二尺,二柱相去一丈,柱端安瓦桷墨染,号为乌头"。

仁宗皇祐年间（1049—1053），苏州天庆观"新作三门，尤峻壮"①。吉州（今江西吉安）永兴观的三门边还建有雄壮的"虎贲之士"②。宋孝宗时，台州重修桐柏山崇道观，"仿中都上清之制，宏启三门，塑龙虎君，率极雄概，展立棂星门，以拱眈眈之势"③。

在地形许可的情况下，道教宫观建筑一般采用以南北为中轴线布局的方法。例如，宋真宗时建成都玉局观，占地"东西广七十七步，南北长七十五步"。其建筑布局，由南向北，中轴线上居中"建三清殿七间"。"东厢三官堂、钟楼暨玉局洞屋"，"西厢九曜堂、太宗皇帝御书楼并斋厅、厨库"。"门屋周回，廊宇共一百三十五间"④。

宋代道教宫观的殿堂大多没有统一的样式。大中祥符五年（1012），宋真宗下诏，命令"天下州府军监天庆观并增置圣祖殿"⑤。但除去圣祖殿外，各地天庆观的殿堂设置也不尽相同。宋神宗时，郓州天庆观有"圣祖殿五间"、"玉皇殿三间"、"北极殿三间"，还有"三官殿"⑥。南宋江州（今江西九江）天庆观是唐代建筑，太清殿有唐人所塑老君像，还有"真人、女真、仙官、力士、童子各二躯"，"又有唐明皇帝金铜像，衣冠如道士而气宇粹穆，有五十年安享太平富贵气象"⑦。饶州天庆观中又建有朝元阁五间，"高百尺，横经二十余丈，层檐入云，危槛平虚，中列仙圣，外饰金碧，縻钱五千缗"，成为该观的主体建筑⑧。

其他宫观的殿堂设置就更不一致了。绵州巴西县涌泉观在宋宁宗时有道士十几名，"像设严甚"，"中有三清、玉皇大殿，旁列东岳、北帝祠，周以斋

① 朱长文：《吴郡图经续记》卷中。
② 胡铨：《澹庵文集》卷四《永兴观记》。
③ 《松隐集》卷三一《重修桐柏山崇道观记》。
④ 《成都文类》卷三六《修玉局观记》。
⑤ 《续资治通鉴长编》卷七九，大中祥符五年闰十月癸卯条，第1801页。
⑥ 吴太祥：《重修天庆观记》，见陈垣等编：《道家金石略》，文物出版社1988年版，第255页。
⑦ 《入蜀记》卷二。
⑧ 《后村先生大全集》卷九一《饶州天庆观新建朝元阁》。

厅、廊庑,香火鼓钟"①。还有的宫观建有三元殿②、供奉五岳的岳帝殿③。

抚州紫府观建有真武殿。殿内设真武像,其护卫有六丁六甲神,"而六丁皆为女子像"④,非常奇怪。

绵州彰明县紫云山崇仙观的"黄箓宝宫",相传是唐玄宗开元二十四年(736)由一位神人由他山搬来的,"宫之三十六柱皆檀木,铁绳隐迹,迄今不毁"。由于有此神物,崇仙观的布局自然是以黄箓宝宫为中心而展开的:"前为元始殿,为黄箓宝宫,九真殿在后,玉皇殿在九真后。东岳、天师、钟楼在前左,三元、桂籍真官、真武在前右,南辰五师后左,经楼、瑞真堂后右,三仙六神居前两庑。以至斋宫、宿庐、庖湢、库圊以固以具。"⑤

庐山太平兴国宫的主神是九天采访真君。因此,该宫的主体建筑就是"九天采访应元保运真君之殿"。殿前有类似门神一样的两尊护法力士:"左防观,右护法"。"殿之左翼,三官大帝;殿右翼,四圣真君"。在四圣真君殿的右侧,建有天师堂,榜曰"正一之殿"。在九天采访真君大殿之后,绍兴二十八年建有申福殿,即宋高宗本命殿,"专一崇奉皇帝御容本命"。在三官大帝左侧,建有道藏,榜曰"琼章宝室","贮经五百二十八函,计五千二百八十七卷,外九十九函"⑥。

宋理宗嘉泰年间(1201—1204)重建的建昌军(今江西南城)麻姑山仙都观有"正殿七间,博十丈,深六丈有奇,依营造法式,容阁帐三间,分列三清及天帝地示九位于上,其下则元君居中"⑦。正殿之东偏"奉宣和二碑、三朝内禅诏",西偏是宋理宗本命殿。"宏壮华丽,殆过于旧。群祠外环,三门前耸"⑧。

---

① 《金石苑》卷六《涌泉观碑》。
② 邓存咏:[道光]《龙安府志》卷九《玉虚观赐书记》,道光二十一年刻本。
③ 《蒙斋集》卷一二《衢州重修岳帝殿记》,文渊阁《四库全书》本。
④ 《老学庵笔记》卷九,第117页。
⑤ 《鹤山先生大全集》卷三八《紫云山崇仙观记》,《四部丛刊初编》本。
⑥ 《庐山太平兴国宫采访真君事实》卷一《殿宇像设》。
⑦ 元君即麻姑。元丰间封麻姑为清真夫人,元祐改封妙寂真人,宣和加上真寂冲应元君。徽宗曾御书"元君之殿"四字。
⑧ 《文忠集》卷八〇《麻姑山仙都观新殿记》。

　　较大规模的道教宫观与庐山太平兴国宫一样,都建有藏经殿、藏经楼。生活在两宋之际的晁公遡说:"今老子之祠,有录其经如浮图氏之藏者"。如,嘉州清溪观道士赵妙通就在观中建造了道藏殿,以收藏道教经书①。绍兴二十五年,宋高宗将自己临摹的"晋唐人书帖及《黄庭经》凡十轴遍赐方国,州各两函,一藏泮宫,一藏名山"。龙州(在今四川江油以北)玉虚观道士黄若阙于是"辟三清殿之右,建楼以崇奉之"②。宋孝宗淳熙年间(1174—1189),东太乙宫建立藏殿,命名为"琼章宝藏"③。而泉州金粟洞天"住山人"黄去华还建造了大轮藏,庋藏儒、道、释三家之书④,最具特色。

　　婺州东阳县(今属浙江)元宝观内也建有"道藏"一所。据陈亮所记,元宝观的主观事葛元度利用这座"道藏"为民祈福,由于"祷请如响",因而"其积亦颇伙"⑤。看来这座"道藏"也是仿照佛教寺院的转轮藏而修建和经营的。

# 第五节　几种特殊的寺院宫观

## 一、建有神御殿的寺院宫观

　　在宋代的寺院中建立有神御殿。所谓神御殿,就是供奉宋朝各代皇帝、皇后及其祖宗的肖像或塑像的大殿。神御殿不是每所寺院都能设置的。据李攸《宋朝事实》卷六《列圣神御殿》等书记载,供奉有北宋各代皇帝及其祖宗的肖像或塑像神御殿的寺院如下:

　　在京:奉先禅院庆基殿(奉宣祖),太平兴国寺开先殿(奉太祖),启圣院永隆殿(奉太宗),慈孝寺崇真殿、洪福院寿灵堂、福圣殿(奉真宗),应天禅院

---

①　晁公遡:《嵩山集》卷五〇《嘉州清溪观道藏记》。
②　[道光]《龙安府志》卷九《玉虚观赐书记》。
③　《梦粱录》卷八《御前宫观》。
④　《北磵集》卷三《泉州金粟洞天三教藏记》。
⑤　《陈亮集》卷二五《元宝观重建大殿记》,见《邓广铭全集》第五卷,第224页。

（奉神宗、哲宗）。奉先禅院重徽殿（奉明德太后、章穆皇后），慈孝寺章德殿（奉章献太后），资福寺庆基殿（奉宣祖昭献皇后）。另外，京师定力院还有太祖御容、诸后影殿。

外郡：扬州建隆寺章武殿（奉太祖），西京应天院（奉太祖、太宗以下），滁州大庆寺端命殿（奉太祖），太原崇圣寺统平殿（奉太宗），澶州开福院信武殿（奉真宗）。

另外，在成都新繁县的重光寺（一作崇光寺），泾州长武县的福德禅寺、明州阿育王山广利寺也设有神御殿。但新繁县重光寺神御殿一直未能得到正式赐名，只能算是一种"准"神御殿。长武县福德禅寺、阿育王山广利寺的情况可能也是如此。

宋神宗元丰五年（1082）冬，宋王朝将在京的神御殿全部迁入景灵宫，在开封府各寺院不再设神御殿。

宋高宗绍兴二十二年（1152），南宋王朝沿袭元丰制度，正式"奉安祖宗帝后神御于景灵宫"①。但由于特殊原因，当时在京师之外还有两座神御殿，即建在福州开元寺中的"启运宫"神御殿、建在成都府新繁县重光寺中的神御殿。

福州开元寺的"启运宫"神御殿是移运北宋西京洛阳应天启运宫（即应天院，政和中改名）神御殿中的宋太祖、太宗、真宗、仁宗、英宗、神宗、哲宗等七位皇帝的肖像而建立起来的。

为管理开元寺应天启运宫，绍兴四年（1134）二月，宋高宗任命原以武节大夫、吉州防御使头衔致仕的陈思恭重新担任入内内侍省押班、主管福州应天启运宫神御②。其后，正式设立了"应天启运宫奉迎所"③，也由宦官掌管。

绍兴十三年，临安府仿照景灵宫旧规，临时建成万寿观三殿，"圣祖居前，宣祖至徽宗居中，元天太圣后及昭宪而下二十一后居后"。宋高宗又"遣

---

① 《建炎以来系年要录》卷一六三，绍兴二十二年六月乙酉条。

② 《建炎以来系年要录》卷七三，绍兴四年二月乙未条。

③ 南宋朝廷为遮人耳目，一直在口头上宣称要收复失地。这表现在礼制上，即将许多相关名称都改为带有临时性字眼的名字。如，临安府不正式称都城，而只"称行在所"。这里的"应天启运宫"加上"奉迎所"，也是如此。

官自温州奉迎神御至。上乃诣天章阁西殿告迁,徽宗及显恭、显肃二后神御并奉安焉"①。"惟启运留福州,以守臣提举。"移到临安的神御是塑像,留在福州开元寺神御殿的应是画像。

此后,干办应天启运宫奉迎所的宦官地位大为降低。绍兴末年,辛次膺知福州时,干办应天启运宫奉迎所的宦官为入内内侍省东头供奉官武师说②。罗大经《鹤林玉露》卷一一记载了福州开元寺应天启运宫神御殿的祭祀制度:"专差中官一员主香火,谓之直殿。节序朝廷遣快行家赍送香烛,帅守与直殿同致祭。每位用朱盘列食十数品,酒三献。"

成都府新繁县重光寺的神御殿则是在北宋太祖神御殿的基础上扩建的。宋高宗绍兴元年(1131),终南山上清太平宫道士訾全真等人从陕西逃到四川,带来了原上清太平宫内的太宗、真宗肖像。绍兴四年,在兴州(今陕西略阳)驻防的四川宣抚副使吴玠又从派人从陕西找到了仁宗、英宗、神宗肖像,并将其送到重光寺的神御殿安放。绍兴二十九年,该殿完成了整修扩建,知成都府王刚中请求朝廷赐给宫额及殿名,但未获批准。宋孝宗淳熙四年(1177),胡元质担任四川安抚制置使兼知成都府,再次请求赐给宫额,但仍未获得南宋朝廷同意。

该神御殿的祭祀规格低于福州开元寺的神御殿,仅与原陕西终南山上清太平宫神御殿相同,"春秋以府通判朝谒,用素馔,道士读祝文"③。宋蒙战争爆发后,在蒙古军攻陷成都之际,重光寺的神御被迁至嘉定府(今四川乐山)的天庆观内安置;宋理宗景定五年(1264),又被移送到了临安府。

嘉定元年(1208),为纪念宋孝宗,宋宁宗批准了权发遣嘉兴府事赵希道的请求,下令在嘉兴府宋孝宗的旧居原址上修建了兴圣禅院。兴圣禅院中,

---

① 《文献通考》卷九四《宗庙考四》;《建炎以来朝野杂记》(甲集)卷二《郡国祖宗神御》,第82页。

② 《老学庵笔记》卷三,第31页。另,在福州开元寺刊刻的《毗卢藏》"图"字函《杂譬喻经》中有一题记:"入内内侍省东头供奉(宣)[官]、干办应天启运宫奉迎所武师说,恭为今上皇帝祝延圣寿,谨施俸资雕造《毗卢大藏经》板。"

③ 《建炎以来朝野杂记》(甲集)卷二《郡国祖宗神御》,第82页。

也建立了神御殿①。

另外,在临安府内,宋宁宗时修建了施德显庆寺。在寺中,建有恭圣仁烈后神御殿。永宁崇福寺,原系宋孝宗赐给贵妃张氏的坟寺。宋光宗时,改充功德院。淳祐元年(1241),宋理宗诏令在寺内建神御殿,"专一崇奉孝宗皇帝神御"②。另外,在崇宁万寿教寺中还建有宋理宗神御殿。但是,"这三座寺院都不是临安府最重要的寺院,显示南宋时期帝后神御受重视的程度比北宋时有所减弱。"③

在宋代,设有神御殿的寺院和道观是比普通寺观高一等的。为维护帝王权威,南宋政府规定:"诸寺观有圣祖及祖宗神御殿者,至门,止车马担轿及禁呵引;其升殿,必具公服;应朝拜者不得先行私礼;官私不得寓止及喧杂或为宴会(天庆观过三元诸节,许士庶瞻礼,唯不升圣祖殿)。"④为保证神御殿的祭祀活动,宋朝在设有神御殿的寺内有时还设有专官管理神御殿事务,并要支付相应的管理和维修费用、免除该寺役钱,遇到祖宗的诞辰和忌日,朝廷还要对该寺僧侣增加赏赐。

### 二、建有本命殿的寺院宫观

唐宋时期,受佛教密宗、道教的"北斗星命"说的影响,流行本命禁忌⑤。每逢本命年、本命月⑥、本命日⑦,社会上流人物一般都要做道场,以祈求消

---

① 《至元嘉禾志》卷一八《兴圣禅院记》。

② 《咸淳临安志》卷七九《寺观五》。

③ 汪圣铎:《宋代寓于寺院的帝后神御》,《宋史研究论丛》第五辑,河北大学出版社 2003 年版。

④ 《庆元条法事类》卷五一《道释门二》。

⑤ 刘长东:《宋代佛教政策论稿》附录二《本命信仰考》,巴蜀书社 2005 年版。

⑥ 《文忠集》卷一一四《万寿观纯福殿开启太上皇帝丁亥正本命月道场青词》。

⑦ 在中国历史上,计算本命年有两种方法。一是十二年周期法,一是六十年周期法。唐宋时期,这两种方法同时行用。另外,又有本命日,即"元辰"或"生辰",按六十甲子一循环计算,一年之中应有 6 个本命日。《文忠集》卷一一四《太上皇帝丁亥本命设醮青词》中收有周必大从乾道六年十月到淳熙五年六月所写的"青词"、"满散朱表"若干首,可资参考。

灾,请命延寿①。而皇帝"遇本命道场日",也会在宫观中"设版位祠之"②。宋真宗崇信道教,天禧五年(1021),始建本命殿于玉清昭应宫中,命名为"万寿殿"③。宋哲宗时,上清储祥宫中建有太皇太后、皇太后本命殿④。宋徽宗再度兴起崇信道教之风,为皇帝、皇后建立本命殿,遂形成正式制度。在全国所有天宁万寿观内均建立有徽宗本命殿。

绍兴二十六年(1156)六月十八日,入内内侍省东头供奉官、干办万寿观陈思恭建议:"万寿观在京日有皇帝本命殿,每遇圣节,本府降圣、三元等节,修设清醮,祝延圣寿。今来本观有南挟殿一座空闲,欲依在京日建置,以纯福殿为额。随宜设置本命所属星官位牌,焚修香火。"于是,宋高宗下令为自己"作皇帝本命殿于万寿观,依在京,以纯福为名"⑤。

淳熙十六年(1189),负责管理万寿观的宦官建议:"皇帝本命纯福殿见安奉至尊寿皇圣帝丁未本命星官位牌,乞依礼例设置皇帝丁卯本命星官位牌,一处安奉。每遇至尊寿皇圣帝、皇帝本命日,依例用本观道士一十人,就本殿作道场一昼夜,设醮一百二十分位。皇帝圣节亦乞依会庆圣节体例。"宋孝宗同意了⑥。这样,在万寿观中也建立了宋孝宗的牌位。

绍兴十八年,临安府的东太乙宫建成,祭祀五福太乙神。其后,据《玉海》卷一〇〇《绍兴太一宫、琼音楼》和《咸淳临安志》卷一三《太乙宫》记载,宫中又陆续建立了宋高宗的本命殿(介福殿)、宋孝宗的本命殿(崇禧殿)、宋光宗的本命殿(崇福殿)、宋宁宗的本命殿(顺庆殿)、恭圣仁烈后的本命殿(垂庆殿)、宋理宗的本命殿(延禧殿)⑦、宋度宗的本命殿(申佑殿)、谢太后

---

① 大致成书于北宋前期的《太上玄灵北斗本命延生真经》称太上老君有言:"凡人性命五体,悉属本命星官之主掌。本命神将,本命星官常垂荫祐,主持人命,使保天年。……夫本命真官,每岁六度降在人间,降日为本命期限。……其有本命限期将至,自身不知,不设斋醮,不修香火,此为轻生迷本,不贵人身,天司夺禄,减算除年,多致夭丧。……若本命之日能修斋醮,善达天司,一时于本命限期,开转真经,广陈供养,使三生常为男子身,富贵聪明,人中殊胜。"
② 《续资治通鉴长编》卷一八一,至和二年十月戊戌条,第4378页。
③ 《事物纪原》卷七《万寿观》。
④ 《续资治通鉴长编》卷四六六,元祐六年九月丁未条,文渊阁《四库全书》本。
⑤ 《宋会要辑稿》方域二之一九。《建炎以来系年要录》卷一七三,绍兴二十六年六月丁亥条。
⑥ 《宋会要辑稿》礼五之二二。
⑦ 宋理宗嘉熙元年(1237),延禧殿改名为膺庆殿。

的本命殿(顺福殿)。

宋理宗淳祐十二年(1252),南宋又修建了西太乙宫。咸淳元年(1265),宋度宗又诏令,将德辉堂建成自己的元命殿,将明应堂建成寿和圣福皇太后(谢太后)的元命殿①。

在一些地方府州的宫观内,也建有皇帝本命殿。绍兴二十八年,江州太平兴国宫建成宋高宗本命殿,宋高宗亲自命名为"申福殿"。太平兴国宫供奉九天采访使者,其"正殿惟设采访使者像","其后乃太上(宋高宗)本命殿"。"侍从领祠官"②。

淳熙六年(1179),四川安抚制置使兼知成都府胡元质"率旁近部使者同出缗钱",在成都府玉局观建立了宋孝宗的元命殿,"旁挟两庑,规模气象,极其雄严"。宋孝宗亲自命名为"崇禧殿"。"每遇会庆节正至三元与夫元命之日",由四川安抚制置使"率文武官朝谒,祝万岁寿于庭"③。

台州白云昌寿观中也建有宋孝宗本命殿,"赐名洪庆殿"④。麻姑山仙都观中也建有宋孝宗本命殿,"宏壮华丽,殆过于旧群祠"⑤。

在部分佛教寺院中也建有皇帝、皇后的本命殿。宋孝宗时,湖州常照院建立了宋高宗和宋孝宗的本命殿,"充丁亥、丁未本命道场,以祈两殿之福"。为此,太上皇宋高宗还亲笔书写了"寂而常照照而常寂"八字,赐给常照院⑥。临安府普济院中建有理宗皇帝元命殿(祈永殿)、寿和圣福皇太后(谢太后)元命殿(资福殿)、宋度宗元命殿(申祐殿)⑦。

建有本命殿的道教宫观享有各种不同的特权。如,宋哲宗时,奉慈观因建有本命殿,"特有免役钱"⑧。处州天宁万寿宫建成后,宋徽宗下令:"赐道

---

① 《咸淳临安志》卷一三《西太乙宫》。
② 《建炎以来系年要录》卷一八〇,绍兴二十八年十二月丁亥条。《文忠集》卷一六九《泛舟游山录》。岳珂:《愧郯录》卷一《申福殿》。
③ 《成都文类》卷四一《玉局观崇禧殿记》。
④ 《玉海》卷一〇〇《绍兴旌忠观》。
⑤ 《文忠集》卷八〇《麻姑山仙都观新殿记》。
⑥ 《渭南文集》卷二一《湖州常照院记》。
⑦ 《咸淳临安志》卷八一《普济院》。
⑧ 《宋会要辑稿》食货一四之七。

藏经四千五百五十一卷,给田十顷,岁度道士一人。"①

南宋时,设在临安府内的六座御前宫观和设在湖州一带的三座御前宫观因"多是潜邸改建琳宫,以奉元命,或奉感生帝",由宦官提举宫事,所以"凡宫中事务、出纳金谷、日膳、道众修崇、醮款,凡有修整宫宇及朝家给赐银帛、殿阁贴斋钱帛"都由朝廷负责。"羽士但沾恩甚隆,外观皆不及也"②。如东太乙宫道院的道士吃粮起初由浙西路"转运司岁拨赏粮五百石",绍兴二十九年后,因东太乙宫道院购买了嘉兴县常平官草田三十顷,有了固定的田租收入,浙西路转运司才停止了拨粮③。

内建有宋高宗和宋孝宗本命殿的湖州常照院在建院之初,就有朝廷赐田,"以赡其徒"。其后,太上皇宋高宗又"赐白金",还将自己临摹的"晋王羲之帖二十二纸"、"唐陆柬之兰亭诗一卷及米芾史略帖一卷"、"题团扇二柄"赐给了常照院④。

### 三、报恩光孝寺和报恩光孝观

南宋各府州军监都建有报恩光孝寺和报恩光孝观各一所,以纪念宋高宗赵构的生父宋徽宗(1082—1135)。报恩光孝寺和报恩光孝观与天庆观一样,都是半官方化的寺院宫观。

宋真宗时,诏令天下各府州军监都必须建立一所天庆观,以奉祀赵氏"圣祖天尊大帝"⑤。到崇宁二年(1103)十月,宋徽宗又诏令天下各府州军监都必须建立崇宁万寿寺(简称崇宁寺)和崇宁万寿宫(简称崇寿宫)各一所。政和年间(1111—1117),为祝福自己的生日"天宁节",宋徽宗诏令崇宁万寿寺统一更名为天宁万寿寺(简称天宁寺),崇宁万寿宫则改为天宁万寿观(简称天宁观)。在天宁万寿寺和天宁万寿观中建立了宋徽宗的本命殿

① [雍正]《浙江通志》卷二三四《万寿宫记》。
② 《梦粱录》卷八《御前宫观》。
③ 《建炎以来系年要录》卷一八二,绍兴二十九年六月甲申条。
④ 《渭南文集》卷二一《湖州常照院记》。
⑤ 赵升:《朝野类要》卷一《天庆观》,中华书局 2007 年版,第 32 页。

（景命万年殿），以为"祝寿道场"①。"每岁天宁节，郡寮祝圣于此"②。绍兴七年（1137），宋高宗为追悼宋徽宗（1082—1135），下诏将天宁万寿寺、观改名为报恩广孝寺、观③。绍兴十二年④，金人返还宋徽宗灵柩，葬永祐陵。于是，宋高宗又下令将广孝寺、观更名为报恩光孝寺、观，以供奉宋徽宗香火⑤。

胡寅在《元公塔铭》中写道："桂阳监守与师有旧，遣书迎致，居监之天宁。监僻而寺陋，师随方诱导，其说盛行，猺俗信化。"⑥这说明，尽管各州都有天宁寺，但悬殊极大。小郡的天宁寺极为简陋。报恩光孝寺是由天宁寺改置的，因此报恩光孝寺的规模也是有大有小。与桂阳监报恩光孝寺的情况相反，明州报恩光孝寺则有"常住田二千一百五十九亩，山二百六十亩"⑦，十分富足。以此类推，各地报恩光孝观的情况大致也应该如此。

报恩光孝观的地位高于报恩光孝寺。南宋立皇太子、立皇后、加上太上尊号、改元、南郊，皇帝都要奏告天庆观、景灵宫、报恩光孝观⑧。为保持报恩光孝观的庄严肃穆，宋高宗还颁布了一道敕令："诸路报恩光孝观系专一追崇徽宗皇帝去处，与其他寺院不同。应官员军兵等并不许拘占安下及不得丛寄，仍免非时借什物。"⑨

报恩光孝寺、观是宋徽宗香火寺、观，地位特殊，因此其经费主要由官府拨赐。如，绍兴府报恩光孝寺，"赐田十顷，科徭悉蠲"⑩。宋理宗淳祐十年

---

① 范成大：《吴郡志》卷三一《报恩光孝禅寺》，文渊阁《四库全书》。
② 《会稽志》卷七《报恩光孝禅寺》。
③ 《中兴小纪》卷二一，绍兴七年四月癸卯条。各地改名的时间不一致，有先有后。
④ 《赤城志》卷二七《报恩光孝寺》作绍兴"十五年"。但《淳熙三山志》卷三三《报恩光孝寺》作绍兴"十三年"，《会稽志》卷七《报恩光孝观》作绍兴"十二年"。尽管各地建置时间有先有后，但改名报恩光孝的诏令应是在绍兴十二年颁布的。
⑤ 释大䜣：《蒲室集》卷一一《池州路报恩光孝禅寺碑铭》："有司以同太宗徽号，请易广为光。"此亦为一说。
⑥ 《斐然集》卷二六。
⑦ 《宝庆四明志》卷一一《报恩光孝寺》。
⑧ 《文忠集》卷一一五《立皇太子奏告天庆观景灵宫报恩光孝观青词》、《立皇后奏告天庆观景灵宫报恩光孝观青词》、《加上太上尊号奏告天庆观景灵宫报恩光孝观青词》、《攻媿集》卷四八《改元嘉定奏告祝文》、《盘洲文集》卷一七《南郊奏告天庆观报恩光孝观青词》。
⑨ 《庆元条法事类》卷五一《约束杂敕》。
⑩ 袁燮：《絜斋集》卷一〇《绍兴报恩光孝四庄记》，文渊阁《四库全书》本。

（1250），知临安府赵与篪不仅拨付钱物维修了临安府报恩光孝观，而且还应允住持曹大通的请求，拨钱"楮五万五千有奇"，让该观购买了"仁和、德清闲田五十余亩，岁收粟五十余石"①。

但有些州军的报恩光孝寺的政府赐田数额不足，如全州（今属广西）报恩光孝禅寺虽然"蠲免二税"，但"赐田不及十七"②。

当然，在政府财政困难的情况下，政府也鼓励报恩光孝寺、观自己出钱解决相关的问题。例如，绍兴九年八月，宋高宗曾下过一道圣旨："诸路天宁万寿观并以报恩光孝为额，专充追崇徽宗皇帝道场。其曾经烧毁去处州县，不得因来指挥辄兴工役。本观愿自修盖者听。"③这是因为当时政府确实无力修复各地的报恩光孝观。

也有官员私人出资帮助维修和增建报恩光孝禅寺建筑的。如，宋孝宗淳熙三年（1176），曾任参知政事的钱端礼"施其私财于台州报恩光孝禅寺，复建僧堂"，号为"选佛堂"④。

### 四、坟寺、坟院和功德寺观

坟寺、坟院是为看护家族坟墓而设置的佛教寺院。功德寺观也称香火寺或香火观，是指专为本家或本家先人作功德、求神庇佑的寺观。功德寺的创立起于唐朝，但坟寺却始于北宋。在北宋时，还出现了一例以道教宫观来作坟观的情况。曾任参知政事的欧阳修因反对佛教，于是选立了青阳宫作为坟观⑤。但此后就不曾见到有建立坟观的记录了。这是因为建立坟观与道家"超升不死为贵"的思想有冲突的缘故⑥。

北宋中期以后，功德寺观和坟寺、坟院的建立日趋盛行。南宋时，其数

---

① 《雪坡集》卷三三《重修报恩光孝观记》。
② 蒋擢：《湘山事状全集》卷九《湘山法堂记》、卷一〇《免湘山报恩光孝禅寺二税碑记》，《全宋文》卷四九九三。
③ 《景定建康志》卷四五《报恩光孝观》。
④ 尤袤：《梁溪遗稿》卷二《报恩光孝寺僧堂记》，文渊阁《四库全书》本。
⑤ 叶梦得：《避暑录话》卷上。罗大经：《鹤林玉露》卷五。
⑥ 《避暑录话》卷上记载："凡执政以道宫守坟墓，惟公一人。韩魏公初见奏牍，戏公曰：'道家以超升不死为贵，公乃使在丘垄之侧，老君无乃却辞行乎？'公不觉失声大笑。"

量更多、规模更大。例如，宋理宗为讨阎贵妃的欢心，不惜花费千金，于淳祐十年（1250），下令在西湖边的积庆山开始建造显慈集庆教寺。两年后，该寺建成，宋理宗便将其赐予阎贵妃，以作为阎氏的功德院，并赐给她为数颇多的山园土地。该寺"建造之初，内司分遣吏卒市木于郡县，旁缘为奸，望青采斫，鞭笞追逮，鸡犬为之不宁。虽勋臣旧辅之墓，皆不得而自保"①。该寺"寺扁、殿阁、亭堂诸处皆理宗皇帝御书，规制瑰杰，金碧照映，为湖山寺宇之冠"②。"其后恩数加隆，虽御前五山亦所不逮"③。

如前所述，内建有神御殿、本命殿、元命殿的寺院宫观以及报恩光孝寺观，在实质上都是皇家的功德寺观。此外，平民身份的富人也有建立坟寺、坟院和功德寺观的。宋人赵彦卫说："富民功德寺，皆有名额；申令两府以上得造功德寺赐名，往往无力为之，反不若富民也。"④但一般人很难得到政府颁发的合法寺额和观额，大多都是属非法私建的小型庵院。在南宋，最常见的主要是后妃、大臣之家的坟寺、坟院和功德寺观。

宋人孙觌在《显忠资福禅院兴造记》中写道："由汉以还，二代之王与相将名臣之墓得置守冢者，或五家至二十家十家，而大将军大司马霍光园邑三百家，长丞奉守，著于令。韩信葬其母亦高燥地，令旁可置万家者。惟本朝大臣坟墓得建佛寺，追营香火，不计其世。"⑤坟寺、坟院的出现，可以说是宋代寺观功能世俗化的一大特色。

南宋的功德寺观和坟寺、坟院仍拥有诸多宗教及经济方面的优待或特权：第一，住持僧道有受赐紫赐师号的优待。第二，有剃度僧道的优待。第三，拥有免除一定数量科差敷配的特权⑥。另外，坟寺内"不许人权殡安葬，及不许官员诸色人作名目影占安下，仍依例免州县非时诸般科率、差使、

---

① 《癸辛杂识》（别集）卷下《阎寺》。
② 《咸淳临安志》卷七九《显慈集庆教寺》。
③ 《癸辛杂识》（别集）卷下《阎寺》。
④ 《云麓漫抄》卷五，第75页。
⑤ 《鸿庆居士集》卷二三。
⑥ 参见白文固：《宋代的功德寺和坟寺》，《青海社会科学》2000年第5期。

借徜"①。

南宋初年，由于"军兴以来，费用百出，州县科敷有不能免"，为逃避各类强行的财政性摊派，"诸处寺院有庄产多者，类请求于贵臣之门，改为坟院，乞免科敷"。而南宋朝廷为"优礼大臣"，往往"特从所请"。绍兴六年，左司谏王缙对此提出了批评，说："前宰执员数不少，所在僧徒侥幸干请，使庄产多者独免，则合科之物均之下户，非官户同编户之意也。"宋高宗接受了这个意见，诏令户部禁止寺观擅改坟寺、坟院②。

其后，南宋政府逐渐加强了对坟寺、坟院和功德寺观免税特权的控制。《庆元条法事类》卷四八《科敷·赋役令》规定："诸寺观（后妃、臣僚之家坟寺、功德观院同）田产不得免税租夫役（夫役谓科差丁夫役使）免税钱及诸色科敷，其税租亦不得免支移、折变，止纳见钱，虽奏请到朝旨或奉特旨并准此。"

南宋时，依然实行北宋的规定：只有亲王、后妃家、长公主夫家及现任或曾任二府长官之家才有资格建立坟寺、坟院和功德寺观。但在实际执行中，却比此项规定更为宽泛。

宋徽宗大观三年（1109），朝廷对创建坟寺、坟院和功德寺观有一严格规定："内外指射有额寺院充坟寺、功德院，自今并行禁止。如违，在外御史台、在内令入内内侍省弹劾施行。"③这也就是说，申请创建坟寺、坟院和功德寺观者在获得寺额观额后，必须"自造屋宇、自置田产"，新建寺观，而不能以现成的寺观充当坟寺、坟院和功德寺观。宋高宗时颁布的《绍兴新书》，又再次重申："不许指射有额寺院。"④

南宋大将杨存中在湖州武康县（在今浙江德清西）修建的本家坟院——显忠资福禅院，就是在得到朝廷赐给的寺额后，自己"市地有八十四亩"而修建的。

---

① 《两浙金石志》卷九《乞将天台兴化院拨充本家坟寺状》。
② 《建炎以来系年要录》卷一〇五，绍兴六年九月壬辰条。
③ 《鄂国金佗粹编续编校注》卷一五《赐褒忠衍福禅寺额敕》，第1349页。
④ 《佛祖统纪》卷四八。

但是,由于南宋政府要控制寺观总量不再增长,像杨存中坟院这种完全靠新赐名额而兴建的事情,在实际执行中是很难做到的。因此,孙觌在为杨存中所写的《显忠资福禅院兴造记》中颇多感慨地说:"旧制,建诸坟寺率改界故刹以赐,惟公(杨存中)自度地至营筑,尽发私钱以充土林工徒、盖瓦级砖、髹丹之费,积十年之勤而后成。"①这也就是说,南宋时期创建坟寺、坟院和功德寺观,多是采取由朝廷拨赐小型寺观、再由个人出资扩建的折衷方法。

杨存中家至少有两座坟院,除显忠资福禅院外,还有一座是在建康府蒋山下的隆报寺,"亦赐敕额,殿宇极侈"②。另外,还有一座功德观——湖州武康县计筹山的升元报德观。宋高宗绍兴二十六年(1156)③,由杨存中申请,朝廷将常清观赐给他充作功德观。由杨存中自己出资,对常清观进行了扩建,并为该观购置了28顷土地、山林500亩,"以充其用"。宋孝宗乾道二年(1166),已经当了太上皇的宋高宗受杨存中之邀,到计筹山游玩,为该观改名并亲书"升元报德"的观额④,又将自己书写的道教经书及其他物品赏赐给了升元报德观⑤。

这样一来,就必须对寺观原有的财产进行登记造册,才能与私人后来的投资有所区别。宋孝宗隆兴元年(1163),曾任参知政事贺允中申请将台州天台县兴化院拨充本家坟寺,在得到批准后,尚书省牒有:"伏候指挥,计开地山塘于后。官田三百九十亩零。(上缺)捌拾叁亩零。(上缺)肆佰亩零。(上缺)分零。"⑥尽管关键之处有缺字,但基本上也可以判断出这是关于兴化院原有财产的统计记录。

然而,即使是这样,在坟寺、坟院和功德寺观中,原有和新置、公有和私有的财产界限还是不容易完全划分清楚的。这就导致了外戚、大臣之家借

① 《鸿庆居士集》卷二三《显忠资福禅院兴造记》。
② 《文忠集》卷一六八《泛舟游山录二》。
③ [雍正]《浙江通志》卷二二九《升元报德观》。
④ 董斯张:《吴兴备志》卷二四《金石徵第二十》,文渊阁《四库全书》本。
⑤ 戴表元:《剡源文集》卷五《计筹山升元报德观记》,文渊阁《四库全书》本。
⑥ 《两浙金石志》卷九《乞将天台兴化院拨充本家坟寺状》。

创建坟寺、坟院和功德寺观而侵吞寺观财产的行为发生。

宋理宗时，有官员上奏指出："迩年士夫一登政府，便萌规利，指射名刹，改充功德，侵夺田产，如置一庄。子弟无状，多受庸僧财贿，用为住持，米盐薪炭，随时供纳。以一寺而养一家，其为污辱祖宗多矣。况宰执之家所在为多，若人占数寺，则国家名刹所余无几！"①

天台僧人思廉在给宰相杜范的信中痛切地说："朝廷立法，许大臣为祖、父以家财造寺乞额，所以荐福为先亡也。今昧者为之则不然。以祖、父玉体之重，不能捐财买山，既已夺取僧蓝之地以为坟，而又欲影占数寺称为功德。举寺中所有诸物而有之，今日发米，明日发茶笋，又明日发柴炭，又明日发竹木，甚至于月奉水陆之珍。一有亡僧，则必掩取其物，归之私帑。"有些拥有功德寺观的官员甚至还说："请过功德，一针一草皆我家之物！"②

温州雁荡山能仁寺是一座大寺，僧侣最多时"至日食千人"。由于该寺"甲于雁荡"，因而被寿圣明慈太上皇后（高宗吴皇后）之弟吴益（秦桧长孙女婿）请为功德寺，命名为"时思荐福"。但吴益从未到过该寺，只是派仆人往来。这些"豪僮黠隶"狐假虎威，"伐木于山，取禾于廪，惟意所欲"，"并缘为奸"。寺中僧人难以容忍，相率离去，最后寺中仅剩下了六七名老弱病残的僧人。宋孝宗乾道七年（1171），太上皇宋高宗闻知此事后，于是以太上皇后的命义下诏，宣布废除"时思荐福"之名，取消该寺功德寺的资格，恢复旧名为"能仁"③。

拥有功德寺观和坟寺、坟院的人家对寺观具有一定的管理权。首先，住持僧道都由本家延请。其次，采用甲乙制还是采用十方制、建律寺还是建禅寺，一般都由本家决定。如，杨存中建成计筹山升元报德观后，便自己聘请外地道士祖庆章担任住持。宋孝宗隆兴元年（1163），曹勋得到朝廷赐给的显明寺扩建为坟寺后，便将其由律寺改为禅寺，称"显恩褒亲禅院"，"请禅学

---

① 《佛祖统纪》卷四八。
② 《佛祖统纪》卷四八。
③ ［永乐］《乐清县志》卷五《诏复能仁寺记》。

僧住持"①。

功德寺观与坟寺、坟院的功能有所区别,因而其寺观内的纪念性建筑、附属建筑及内部管理方法也各不相同。

在作为杨氏功德观的计筹山升元报德观中,杨存中修建了"昭忠庙",以纪念杨氏历代先人。为保持观内香火传续,"居升元者,一轨祖君之道"。到宋理宗时,杨存中的五世孙杨显祖十分欣赏升元报德观住持杜道坚的为人和才学,"又为致山壤之田并升元若隶昭忠庙者为亩赢千"。此外,观中还有所谓"科仪田",很可能是用做法事的收入逐渐置办的,自祖庆章到杜道坚,经过百年积累,已有土地200多亩②。

在作为杨氏坟院的显忠资福禅院中,杨存中在法堂、方丈之间修建了"祠屋","自一世祖至杨国夫人同堂异庙,血食其中"。这个"祠屋",就是祠堂。而作为主体的佛寺建筑则一应俱全,规模宏大:"塑佛菩萨像数十躯,金碧相辉,食众日千余指,命住长芦正祖师法永主其院,更号妙觉圆照,为屋总三百二十区。"③

在作为曹氏坟院的显恩褒亲禅院中,曹勋"又辟寺西隙地,为屋二十余楹,井灶、什物、床榻皆备,以待省坟子孙歇泊之所,率不干寺门"。寺与坟分为两个单元。在坟地区域,曹勋"又筑南墙,自东直西,以限牛羊径坟中"④。

南宋时,本家的坟寺也可以退还政府。如,宋孝宗初年曾任参知政事兼权知枢密院事的钱端礼请得了台州瑞岩寺充本家坟寺,临终之际,他交待子孙将坟寺退还朝廷。其孙钱象祖时任江东转运判官,遂向朝廷申请退回,"仍请敕差住持"。丞相史浩同意了他的请求,宋孝宗于是下令"以明州智门僧景蒙住台州瑞岩寺"⑤。

由于功德寺观与坟寺、坟院的财产占有形式各有不同,其常住财产有些并不完全属于私人所有,因此,拥有功德寺观和坟寺、坟院的外戚、大臣的身

---

① 《松隐集》卷三一《显恩寺记》。
② 《剡源文集》卷五《计筹山升元报德观记》。
③ 《鸿庆居士集》卷二三《显忠资福禅院兴造记》。
④ 《松隐集》卷三一《显恩寺记》。
⑤ 《攻媿集》卷一一〇《瑞岩谷庵禅师塔铭》。

份高低与其寺观常住财产的多少没有必然联系。请看下列一组特殊的统计数据：

庆元府宝云院是宰相史弥远越王府的功德寺，有常住田 531 亩，没有山林。鄞县报忠福善院是参知政事楼钥的功德院，有常住田 342 亩，山林 9800亩。鄞县佛陇山积庆显亲院是宋宁宗已故韩皇后宅齐王府的功德院，有常住田 280 亩，山林 1027 亩。鄞县翠岩山移忠资福寺是参知政事张岩①的功德寺，有常住田 1129 亩，山林 2296 亩。鄞县教慈资福寺是参知政事宣缯的功德寺，有常住田 310 亩，没有山林；鄞县雷峰院是参知政事宣缯的功德院，有常住田 150 亩，山林 1000 亩②。

这是宋理宗宝庆年间（1225—1227）的统计数据。当时，史弥远正如日中天，而张岩已经被视为韩侂胄余党而退出了政治舞台。然而，两人功德寺的常住山、田在数量上竟还有如此悬殊！如果将其视为私人财产，那就不可理解，也难以解释清楚了。

①　张岩字肖翁，自号阅静老人。扬州（今属江苏）人，徙居湖州（今属浙江）。乾道五年（1169）进士。庆元中，与张釜、陈自强、刘三杰、程松等阿附韩侂胄，严禁道学，累迁为监察御史。嘉泰元年（1201），拜参知政事。嘉泰三年，遭弹劾罢为资政殿学士、知平江府。旋升大学士、知扬州，除淮东安抚使。曾力劝韩侂胄勿贸然北伐。次年，召为参知政事兼同知国用事。开禧二年（1206），迁知枢密院事。明年，除督视江、淮军马。韩侂胄被诛，夺二官，徽州居住。后复元官奉祠，以银青光禄大夫致仕。

②　《宝庆四明志》卷一一、一三。

# 第九章　南宋寺观的经济状况

寺院宫观的存在必须建立在相应的经济基础之上。印度佛教的传统戒律原本不准许佛教徒从事经济活动,只能以行乞为生。但中国的佛教寺院却历来与之相悖,十分重视寺院的生财经营活动。

南宋章洽在《报恩光孝寺新沙记》说:"大刹千楹,众至数百人,鱼鼓之声镗然。圆顶方袍,雁行麋至,趺坐展钵,不问所从来,充足饱满而后去。其米盐细碎,用物众多,与巨室等。"①尽管这是只是特指禅院的情况,但其他宗派的寺院以及道教的宫观离开了衣食住行的保障也就无法进行正常的宗教活动了。例如,南宋时,四方云游的道士到临安府,"惟天庆、报恩二观可憩"。但由于报恩光孝观"侵为民居,为御厨兵营","观之栋宇日就倾毁",就连本观道士都缺少居住之地,也就更谈不上接纳来临安府云游的道士了。宋理宗淳祐十年(1250),临安府重修了报恩光孝观,得到了政府拨赐的缗钱"五万五千有奇",购买了"仁和、德清闲田五十余亩,岁收粟五十余石",又修复了"西屋一所",用于出租,日获租金10贯,"以佐蔬樨"。凭借这个经济力量,从此"供给不乏,集徒如云,规制日宏矣"②。

南宋除新建的寺院宫观外,既有的寺院宫观固定资产自然是来自北宋的财富积累。依据宗教教义,寺院宫观的固定资产是神圣的,也受到封建国家的法律保护,除被封建国家没收之外,是不能出卖的。因此,除去天灾人

---

① 《永乐大典》卷之五七七〇。
② 《雪坡集》卷三三《重修报恩光孝观记》。

祸等不可抗因素而导致寺观毁圮及僧道户绝之外,寺院宫观的固定资产,一般都能一代一代地被继承下去。

南宋是中国封建社会商品经济得到充分发展的时期,宗教发展变化的许多情况与这个大的经济背景息息相关。在北宋寺院宫观经济的基础上,南宋的宗教经济尽管没有出现重大变化,但也有不少新的内容。寺院宫观在继续经营传统农业的基础上,进一步扩大了工商业的经营范围。

南宋时期,由于长期的宋金战争、宋蒙战争的影响,南宋的佛寺和道观的经济状况比北宋有所下降。宋孝宗时,周必大说:"观昔之佛庙、道宫相望于通都大邑、名山胜境之间,吾徒亦温饱衣食,在处充满,何其盛也!数十年来,不烬于兵火则摧于风雨,至有空其庐弗居者,岂二氏之教始隆而终替哉?势使然耳。"①尽管如此,但从总体而言,与南宋社会经济的发展状况相比,南宋的佛寺和道观仍具有较强的经济实力。特别是对封建国家的财政关系上,南宋的寺院宫观经济则承担了更多的赋税。

宋孝宗时,吉州(今江西吉安)报恩善生院长老宗式对此大为感慨,总结说:"古用普度之制,闲民无常职,多寓名于帐籍,幸国大庆,例得黄其冠、缁其衣,动以千万计,而试经若恩泽不与焉。故丁壮日耗,害一也。寺观占田无艺,富则千蹊百辙,规免徭役,故民产又耗,害二也。今固异此。输金于官乃度以牒,其利一。常产圭黍不可增,而州县科调时仰给焉,其利二。去二害得二利,果可同日而语哉?"②

## 第一节　寺院宫观的财产来源

寺院宫观公共财产,来源于皇家赏赐、政府拨付、私人施舍、寺院宫观购买和自建等途径。其中,土地和寺舍是大项。除新建寺院宫观之外,大多数南宋寺院宫观土地和寺舍的数量多少和规模大小主要还是承袭于北宋。至

---

① 《文忠集》卷四〇《新复报恩善生院记》。
② 《文忠集》卷四〇《新复报恩善生院记》。

于山林,那更是一种历史的遗留财产,远非一朝一代而形成的。

南宋皇家对寺院宫观赏赐土地的记录,以南宋后期为多。临安府洞霄宫号为"天下第一","自祥符已有锡田"。淳祐年间(1241—1252),宋理宗"特出内府度道士牒"赐给洞霄宫,让洞霄宫换为现钱,"益市常产"。住持孙处道拿出自己全部积蓄,加上这笔赏赐,在常州宜兴县(今属江苏)购买了连片的田地,"合群力,经度土功,再更寒暑",建成了"常丰庄"。宝祐年间(1253—1258),宋理宗又将乌程、归安二县的官田拨给了洞霄宫。洞霄宫又通过五年建设,将这一片田地建成了"万年庄"①。

福田宫是一座女冠道宫,宋宁宗时,杨皇后向其"赐田一千亩"②。宋光宗时,寿成后(孝宗成肃谢皇后)临终前,将自己仁和、临平两县境内的"养田"二十余顷赐给了临安府祐圣观。端平元年(1234),净慈寺又获得"栖霞何氏一区之山林"的赏赐;淳祐三年(1243),宋理宗又将"钱塘界田原园麓二千余亩"赏给了净慈寺③。

景定五年(1264),宋理宗诏令虚堂智愚禅师为净慈寺住持,"赐绢百疋、造帐米伍伯硕,楮券十万贯","又赐田参阡余亩"。所赐之田,净慈寺建为"天锡庄"④。

以上都是皇家赏赐上等宫观寺院田地的典型事例。下面,再看政府拨付土地的一些具体事例。

淳熙三年(1176),添差两浙西路马步军副总管开赵为安葬死亡将士,在平江府阊门外买到山地三百余亩,建立了一座公墓,并附带建造了一座看守坟墓的佛教寺院——广惠禅院。开赵部下主要是北方南来的将士,在南方无家。为超度他们的亡灵,宋孝宗特意下诏,命令浙西路常平司拨付系官田500亩给广惠禅院,作为常住寺产⑤。

江阴军(今江苏江阴)报恩光孝寺没有山林,在南宋前期一直缺乏木柴,

---

① 《洞霄图志》卷六《洞霄宫庄田记》。
② 《咸淳临安志》卷七五《寺观一》。
③ 《剡源文集》卷六《杭州祐圣观记》。
④ 妙源:《虚堂和尚语录》附录,法云:《虚堂和尚行状》,《大正藏》NO.2000。
⑤ 《宋会要辑稿》兵一六之七。

"日市于郊"。"时遇乏绝,人苦旰食"。宋孝宗乾道三年(1167),长江边上因水流改道而出现了一片新的沙洲。于是,报恩光孝寺长老洽公"乃请于官,愿准甲令拨以入寺"。官府依据法令规定,将这片沙洲拨付给了报恩光孝寺①。沙洲自然会长出成片的芦苇,而秋后收割的芦苇晒干后便可解决报恩光孝寺的燃料问题。

而"江南西路州县道观,多有朝廷拨赐田产"②。嘉定十四年(1221)八月,宋宁宗下诏:"拨平江府吴江县震泽乡成字号田四百三十三亩赐开元宫为业。"③

私人施舍土地给寺院宫观的事例也很多。宋孝宗淳熙年间(1174—1189),成都府金绳院建成五百罗汉殿,庄严殊胜,为蜀中第一。由此,"龙天护持,道俗趋向,出财市田以广常住者,相继而至"。相继"有河东太原之邓景亨者施十四亩有奇,直一百四十万钱;成都李元有施二十六亩,直一百八十万钱;潼川僧曰道方施二十亩,直四十万钱",使金绳院的地位得到很大的提升④。

宋孝宗淳熙十三年(1186),有承节郎薛纯一到绍兴府,"愿以家所有山阴田千一百亩、岁为米千三百石有奇入大能仁禅寺,祝两宫圣寿"。这个捐献数量之大,连直龙图阁、权发遣绍兴府事丘崈都感到吃惊。绍兴府将此事上报尚书户部,最终得到了朝廷同意。

之所以要上报尚书户部,是因为私人的捐献是连带赋役的。这次薛纯一捐献的这1100亩土地,"岁为米千三百石有奇"。交给官府的赋役就是按这个数目折算的。捐献土地的同时,其赋役也随土地转到大能仁禅寺的名下。为保证日后有所凭证,大能仁禅寺还特意立了一块石碑,"田之顷亩赋役及别以钱权其子本以待凶岁,则具书于碑阴,俾后有考焉"⑤。

有些僧人的俗家也对寺院进行捐献。如,吉州(今江西吉安)报恩善生

---

①　章洽:《报恩光孝寺新沙记》,《永乐大典》卷之五七七〇。

②　《宋会要辑稿》食货五三之二七。

③　《宋会要辑稿》礼五之一〇。

④　《成都文类》卷四一《金绳禅院增广常住田记》。

⑤　《渭南文集》卷一八《能仁寺舍田记》。

院住持宗式前后花费了几十年的时间来修建寺院。其间,由于他的父亲朱孝安"能捐其家赀,创佛殿像设",因而激发了许多施主的宗教热情,"财施云集,工徒日盛",使该院最终得以修建完成,"为堂以居僧,辟厅以栖客,庖湢、廊庑外暨三门无一不备"①。

还有僧侣组织佛会捐钱物的。宋高宗时,阿育王山广利寺僧人择微"帅同志二十辈,化八万四千信士,各捐己帑,名般若会,衷为求田供众之资"。通判方滋带头入会,因而"远近乐施,财帛云委"②。

宋代法律禁止寺院宫观购买土地,但这道法令往往成为一纸具文,因为这里面有所谓"变相购买"的手段,即由寺院宫观出钱或以其名义募集钱财,转由"施主"购买土地,再施舍给寺院宫观。在北宋时期就已经出现过这样的事情,因此宋神宗时,司农寺曾报告说:"州县百姓多舍施、典卖田宅与寺观,假托官司姓名。欲令所属榜谕,听百日自陈,改正为己业,仍依簿法通供敷纳役钱。"宋神宗同意了这一建议③。宋高宗时,湖州人朱仁宠不仅自己舍田给浔溪祇园寺,而且还"广募士庶,量力而施",募集到钱后,又"以所得之赀"购买土地,再施舍给祇园寺④。这也是一种"变相购买"。因为,如果他只将募集到的钱交给祇园寺,那祇园寺用这笔钱来购买土地就是违法。

南宋政府鼓励寺观组织耕垦,以恢复荒芜的田地。绍兴二年(1132),宋高宗诏令:"诸路寺观常住荒田,令州县召僧道耕垦,内措置有方,及租税无拖欠者,并仰所属差拨住持,其田宅寺观,仍不以名次高下差拨。"⑤在这种背景下,有些大寺院和大宫观便组织人力开垦荒地,以增加常住田产。天童山景德寺住持宏智正觉禅师率领僧人"即滨海之隙,筑堤障其咸卤而耕之,以给僧供"⑥。另,明州昌国县普慈禅院"依山瞰海",在宋徽宗大观年间(1107—1110)曾请求政府拨给了一段滩涂地,后来又长期抛荒。宋高宗绍

①《文忠集》卷四〇《新复报恩善生院记》。
②《两若金石志》卷九《般若会善知识祠记》。
③《续资治通鉴长编》卷二六二,熙宁八年四月戊寅条,第 6401 页。
④ [雍正]《浙江通志》卷一二四《浔溪祇园寺庄田记》。
⑤《宋会要辑稿》食货六之一一。
⑥《两浙金石志》卷九《宏智禅师妙光塔铭》。

兴三十年(1160),"有头陀宗新等七人","身任劳役,复治其田,凡历三年而后成","建石硪三间,圩岸二百丈",命名为"新丰庄"。在"岁无大水旱"的情况下,新丰庄的粮食可以养活普慈禅院的僧众①。这是寺院围海造田、开垦荒地的事例。

宋人范浚《浦江华藏寺如胜上人欲募施者开田佐僧供,以长老皎公书来求予诗,作二十韵奉勉》一诗生动地描写了开垦荒地的情景:"浮屠谢朋亲,屏迹藏岩幽。多规脱徭赋,岂必皆禅流!自言佛遗经,垦土为愆尤。不耕徒谷腹,何异鼠雀偷!告之勿浮食,当须力锄耰。前修举锹事,千载乖风猷。奈何哑羊僧,百语不颔头。皎公老禅伯,雅慕吾孔周。其徒有如胜,用意非常俦。欲开千畦田,更办两具牛。率彼枯木众,躬耕食其秋。释门有添丁,乃翁坐无忧。与国助耘耔,疲氓庶其瘳。此意良足嘉,感之叹绸缪。昔闻白黑众,十万俱清修。鸠金置千亩,给供无时休。于今岂无人,胜也当寻求。长途触隆冬,一衲寒飕飗。朱门立雪久,欢喜无生愁。作诗劝勇往,以俟岁晚收。"②

宋孝宗乾道年间(1165—1173),明州(今浙江宁波)仗锡山延胜院有山林三万多亩③,但少可耕之地。寺院因而十分窘困,"知藏、知殿、知浴僧终岁行乞于外,犹苦不足"。为改变这种状况,监院僧蕴信独持一根竹杖,潜行山谷间,终于在仗锡山中找到了一块肥沃的山坡地。于是,"即从人贷四十万钱,裹粮百里外,缚茅茨,具畚锸,筑塘五,为田若干亩。"第一年收获后,"所种之秫,先易麻甘斛以出油外,余以供田事",即再用于土地投资。此后,"视岁丰凶,取其羡以归常住,永以为则。"④这是寺院在自家山林中垦荒的典型事例。

围海造田需要很大的投资。宋高宗绍兴二十八(1158)年,阿育王山广利寺住持大圆璞公(大慧宗杲的门徒)命其弟子彦平向官府提出申请,得到

----

① 《四明图经》卷一〇《普慈禅院新丰庄开请涂田记》。
② 《香溪集》卷三。
③ 《宝庆四明志》卷一三《鄞县·寺院》。
④ 《橘洲文集》卷一〇《仗锡山无尽灯记》。

了奉化县东村一带的"官地海涂",开始围海造田。由于需要雇请许多佣工,支持广利寺、有"八万四千信士"组成的"般若会"捐献的钱财不敷使用,寺院又得到临安府径山兴圣万寿禅寺住持大慧宗杲的个人钱财资助。这两项钱财加起来共有"十万缗"。其后再加上丞相汤思退、无相大师靖公的资助,直到宋孝宗乾道三年(1167),围海造田的工程才得以完成,建成了一座名为"般若庄"的庄院①。

僧人自己施舍钱物资助寺院的情况很多。除上述大慧宗杲外,宋孝宗时,严州重修报恩光孝寺,也有"老僧智贵倾其衣囊助施"之事②。温州乐清县僧人居隐为修建西塔院,"罄衣钵资财佣工"③。

南宋的寺院宫观通过土地继承、皇家赏赐、政府拨付、私人施舍、变相购买、开垦荒地等途径,获得了大量田地和山林。因此,宋宁宗开禧三年(1207)七月,有官员上奏说:"夫天下所谓占田最多者,近属、勋戚之外,寺观而已。"④这也反映了南宋寺院宫观占有土地之广的事实。

此外,道教的御前宫观还由官府供给钱粮。建于绍兴十七年(1147)的万寿观,共有道士 11 人,"岁费县官钱七百九十二千、米百二十斛"⑤。而与万寿观同时建立的太乙宫,"道士官给粮,岁为五百斛"。其后,因粮食不足,宋高宗又诏令"市嘉兴田三十顷,以为道粮"⑥。

南宋皇帝还不时对寺院宫观赐给大量的钱物。例如,绍兴二十三年(1153),宋高宗下令"赐江下房廊土库等九十间"给临安府皋亭山崇先显孝禅院,"以其日入充僧供"⑦。乾道六年(1170),宋孝宗赐给径山住持僧蕴闻"慧日禅师"的师号,并"赐钱三千缗"⑧。宋宁宗嘉定四年(1211),杨皇后赐

---

① 《两浙金石志》卷九《般若会善知识祠记》。
② 《渭南文集》卷一九《严州重修南山报恩光孝寺记》。
③ [永乐]《乐清县志》卷五《西塔院记》。
④ 《宋会要辑稿》食货七〇之一〇四。
⑤ 《建炎以来朝野杂记》(甲集)卷二《万寿观》,第 79 页。
⑥ 《建炎以来朝野杂记》(甲集)卷二《太一宫》,第 79 页。
⑦ 《松隐集》卷三〇《崇先显孝禅院记》。
⑧ 《宋会要辑稿》道释一之八。

给泉州紫帽山金粟观"钱百万"①。端平元年(1234),宋理宗下令朝廷铸造大钟,赐给临安府开宝仁王寺②。

## 第二节　寺院宫观的土地占有状况

唐玄宗开元十年(722)曾敕令祠部,规定天下寺观的常住田,"一百人以上不得过十顷,五十人已上不得过七顷,五十人以下不得过五顷"③。宋代没有这种这种法令限制,但自宋仁宗以后,在法律上禁止寺院宫观买卖土地。不过,宋代的寺院宫观通过土地继承、皇家赏赐、政府拨付、私人施舍、变相购买、开垦荒地等途径,也获得了大量田地和山林。

南宋拥有田地数量最多的寺院宫观,其田地数量到底有多少,史无明载。据李心传说:"今明州育王、临安径山等寺,常住膏腴多至数万亩。"④据《宝庆四明志》卷一三《阿育王山广利寺》记载:"本寺常住田三千八百九十五亩,山一万二千五十亩。"明州阿育王山广利寺山林、水田总面积加起来也不到两万亩。可见李心传之言只是大概而论,且"多至数万亩"并不仅指田地,还包括了山林面积。至于《至大金陵新志》卷一三下之上《俞桌传》所谓"襄阳府鹿门寺有田千顷、牛千头",以及《鬼董》卷三所谓"雪城之南诸野寺,千金、无为最雄盛,有房僧几二百人,良田千顷",更是空泛之言,不足采信。

宋宁宗时,起居郎张贵谟撰《四圣延祥观记》,称"为屋几三百楹,徒众日增,合食不翅千指。朝廷积赐缗钱以千计,田亩以万计"⑤。这也是概而言之。周必大在《归庐陵日记》中记述麻姑山仙都观的常住田数量时说:"两山之间泉流不绝,良田迭出,几万亩。未尝旱涝,皆观中常住也。"⑥这里的

① 《鹤山集》卷四三《泉州紫帽山金粟观记》。
② 《咸淳临安志》卷七六《寺观二》。
③ 《唐会要》卷五九《祠部员外郎》。
④ 《建炎以来朝野杂记》(甲集)卷一六《僧寺常住田》,第351页。
⑤ 《咸淳临安志》卷一三《宫观》。
⑥ 《文忠集》卷一六五。

"几",只是"几近"之意。

据王曾瑜先生的统计分析,从南宋台州和庆元府两个地方性的统计看,拥有101—500亩常住田的寺院比例最大,而占田1000亩以上或无地无山的寺院比例最小。这大约有一定的代表性①。

唐代剑先生收集到有田地房屋数目记载的两宋时期宫观79所,编制成了《宋代宫观田地、房产表》②。其中,有确切田地数目记载的宫观有33所,其田地总数为49972亩,平均每宫观为1561亩。唐代剑先生认为:两宋宫观"实际平均占有土地的数目,应比这个数高"③。但这个估计是不正确的。因为,唐代剑先生所收集到的有确切田地数量记载的宫观大都是一些特殊的宫观,其田地数额不是特多,就是特少,而且是田地数额巨大、能够入记以示炫耀来抬高宫观地位的居多。

《嘉定赤城志》完整记载了南宋中期台州(今属浙江)的宫观占地数目。这个完整的统计数据并非随意拼合的,可靠性强,特编制成下表。

**南宋台州宫观占地简表**④

| 宫观名称 | 田(亩) | 地(亩) | 山(亩) |
|---|---|---|---|
| 州天庆观 | 837 | 无 | 34 |
| 州栖霞宫 | 469 | 125 | 450 |
| 临海县栖真观 | 109 | 9 | 1000 |
| 临海县丹山观 | 13 | 2 | 47 |
| 黄岩县定光观 | 244 | 22 | 43 |
| 天台县崇道观 | 1618 | 无 | 1345 |
| 天台县福圣观 | 974 | 491 | 1695 |
| 天台县寿昌观 | 附崇道观 | | |
| 天台县洞天宫 | 903 | 44 | 1160 |
| 天台县光明宫 | 347 | 74 | 410 |
| 天台县昭庆院 | 832 | 178 | 669 |
| 天台县法轮院 | 15 | 2 | 20 |

---

① 王曾瑜:《宋朝阶级结构》第三编第五章《僧道户》,河北教育出版社1996年版,第384页。
② 唐代剑:《宋代道教管理制度研究》,线装书局2003年版,第453—455页。
③ 唐代剑:《宋代道教管理制度研究》,线装书局2003年版,第249页。
④ 此表据《赤城志》卷一四《版籍门二·寺观》编制。

续表

| 宫观名称 | 田（亩） | 地（亩） | 山（亩） |
|---|---|---|---|
| 天台县妙乐院 | 142 | 13 | 68 |
| 天台县法莲院 | 70 | 33 | 421 |
| 天台县寿圣院 | 25 | 5 | 60 |
| 仙居县纯熙观 | 641 | 275 | 111 |
| 仙居县隐真宫 | 52 | 20 | 无 |
| 仙居县凝真宫 | 1169 | 1276 | 1858 |
| 宁海县天庆观 | 280 | 107 | 80 |
| 总计 | 8740 | 2676 | 9471 |
| 平均 | 约486 | 约149 | 约526 |

　　从上表看，台州一地的宫观，其所拥有的田地平均数为635亩。在这18所宫观中，占有田地在100亩以下的宫观有4所，占有田地101至500亩的宫观有6所，占有田地501至1000亩的宫观有4所，占有田地1000亩以上的宫观有4所。最多的是仙居县凝真宫，共有田地2445亩；最少的是天台县法轮院，仅有田地17亩。尽管占有田地101至500亩的宫观居多，但占有田地500亩及1000亩以上的也不少，因此可以得出一个结论：南宋台州道教宫观占有田地的数量以500以上居多。

　　台州号为"古仙佛国"，"其多释与道"[1]，道教经济势力也还算较强，而南宋大多数州军的道教宫观数量都较少，占有田地数目在总量上并不多。因此，从整体上考虑，南宋拥有101—500亩田地的道教宫观比例与佛教寺院差不多，也应该是最大的。

　　笔者收集到了27所宫观所拥有的田地总数的确切记载，编制为下表：

**南宋宫观占有田地数量简表**

| 宫观名称 | 田地（亩） | 时间 | 史料出处 |
|---|---|---|---|
| 台州白云寿昌观 | 3000 余 | 乾道四年后 | 《两浙金石志》卷九 |
| 建康府天庆观 | 2000 | 南宋 | 《景定建康志》卷四五 |
| 临安府开元宫 | 1733 | 嘉泰元年后 | 《宋会要辑稿》礼五之一〇 |

---

[1] 《赤城志》卷三五《人物门四》。

续表

| 宫观名称 | 田地(亩) | 时间 | 史料出处 |
|---|---|---|---|
| 余杭洞霄宫 | 1500 | 大中祥符五年后 | 《渭南文集》卷一六 |
| 杭州承天灵应观 | 1320 | 淳祐以后 | 《松乡集》卷一 |
| 临安府天庆观 | 1200 | 咸淳六年后 | 《咸淳临安志》卷七五 |
| 益州寅威观 | 1000 | 大观三年后 | 《宋会要辑稿》礼五之一四 |
| 临安府福田宫 | 1000 | 南宋 | 《咸淳临安志》卷七五 |
| 临安府玉清宫 | 1000 | 南宋 | 《咸淳临安志》卷七五 |
| 秀州报忠观 | 1000 | 淳祐十二年后 | 《至元嘉禾志》卷一七 |
| 茅山朝真观 | 800 | 景定三年后 | 《古今图书集成》卷二八〇 |
| 钱塘县天清宫 | 田 450、山 300 | 咸淳元年后 | 《松乡集》卷一 |
| 抚州崇仙观 | 600 | 熙宁八年后 | 《华盖山浮丘郭三真君事实》卷二 |
| 杭州元真观 | 500 | 天禧五年后 | 《咸淳临安志》卷七五 |
| 洪州太一宫 | 500 | 建隆以后 | 《骑省集》卷二六 |
| 上虞县明德观 | 田 135、山 174、地 19 | 嘉定十五年后 | 《松乡集》卷一 |
| 茅山凝神庵 | 330 | 乾道六年以后 | 《茅山志》卷二六 |
| 临安府太一宫 | 300 | 绍兴十八年后 | 《朝野杂记》(甲集)卷二 |
| 鄞县至德观 | 300 | 嘉定十四年后 | 《本堂集》卷五二 |
| 茅山洞阳馆 | 200 | 嘉熙以后 | 《茅山志》卷二六 |
| 广州天庆观 | 190 | 元丰二年后 | 《南海金石略》卷下 |
| 临安府宁寿观 | 100 | 绍兴二十年后 | 《两浙金石志》卷九 |
| 建德县西真宫 | 100 | 南宋后期 | 《潜斋文集》卷八 |
| 成都府通真观 | 100 | 绍兴二十七年 | 《成都文类》卷四〇 |
| 仙居隐真宫 | 80 | 庆元以后 | 《仙居石志》卷下 |
| 常州无锡县璨山明阳观 | 80 | 绍兴二十年后 | [康熙]《无锡县志》卷三八 |
| 临安府报恩光孝观 | 50 | 淳祐十一年后 | 《雪坡集》卷三三 |

从此表看,也可以证明:拥有 100—500 亩田地的宫观在南宋宫观中比例也是最大的。

从寺观户与民户占有土地的比例看,福建福州的寺院和僧人占地最多。《淳熙三山志》卷一〇《版籍类一》说:"《旧记》谓'僧户与民参半'。以今籍较之,直民田五之一。今民田若地八万二千余顷,食民五十七万九千,黄中小老不计。浮屠氏田若地二千余顷,食僧徒一万四千余人。是民七人共百亩,而僧以二人食之。民产钱八千缗有奇,僧寺一千五百,不啻当民八之一。"

值得特别指出的是,南宋时,道教宫观占地总数远不及佛教寺院,但人均占地量却比佛教要多得多。唐代剑先生对台州佛道各自所拥有的田、地、山林比例有一分析:"每个道冠占田是民户的五点九九倍,僧尼的一点一五倍;占地为民户的五点七八倍,僧尼的一点四倍;占山林为民户的十点九九倍,僧尼的九点六六倍。"①这尽管是特例,但台州因"多释与道",也可以作为一个南宋的普遍比例。

## 第三节 寺院宫观的生产组织方式

寺院宫观自有田地的生产组织方式有三种类型。一是亲耕亲种,二是庄园式雇佣生产,三是土地出租。当然,这三种形式并不是绝对的,在许多时候可能表现为不同种形式的结合形态。

在寺院宫观中,除正式的僧尼、道士女冠外,还有未获得度牒的行者、童子、长发。男性称"行者"、"童子"或合称"童行",女性则称"长发"②。他们的地位低于正式的僧尼、道士女冠。另外,一些寺院宫观还养有"人力"。所谓人力,即僮仆之类的勤杂人员。"亲耕亲种"就是指由寺院宫观中的这些人亲自进行的劳作。

"亲耕亲种"与禅宗有密切的关系。自唐朝中后期禅院从普通律寺中分离出来、独成门户后,百丈怀海创立的《百丈清规》成为禅宗寺院都必须遵守的教规。而"普请法",即禅宗寺院的僧众,无论地位高低都必须参加生产劳动,是《百丈清规》中一项最重要的制度。在这种"普请制"下的农业生产,被人称作"农禅"。

---

① 唐代剑:《宋代管理制度研究》,线装书局2003年版,第251页。
② 《续资治通鉴长编》卷一九九,嘉祐八年九月己未条,第4827页。

宋人洪刍在《同苏伯固游东山寺》一诗吟咏道:"五里来寻祇树园,寒蝉嘈嘈叶纷纷。田间坏衲僧收稻,天外奇峰山作云。"①宏智禅师正觉是一位躬行"农禅"的住持高僧,他在《湛禅人开田求颂》中写道:"衲僧兹欲起家门,老牯鞭催泥水浑。混处蹋翻明月影,转时耕断白云根。力田辛苦遵吾祖,炊饭馨香饱子孙。底事既归蒲坐稳,湛圆心鉴夐忘痕。"在《云上人持钵乞颂》中写道:"云水千僧共默耕,烦君乞食出山行。蕨薇夜雨萌寒麓,桃李春风织锦城。空谷一呼同响应,圆珠众色合光明。上方此去分香饭,为我先须见净名。"②这些诗篇都形象地展现了南宋"亲耕亲种"的劳动场面。

律宗寺院虽然没有禅宗的"普请制",但也存在着"亲耕亲种"。特别是占有田地很少的寺院,其田地主要是靠僧侣和寺院中的童行、仆隶来耕种的。

道教宫观也有在住持的率领下进行集体劳作的情况。宝祐年间(1253—1258),宋理宗特旨将湖州长兴县的湖荡荒田拨赐洞霄宫。洞霄宫住持孙处道于是"率其徒垦辟荒秽"③。

林悟殊先生通过考察后认为:北宋时期的禅宗寺院,"力图自我供给",但元代禅宗寺院除了"蔬菜之类有限的食物或某些用物"由寺僧生产之外,寺院的田庄主要是靠佃户耕种,禅宗寺院已习惯靠田租来供养了④。而南宋时期正介于北宋与元代之间,即居于由"农禅"向"地租供养"的阶段。

在这个阶段,尽管小型寺院宫观仍然采用"亲耕亲种"的劳动方式,如台州隐真宫,有地88亩,由师徒四人耕种⑤。但是,大型的寺院宫观在一般情况已经不再组织僧侣进行大规模的粮食生产集体劳动了,僧侣的劳作大致仅局限于摘茶、种菜、搬柴等轻体力的劳动上。庄园式雇佣生产已经成为寺院重要的生产组织方式了。

---

① 洪刍:《老圃集》卷下,文渊阁《四库全书》本。
② 《宏智禅师广录》卷八。
③ 《洞霄图志》卷六,家铉翁:《洞霄宫庄田记》。
④ 林悟殊:《从百丈清规看农禅——兼论唐宋佛教的自我供养意识》,载于胡素馨主编《寺院财富与世俗供养》,上海人民出版社2003年版,第380页。
⑤ 《台州金石录》卷一一《隐真宫庄田记》。

《禅苑清规》卷四《磨头园头庄主廨院主》记述了这种生产劳作方式的主要内容：

> 庄主之职，主官二税。耕种锄耨、收刈持梢、栽接窠木、泥筑垣墙、收般粪土，须及时躬亲部领。守护地边，明立界至。饮饲头口，省减鞭打。安停客户，选择良家。针线妇人，常居显处。钱谷文历，收破分明。酒肉葱薤，无使入门。展散投托，不须应副。行者人工，方便驱策。南邻北里，善巧调和。闲杂之人，慎无延纳。师僧旦过，恭谨承迎。无以常住钱物，抄注诸方僧供。忽若牛驴殁故，并须掘地深埋，早持皮角输官，无使公司怪问。如有践踏田苗、侵犯禾稼，但可叮咛指约，不得捶骂申官。秋成，场户主客抽分计结，文历分明，更与多方饶借，如有创造翻修，预白院门知事。

在庄园式雇佣生产类型中，寺院的庄主、行者是生产劳动的大小组织者，而经选择入庄得到"安停"的客户是被雇佣者，其家安置在庄园中，主要生产工具，如牲口等也是由庄园提供的。在这种庄园里，多少得遵守一些佛教的基本规矩，如"酒肉葱薤，无使入门"之类。秋收后，庄园与客户按比例分成，即所谓"场户主客抽分计结"。

《禅苑清规》是真定府十方洪济禅院住持宗赜于宋徽宗崇宁二年(1103)撰成的。宋宁宗嘉泰二年(1202)，虞翔又再次刻印刊行。因《百丈清规》已经佚失，因此《禅苑清规》是中国现存最早的佛教清规典籍。尽管它是北宋后期行用的，但至少对南宋前期的禅宗寺院仍具有约束力和规范性。

但到南宋后期，情况就有了重大变化。僧人惟勉在《咸淳清规》(《丛林校定清规总要》)卷下说："三月分：此月农务方兴，库司当提点耕种及诸庄陂堰之类。或山林茶笋抽长，合出榜禁约，住持当提点。有新茶出，点献殿堂。亦点僧堂，供养大众。"在这里，已经看不到庄头了，而库司具有了"提点耕种"的职责，但仅是"提点"而已。这说明，寺院庄园式雇佣生产类型已经衰落了，庄主只是协调佃户之间关系、收取田租而已。

但有些大的庄园除管理佃户外，还有自己的经营项目。如，在台州临海和宁海两县交界的地区有桐岩岭。该岭"延袤三十里"，其土地大半归白莲寺之所有。为管理这一片土地,白莲寺在这里专门设立了白莲庄。因过往的参加科举考试的举子特别多,因而庄里有"民庐田舍","设馆扫庭以延纳举子"。管理白莲庄的"主庄僧"还建起了书店,"凡举业之所资用、学者之所宜有者,皆签揭而皮列之",规模颇大。书店的经营也有特色:"或就取而观之,无拒色,亦不为二价。"①

寺院宫观开垦荒地还需要招募很多的人力。宋宁宗嘉定十六年(1223),太常少卿魏了翁上奏说:"窃闻四川制置司措置利州路管屯田,委监司分任其责,见已置局经理。然臣窃谓有屯田、垦田,二者相近而不同,垦田者何?大兵之后,田多荒莱,如诸路有闲田,寺观有常住,皆广行招诱,使人开垦复业,则耕获之实效,往往多于屯田。"寺院广行招诱无地农民垦荒,那就必须先行投入财力物力并进行管理。这又是另一种介于租佃制与雇佣制之间的生产劳动的组织方式。

单纯租佃寺观田地的佃农则只是依照租佃契约向寺观交组纳地租,其生产过程不受寺院宫观的干涉,寺院宫观只是到时候收取租粮而已。绍兴府(今浙江绍兴)报恩光孝禅寺有"田十顷,科徭悉蠲"。但由于佃农故意拖欠田租不缴,导致寺院经济捉襟见肘,"僧徒病之"。宋光宗时,长老惠公与佃农约定:"中分田租,吾与汝均。汝不吾欺,吾不汝讼,欢如一家,兹为无穷之利。"由于佃农得利,所以不再故意拖欠田租了。报恩光孝禅寺于是分别建立了四所庄园,"在梅市者曰宝盆,在感凤者曰宝林,温泉曰阮社,承务曰木栅"。每所庄园建有房屋七间,"以受农功之人"②。台州白云昌寿观有江州义兴、土臼、冷水源三处田庄,计三千余亩。每年收租"动须数人,经年更替。所收租米,出粜变货归观"③。这种庄园中,明显只有少数管理僧人居住。

宋人陈亮认为寺院亲耕亲种,因僧人大多不精于耕稼,往往获利不多。据陈亮的估计,南宋孝宗时,需要三亩多一点的土地才能养活一人。婺州永

---

① 舒岳祥:《阆风集》卷一一《重建台州东掖山白莲寺记》,文渊阁《四库全书》本。

② 《絜斋集》卷一〇《绍兴报恩光孝四庄记》。

③ 《两浙金石志》卷九《白云昌寿观敕牒碑》。

康县(今属浙江)普明寺"田无三十亩","有僧四五十人,其役称是",人均只有三分地,因此很难自养。"僧之岁干寺事者偶失支梧,至无椽瓦以自庇",只得"藉丐施以活"。因此,陈亮以为寺院出租土地比亲耕亲种收益要好得多:"使一僧有田十亩,彼固不能耕也,岁藉一夫耕之,则一夫反资僧以活,计田之所出,犹足以及僧之所役,是一僧不复为居民之费,而三夫共饱于十亩也,使天下之僧皆如此,虽不耕而民瘳矣。"①

无地或少地的寺院宫观,有的也租佃官田耕种。如,庆元府灌顶山所有土地均系府学所有。山顶的普泽禅院承包租佃了灌顶山的所有土地,每年向府学交纳地租"钱三百贯"②。

宋光宗绍熙年间(1190—1194),"昆山属邑宗王有田七千余亩没入于官",两浙西路提举常平茶盐徐谊依据有关法令,"命有司召佃",寿宁万岁院(双塔寺)长老德溥提出租佃一千亩官田的申请,得以批准③。

嘉泰元年(1201)四月,宋宁宗下诏将自己未登基之前的王宫改建为开元宫,以示纪念,彰明自己"君权神授"的意义。由于开元宫"潜邸改为宫观,事体至重",因而得以享受"特免纳租赋"的待遇。嘉定七年(1214),宋宁宗诏:"临安府开元宫承佃平江府吴江县震泽乡第十都荒补泾角字号没官荒田一千三百亩,特与免纳租钱。"④像这种向官方租佃来的大量土地,如非转租,便是寺院组织雇佣劳动力进行庄园式雇佣生产,但转租的可能性更大。

## 第四节　寺院宫观的各种生产和经营

南宋寺院的粮食、蔬菜生产在严格意义上说是属于自给自足类型。但据《禅苑清规》卷四《磨头园头庄主廨院主》的规定,寺院生产的蔬菜"存留

---

① 《陈亮集》卷二五《普明寺置田记》,见《邓广铭全集》,第五卷,第221页。
② 《宝庆四明志》卷一二《鄞县志卷一》。
③ 《吴都文粹》卷七《绍熙中提举徐谊给寿宁万岁院常平田记》。
④ 《宋会要辑稿》礼五之一〇。

好者供众,有余方可出卖"。《禅苑清规》编定于宋徽宗时期,但其中所反映的情况在南宋时仍然存在。

南宋寺院生产的粮食是否出卖,应与蔬菜的情况大致相同。不过,寺院所生产的手工业制品却主要是用于出卖的。两宋之际,有几位尼姑居住在常州资圣寺中,"以刺绣织纴为衣食业"①。朱彧《萍洲可谈》卷二记述:"抚州莲花纱,都人以为暑衣,甚珍重。莲花寺尼凡四院,造此纱。捻织之妙,外人不得传。一岁每院才织近百端,市供尚局并数当路,计之已不足用。寺外人家织者甚多,往往取以充数。都人买者,亦自能别寺外纱,其价减寺内纱什二三。"除抚州莲花寺尼外,"越州尼皆善织"。她们采用"北方隔织"技术,纺织的绫尤其精好,被人称之为"寺绫","名著天下"②。

有些寺院,如福州开元寺,也开板雕印佛教经书出卖,以获取一定的收入③。

另外,广西"桂粉声闻天下","旧皆僧房罂造",僧人因而致富。广西经略司见制造桂粉有厚利,便垄断了桂粉的制造,"岁得息钱二万缗以资经费"。广西僧人于是又转往湖南造粉。广西僧人在湖南所造,也名为桂粉。"虽其色不若桂",而以低价出售,但仍影响了广西经略司桂粉的销售量④。

南宋有不少寺院从事茶叶生产。例如,福建南剑州(今福建南平)的西岩寺便大量种植茶叶⑤。宋徽宗政和三年二月下诏规定:"诸寺观每岁摘造到草腊茶,如五百斤以下,听从便吃用,即不得贩卖。如违,依私茶法。若五百斤以上,并依园户法。"不准寺观私下贩卖⑥。建炎二年十二月十二日,宋高宗又下诏宣布:自今州县有敢以招诱为名科率民户、僧寺出买钱引者,茶事官先坐之⑦。但依照"园户法",寺院宫观也可在南宋政府的专卖体制下进

---

① 《鸿庆居士集》卷二二《常州资圣禅院兴造记》。
② 《鸡肋编》卷上。
③ 《诚斋集》卷七三《兴崇院经藏记》。
④ 《岭外代答》卷七《铅粉》,第 277 至 278 页。
⑤ 《夷坚甲志》卷五《宗回长老》:"僧宗回者,累建法席,最后住南剑之西岩,道行素高。寺多种茶,回令人芟除繁枝,欲异时益茂盛。"
⑥ 《宋会要辑稿》食货三二之三。
⑦ 《宋会要辑稿》食货三二之二一。

行合法的茶叶贸易。

婺源县咸恩院"寺后巨竹数百挺，常时非三二百钱不能售一竿"①。该寺拥有大片的竹子，又将其作为商品出卖，自然也就有了一笔收入。

陆游说："今僧寺辄作库，质钱取利，谓之长生库。"②南宋的寺院宫观还建有所谓长生库、长生局、博利库等机构，大量经营借贷业。其资本的构成中，不仅有钱，还有金帛、粮食、油麦之类的财物③。

建康府宋兴寺是一座兼有照管建康府两所养济院事务的寺院。宋宁宗时，官府不仅"取民产之没于官者为田五百九十亩，山地等五百十有九亩，以供亿僧徒"，"又捐千缗，就寺置质库，计其所赢，每三岁买祠牒，度营干有劳行者一人为僧嗣"④。

宋宁宗时，信州龙虎山上清正一宫仿效江西建昌军麻姑山仙都观的做法，通过化缘、向道童俗家募集等手段，筹集到一笔本钱，建立了"长生度道库"，并专委前副知宫倪元章与道士周泰文掌管营运本息，添置田产，以所收之利购买度牒，资助道童披度为道士⑤。

宋孝宗时，台州天封寺住持慧明创建了"资道"、"博利"二库，出借现钱，收取利息，其收入"供僧及童子纫浣之用"⑥。阿育王山广利禅寺住持妙智禅师从廓"创为长生局五所，百需皆备"⑦。通州（今江苏南通）琅山寺是"淮东之名刹，僧伽之道场"，因僧众太多，入不敷出，长老蕴衷于是云游四方，模仿其他寺院的式样，动员四方檀越，纷纷捐献钱财，建立了长生库。"凡施铢钱丝帛、粒粟指货，懋迁有无，流通运转"⑧。

长生库的本钱有的是由寺院长老或僧人捐献的。宋理宗淳祐十一年（1251），僧人宗远入主嘉兴府（今浙江嘉兴）衰败破落的本觉禅院，"鼎新长

① 《夷坚丙志》卷一九《咸恩院主》，第525页。
② 《老学庵笔记》卷六，第73页。
③ 参见游彪：《宋代寺院经济史稿》，河北大学出版社2003年版，第207页。
④ 《景定建康志》卷二三《庐院》。
⑤ 娄近垣：《龙虎山志》卷九《嘉泰□年管辖留用光立长生局置庄田饭众帖文》。
⑥ 《渭南文集》卷一九《重修天封寺记》。
⑦ 《攻媿集》卷一一〇《育王山妙智禅师（从廓）塔铭》。
⑧ 姜特立：《梅山续稿》附录《琅山长生库记》，《全宋文》卷四九六一。

生库庐,捐衣钵所有以营子本之入"①。宋宁宗时,庆元府(今浙江宁波)宝云院住持宗莹带头捐献自己的财物,由众人估价,"得钱一百万","内外道俗"又捐钱 100 贯,太师史弥远又将自己母亲的簪珥施舍给宝云院,合力建立了"利益长生库,以备岁时土木钟鼓无穷之须"。五年后,该院修建大讲堂,有一半的资金都是来自于长生库的赢利②。

长生库有多种用途。成都昭觉寺"佛龛、斋堂、修廊后架列炷明灯",永远不熄。但灯油却成为该寺一笔很大的负担,该寺僧人四处化缘都难以解决。宋高宗绍兴二十七年(1157),该寺纲维沂公于是"弹指说誓,愿罄囊膏立长生库,举其赢息永为膏火之资"③。

还有为保证寺院后继有人而专用于购买度牒度僧的。饶州(今江西波阳)"永宁寺罗汉院,萃众童行本钱,启质库,储其息以买度牒,谓之长生库",该院住持行政选派其徒弟智禧负责主掌质库的钱财出入。而且,饶州各县的寺院"无问禅律悉为之"④。绍兴府报恩光孝禅寺在宋宁宗时因经济状况好转,于是设立了度僧局,"衰钱百四十万,积其赢以贸牒"⑤。

甚至有为自己的世俗亲戚保留钱财的。例如,官员孙子秀小时候家中贫困,"叔祖为浮屠"。孙子秀的这位僧人叔祖预言孙子秀在 20 岁时将通过科举为官,而自己却见不到这一天了。于是,他特意在自己所在寺院的长生库中留下了一笔钱,称:"留此以助费。"⑥当然,这笔钱的本钱是不能动的,他留给孙子秀的,很可能只是利息的全部或一部分。

在城中的道教宫观也有出租房屋以收取租金的。如,临安府报恩光孝观有西屋一所,"日可僦十千,以佐蔬楛"⑦。

另外,举行各种法事活动,也是寺院宫观及僧尼、道冠个人经济收入的

---

① 《至元嘉禾志》卷二二《本觉禅院记》。
② 《橘洲文集》卷五《宝云院利益长生库记》。
③ 《成都文类》卷四〇《昭觉僧堂无尽灯记》。
④ 《夷坚支癸》卷八《徐谦山人》,第 1280 页。
⑤ 《絜斋集》卷一〇《绍兴报恩光孝四庄记》。
⑥ 《黄氏日抄》卷九六《知兴化军宫讲宗博汪公(元春)行状》。
⑦ 《雪坡集》卷三三《重修报恩光孝观记》。

重要来源。孙觌说："今世道士,能读《醮仪》一卷中字、歌《步虚词》二三章,便有供醮祭衣食,足了一生矣。"①有些道教宫观由于没有土地,"生计尤难"。观内的道士迫于生计,"故往往为丹药、符箓、禳禬之术","以糊其口"②。在临安府,南宋朝廷"每遇祖宗帝后忌辰,宰执率文武百官诣景灵宫行香,临安府差僧道各二十五员赴宫排立受香、宣读文疏"。僧人诵读《金刚经》25卷,道士诵读《灵宝度人经》25卷。读经完毕后,僧道每人可得斋钱"一百文省"③。

南宋时,由于密宗的影响以及巫术的盛行,僧道多有用巫术治病的。在当时的社会条件下,治疗精神性疾病,还只能依靠巫术的法力。巫师治病一般都是要收取费用的,但有一些精通巫术的僧道出于慈善之心,用巫术为人治病也一般多是免费的,或将其诊费用于修缮寺观等公益事业。

抚州临川县(今江西抚州)资寿寺的明公和尚"善诵《孔雀佛母经》"。人们有病,据说经他一念《孔雀佛母经》的咒语,立刻便会痊愈。因此,人们都争相邀请他到家中做法念咒。尽管路途遥远、而且没有任何报酬,他都不辞辛苦,随叫随到。有时得到一些施舍,他也全都交给寺院作为"缮修费",剩余部分便用来接济"乡邻之困乏者"④。

僧道行医也是寺院宫观的经济活动之一。潭州清真观道士戴知柔"以医闻于世","而戴氏之乡疾病者必赖以济"。戴知柔谢绝了俗家兄弟施舍的赀产,只接受了六亩荒田,种植药材。他的弟子刘若拙也长于医术,因行医而积聚了可观的一笔钱财。于是,他们用这笔钱财扩建了道观,并得到了官府拨赐的观额,名曰上成观。宋高宗绍兴十四年(1144),他们又在观中建起了三清殿,"凡三清天中仪像所宜严事者,饬之皆备,焕若化出"⑤。

镇江府丹阳普宁寺有医药院,由慈济、神济两位医僧主持,其行医收入维持着普宁寺宗教活动的正常运转。其后,慈济无传,神济法嗣名叫普清,

①　《鸿庆居士集》卷三二《跋陈道士〈群仙蒙求〉》。
②　《巽斋文集》卷一〇《赠刘道士序》。
③　《中兴礼书》(续编)卷八〇《祖宗帝后忌辰僧道看经事奏》。
④　释大䜣:《蒲室集》卷一二《临川资寿寺明公和尚塔铭》,文渊阁《四库全书》本。
⑤　王庭珪:《卢溪文集》卷三五《上成观三清殿记》,文渊阁《四库全书》本。

普清又传福山。建炎四年(1130),普宁寺毁于兵火。因其规模太大,修复重建十分困难,"踰百年莫之复"。福山医术高明,行医积累了一大笔钱财。宋理宗末年,福山"悉医药之赢之藏",全部用于普宁寺的重建。经过十年努力,终于使普宁寺"粲然复新"①。

## 第五节 寺院宫观所承担的国家赋税和财政性摊派

僧道户与世俗官户、民户不同,在宋朝的户口登记中,只能以寺观为单位,列入主户户数登记,称"寺观户",而僧道个人则列入主户人数登记②。因此,寺院宫观与僧道个人向南宋政府纳税的项目是不一样的。

如前所述,寺观免役钱以寺观为单位,按寺院财产的多少分等级缴纳,并不针对僧道个人,而免丁钱则按个人征缴③。另外,政府出卖的度牒也是由个人出钱购买的。而收换度牒的贴纳钱,即在原价基础上的加价部分,也是由个人出钱补足的。

南宋建炎四年(1130)正月,为了掌握南宋境内僧道的具体数量以及收取一笔钱财,南宋政府发布了收换僧道度牒的命令④,规定:"律院贴纳钱十贯或十五贯,限半年;内陕西、淮南系残破路分,限三年。禅院一等贴纳钱五贯,限本年;内陕西、淮南,限三年。其西北流寓僧道尼女冠一等贴纳钱三贯,限一年。"⑤这次的度牒收旧换新大致持续了三年以上⑥。

由于禅僧个人并无多少资财,难以在规定时间内如数交纳,因此,宋高宗下令:"禅林僧徒贫病不能贴纳者,先以常住代支,续令拘收还纳。"时任江

---

① 《黄氏日抄》卷八六《普宁寺修造记》。
② 王曾瑜:《宋朝阶级结构》,河北教育出版社1996年版,第390页。
③ 参见本书第一章第二节。
④ 《宋史》卷二六《高宗三》,第476页。
⑤ 《紫微集》卷二四《论和籴第二札》。
⑥ 《建炎以来系年要录》卷一〇三,绍兴六年七月癸酉条记载:"先是,令诸路僧道人输绫纸工墨钱十千换给度牒,既而不复换,但令输钱批旧度牒焉(原注:批度牒事,日历不见月日。刘长源此日所上封事已言之,则指挥必在此后也。当更求他书参考之)。"此条记载可为佐证。

西安抚制置大使的李纲认为："僧徒中有财利者多是律僧,营生与俗无异,虽重取之,何所不可? 其禅林僧,真实学道之人,一瓶一钵,随时粥饭,往往无余。今使之贴纳,非惟贫病无自而出,亦有害其学道之心。"于是,他向宋高宗上奏,请求："伏望特降指挥,委州县体究,实系贫病无可贴纳之人,令本寺常住代支,更不拘收还纳。"①

有土地的寺观户要向南宋政府交纳夏秋两税。两税的征收方法,寺院宫观与民户相同,一般是以亩为单位,根据土地高、下、肥、硗的情况分等,"或厘九等,或七等,或六等,或三等;杂地则或五等,或三等"②。按等高下确定产钱。"总合一州诸色租税钱米之数,却以产钱为母,别定等则,一例均敷。每产一文纳米若干、钱若干(去州县远处递减令轻)"③。但寺观的两税负担要比普通民户重得多。从福州的情况看,"道士负担的两税约为僧徒的一半,民丁的四倍"④。

"有丁则有役,有田则有赋,有物力则有和买",是南宋赋役的基本原则。因此,有财力的寺院宫观还要承担官府的和买、和籴等财政性的摊派。在宋宁宗以前,建有长生库的寺院宫观"物力虽高",但并不承担和买、和籴。嘉泰元年(1201)十二月,宋宁宗接受了大臣的建议,下令:"诸州县应寺观长生库,并令与人户一例推排,均敷和买。"⑤

当发生灾荒时,有些官府还对寺院实行"劝籴"。实际上,有的"劝籴"实为强取。嘉兴府本觉禅院历来"廪入素薄,岁上熟犹不足以给众"。嘉熙四年(1240),发生大旱,"有司劝籴,几遍国中,寺僧竭力以应"。但从此该寺元气大伤,一蹶不振⑥。

宋理宗时,寺院宫观还和官户一起承担了"履亩输券"的强行摊派。端

---

① 《李纲全集》卷八九《应诏条陈七事奏状》,第876页。文渊阁《四库全书》本《梁溪集》作《应诏条陈八事奏状》。库本题目正确。
② 梁克家:《淳熙三山志》卷一〇《版籍类一》,文渊阁《四库全书》本。
③ 《晦庵集》卷一九《条奏经界状》。
④ 唐代剑:《宋代道教管理制度研究》,线装书局2003年版,第278页。
⑤ 《宋会要辑稿》食货七〇之一〇二。
⑥ 《至元嘉禾志》卷二二《本觉禅院记》。

平二年(1235)四月,为解决通货膨胀问题,宋理宗就诏令封桩库支拨度牒五万道、四色官资付身三千道、紫衣师号二千道、封赠勅告一千道、副尉减年公据一千道,发下诸路监司州郡,回收十六、十七两界会子①。由于第十六、十七界会子数量太多,常规"秤提"(货币回笼)的方法还不能解决问题,南宋政府随即又实施了"履亩输券",即令"有官之家、簪缨之后及寺观僧道"按版籍田亩数,每亩必须多交纳会子一贯,即便是"将相勋贵之家、御前寺观曾被受指挥特免科役去处"也不得减免②。

宋理宗时,安庆府(今安徽安庆)用砖包砌城墙,需要大量的青砖。于是,官府便硬性摊派了烧制"砖三百余万片"的任务给寺观。虽说"支给柴科工食钱米并与私家价数一同",但也少不了对寺观或明或暗的盘剥。为防止寺观消极怠工、不肯出力,知安庆府黄幹又定下规矩:"有鼓倡不肯用心并苟简蔑裂,合从本府勒罢住持";而"用心最勤者,合从本府升差上刹"③。

特别是福建路的寺院宫观,承担的各种苛捐杂税更多。由于福州寺院占田较多,因此"州常赋外,一切取给于僧寺"④。除一般要缴纳的"税、苗、盐、役"四项外⑤,据《淳熙三山志》卷一七记载,福州寺院"科纳上供银等钱三十万四千六百三十二贯二百二十八文"。其具体项目有上供银钱、军器物件钱、酒本钱、醋课钱、助军钱、大礼银钱等。南宋后期,林希逸在《重建敛石寺记》中写道:

> 僧寺之废兴,以吾侪视之,若干事无所损益也,然余观江湖浙之和籴、运籴,淮东西之车驮、夫脚,其为产家害极惨,而他科索不豫焉。以余所见,推所未见,概可知矣。独吾闽之人,衣食其田,自二税之外无所与闻,问之僧寺,则上供有银,大礼有银,免丁又有银。岁赋则有祠牒贴助,秋苗则有白米撮借,与夫官府百需,靡细靡大,皆计产科之⑥。

---

① 《宋史全文》卷三二,乙未端平二年四月条。
② 《宋史全文》卷三二,端平二年九月己巳条。
③ 黄幹:《勉斋集》卷三一《申制司行以安庆府催包砌城壁事宜》。
④ 《淳熙三山志》卷一〇《版籍类一》。
⑤ 《淳熙三山志》卷三三《寺观一》。
⑥ 《竹溪鬳斋十一稿续集》卷一〇。

为了更进一步在经济上控制寺院钱财，宋高宗绍兴初年，知福州张守实施了"实封"法："存留上等四十余刹以待高僧，余悉为实封，金多者得之"。这其实就是对选任寺院住持实行招标，谁出钱多谁当选。据说当时官府通过"实封法"每年都可以累计得到"七八万缗"，主要用于置办军装和替民众交纳杂税①。

这项"实封"法，在兴化军（今福建莆田）被称为"助军"。由于"闽多佳刹而僧尤盛"，不少僧人多垂涎住持的地位，因此"一刹虚席，群衲动色，或挟书尺、竭衣盂以求之"，将"实封"的价额越抬越高，"有司视势低昂、赏厚薄而畀焉，先输赀后给帖"②。刘克庄在《赠音上人》一诗中不无揶揄地说："脱白披缁迹涉奇，傍人能说举幡时。禅家合掌来参请，乌寺摇头不住持。喜舍未逢大檀越，实封输与小沙弥。是凡是圣都休问，且为渠看一袖诗。"③

起初，福建路寺院"住持入纳以十年为限"，后来到宋理宗时期，官府因经费困难，将"实封"年限"减为七年或五年"。甚至假借官司废掉主僧而另行"实封"，致使有的住持还未当满一年便被换掉了④。这样一来，福建寺观的经济势力便遭到了严重削弱。吴潜曾对福建路寺观的情况痛切地总结道："几年贿赂盈门，主首类皆席卷以偿所费。闽中僧寺犹狼狈不如旧，它可知矣。若道观则所设无几，且田莫多于寺院。然欲于田之外责以一钱，实无从出。"⑤

泉州官府凡有工程营建，都按"僧门产业之高下"，再根据工程量的大小拨付相应的钱款给指定的寺院，责令其组织修建。例如，泉州修建州学，"每斋惟支百缗，付之一僧"；修建通济桥（浮桥），"每舟惟支二十缗，付之一僧"；"凡竹木砖瓦之类，任其以市价私自贸易"；"凡工匠人夫之辈，听其以乡例私自佣雇"；官府对其一概不加过问。如工程钱款不够，则全部由寺院贴赔。官府认为寺院财产也是国家财产，因此这样做是天经地义之事："假使

① 《建炎以来系年要录》卷五六，绍兴二年七月丁卯条。
② 《后村先生大全集》卷一五八《明禅师》。
③ 《后村先生大全集》卷三〇。
④ 《后村先生大全集》卷一四六《忠肃陈观文（韡）神道碑》。
⑤ 《宋特进左丞相许国公奏议》卷二《奏论计亩官会一贯有九害》。

有陪贴不赀之费,实皆吾公家之财也。移吾公家之财为吾公家之用,彼特为吾干之耳,非克彼父母钱本也,非括彼房奁中物也,吾不可复为之恤也。但时施其犒劳之惠耳。"①不过,这中间明显有许多强行让寺院出钱的环节,因此实际上也就是官府的强行摊派。

其他路分寺院宫观的赋役负担,从总体上说一般要轻于福建,但由于有些寺观经济力量薄弱,因而也不堪重负。宋孝宗乾道三年(1167),周必大在《泛舟游山录》中谈到了庐山寺观的情况:"初,南唐元宗赐田给诸庵岩,故所至有产业。中经李成焚荡,十存一二,又税重租薄,僧道往往逃移,寺观日以摧毁。近虽稍修复,而废绝为多。"②

南宋寺院宫观的夏秋两税一般都不能免除,连御前宫观以及皇帝赐给各寺院宫观的土地也都是要交纳租税的③,免除两税,需要皇帝特旨批准。不过,对两税以外苛捐杂税的蠲免就要稍稍放得宽一些。

绍兴年间重修的《常平免役令》遵循北宋规定,重申:"诸崇奉圣祖庙、祖宗神御陵寝寺观,免役钱勿输。"④南宋政府自诩"重农闵雨",因此,凡寺观内有能"时兴云雨,随祷随应,载在祀典"的神祠、神庙,根据具体情况,也可以免除一些两税之外的财政性摊派⑤。

另外,如前所述,南宋政府出卖度牒、征收僧道免丁钱也是寺观和僧道一笔沉重的经济负担,使佛教和道教的发展受到了有力的遏制。对此,宋人赵彦卫总结说:

> 绍兴中军旅之兴,急于用度,度牒之出无节。上户和籴所得,减价至三二十千。时有"无路不逢僧"之语,觉、杲、了诸人,皆青出蓝者,每人会下不啻一二千人,徜徉江浙间。士夫富室巨家为之倾动,小民亦信向,佛法之盛,无出斯时。东坡云"殆非浮屠氏之福"者是也。杲之南

---

① 《北溪大全集》卷四三《拟上赵寺丞改学移贡院》。
② 《文忠集》卷一六九。
③ 《橘洲文集》卷七《题光孝蠲赋赐田碑阴》。
④ 陆心源:《吴兴金石记》卷九《报恩光孝禅寺赐田免税公据碑》,《宋代石刻文献全编》本。
⑤ 《竹溪鬳斋十一稿续集》卷一〇《重建敛石寺记》。

迁,亦坐此。后禁度牒,二十余年间,僧徒消烁殆尽,福建诸寺多用保甲看管。今度牒卖八百贯,人竞买之。守之以坚,真良法也①。

总之,寺观的生存和发展需要富裕的经济条件。南宋签书江阴军判官厅公事丁昌朝对此有明确的认识,他在《浔溪祇园寺庄田记》中写道:"释氏之教本于清净寂灭,平居恬养得遂其性者,以香积霑足故也。苟无常产,则香积不足以充晨昏,而欲使之安以清净寂灭,难矣。是宜奉释者襃然为首,以兴庄田之利也。"②而南宋政府以停卖度牒来限制僧道人数的增加,以征收高额的寺院免丁钱、对寺观进行各种财政性的摊派,以限制寺观经济的非正常增长,无疑使传统意义上那种僧道"不耕而食"、"不蚕而衣"的局面在南宋发生了很大的改变。福建路的寺院经济甚至成为当地经济的一个重要组成部分,对此,曾任南宋司农少卿的林希逸还特意指出:"僧寺,闽南之保障。"③由此推而广之,也可以说南宋的寺观经济在很大程度上已经与世俗封建经济相差无几了。由此也导致僧道更加追求世俗的经济利益,唯利是图。

---

① 《云麓漫抄》卷四,第65页。按:原文"杲"字均误作"果",点校本亦未改正。在这里,"觉"指正觉,"杲"指宗杲,"了"指清了。故径改之。
② 宗源瀚等编:[同治]《湖州府志》卷四九,同治九年刊本。
③ 《竹溪鬳斋十一稿续集》卷一〇《重建敛石寺记》。

# 第十章　宗教与南宋社会

## 第一节　宗教节日和丧葬、荐亡法事
## 对社会风俗的影响

宗教也在很多时候影响着人们的风俗习惯。一种宗教的信仰者经过年长日久的流变，往往会形成自己特殊的风俗习惯①。沿袭已久的各种宗教节日和丧葬、荐亡法事活动对南宋社会风俗仍有着很大的影响。

### 一、宗教节日与社会风俗

在中国历史上，经过长期的发展，佛教、道教、巫教的一些重大宗教节日已经为人们所接受，融入了传统年节之中。南宋时，这些节日尽管一如既往地举行，但规模之大，可谓空前。下面，以浴佛节为例而叙之。

在汉译佛教经典中，释迦牟尼的生日有二月八日、四月八日两种说法。《长含经》等认为是二月八日，而《太子瑞应本起经》等则认为是四月八日。中国习惯以四月初八为佛诞日，二月初八为佛出家日，腊月初八为佛成道日（腊八），二月十五日为佛涅槃日。

---

① 戴康生、彭耀主编：《宗教社会学》，社会科学文献出版社2000年版，第179页。

在佛诞日,因"天下精蓝,悉浴佛"①,故又称其为浴佛节。在这一天,各寺院要在佛殿上香礼拜,僧侣跟随维那唱《浴佛偈》:"我今灌沐诸如来,净智功德庄严聚。五浊众生令离垢,愿证如来净法身。"尔后,"绕旋而行",轮番"执杓舀汤浴佛"。浴佛仪式完毕,要齐诵《楞严咒》②。

另外,据《东京梦华录》记载,北宋时,除佛诞日"十大禅院各有浴佛斋会"外③,在"腊八"也要举行浴佛活动:"街巷中有僧尼三五人作队念佛,以银铜沙罗或好盆器坐一金铜或木佛像,浸以香水,杨枝洒浴,排门教化。"④但南宋时仅在佛诞日举行浴佛活动。

南宋时,在寺院内举行的浴佛仪式只是例行法事,而在寺院之外,才是浴佛节最热闹的场所,才是僧侣最活跃的地方。在都城临安府(今浙江杭州),据《武林旧事》卷三《浴佛》记载:"僧尼辈竞以小盆贮铜像,浸以糖水,覆以花棚,铙钹交迎,遍往邸第富室,以小杓浇灌,以求施利。"据《西湖老人繁胜录》记载:"诸尼寺、僧门,卓上札花亭子并花屋、内以沙罗盛金佛一尊、坐于沙罗内香水中、扛台于市中。宅院铺席诸人浴佛求化。"

在平江府(今江苏苏州),"浮屠浴佛,遍走闾里"⑤;其属县昆山,"尼寺设饭茶供,名无碍会"⑥。在福州,城东报国寺(绍兴三年以后改在万岁寺)要举行庆赞大会,"斋僧尼等至一万余人",并用抓阄的方法,"分施衣、巾、扇、药之属"。但由于组织庆赞大会的会首借机敛财,宋孝宗乾道三年(1167),"会首有取至三千余缗",因而被知福州王之望下令取缔,"自是遂绝"⑦。

在这一天,临安府民众还沿袭北宋习惯,"用释氏法,称家有无,随愿深浅买禽鱼而放之,谓为诵圣";官民数万人齐聚西湖"作放生会",除"竞买龟

---

① 《黄龙慧南禅师语录》,《大正藏》NO. 1993。
② 释惟勉:《丛林校定清规总要》(《咸淳清规》)卷下,《卍新纂续藏经》NO. 1250。释明本:《幻住庵清规》,《卍新纂续藏经》NO. 1248。道诚:《释氏要览》卷中,《大正藏》NO. 2125。
③ 孟元老:《东京梦华录》卷八《四月八日》,文渊阁《四库全书》本。
④ 《东京梦华录》卷一〇《十二月》。
⑤ 《吴郡志》卷二《风俗》。
⑥ 凌万顷等:《玉峰志》卷上《风俗》,《宋元方志丛刊》本。
⑦ 《淳熙三山志》卷四〇《岁时》。

鱼螺蚌放生"外,还要放生为数众多的飞禽,美其名曰"为人主祈福"。宋孝宗时,敷文阁直学士张子颜在涌金门外修建了专用于放生的"泳泽亭",在浴佛节这一天,"萃鳞翼二十四万,朝服敬祷,一一而纵之,祝曰:'为两宫千万岁寿!'"①

"年年四月初八日,水沉汤浴黄金佛"②。尹梅津在为《东家杂记》作跋时写道:"今四月八日,浮屠氏盛为香花供。问之,则曰佛生日也。吾徒衣逢掖之衣者、深衣大带者,问以孔圣生之日,则愕眙左右顾,莫知所以为对。非阙欤?"③由此可以得出一个认识:正是通过浴佛节,才使南宋男女老幼都知道了释迦牟尼的生日,增强了佛教的社会影响力。而孔圣人因没有纪念其诞辰的节日,所以不为人们所知。这就是宗教节日的特殊功能。

另外,北宋因祈雨还形成了如分龙节这样的民俗性节日。

分龙节或称分龙日。北宋陆佃说:"今俗五月谓之分龙,雨曰隔辙,言夏雨多暴至,龙各有分域,雨旸往往隔一辙而异也。"④在分龙日之前,南方雨水多,在分龙日之后,降雨量减少,且各地降雨不均匀。宋人舒岳祥"五月二十分龙雨,今日霏微如下土。前日何日何霖霆,正是分龙乃如许"的诗句⑤,正是这种情况的真实写照。

南宋时,各地分龙节的日期有所不同。江南地区"俗谓五月二十日以后为分龙日"⑥,但"池州俗以五月二十九、三十日为分龙节","闽人以夏至后为分龙"⑦。真德秀在《天庆观等处谢雨疏》中有一自注:"二十二日谢,二十四日大雨,至次日已午而后止。人谓二十五日正分龙日也。"⑧但不知这是什么地区的分龙日。

---

① 《武林旧事》卷三《浴佛》。《古今事文类聚》(后集)卷三四,洪迈:《泳泽亭记》,文渊阁《四库全书》本。
② 《诚斋集》卷二四《贺必远叔四月八日洗儿》。
③ 孔传:《东家杂记》附录《孔子生年月日考异》,文渊阁《四库全书》本。
④ 陆佃:《埤雅》卷一九《释天》。
⑤ 舒岳祥:《阆风集》卷二《分龙吟》,文渊阁《四库全书》本。
⑥ 叶梦得:《建康集》卷二《祈雨未应,复请于茅山、采石,庶几得遂之》。
⑦ 陈元靓:《岁时广记》卷二《分龙节》。
⑧ 《西山先生真文忠公文集》卷五〇。

宋人庄绰说:"二浙四时皆无巨风,春多大雷雨,霖霪不已。至夏为梅雨,相继为洗梅。以五月二十日为分龙。自此,雨不周遍,犹北人呼隔辙也。迨秋稻欲秀熟,田畦须水乃反亢旱。余自南渡十数年间,未尝见至秋不祈雨。此南北之异也。"①

宋人叶梦得在《避暑录话》卷下中对分龙日的记述更是神乎其神:

> 吴越之俗以五月二十日为分龙日,不知其何据。前此夏雨时,行雨之所及必广,自分龙后,则有及、有不及,若有命而分之者也。故五六月之间,每雷起云簇,忽然而作,类不过移时,谓之过云雨,虽三二里间亦不同。或浓云中见若尾坠地蜿蜒屈伸者,亦止雨其一方,谓之龙挂。深山大泽,龙蛇所居,其久而有神,宜有受职者,固无足怪。屋庐林木之间,时有震击而出,往往有隙穴,见其出入之迹,或曰此龙之懒而匿藏者也。佛老书多言龙行雨甚苦,是以有畏而逃。以是推之,龙之类盖不一。一雨分役,亦若今人之有官守。长贰佐属,其勤惰、材不材,为之长者,各察而治之耶?

因此,在分龙日前后,宋人一般都要赴庙祷雨,祈求龙王和诸神保佑。真德秀在《祈雨疏》中写道:"民之为生,莫先于足食。雨以润物,尤贵于及时。况甫更芒种之期,且将届分龙之日。必梅霖勇泽,相望弥月之间,斯稼宝怀新,可必丰年之望。此农亩推占之常验,而守臣倾偬之至情。"②

由于事关农业收成,南宋人对龙分日看得较重,揉入了巫教的成分。据说在这一天,"曰雨曰霁,岁之丰歉,于是而占焉"。因此,"储粟之家亦必俟是日之雨,然后肯泄其所藏以惠闾里。"下雨和天晴竟能占验一年的丰歉,影响粮食市场的行情,"其利害岂它日比哉"③!

尽管分龙节的节日色彩淡薄,但因为其祈雨事关农业,巫术成分又极其厚重,因而对南宋社会乃至明清以后民间祭龙王求雨的活动都有深刻的

---

① 《鸡肋编》卷中。
② 《西山先生真文忠公文集》卷五〇。
③ 《西山先生真文忠公文集》卷五三《诸庙祈雨祝文》。

影响。

再看道教的中元节和佛教的盂兰盆节。

七月十五日是道教的中元节,又是佛教的盂兰盆节。该节主要是为纪念故去的亲人、超度亡灵。

西晋竺法护译出的《盂兰盆经》称:目连的母亲死后堕生饿鬼中。目连用僧钵盛饭去喂食母亲,但米饭入口便化成了火炭,目连母亲根本就不能吃进任何食物。目连于是向佛祖求情,佛祖告诉他,必须要借用十方众僧之力,在七月十五日这天,将百味五果放入盂兰盆中,供养十方大德,为七代父母和现在处于厄难中的父母做法事,才能解救她的母亲。目连照着佛祖说话去做了,使母亲脱离了饿鬼之道。

南北朝时期的《道经》说:"七月十五日,中元之日。地官校勾,搜选众人,分别善恶。诸天圣众,普诣宫中,简定劫数,人鬼传录。饿鬼囚徒,一时俱集。以其日作玄都大[斋],献于玉京山。采诸花果、世间所有奇异物,玩弄服饰、幡幢宝盖、庄严供养之具,清膳饮食、百味芬芳,献诸众圣,及与道士。于其日夜,讲诵是经。十方大圣,齐咏灵篇。囚徒饿鬼,当时解脱,一切俱饱满,免于众苦,得还人中。若非如斯,难可拔赎。"①

从南北朝萧梁时期起,中国社会开始有了盂兰盆节。道教的中元节大概要晚于盂兰盆节。其后,佛、道的两节便在同一天举行,各不相碍。

《武林旧事》卷三《中元》对临安府过中元节和盂兰盆节的情况有一重要记述:"七月十五日,道家谓之中元节。各有斋醮等会。僧寺则于此日作盂兰盆斋。而人家亦以此日祀先,例用新米、新酱、冥衣、时果、采段、面棋,而茹素者几十八九,屠门为之罢市焉。"而《梦粱录》卷四的记载较为详细:

> 其日,又值中元地官赦罪之辰,诸宫观设普度醮,与士庶祭拔宗亲。贵家有力者,于家设醮饭僧,荐悼或拔孤爽。僧寺亦于此日建盂兰盆会,率施主钱米与之。荐亡家市卖冥衣,亦有卖转明菜花、花油饼、酸

---

① 徐坚:《初学记》卷四《岁时部下》,以《太平御览》卷三二《时序部十七》参校,文渊阁《四库全书》本。

馅、沙馅、乳糕、丰糕之类。卖麻谷窠儿者,以此祭祖宗,寓预报秋成之
意。鸡冠花供养祖宗者,谓之洗手花。此日,都城之人有就家享祀者,
或往坟所拜扫者。禁中车马出攒宫,以尽朝陵之礼,及往诸王妃嫔等坟
行祭享之诚。后殿赐钱差内侍往龙山放江灯万盏,州府委佐贰官就浙
江税务厅设斛以享江海神鬼。

在福州,在中元日前一两天,人们设立祖先牌位,"具酒馔享祭,逐位为
纸衣焚献"。这是道教仪式。到中元日这一天,人们按佛教仪式建盂兰盆
会。人们在自己家中"严洁厅宇,排设祖考斋筵,逐位荐献";"贫者率就寺
院,摽题先世位号供设"。另外,神光寺中"有佛涅槃像,傍列十弟子,有扣
心、按趾、哭泣、擗踊、出涕、失声之类"。该寺在这一天邀请人们前往观看,
名曰"看死佛"①。

"蜀人风俗重中元节"。但蜀人也是先过道教的节日:"率以前两日祀
先,列荤馔以供";再过佛教节日:"及节日,则诣佛寺为盂兰盆斋"②。

盂兰盆节和中元节的宗教寓意都在追荐死亡的亲人,宗教"孝亲"的色
彩十分浓烈。

再看崔府君生日和忌日。由于宋高宗的"神道设教",崔府君在南宋的
地位十分尊崇。崔府君的生日和忌日还成为了杭州民俗中的特定节日:"季
夏六日,相传以为府君生朝,都人无不归向,骈拥一夕,尤为一时之盛。孟冬
十日,又谓为府君朝元之节,或云以是日上升,禁庭皆设斋醮。"③《武林旧
事》卷三《都人避暑》记载:"六月六日,显应观崔府君诞辰。自东都时,庙食
已盛。是日,都人士女骈集炷香,已而登舟泛湖,为避暑之游。……入夏则
游船不复入里湖,多占蒲深柳密宽凉之地,披襟钓水,月上始还。或好事者
则敞大舫、设薪簟,高枕取凉,栉发快浴,惟取适意。或留宿湖心,竟夕
而归。"

南宋时期,佛教、道教、巫教的节日多种多样。除上面提到的一些特别

①《淳熙三山志》卷四〇《岁时》。
②《夷坚乙志》卷二〇《王祖德》,第360页。
③《攻媿集》卷五四《中兴显应观记(奉敕撰)》。

重要的节日外,还有许多宗教节日,如二月八日是祠山张王生日,三月三日是智积菩萨生日①,三月二十八日是东岳大帝生日,六月二十六日是观音生辰②,十月十五日是下元节,腊月初八日是腊八节等等。通过这些宗教节日和法事活动,南宋宗教与民俗相互影响,宗教意识与民俗心理达成默契,自然也使宗教获得了广泛的社会支持和民众基础。

### 二、丧葬、荐亡法事与社会习俗

南宋时期,佛教化的丧葬习俗更加普遍。中国社会素来对丧葬仪式的隆重性尤为在意,因此,"丧溺于佛"③早在北宋就已成为了遭到士大夫诟病、却为社会公众所普遍接受的习俗。

大诗人陆游在年老时预先安排自己的后事,叮嘱儿子们说:"吾死之后,汝等必不能都不从俗。遇当斋日,但请一二有行业僧诵《金刚》、《法华》数卷,或《华严》一卷,不啻足矣!"④而官至淮南转运副使兼提刑的黄莘(1151—1211),是位一向崇尚理学、反对宗教的士大夫。黄莘死后,其子黄塏不打算用僧道举办丧事,但立即遭到"亲族内外群起而排之",不得已,只好采用"半今半古之说",即"祭享用荤食,追修用缁黄"⑤。

佛教认为人生是痛苦的,死亡是对痛苦人生的解脱。《大般涅槃经》记述如来偈语说:"诸行无常,是生灭法;生灭灭已,寂灭为乐。"⑥意思是说远离生、灭之无常世界,而至无生亦无灭之涅槃寂静世界。《湖海新闻夷坚续志》记述了一则故事:宋理宗淳祐四年(1244),邛州依政县(在今四川蒲江东北)有一行脚僧死亡,当地僧人于是"以竹椅扛赴柴楼火化"。点火后,正当"数十僧皆诵经观看"时,有一姓李的铁匠突然在人群中高喊:"一日过一日,一

---

① 《文忠集》卷一七一《乾道壬辰南归录》。
② 《石门文字禅》卷一三《十世观音生辰六月二十六日二首》。
③ 《淳熙三山志》卷三九《土俗类一》。
④ 陆游:《放翁家训》,引自叶盛:《水东日记》卷一五,文渊阁《四库全书》。
⑤ 俞文豹:《吹剑录外集》,《笔记小说大观本》。
⑥ 《大般涅盘经》卷下,《大正藏》NO.7。

日无所益。早往西方去,般若波罗密!"跳入火中自焚而死①。对这则故事作
"背景式分析",可以认定它具有真实的意义。

　　既然如此,佛教的送葬仪式就具有很大程度的喜庆性。宋仁宗灵柩停
放在福宁殿时,用浮屠法守灵:"每日装饰尼女,置于殿前,傅以粉黛,衣之绮
绣,状如俳优,又类戏剧"。遭到了司马光等大臣的强烈反对②。陆游也说:
"悲哀哭踊,是为居丧之制。清净严一,方尽奉佛之礼。每见丧家,张设器
具,吹击螺鼓,家人往往设灵位,辍哭泣而观之,僧徒衒技,几类俳优。"③

　　在中国传统风俗习惯中,除了庄子等人外,但凡一般人家里有亲人去
世,都是极度悲哀的。但习以为常,到南宋时,人们大都适应了佛教的丧葬
仪式。

　　俞文豹说:在南宋后期,外地设道场,"终夕讽呗讲说","惟启散时用铙
钹",因而"犹有恳切忏悔之意"。但临安府却"用瑜伽法事,惟只从事鼓钹,
震动惊撼,生人尚为之头疼脑裂",更何况亡灵呢? 而诵念经文,"则时复数
语";"仍以梵语演为歌调,如《降黄龙》等曲"。"至出殡之夕,则美少年长指
爪之僧出弄花钹、花鼓锤,专为悦妇人、掠钱物之计"④。

　　因果报应、天堂地狱、生死轮回是佛教震慑人心的一大法宝。因此,佛
教还有各类荐亡仪式,为死者念经或做佛事,使其亡灵早日脱难超升。宋理
宗时曾任监察御史的吕午说:"自乾竺法入中国,其徒备著天堂地狱鬼神,为
张因果罪福之说,以为人死为鬼,鬼复为人,随善恶报,还复无穷。若善男子
善女人,悉当如是观。故其诱人甚速,入人甚深。无智愚皆知之,妇人女子
亦信向焉。"⑤

　　佛教规定:死者要想脱离地狱,那就得从下葬开始,到"七七日"⑥、"百
日、期年、再期、除丧",由在世的亲人不断地"饭僧、设道场,或作水陆大会。

---

　①　佚名:《湖海新闻夷坚续志》(后集)卷二《观音现身》,中华书局 1986 年版,第 180 页。
　②　《宋名臣奏议》卷九三《上英宗乞撤去福宁殿前尼女》。
　③　《放翁家训》。
　④　《吹剑录外集》。
　⑤　祝穆、富大用:《古今事文类聚》(前集)卷三五《慈竺院记》。
　⑥　佛教祭祀仪式规定:人死后每隔七日祭奠一次,到七七四十九日止,故曰"七七"。

写经造像,修建塔庙"。如果按规定做了荐亡法事,即为死者念经或做佛事,使其亡灵早日脱难超升,那死者就可以"灭弥天罪恶,必生天堂,受种种快乐";如其不然,那就"必入地狱,到烧舂磨,受无边波咤之苦"①。

受佛教的影响,道教也声称人死以后,魂灵将滞于九幽地狱,如不拯济,则永无脱离的希望。因此,必须设斋醮超度。《鬼董》说:"荐亡一门,不在洞元、洞神、洞真之科,最为后出。模写释氏而不克肖,以佛本不言荐亡,后人设为之,已自背本教,道士见其利人之厚,因而效焉。"②陆游也说:"升济神明之说惟出佛经,黄老之学本于清净自然,地狱天宫,何尝言及? 黄冠辈见僧获利,从而效之。送魂登天,代天肆赦,鼎釜油煎,谓之炼度;交梨火枣,用以为修,可笑者甚多。"③

南宋时期,治丧、荐亡的各种佛教、道教法事规模越来越大。据《夷坚志》卷九《焦氏见胡一姊》记述:宋宁宗时,饶州民妇焦氏为超度早年"自缢"而至今"未得托化"的女鬼胡一姊,到中元节时,便在永宁寺塔院建水陆大斋,为她"设位荐拔"。《夷坚三志辛》卷二《鬼迎斛盘》记述:"鄱阳坊俗,每岁设禳灾道场",宋宁宗庆元四年(1198)四月,在永宁寺大殿"命僧建水陆斋供,加持斛盘"。"及斋施已竟,众僧鸣铙击鼓,奉斛出三门"。《夷坚三志己》卷二《天庆黄箓》记述:"庆元四年二月十六日,饶州天庆观设黄箓大醮,募人荐亡,每一位为钱千二百,预会者千人。"陆游认为这是一种丑陋的民俗:"吾见平时丧家百费方兴,而愚俗又侈于道场斋施之事。彼初不知佛为何人、佛法为何事,但欲夸邻里为美观尔。"④晚宋时,李之彦也认为这种事情很荒唐:"世人不思积善、积恶,殃庆各以类至,惟托缁黄诵经持咒,或谓保扶,或谓禳灾,或谓荐亡。如此,则有资财者皆可免祸矣。"⑤但这些反对的声音很快便被民俗巨大的声浪所吞没了。

不仅在民间,甚至皇室也用佛、道荐亡,大做法事。宋高宗死后,大臣尤

① 司马光:《书仪》卷五《魂帛》,文渊阁《四库全书》本。
② 佚名:《鬼董》卷三,《知不足斋丛书》本。
③ 《放翁家训》。
④ 《放翁家训》。
⑤ 李之彦:《东谷所见》,《说郛》卷七三下。

袤反对用佛道礼仪治丧,上奏称:"释老之教,矫诬亵渎,非所以严宫禁、崇几筵,宜一切禁止。"①因而,高宗的丧礼,屏绝了僧道。然而,绍熙五年(1194)六月,宋宁宗为宋孝宗发丧,却动用了僧道仪仗:"礼直官引侍中奏请哲文神武成孝皇帝灵驾进发,有司率僧道各执威仪、锣钹、道具并车舆、法物、哀册、谥册宝等,及仪卫执持物人前引灵驾进发。"②庆元二年(1196)六月九日,是宋孝宗大祥之日。天下为之"禁屠宰三日","诸路州、府、军、监各就寺观请僧建道场七昼夜,罢散日设醮一座",所有官员都前往"佛寺设位,集僧道行香"③。

南宋战争频繁,战况惨烈,死人无数,而早已佛教化的丧葬习俗使南宋官民对宗教的依赖性越来越强,追荐亡灵的法事活动越来越多,且其规模也越来越大。

宋高宗建炎四年(1130)六月,在南侵的金军北撤后,宋高宗便下令:"州县之官往集缁黄之侣,虔依圣教,俯荐幽魂"④,以超度死于战乱的军民。这次荐亡仪式的规模应该说是相当大的。

景定元年(1260)八月,当南宋军队击退蒙古大汗蒙哥、亲王忽必烈、大将兀良合台的三路大规模进攻后,宋理宗下令"四川可于重庆,两广当就南岳,荆湖江西仍就江州太平兴国宫","择八月内启建三昼夜"道场,"每一处降赐沉香一百两、脑子十两、降真三百斤、黄蜡一百斤、官会十万贯"⑤。这还仅是道教的三处道场,而佛教道场,则应更多。

---

① 《宋史》卷三八九《尤袤传》,第 11926 页。
② 《宋会要辑稿》礼三〇之三一。
③ 《宋会要辑稿》礼三〇之四八。
④ 綦崇礼:《北海集》卷三六《金人残破江浙杀戮生灵募僧道作道场祭文》,文渊阁《四库全书》本。
⑤ 《庐山太平兴国宫采访真君事实》卷三《恭奉朝廷赐钱设普度醮密札》。

# 第二节　僧道在社会慈善活动及公益事业中的作用

民间公益慈善活动可以在很大程度上补充政府社会救济能力的不足。南宋时期的战争远比北宋时期剧烈，因此，南宋时期的民间公益慈善活动也比北宋时期要活跃得多。在各种民间公益慈善活动中，宗教的劝善救世思想有着核心的作用。南宋时期，尤其是佛教徒，在掩埋尸骨、焚化尸体、看守公墓、寄存灵柩、济贫恤穷、疾病救治、建桥修路等民间公益慈善活动中都发挥了积极的作用。这无疑大大提高了佛教在南宋社会中的影响力。

## 一、丧葬方面的慈善举措

### （一）掩埋尸骨

宋高宗建炎三年（1129）九月，金军兵分两路，渡江南侵。两淮、两浙、两湖、两江不少州县都遭到金军铁骑蹂躏。仅在建康府（今江苏南京）城中，民众"死于锋镝敲捞者盖十之四"，"城中头颅手足相枕藉，血流通道"，而且骸骨长期无人收葬。其余如杭州、南康军（今江西星子）、平江府、洪州（今江西南昌）、潭州（今湖南长沙）等地，民众也遭到金军或盗匪的野蛮屠戮。南康军"遗骸不啻万人"，"平江以北流尸两岸，遗骸颇多"①。绍兴元年（1131）秋，宋高宗诏令各地官府招募僧道掩埋尸骨，规定凡掩埋二百具者便可领取一道度牒。各地僧道都参加了这一社会慈善活动。仅建康府的僧人，便与饥饿的贫民一道，先后在城外挖掘了"深广皆二丈"的八个大坑，掩埋了数万具尸骨，建起了八座"皆高一丈"的义冢。其中，"得全体四千六百八十有七，断折残毁不可计以全者又七八万"。事后，礼部也依据事先的诏令，如数给建康府城内参与此事的各寺颁发了度牒：华藏寺五道、能仁寺五道、保宁寺五道、清凉寺三道、寿宁寺二道②。绍兴三十一年，金军攻入淮东，屠杀民众

---

① 《宋会要辑稿》赈贷二之一二○。
② 《景定建康志》卷四三《掩骼记》。

无数。泰州如皋县石庄镇明禧禅院的僧人如本"收瘗遗骸三百,得官给僧牒"①。

在承州(今江苏高邮)之战,宋将韩世忠麾下将士战死不少。宋高宗当时诏令征用寺院的空地掩埋,让寺院派僧人照管,每年发放度牒作为补贴。建炎四年,刘光世、张俊两军渡江作战,将士战死者亦多,宋高宗也依照旧例,"复令收其遗骸于僧寺隙地瘗之,岁度量童行守冢而厚恤其家"②。

十二月二十七日,上谕辅臣曰:"刘光世、张俊两军渡江击贼,屡获胜捷,然有死于锋镝之下,朕所伤恻。向者韩世忠承州之战,亦有死事将士,既加褒赠,复令收其遗骸于僧寺隙地瘗之,岁度量童行守冢而厚恤其家。今可依此施行。"臣鼎曰:"圣恩及于存殁如此,将士闻之,孰不用命!"③

除去战争之外,因天灾人祸死亡而无人认领的遗骸,在许多时候也是由官府出资,组织僧人掩埋的。如,绍兴四年,因运河淤积,漕运不通,宋高宗诏令组织役兵疏浚河道,又因河底尸骸太多,宋高宗又诏令:"河中遗骸,听僧徒收瘗。数满二百,给度牒一道。"④绍兴五年,宋高宗诏令:"募僧人收瘗淮南客死者,每百人以度牒一道给之。"⑤绍兴五年冬,潭州出现现反常天气,"雪霰交作,间有雷电,冰凝不解,深厚及尺,州城内外,饥冻僵仆,不可胜数"。荆湖南路转运判官、权安抚司公事、兼管潭州薛弼于是下令:"用度牒招募僧行随即瘗埋"⑥。乾道六年(1170)六月,湖州马墩镇的行者祝道诚因收葬运河遗骸"一千二百六十有余",宋孝宗下令赐给他度牒和紫衣,剃度为僧⑦。再如,秀州华亭县在南宋时濒临东海,"每当涛风暴怒,多有溺者之尸乘潮而上。潮退,暴露沙际。须臾,大乌啄啮以尽,遗骸荡析,随亦灭没久矣"。宋光宗时,知县李直养让僧人师俊组织人力修建大墓,掩埋海岸边暴

---

① 《夷坚支戊》卷四《闽僧如本》,第1081页。
② 《宋会要辑稿》食货六八之一二二。
③ 《宋会要辑稿》赈贷二之一二二。
④ 《建炎以来系年要录》卷七二,绍兴四年正月壬癸条。
⑤ 《建炎以来系年要录》卷八四,绍兴五年正月壬子条。
⑥ 《建炎以来系年要录》卷九八,绍兴六年二月庚戌条。
⑦ 《宋会要辑稿》道释一之三六。

露的尸骸,一共收葬了"一百四十六人"①。宝祐五年(1257),宋理下诏宣称"更有毙于疫疠、水灾与夫殁于阵者,遗骸暴露,尤不忍闻也",因而命令:"召幕诸寺观童行,有能瘗遗骸及百副者,所在州县保明,备申尚书省,给度牒一道,以旌其劳。"②

**(二)焚化尸体**

南宋时期,人多地少的问题日益严重,中国传统的土葬制度遭遇了很大的困难,因此佛教的火葬方式尤为盛行。宋宁宗时期曾担任过丞相之职的京镗祖祖辈辈"皆用浮屠法葬之水火"。据杨万里说,京镗一家"每岁寒食,只来江皋酹酒三爵,烧纸钱数束,即是上冢"③。

生活于宋末元初的方回说:"钱塘故大都会,承平时,城东西郊日焚三百丧有奇,月计之万,岁计之十二万。亩一金,而岁欲十二万穴,势不可,故率以火化为常。"④这基本上也反映了南宋后期的真实情况。

南宋有专门的火化场火化尸体。火化场或单独设置,或设在佛教寺院中,均由僧侣负责。例如在临安府,因"化人场间有近九宫坛、黑神坛禁地一十六处",影响到了南宋朝廷的祭祀活动,因而被"节次拆去"。嘉定二年(1209),考虑到废除包括金轮院、梵天院在内的火化场对民众的火葬有很大的影响,宋宁宗于是诏令:"临安府将见存化人场依旧外,其已拆一十六处,除金轮、梵天寺不得化人外,余一十四处,并许复令置场焚化。如遇祠坛行事,太常寺照条预前三日告示主首僧知委,不得焚化。如违,重断。"⑤

除临安府之外,其他的府州,甚至连一些镇也都设有专门负责火化尸体的寺院。如,平江府于宋光宗绍熙元年(1190),由浙西路提举常平张体仁创建了齐升院,并将官府没收的部分土地拨给该寺,作为火化费用的补贴。贫民死后不能安葬者,由该寺提供简易棺材,装棺后实施火化⑥。秀州海盐县

① 《至元嘉禾志》卷二四《丛冢》。
② 《宋史全文》卷三五,宝祐五年十一月壬戌条。
③ 《诚斋集》卷一一一《答罗必先省干》。
④ 《桐江续集》卷三五《普同塔记》。
⑤ 《宋会要辑稿》食货五八之二七。
⑥ 《吴郡志》卷三四《郭外寺》。

澉浦镇于宋孝宗乾道元年（1165），由僧人普澄创建了观音院，"为焚瘗所"①，专门负责火葬之事。平江府常熟县许浦镇"有千人坑、焚化院各一所"②。

火化后的骨灰，有的"如僧式立塔"，即建骨灰塔安置在寺院中③；有的用陶罐、瓷罐、瓦棺、木匣等容器装入，入土掩埋；有的则投洒到江河之中，如《夷坚支乙》卷九《鄂州遗骸》所载：

> 鄂州地狭而人众，故少葬埋之所。近城隙地，积骸重叠，多举棺置其上，负土他处以掩之。贫无力者或稍经时月，濒于暴露，过者悯恻焉。乾道八年，有以其事言于诸司，于是相率捐库钱，付胜缘寺僧治具焚瘗。先揭榜通衢，许血属自陈，为启圹瘗瘗，举而藏之，具书姓氏于外。如无主名者，则为归依佛宝，一切火化，投余骨于江，其数不可胜计。

还有投入寺院专设的撒骨池中的。《清波杂志》卷一二《火葬》记载：

> 浙右水乡风俗，人死，虽富有力者，不办蕞尔之土以安厝，亦致焚如。僧寺利有所得，凿方尺之池，积涔蹄之水，以浸枯骨。男女骸骼，縠杂无辨。旋即填塞不能容，深夜乃取出，畚贮散弃荒野外。人家不悟，逢节序仍裹饭设奠于池边，实为酸楚，而官府初无禁约也。

宋人认为：只要将骨灰投入水中，骨灰便"随即消化"了。而"遗骸不埋没"，也就用不着烧纸钱和念经便可得到超度④。僧人居简曾写过一章《菩提寺砌撒骨池疏》，对投骨灰于撒骨池的方式大加赞叹："漾漾涵空，安用黄金作底？方方裁碧，却须白玉为堤。平分一曲湖光，阔著九莲池水。看我湘南塔样，指出分明。比他城外馒头，相去多少？"⑤

站在今天的立场看问题，尸体火化是文明的行为。但有些南宋士大夫对火葬却有切齿之恨，认为这是佛教带来的"夷狄之法"。如黄震就坚决反

①　《海盐澉水志》卷五《寺庙门》，文渊阁《四库全书》本。
②　《吴郡志》卷五，汪应辰：《许浦水军省札》。
③　《夷坚三志己》卷七《周煅面》，第1357页。
④　《夷坚支戊》卷五《关王池》，1091页。
⑤　《北磵集》卷八。

对火葬,不准通济寺僧侣修建"化人亭"以火化民众尸体,但理由却荒唐万分:"杀之者常刑,焚之者非法。非法之虐,且不可施之诛死之罪人,况可施之父母骨肉乎!"①

尽管如此,但火化是大势所趋,不可改变的。宋理宗时,俞文豹在《吹剑录外集》中反驳那些反对火化的言论说:"明道宰晋城,申焚尸之禁。然今京城内外物故者日以百计,若非火化,何所葬埋?"不仅如此,有些府州还由官府出面,主持修建了专门存放骨灰的公墓。例如,宋孝宗淳熙十一年(1184),知建宁府宋之瑞花费官钱一千贯,就在吉祥寺边修建了一座专用于存放骨灰的公墓,"广袤余三十亩","缭以墙垣"。其中,建正屋三间,"翼以两挟,榜曰归真堂","对峙藏骨二塔"。在院墙之外,修建了"化人台",专用于火化尸骨。在归真堂后,建有守墓"苦行官"的住所,"凡像设床几器用毕备"。"复拨他院田四十亩,以偿寺山,并资给苦行官"。为保证该公墓今后的正常经费,宋之瑞还拨给建宁府公墓户绝田地,"岁可收数百斛"。用这笔田租收入,"专储以充市棺修垄之用"②。

(三)守护漏泽园

漏泽园即由官府建立的公墓,主要收葬无主尸骨及家贫无葬地者。据南宋徐度《却扫编》卷下记载,"漏泽园之法起于元丰间"。规模较大的漏泽园还附带建有佛寺。如北宋时开封府陈留县的漏泽园葬有八万余人,因而"规其地之一隅,以为佛寺,岁输僧寺之徒一人,使掌其籍焉"。大部分漏泽园仅置有少数守墓的僧人。到宋徽宗时,漏泽园制度有了很大的发展。有许多州县甚至"分为三园,良贱有别","葬日及岁时设斋醮,置吏卒护视,守园僧以所葬多为最,得度牒及紫衣"。两宋之际,由于战乱的原因,许多州县的漏泽园陷于毁废。

绍兴十四年(1144),宋高宗接受户部员外郎边知白的建议,诏令临安府及各州县恢复设置漏泽园③。临安府先后建立了 12 所漏泽园。漏泽园四周

---

① 《黄氏日抄》卷七〇《申判府程丞相乞免再起化人亭状》。
② 张琦等编:[康熙]《建宁府志》卷四二《常平义垄记》,康熙三十二年刻本。
③ 《建炎以来系年要录》卷一五二,绍兴十四年十二月己卯条。

"为藩篱以限之",选派两名僧人主管,"月给常平钱五贯米一石"。如果埋葬尸体达到 200 具,便可以"申朝廷赐紫衣"①。

其后,大多数府州也逐渐建立了若干漏泽园,也主要由僧人照管,政府以发给度牒作为看墓童行的酬奖。淳熙元年(1174)十一月十日,宋孝宗发布诏令,宣布每州设置一名童行负责看守"归正人"的墓地,满三年后,便发给一道度牒,将他正式剃度为僧人②。

一些漏泽园也存放骨灰瓶、骨灰罐。其存放方式是将其悬挂在屋内的横梁上,作有标记,以等待其家人日后取走。宋孝宗淳熙九年(1182),知韶州汪大定下乡慰劳农民,见到光运寺旁边有一座废弃已久的漏泽园,其中"遗骸多贮以瓶罂,垂之梁间,累累无数","其间亦有游宦不能归者"。后来,汪大定得到一笔善款,于是用这笔钱将光运寺旁漏泽园的骨灰瓶、骨灰罐全部入土安葬③。

也有少数漏泽园是由道士照管的。例如,宋宁宗庆元二年(1196),婺州东阳县(今属浙江)在县丞曾棠的主持下,重建了漏泽园,"为墙三百二十有一堵"。在园内修建了三间房屋,让道士居住,负责看管④。

另外,为方便看守,在一些漏泽园附近还修建有寺院。宋孝宗淳熙三年(1176),添差两浙西路马步军副总管开赵为安葬随自己南下后死亡的"忠义归正人",在平江府阊门外购买了三百余亩山地作为义坟,又建造了一座寺院,供养僧人。宋孝宗为激励士气,一面为这座庵舍赐名为"及优恤其",一面又下令常平司拨赐系官田五百亩充寺院常住田产⑤。

殿前司十三军将士的专用公墓,建在位于临安府西湖山北的鲍家田青枝坞。公墓设有普向院,"令僧主其香火",负责照管和祭奠。乾道八年(1172),宋孝宗还接受该寺住持僧法千的建议,改赐寺名为"愍忠资福普

---

① 《咸淳临安志》卷八八《恤民》。
② 《宋会要辑稿》兵一六之六。
③ 《攻媿集》卷一〇三《知江州汪公(大定)墓志铭》。
④ 党全衡:[道光]《东阳县志》卷九《重建漏泽园记》,清石印本。
⑤ 《宋会要辑稿》兵一六之七。

向"①。

还有一些寺院，本身就拥有专属墓地。如宋高宗后期的高级宦官、入内内侍省押班董仲永是一位虔诚的佛教信众。他曾自己出资在临安府城东创建了一所因果院，"凡遗骸暴露，专用归之。岁时斋设经诅，令僧追荐"②。

北宋末，秀州华亭县（今上海松江）超果寺主僧通过化缘，得到了寺北的一块空地，建立了漏泽园。宋孝宗时，该寺住持僧昙秀向朝廷申请，得到了"广化漏泽院"的建寺名额，在漏泽园建起了一座小寺院。"屋才数楹耳，门庑库陋，庖溷不具，不足以称名院之意"。不久，昙秀得到了宋仁宗时宰相章得象后裔章钦若的赞助，逐渐将该院规模扩大，"翚飞轮焕，犹一望刹"，使之成为一座守护华亭县漏泽园、使无地安葬的贫民"死有所殡"的坟院③。

南宋时期，在公墓举行入葬仪式时，僧人也奉官府之命，为其举行法事，超度孤魂野鬼。

宋高宗末年，江西抚州发生饥荒和瘟疫，许多民众死亡，草草掩埋后，导致"道旁白骨相属，间有未化者，为犬豕所噬"。宋孝宗初年，江西抚州通判刘涛招募民众收殓，"得数千骸"。于是，刘涛"命浮屠氏作善果"，在法事结束后，将尸骸"埋之义冢"④。

宋孝宗淳熙十一年（1184），知建宁府宋之瑞建好了公墓，将城内外暴露的尸骨二百来具集中起来，"悉舁置于吉祥寺之两庑"。"荐以兰羞，藉以明器"，"仍命桑门振拔幽滞，讫三昼夜"。下葬之日，"缁黄导前，幢盖缤纷，阖郡官吏咸集，观者塞涂，莫不合爪赞叹，甚至感泣。"⑤

（四）寄存灵柩

信奉佛教的古人大多相信佛法无边，从唐朝开始，当亲人死去后，人们一般都习惯于将灵堂设在佛寺，停尸举哀，使亡魂得到更快的超度。另外，人们也愿意将客死异乡者的灵柩寄放在寺院，等待日后安葬。到南宋时，

---

① 《咸淳临安志》卷七九《寺观五》。

② 《松隐集》卷三六《董太尉（仲永）墓志》。

③ 郭廷弼等编［康熙］《松江府志》卷二六《广化漏泽院记》，康熙二年刻本。

④ 张美翊等编［光绪］《奉化县志》卷一三《朝奉大夫通判漳州刘公庙记》，光绪三十四年刻本。

⑤ ［康熙］《建宁府志》卷四二《常平义垄记》。

"江吴之俗,指伤寒疾为疫疬,病者气才绝,即殓而寄诸四郊,不敢时刻留"①。"越之流风,凡民有丧,即议侨寄,棺枢所积,夙号墓园"②。建宁府(今福建建瓯)"民贫土狭",也习惯将骨灰放置在破败的寺院中③。人们甚至习惯于将灵枢长期寄存在寺院,永不下葬。

福建漳州是南宋"视不葬亲为常,往往栖寄僧刹"最为典型的地区④。许多寺院为"皆诱愚俗以来殡者",专门修建有停放棺材的房间:"廊庑间率不置门若此,类为土室,其入如窦,黯然无光"。宋理宗时,知漳州危稹下令清理长期寄存在寺院的灵枢,结果仅在"近城之五里"的寺院范围内,便清理出了"木瓦、棺合二千三百有奇",将其全部葬于城外新增的三座义冢之中。为防止此类事情再次发生,危稹还下令:"诸浮图必使尽改其室以为僧房,不改则鞭其人而俗之,籍其田而公之。"⑤

寄存灵枢,寺院大多会收取一定的寄存费用。不然,也就不会有"皆诱愚俗以来殡者"的说法了。但是,考虑到寄存灵枢是一般人都不愿承接的事情,特别是在很多时候要冒着受传染的危险,因此,此种事情也可以认为是一种具有一定慈善性质的举措。

宋孝宗末年,御史上奏说:"僧寺寓枢,子孙十年不至,即听焚瘗。"时任兼权中书舍人的陈居仁认为这样不妥,会导致"期迫则缁徒得逞其私,不肖子孙抑或兴讼"的后果,于是建议"请倍年数,仍从州县验问"。宋孝宗接受了这个建议。从此,寺院寄存灵枢便有了法律约束⑥。

### 二、参加灾荒赈济等社会救助活动

南宋寺观本着宗教的慈善精神,在容留、救治难民以及协助政府赈灾等方面,也发挥了一定的作用。

---

① 《夷坚丁志》卷一五《张珪复生》,第666页。
② 《会稽志》卷一三《漏泽园》。
③ [康熙]《建宁府志》卷四二《常平义垄记》。
④ 《宋史》卷四一五《危稹传》,第12453页。
⑤ 谢维新:《古今合璧事类备要》(前集)卷六六《漳州义冢记》,文渊阁《四库全书》本。
⑥ 《文忠集》卷六四《文华阁直学士赠金紫光禄大夫陈公(居仁)神道碑》。

长安人张汉英在南宋初年躲避战乱,南迁到福州后,"贫困无所依,寓宿于万寿寺僧堂之后,仰僧饭以自给"①。

在遭遇重大自然灾害时,寺院便成了灾民的临时容留所或救护所。绍兴十八年(1148),婺州(今浙江金华)发生大洪水,知州钱端礼组织舟船救出几千名被洪水围困的市民,"分处僧舍,计口给食,悉遂全活"②。

政府设置赈粜场以较低价格卖出粮食以赈济灾民,大多也设在寺院中。如宋高宗绍兴二十八年九月,平江府在城内觉报寺等八处以及吴县、长洲县的县尉司中"置场赈粜",前后卖出了"五万石"③。

宋孝宗隆兴二年(1164),浙东、两淮发生水灾,无处栖身的灾民都被安排到"空闲官舍及寺观权行安泊";临安府赈济灾民的粮食也在"城南、北厢宽阔寺院置场",依据事先发给灾民领取救济粮的"关子",将粮食分发给灾民④。第二年春,因"尚有饥贫人户"在临安府城内乞讨,官府又紧急"支拨常平、义仓"的粮食,派官员"于近城寺院一十二处煮粥,给散养济"。不久,又在"城南大禹寺、城西道士庄添置两场","煮粥给散"。由于灾民中有不少人因饥寒交迫而生病,官府又安排"寺院散粥煎药",收治病人⑤。

宋孝宗淳熙年间,知湖州向沟⑥曾提出过一套赈粜的办法:"当先计其一县几乡,一乡几村,一村几里,于各乡村酌道理远近之中,而因其地之有僧寺、有道观、有店铺而为赈粜之所。大率不出数里而为一所,限其界至,择各处僧道与富民之忠实可倚仗者,每处三二人而主其事。"⑦之所以要选择"各处僧道与富民之忠实可倚仗者",主要是防止负责赈灾人借秩序混乱之机中饱私囊。

宋理宗淳祐元年(1241)盛夏,泉州发生特大饥荒,官府成立了两个赈济

---

① 《夷坚支戊》卷一《张汉英》,第 1056 页。
② 《攻媿集》卷九二《观文殿学士钱公(端礼)行状》。
③ 《宋会要辑稿》食货六八之一二四。
④ 《宋会要辑稿》食货六八之一二五、一四七。
⑤ 《宋会要辑稿》食货六八之一四九、一五〇。
⑥ 原文误作"向均",径改。
⑦ 《宋会要辑稿》赈贷二之七七。

局,早晨在开元寺分发给灾民米粥,中午在承天寺低价卖粮救济灾民。两座寺院都是大寺,"两寺修廊,东西各数十丈,食者列坐,籴者分给,皆容数千人"。事后,组织赈济的官员林希逸不由感叹道:"时方隆暑,非此何所措!故尝谓僧庐亦非无助于政也。"①

在各地被称之为居养院、安济坊、养济院或安乐院、寿安院等官府建立的救助机构中,有不少僧人受官府指派,从事救助工作。宋理宗宝祐三年(1255)至五年间,提举常平刘震孙在广州创建了寿安院,主要收治突然染病、旅店拒绝其入住的行旅商贾等外来人员,也部分收养本地的鳏寡孤独的穷人。该院分东西两厢,"病无依者以告,随得入";"对辟十室,可容十人,男东女西,界限有别";"干僧其左,医局其右",烹煎草药,则由两名童行负责②。

在没有居养院或安乐院的地方,"鳏寡孤独者、老者、疾者,率栖寄浮屠氏"③。绍兴十三年(1143)十月,有官员上奏说:"欲望行下临安府钱塘、仁和县,踏逐近城寺院充安济坊,遇有无依倚病人,令本坊量支钱、米养济,轮差医人一名专切看治。"这个建议得到了宋高宗批准④。由此可见,一些寺院本身也就兼有安济坊的功能。另外,于潜县的养济院也设在距县南二里的寂照寺内⑤。

宋宁宗时,建康府"旱蝗饥馑之后,流离饿莩充遍城邑","流移贫民养于僧庐者凡三千四百余人"。嘉定五年(1212)灾情缓解后,官府又在城南和城北增建了两所养济院,"为屋舍百间","每院各度一僧掌之,所养贫民以五百人为额"。又恢复重修了一座名叫"宋兴寺"的废寺,选派了住持僧,"总督其事","掌两院事务","凡穷民,寒则为之衣,病则予之药,殁则为之葬埋"⑥。

为及时收治那些"既无家可归,客店又不停著,无医无药"的"病于道途

---

① 《竹溪鬳斋十一藁续集》卷一○《泉州重修兴福寺记》。
② 李昂英:《文溪集》卷二《寿安院记》,文渊阁《四库全书》本。
③ 程珌:《洺水集》卷七《吉水县创建居养院记》,文渊阁《四库全书》本。
④ 《宋会要辑稿》食货六八之一四○。
⑤ 《咸淳临安志》卷八八《恤民》。
⑥ 《景定建康志》卷二三《庐院》。

者"，宋理宗时，建康府还先后建立了两所安乐庐。安乐庐也由僧人看管，并配合医生照顾病人，煎药护理。

建康府还设有慈幼庄，专门收养被遗弃的儿童。为保证慈幼庄的经费开支，官府还利用一千多亩没官田产，设置了慈幼庄的庄园。"管庄人系蒋山、保宁、清凉、天禧四寺，每岁轮差僧人一人、行者二人专一管干庄务收支，并给散粮种。每月共支米五石、香油钱十贯文"。本庄田地立为上中下三等收租，事先制定好了租额，"每年责令管庄僧行照夏秋两耕拘催送纳"。"如有顽户拖欠，仰申提督官厅立限催促。或遇灾伤，本庄具申本司，委官核实检放。"①

另外，一些具有医术的僧道还本着佛道行善的主旨，积极为穷人治病，少收甚至免收治疗费用。生活于两宋之际的茅山洞阳庵的道士洞元大师沈若济经常"出囊中金，大市药以济病者"②。婺州永康县普明寺僧人如靖"以医游井邑间，甚有恩意"③。茅山第二十九代宗师李景合（？—1159）字灵运，号崇德先生。长于医术，"好施药"。每治愈一人，只令其人向"药钱井"中投钱一文，权当医药费。久而久之，"积钱盈井"④。

### 三、公共工程建设及接待行旅等公益性事业

僧侣大多有组织大工程的经验和才能。对此，宋代士大夫一贯持有好评："自象教兴，浮屠氏有所营缮，谈笑顷，在处金碧，炳耀耳目。"⑤因此，南宋官府有时还任命有工程建筑经验的僧侣负责一些政府的修建工程。

南宋前期，兴化军州学面积狭小，而举行州试时，参加考试人数又太多，只能将考场"移于南山之广化寺"。该寺距城有五里地，因此颇为不便。宋孝宗时，知莆田县姚康朝与知兴化军赵善仁合力，修建了贡院。该贡院"可容万人"，"为屋三百有六楹"，"规模伟甚，轮奂一新"。因僧人多有建造寺

① 《景定建康志》卷二三《庐院》。
② 《咸淳临安志》卷六九《方外》。
③ 《陈亮集》卷二五《普明寺置田记》，见《邓广铭全集》，第五卷，第221页。
④ 《茅山志》卷一二《上清品》。
⑤ 《陇右金石录》卷四《天水县三清阁碑》。

院的工程经验，因此姚康朝、赵善仁还"择浮屠氏之才者分掌其役"①，使贡院得以顺利建成。

宋宁宗初，赣水暴涨，冲决河堤，致使隆兴府丰城县（今属江西）有"八千一百有二"户人家房屋、"六千二百六十有八"顷田地被淹。庆元二年（1196），官府开始动工修建该县境内的观巷堤。因工程浩大，知县林仲懿"枚选民之饶于财而不渔于官，浮屠氏之有干力而畏事者共集之"。次年，该项动用"匠役五万三千七"人的大型工程及其相关配套设施全部建成②。

宋孝宗淳熙十三年（1186），为纪念杜甫和黄庭坚这两位文坛巨匠，知衡州刘清之自己"捐缗钱"，命令花光山寺主僧普泾在已坍塌的"思杜亭"旧址上建起了一座祠堂，"奉杜公祀，而以黄公配焉"。普泾是一位喜欢诗歌的僧人，而且也有修建经验，所以圆满完成了任务③。

婺州兰溪县（今属浙江）板桥被洪水冲毁后，行旅往来只能从溪中涉水而过。广智寺僧人可威于是募缘，筹集到了 200 贯钱，并亲自设计，在宋高宗绍兴三十一年（1161）冬季开工重建该桥。宋孝宗隆兴二年（1164）春，该桥竣工，扩建为三碛，"以分湍流"。前后花费多达 2000 贯钱。可威父母家富裕，"常有以资衣袯者"。除化缘得到的十分之一外，建桥的其余费用则是由可威自己出钱，"倾竭衣钵以足其费"④。

衢州的石塘桥年久失修，官府于是将坐落在石桥两旁的药师、能仁两坐寺院合并为一寺，让"魁岸有才干"的能仁寺僧人道融担任住持，"置簿籍，给官书"，责令其组织人员劝募，筹集资金，承担石桥的修建⑤。

南宋后期，文天祥路过吉州龙泉县（今江西遂川）上宏石桥时，"闻有郭公者主石桥之役，盖毁家以成之，而僧昙发则朝夕为之督其事，颇难其力"，大为感动，总结说："修桥辟路，佛家以为因果。世之求福田利益者所以乐为

① ［雍正］《福建通志》卷七一《兴化军贡院记》，文渊阁《四库全书》本。
② ［雍正］《江西通志》卷一二六《观巷堤记》。
③ 《新安文献志》卷一二《衡州杜黄二先生祠堂记》。
④ 《敬乡录》卷七《重修板桥记》。
⑤ 《蒙斋集》卷一二《衢州石塘桥院记》。

之趋,而佛家者流所以积心竭力、勤苦奉承而不之厌也。"①

南宋高宗时,过峡州(今湖北宜昌)、归州(今湖北秭归)之间的麻线堆山势险峻,行人过往艰难。有一位名叫法实的僧人自己在山脚下"刊木开路","尽避麻线之厄"。宋孝宗时,范成大出任四川制置使,路过这里时,联想到蜀道的艰险,不由感慨万分:"一道人独能办此,况以官司力耶!"并写下《麻线堆诗》赠送给陪同他的官员知峡州管鉴、知归州叶黙、通判归州熊浩、夔州路转运使沈作砺,以勉励他们修治道路。其后,这四位官员"以盐米募村夫凿石治梯级,其不可施力者则改从他涂。除治十六七,商旅遂以通行"②。可以说,僧人法实的善行义举起到了激励政府的作用。

除建桥修路之外,在接待行旅方面,寺院宫观也发挥了重要的作用。

《夷坚支癸》卷四《祖圆接待庵》记述说:"二浙僧俗,多建接待庵,以供往来缁徒投宿,大抵若禅刹然。"但也有不少佛教接待院、庵也接待一般旅客。如同书卷五《白云寺行童》记述道:"淳熙三年夏,吴伯秦如安仁,未至三十里,投宿道上白云寺,泊一室中。喜竹榻凉洁,方匹马登顿颇倦,不解衣曲肱而卧。"

元伟律师(1091—1155)是灵芝元照律师的弟子。他认为佛教徒应该努力回报社会,曾对僧侣们说过:"吾侪小人,不蚕而衣,不耕而食,何为其然?是盖优吾教,以取给于人耳。诚能推广其心,劳苦其力,作不赀之利事,上不媿于佛祖,次无忝于饱食暖衣之施。"为实现自己的愿望,绍兴四年(1134),他寻访到秀州华亭县(今上海松江)一所废弃接待院,在其旧址上建起了几间房屋,用本寺土地所收田租作为该接待院经费,以接待来往行人。从此,"负者得息,苦者得憩,宵无所依,粮有不给者,皆得仰焉"③。

南宋时期,"自川峡荆湖闽广陆道入京者,皆渡涛江而来,由西兴抵龙山"。但是,在钱塘江东西渡口一带,却没有旅店供行人歇息。宋宁宗末年,僧人宗明在西兴建立了明化寺,为行旅提供休息之地。宋理宗绍定五年

---

① 《文山集》卷一五《龙泉县上宏修桥说》。
② 《吴船录》。
③ 《至元嘉禾志》卷二〇《延恩寺律师行业记》。

(1232)，宗明又在龙山建立了崇福院。不久，又在衢州、建州、泉州、福州、南剑州陆续建立了一批接待寺院和庵舍："为寺者二，为院者四，为庵者二十有三"。从衢州到南剑州之间的路途，"凡山溪之崄峻，皆平治之"。宗明富有钱财，为维持这条交通线路上接待寺院和庵舍的开销，于是"买田种山，以赡守者"。"合庵寺供给之所资，田之以亩计者二千有七百，园林之在山而以亩计者千有六百，稻米之以秤若斛计者四百，益以子本之钱，岁入有差"。而且，这些钱财"皆明衣钵之所自营，未尝求诸外也"。这些接待寺院和庵舍所接待的不仅是僧侣，所有行人都可以免费享受接待。如有生病行人，寺院还负责医治；如有病死行人，寺院还负责安葬。

对此，李心传感叹道："余考先王盛时，及民之制甚备，郊遂都鄙之间，十里有庐，二十里有市，薪刍委积，所在随之。盖济穷补乏而使行旅乐出于其途，实王政之一事，非但邦郊为然也。逮及唐季，犹有巡官。至于国朝，亦著驿令。渡江多事，此制殆废。虽士大夫或露宿风餐之不免明也。以一浮屠氏乃能仿佛昔人之遗意，举有司之所未暇及者而尽力以行之，岂不可尚哉！"①

南宋佛教寺院与北宋相同，允许行人投宿，"行人得以栖托焉"②。如《夷坚甲志》卷一六《化成寺》记述："沈持要为江州彭泽丞，绍兴二十四年六月，被檄往临江，过湖口县六十里，宿于化成寺。已就客馆，至夜，访主僧。僧留止丈室别榻。"宋孝宗时，周必大行至湖州一带时，曾经"入袁氏庵观地，投宿洞灵观"③；行至江州（今江西九江）一带时，又曾"晚泊龙沙章江禅院，挈家投宿"④。特别是偏僻地区，因无旅店馆驿，山野村寺也就成为行人投宿的主要依靠了。正如宋人张扩《宿山寺诗》所言："羸马不受鞭，倦仆足生茧。茫然山径间，驰急路逾远。古寺翳林薄，投宿日昏晚。梦魇不可眠，青灯照愁眼。"⑤

---

① 《咸淳临安志》卷七七《龙山崇福院记》。
② 阿克当阿等：[嘉庆]《重修扬州府志》卷二九《移建法云寺记》，嘉庆十五年刻本。
③ 《文忠集》卷一六七《泛舟游山录》。
④ 《文忠集》卷一七一《乾道壬辰南归录》。
⑤ 张扩：《东窗集》卷一，文渊阁《四库全书》本。

宋人王之道作有《宿彰教寺》一诗:"过市欲投宿,秽隘非所安。人言五里余,有寺洁且宽。驱驽犯泥淖,敢惮风雨寒。稻塍与兔径,萦纡度千盘,衣裘被沾湿,脚膝加蹒跚。因思圣人语,后获当先难,壮哉古道场,翚飞映层峦。秀色蔼松桧,清香馥芝兰。我心大有得,岂惟厌游观! 行行勿踌躇,霁日升云端。"①这说明:寺院安静清洁的环境也是吸引士大夫投宿的一个重要因素。朱熹的父亲朱松在《尊胜院佛殿记》中也表达了这样的感受:"始予客政和,往来建安,必舍于城东所谓尊胜禅院者。厦屋百楹,清邃缨浊,常洒然忘其漂泊之劳。"②

吕祖谦在《洪无竞字序》中说:"率三岁科诏下邑,士相与为曹,依僧坊以专肄习。明招林麓阒邃,栖研席其间者视旁寺为多。鸡一鸣,弦诵之声与钟梵交于户庭;日旰休帙,岸巾曳屦相追于松阴。"③可见,由于寺院大多环境安静,一些准备参加科举考试的士人还经常寄住于寺院,复习功课。《夷坚乙志》卷八《詹林宗》记述说:"乡士詹林宗,绍兴三十二年读书于成西妙果塔院";"乾道元年当科举",詹林宗又"往近村大塘湖僧庵肄业"。

一些道观也接纳士子在观中读书。《夷坚支景》卷二《云门僧鬼》记述说:"建昌麻源第三谷,山水清邃,为江西胜处,有僧寺道观各一所";而"南城王三锡时在观读书"。

### 四、寺院浴室与社会公共卫生

佛教讲究心身清净,并将洗浴视为一种修持,因此僧人不但要自备浴巾、浴裙,而且寺院的浴室设施极为完善,管理规定严明。《丛林校定清规总要》(《咸淳清规》)卷下曰:

> 如遇开浴,浴具携右手。入下间门闑内,问讯,归空处。揖左右人毕,先以五条挂笐竿上。展浴复,取出具。具放一边,解上衣,未可卸直裰。先脱下面裙裳,以脚布围身,方可系浴裙。将裙袴卷折安复内,次

---

① 《相山集》卷三。
② 朱松:《韦斋集》卷一〇,文渊阁《四库全书》本。
③ 吕祖谦:《东莱集》卷六,文渊阁《四库全书》本。

第脱直裰，与五条作一处。将手巾系于笕上。无手巾，则以绦系之。古云："三通鼓响入堂时，触净须分上下衣。"却脱其余衣，作一袱，覆转放。不得赤脚赴浴，须着履子。于下间空处舀水，不得占头首老宿坐处（谓上间也）。不得以汤水溅人身上，不得将桶地上泡脚，不得浴室内小遗并洗僻处，不得架脚桶上，不得笑语，不得槽上揩脚，不得戽水。不得起身掇桶浇身上。前后有人，须当遮护。脚布不得离身，有脚布不入桶者不得多用浴汤。或有疮，或洗灸疮，或使疥药，宜随后入浴，不得挽先。不得以两边公界手巾拭头面。公界手巾，系着衣后净手，以披挂子也。出浴，揖左右。先著上衣并直裰，都遮了，却着下服，解浴裙。以脚布折浴裙内，恐湿浴复。手巾携左手，不得以湿脚布搭手上。揖左右出，看设浴施主名字，随意课诵经咒，回向。

按照唐代的佛教戒律，浴室是绝对不能让世俗之人使用的。但宋代寺院的浴室一般都是对公众开放的。如苏东坡在黄州时曾作有《安国寺浴》一诗，北宋后期，自海南北还，路过虔州时，又曾在慈云寺浴室洗浴[1]。张舜民路过衡州时，也曾在花药山寺浴室洗浴[2]。

宋仁宗时，余靖在《韶州开元寺新建浴室记》中写道：

> 韶于岭外为望州，卢祖印心之域，故寺最众、僧最多。然郭郭之居，初无众浴。开元寺者，精蓝之甲也。比刍延吉以头陁苦行劝募依信量力出货，聿图胜果，乃于寺东南之外墙相善地，市美材、购梓人、售陶工，积勤营构，用成温室。八桂僧道夔勾稽其簿。矢谟于康定。落成于庆历之某年。五日为期，一具汤沐。熏修者得以涓洁，尘垢者得以涤荡。至者欣欣，真兼济之事也。

由此可见，韶州开元寺的浴室完全是对公众开放的。

到了南宋后期，人寺院浴室洗浴，就不仅是清洁身体的事情了，而且已经成为一种聚集信众的法事活动。生活在宋末元初的福建邵武人黄公绍为

① 释惠洪：《冷斋夜话》卷七《东坡戏作偈语》，文渊阁《四库全书》本。
② 《画墁集》卷八《郴行录》。

召集民众到寺院浴室中沐浴,曾写下了若干则《浴堂榜》①。兹引录三则如下:

> 人在尘沙劫,最苦沉冥;佛说曼拏罗,先修净业。凡我有情等众,共成无垢因缘。好将定水之湛明,洗尽爱河之污染。澡身浴德,时中清净六根。合掌志心,会上皈依三宝。甚为希有,咸与维新。

> 八功德水,佛有方石因缘;两男女堂,人说青城感应。若欲皈依三宝,先须清净一心。汝等从浊劫来生杂染。荡瑕涤秽,每思脱于幽涂;沦精澡神,皆愿登于彼岸。济苦海之无边,证元身之不坏。六根六尘,悟本来之无垢;三薰三沐,烧到处之诸香。好乘四句偈之诵持,便受一字王之灌施。各宜自结,告汝寔言。

> 出垢藏身,为清净身。正期解脱,惟菩提水与功德水,大矣袯除。况汝等食不充容,衣无蔽体,永劫漂流于苦海,几回沦溺于爱河。若不洗心,何由见佛?男女不可同浴,毋得揶揄祸福。只在眼前当分,次第洗却平生烦恼,换出新样精神。三沐三薰,好共痴龙来听法;载色载笑,会看巨蟒亦生天。

从这几则《浴堂榜》可以看出:寺院中的浴室有男浴、女浴。尽管男浴、女浴分开,但寺院中能让妇女进寺洗浴,无论如何都是令人吃惊的事情。不仅如此,黄公绍还专为妇女写下了一则《荐母浴堂榜》:

> 八功德水,有资濯涤恩波;七宝莲池,自是光明乐地。念慈母久沦于倾逝,而英魂未测于升沉,兹伸荐拔之功,尤伏袯除之力。温泉水滑,甘露香浮;沐浴三薰,洗除五浊。鸦翻云鬓,花冠收束。下堂来凤舞霞裾,桃脸蔼然经雨润。敛容见佛,肃礼朝王。伏愿:即此清净心,离却尘浊世。慈容稳泛,免鼓浪之黑风;彼岸先登,观披云之白日。

---

① 《在轩集》。

将入寺洗浴视为一种功德,且具有超度亡灵之效。这对信众是极具诱惑力的。这尽管是一种宗教行为,但对改善南宋社会的卫生习惯也是有着积极促进作用的。

# 编 后 语

　　历史并不意味着永远消失,从某种意义上说,它总会以独有的形式存在并作用于当前乃至未来。历史学"述往事"以"思来者","阐旧邦"以"辅新命",似乎也可作如是观。历史的意义通过历史学的研究被体现和放大,历史因此获得生命,并成为我们今天的财富。

　　宋朝立国三百二十年(960—1279),是中国封建社会里国祚最长的一个朝代,也是封建文化发展最为辉煌的时期,对后世影响极大。其中立国一百五十三年(1127—1279)的南宋,向来被认为是一个国力弱小、对外以妥协屈辱贯穿始终的偏安王朝,但就是这一"偏安"王朝,在经济、文化、科技等方面却取得了辉煌成就,对金及蒙元入侵也作出过顽强的抵抗。如果我们仍囿于历史的成见,轻视南宋在中国历史上的地位和作用,就不会对这段历史作出更为深刻的反思,其中所蕴涵的价值也不会被认识。退一步说,如果没有南宋的建立,整个中国完全为女真奴隶主贵族所统治,那么唐、(北)宋以来的先进文化如何在后世获得更好的继承和发展,这可能也是人们不得不考虑的一个问题。南宋王朝建立的历史意义,于此更加不容忽视。

　　杭州曾是南宋王朝的都城。作为当时全国的政治、经济和文化的中心,近一个半世纪的建都史给杭州的城市建设、宗教信仰、衣食住行、风俗习惯,乃至性格、语言等方面都打下了深刻的烙印。南宋历史既是全国人民的宝贵财富,更是杭州人民的宝贵财富。深入研究南宋史,是我们吸取历史经验和教训的需要,是批判地继承优秀文化遗产的需要,也是今天杭州大力建设文化名城的需要。还原一个真实的南宋,挖掘沉淀在这段历史之河中的丰富遗产,杭州人责无旁贷。

2005 年初,在杭州市委、市政府的大力支持和指导下,杭州市社会科学院将南宋史研究列为重大课题,并开始策划五十卷《南宋史研究丛书》的编纂工作,初步决定该丛书由五大部分组成,即《南宋史研究论丛》两卷、《南宋专门史》二十卷、《南宋人物》十一卷、《南宋与杭州》十卷、《南宋全史》八卷。同年 8 月,编纂工作正式启动。同时,杭州市社会科学院成立南宋史研究中心,聘请浙江大学何忠礼教授、方建新教授和浙江省社会科学院徐吉军研究员为中心主任和副主任,具体负责《南宋史研究丛书》的编纂工作。为保证圆满完成这项任务,杭州市社会科学院诚邀国内四十余位南宋史研究方面的一流学者担任中心的兼职研究员,负责《丛书》的撰写。同时,为了保证书稿质量,还成立了学术委员会,负责审稿工作,对于一些专业性较强的书稿,我们还邀请国内该方面的权威专家参与审稿,所有书稿皆实行"二审制"。2005 年 11 月,《南宋史研究丛书》被新闻出版总署列为国家"十一五"重点图书出版规划项目。2006 年 3 月,南宋史研究中心高票入选浙江省哲学社会科学首批重点研究基地,南宋史研究项目被列为省重大课题,获得省市两级政府的大力支持。

以一地之力整合全国学术力量,从事如此大规模的丛书编纂工作在全国为数不多,任务不仅重要,也十分艰巨。为了很好地完成编纂任务,2005、2006 两年,杭州市社会科学院邀请《丛书》各卷作者和学术委员召开了两次编纂工作会议,确定编纂体例,统一编纂认识。尔后,各位专家学者努力工作,对各自承担的课题进行了认真、刻苦的研究和撰写。南宋史研究中心的尹晓宁、魏峰、李辉等同志也为《丛书》的编纂付出了辛勤的劳动,大家通力合作,搞好组稿、审校、出版等各个环节的协调工作,使各卷陆续得以付梓。如今果挂枝头,来之不易,让人感慨良多。在此,我们向参与《丛书》编纂工作的各位专家学者表示由衷的感谢!

鉴于《丛书》比较庞大,参加撰写的专家众多,各专题的内容多互有联系,加之时间比较匆促,各部专著在体例上难免有些不同,内容上也不免有些重复或舛误之处,祈请读者予以指正。

《南宋史研究丛书》是"浙江文化研究工程成果文库"中的一项内容,为该文库作总序的是原中共浙江省委书记,现中共中央政治局常委、中央书记处书记习近平同志,为《南宋史研究丛书》作序的是中共浙江省委常委、杭州市委书记、杭州市人大常委会主任王国平同志和浙江大学终身教授、博士生导师徐规先生。在此谨深表谢意!

希望这部《丛书》能够作为一部学术精品,传诸后世,有鉴于来者。

杭州市社会科学院院长  史及伟

2007 年 12 月

**图书在版编目 (CIP) 数据**

南宋宗教史 / 杨倩描 著
–北京：人民出版社，2008 年 10 月
（《南宋史研究丛书》）
ISBN 978-7-01-007483-2
Ⅰ. 南… Ⅱ.①杭… ②杭… ③杨…
Ⅲ. 宗教史–中国–南宋
Ⅳ. B929.2
中国版本图书馆 CIP 数据核字 (2008) 第 172901 号

# 南 宋 宗 教 史
NANSONG ZONGJIAOSHI

作　　者：杨倩描
责任编辑：张秀平　任文正
封面设计：祁睿一
装帧设计：山之韵

人民出版社 出版发行
地　　址：北京朝阳门内大街 166 号
邮政编码：100706　www. peoplepress. net
经　　销：全国新华书店
印刷装订：北京昌平百善印刷厂
出版日期：2008 年 11 月第 1 版　2008 年 11 月第 1 次印刷
开　　本：787 毫米×1092 毫米　1/16
印　　张：27.375
字　　数：400 千字
书　　号：ISBN 978-7-01-007483-2
定　　价：65.00 元